bodo

Dodo

Leben und Werk
Life and Work
1907–1998

Herausgeben von Edited by
Renate Krümmer

Texte von Texts by Renate Krümmer,
Adelheid Rasche, Miriam-Esther Owesle,
Margitta Giera und and Anja Amsel

HATJE
CANTZ

Inhalt
Contents

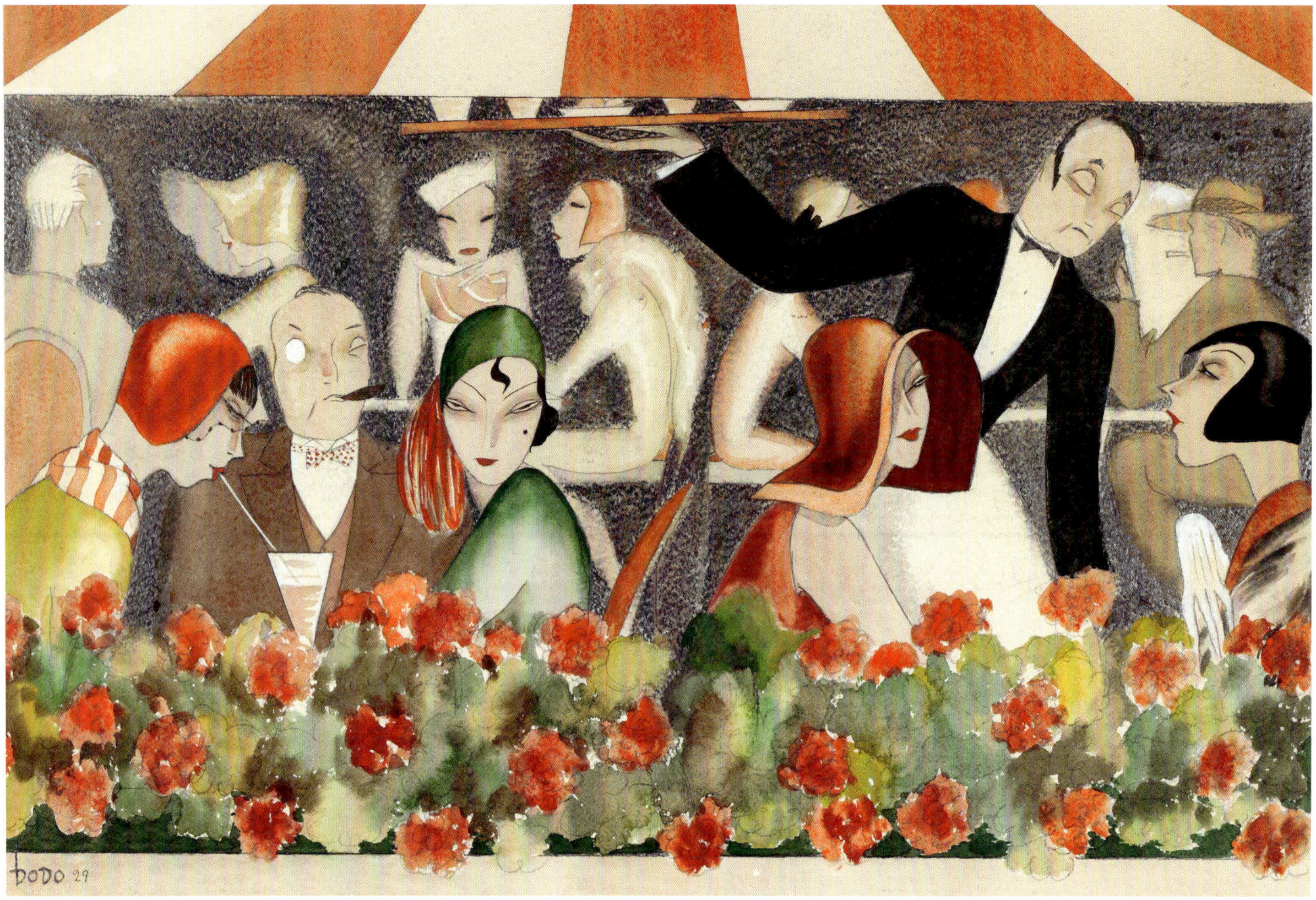

Wedding auf dem Dachgarten, für die Zeitschrift ULK *Wedding on the Roof Garden*, for ULK magazine 1929

Ein Bild beginnt zu leben

Meine erste Begegnung mit Dodo ist ein Bild: eine Caféhaus-Szene – in England bei einer Versteigerung entdeckt (Abb. S. 6). Die leuchtenden Rot- und Grüntöne kontrastieren mit der blasierten Blässe der Gäste, Vitalität und Kraft der Farben bilden einen Gegenpol zu der Sprachlosigkeit der Menschen. Vorder- und Hintergrund verschwimmen in geringer Schärfentiefe, und der Blick wird auf die klar umrissene Bildmitte fokussiert. Ohne mehr zu wissen, schießt mir durch den Kopf: Das sind die 1920er-Jahre, das ist Berlin, ein Abbild der heiß-kalten Oberfläche der Weimarer Republik. Meine Begeisterung für die offensichtliche Könnerschaft dieser Arbeit, für ihren ganz eigenen, prägnanten Stil löst in mir den unbedingten Wunsch aus, mehr über Dodo in Erfahrung zu bringen. Der große Zufall, der mich zu diesem Bild führte, ist symptomatisch für den weiteren Weg zu Dodo. Eine Kette weiterer Zufälle, jeder für sich unwahrscheinlich genug, führte zu ihrem Œuvre und ihrer Lebensgeschichte, trotz des erschwerenden Umstandes, dass Dodo als Jüdin Deutschland 1936 verlassen musste und ihr Werk mit sich nahm. Viele glückliche Fügungen sind für Dodos Monografie und dieses Buch verantwortlich – in erster Linie die Tatsache, dass Dodos Nachkommen ausfindig gemacht werden konnten. Dodos Werk kann damit dem Vergessen entrissen und nun einer breiteren Öffentlichkeit präsentiert werden.

Die einzige substanzielle Quelle, in der ein Ausschnitt von Dodos Arbeiten dokumentiert ist, sind die digitalisierten Ausgaben des Satiremagazins *ULK*, für das etliche Künstler Illustrationsvorlagen beisteuerten, darunter auch – zeitgleich zu Dodo – Jeanne Mammen. Diese Phase – Dodo war gerade erst Anfang Zwanzig – macht den wohl wichtigsten Teil ihrer künstlerischen Laufbahn aus. Ihre Studien der arrivierten Gesellschaft bekunden Dodos eigenen Stellenwert im künstlerischen Umfeld, da sie als Mitglied der gehobenen jüdischen Bourgeoisie in Berlin diese Szenerie nicht nur als Chronistin, sondern auch als Insiderin kannte. Wiedererkennbar ist ihr Stil: erzählerisch, scharf konturiert, sowohl heiter als auch bitter und mit einer gehörigen Portion humorvollem Biss. »Meine erste Erinnerung sind Farben«, schrieb Dodo in ihren Aufzeichnungen und entsprechend schildert sie ihre Beobachtungen in einer brillianten, variantenreichen Farbenpracht, die ihresgleichen sucht. Die Wirtschaftskrise und der an die Macht drängende Nationalsozialismus setzten dem schönen Schein ein Ende. Dodo erlebte aus eigener Erfahrung, dass der Zeitgeist der 1920er-Jahre nicht von Dauer war und die Fassade nicht echt. Private Turbulenzen, Verlust der Einkommensquelle, emotionale Achterbahnen und der zunehmende Druck auf die jüdische Bevölkerung entlarvten die Camouflage. Das Spiel mit dem Feuer, der Versuch, einmal ausprobieren zu wollen, was die 1920er-Jahre als »angesagt« proklamierten, leitet Dodos zweite künstlerische Phase ein. Mit neusachlicher Deutlichkeit und Härte gegen sich selbst fasste Dodo ihre Erfahrungen aus Beziehungschaos und emotionaler Überforderung in Bilder. Das zuvor unter der Oberfläche der Bilder gezügelte Gefühl bricht aus und bestimmt ihre Arbeiten. Die im Gefolge Jungscher Psychoanalyse entstandenen Bilder setzen einen in der Kunstgeschichte so noch nicht gekannten Akzent. Ihre Bildaussagen, die zwischen Euphorie und Depression wechseln, werden zu Dokumenten dieser Lebensphase, in denen man wie in einem Buch lesen kann, auch ohne die Überlieferungen aus ihrem Leben zu kennen.

Ohne Dodos Familie, ihre Tochter Anja, ihre Enkel Clare, David, Nicola und Steven wäre es nicht möglich gewesen, Dodos Geschichte und Werk zu verstehen, die Verbindung von »meinem« ersten Dodo-Bild zu ihrem Leben zu knüpfen. Sie alle haben das Vorhaben einer Monografie zur Ausstellung nach ihren Kräften unterstützt. Aus der Initialzündung einiger im Bestand der Staatliche Museen zu Berlin (Sammlung Modebild – Lipperheidesche Kostümbibliothek) befindlicher Werke Dodos wurde der Ort für die erste Station der Ausstellung, die dem Engagement und der Passion der Kuratorin Adelheid Rasche, zugleich auch Autorin in diesem Buch, geschuldet ist. Der Berliner Erstpräsentation folgt eine weitere Ausstellung in der Londoner Ben Uri Gallery, The London Jewish Museum of Art. Miriam-Esther Owesle beleuchtet in ihrem Essay jene Bilder Dodos, in denen sich die glamourösen 1920er-Jahren widerspiegeln, und setzt sie in den zeitlichen und künstlerischen Kontext. Margitta Giera interpretiert die erschütternden Bilder, die auf der Jungschen Analyse fußen, und lässt uns an einem Seeleneinblick teilhaben, der sich sonst nicht erschlossen hätte. Ihnen allen sei herzlich für ihr persönliches Engagement und die uneigennützige Auseinandersetzung mit der Thematik gedankt, die über die normalen beruflichen Herausforderungen hinausging.

Ganz besonders beeindruckend war für mich die Begegnung mit Dodos Tochter Anja Amsel, die mit unermüdlicher Energie, offenem Ohr und ihrer ansteckenden Begeisterung das Vorhaben in Gesprächen, Schilderungen, Anekdoten und Dokumenten im ganzen Familienkreis unterstützte. Ihre Herzlichkeit und ihre Offenheit, dank derer ich auch die kritischeren Phasen im Leben ihrer Mutter hinterfragen durfte, scheinen die Züge zu offenbaren, die Dodo und Anja miteinander teilen.

Renate Krümmer

Dodo – ein Leben in Bildern

Adelheid Rasche

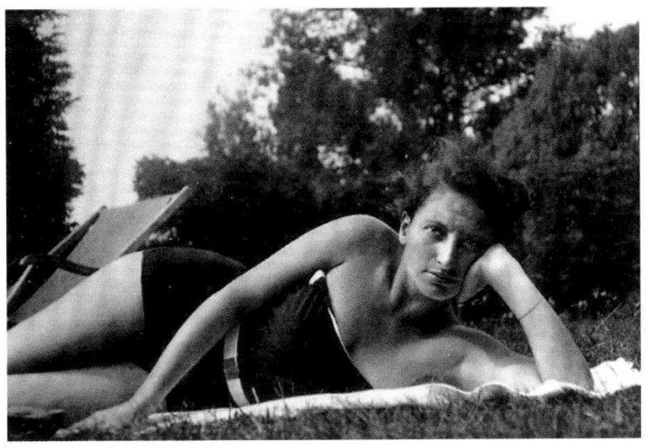

Dodo, 1929

September 1922: Dodo, eigentlich Dörte Clara Wolff, knapp 16 Jahre jung, Tochter aus gutbürgerlicher Berliner Familie, zu der auch eine fünf Jahre älterer Schwester gehört, geht von der Schule ab. Sie ist in einer spannungsreichen Umbruchszeit – vom Kaiserreich zur Weimarer Republik – aufgewachsen, die gerade für die junge Generation mit zukunftsweisenden gesellschaftlichen und einschneidenden sozialen Änderungen einhergeht. Symbolisch für diese Umbrüche steht Victor Marguerittes erfolgreicher Skandalroman *La Garçonne*, der im selben Jahr erscheint und binnen kurzem in dreizehn Sprachen, darunter auch ins Deutsche, übersetzt wird. Die Idee, dass sich die heranwachsende Dodo tagelang begeistert in diese Lektüre vertieft haben könnte, ist verführerisch. Das Buch und seine Titelheldin Monique Lerbier hätten ihr bestimmt sehr gefallen: Die zwielichtige Aura des Pariser Nachtlebens, die erotischen Abenteuer von Monique, ihre androgyne Ausstrahlung und ihre berufliche Unabhängigkeit als Inhaberin eines Dekorationsgeschäftes – der Roman entwirft das Idealbild einer emotional freien und erfolgreichen jungen Frau.[1]

Seit dem Ende des Ersten Weltkriegs hatte sich auch in Deutschland die Berufsausbildung für Frauen nach und nach ganz selbstverständlich durchgesetzt, nicht allein aufgrund wirtschaftlicher Notwendigkeit, sondern als Rüstzeug für ein selbstständiges und selbstbestimmtes Leben. Neben dem allgemeinen Wahlrecht für Frauen waren Ausbildung beziehungsweise Berufstätigkeit entscheidende Schritte auf dem Weg zu einer vollen Integration der Frauen ins gesellschaftliche Leben. Und gerade in der Metropole Berlin gestalteten sich die Möglichkeiten, wie junge Menschen auf unterschiedlichste Weise am gesellschaftlichen Leben teilnehmen konnten, besonders vielfältig. Hier wurden in den 1920er-Jahren bahnbrechende Theaterinszenierungen und umjubelte Tanzrevuen gezeigt, Meisterwerke des Stummfilms gedreht, fanden Gastspiele aller Weltstars statt. Man traf sich nach dem Arbeitstag im Kaffeehaus oder in der Tanzbar, besuchte Gymnastikkurse und verbrachte die Wochenenden beim Segeln oder Rudern an den Berliner Seen.

Erna Schmidt-Caroll, Programm zum Gauklerfest der Schule Reimann, 1926
Erna Schmidt-Caroll, programme for the Juggling Festival at the Reimann School, 1926

Als Dodo vor der Entscheidung stand: Was will ich werden? – wünschte sie sich eine künstlerische Ausbildung, die ihre Eltern nur unter der Bedingung gestatteten, dass sie zuvor ein Jahr lang eine Schule für höhere Töchter in der Nähe Berlins besuchen würde, auf der sie grundlegende hauswirtschaftliche Kenntnisse erwerben sollte.

Im Herbst 1923 schließlich schrieb sich Dodo, die immer viel Talent im Zeichnen gezeigt hatte, an der Schule Reimann in ihrem Heimatbezirk Berlin-Schöneberg ein. Diese 1902 von Albert Reimann gegründete private Kunst- und Kunstgewerbeschule hatte sich im Verlauf der Jahre über Berlin hinaus einen ausgezeichneten Ruf verschafft. So galt sie beispielsweise seit der Angliederung der Höheren Fachschule für Dekorationskunst (1912) als wichtigste Ausbildungsstätte für Schaufenstergestalter in Europa. Auch die 1913 innerhalb der Schule Reimann eröffnete Höhere Fachschule für Theaterkunst erfreute sich vor allem nach 1918 großen Zulaufs.[2] Der Unterricht an der Schule Reimann erfolgte großteils durch Berufspraktiker, die freiberuflich in Handel, Industrie und in den Medien arbeiteten und so ihren Schülern eine gute Vorbereitung auf den Berufsalltag geben konnten. Die praxisorientierten Lehrwerkstätten der Schule Reimann boten sogar Schülerarbeiten – etwa Ton- und Metallgefäße oder Karnevalskostüme – in den ebenerdig gelegenen Schauräumen zum Verkauf an.

Gegenüber den strikten Lehrplänen der staatlichen Hochschulen unterschied sich das pädagogische Konzept der Schule Reimann durch eine breite künstlerische Grundausbildung für alle Schülerinnen und Schüler[3] mit unterschiedlichen gestalterischen Kursen im Rahmen der sogenannten »Vorbereitungsklasse«. Jeder Schüler konnte so seine Talente kennenlernen und ausprobieren, etwa in der Klasse für Naturstudien, Farbenlehre, Perspektive und Anatomie, die während Dodos Schulzeit (1923–1926) Adolf Plünnecke leitete.[4] In den Klassen für Aktzeichnen und Komposition (Georg Tappert) sowie für Porträtzeichnen und dekorative Malerei (Moriz Melzer) erwarb Dodo weitere grundlegende Kenntnisse, die sie für den anschließenden Besuch der Fachklassen benötigte. Da aus Dodos Zeit an der Schule Reimann keine Zeugnisse erhalten sind, kann nur vermutet werden, dass sie im weiteren Verlauf der Ausbildung die Fachklasse für Mode- und Kostümentwurf bei Erna Schmidt-Caroll sowie möglicherweise die Fachklasse für Modeillustration unter der Leitung von Rolf Niczky absolvierte. Inwieweit auch der türkischstämmige Modegrafiker Osman Assaf Kenan Temizan, der erst im Sommer 1926 an die Schule Reimann kam, zu ihren Lehrern zählte, lässt sich nicht mit Sicherheit sagen.[5] Für Kenan, selbst sehr erfolgreich als Illustrator für verschiedene mondäne Berliner Journale tätig, war die »kultivierte Modezeichnung« gleichberechtigt und auf einer Stufe mit der freien Kunst zu sehen.

Die Fachklasse von Erna Schmidt-Caroll veranstaltete alljährlich Kostümwettbewerbe unter den Schülern, die mit Preisen und lobenden Erwähnungen prämiert wurden. Dodo erhielt 1925 einen Trostpreis für zwei Kostümentwürfe, die in der

Schulzeitschrift *Farbe und Form* veröffentlicht wurden. Demselben Geist sind auch jene Zeichnungen verpflichtet, die sich als Dodos Schenkung im Bestand der Sammlung Modebild – Lipperheidesche Kostümbibliothek erhalten haben. Diese Entwürfe für Fantasiekostüme zeigen ein breites Repertoire an Inspirationen, die vom Orient über das Biedermeier oder Volkstrachten bis hin zum aktuellen Revuekostüm reichen. Farbenprächtig angelegt, posieren die Einzelfigurinen kokett und einladend, bisweilen in tänzerischen Posen.

Fantasiekostüme und deren Entwürfe spielten in den 1920er-Jahren an allen künstlerischen Ausbildungsstätten eine wichtige, heute nicht mehr unmittelbar verständliche Bedeutung. Erna Schmidt-Caroll hielt es für erforderlich, dass ihre Schüler beim künstlerischen Kostümentwurf gute Kenntnisse historischer sowie fremdländischer Kostüme besaßen, dazu musste sich ein ausgeprägtes Gefühl für die Kombination und Übertreibung einzelner Stilelemente gesellen. Bei der Bewertung der Entwürfe für die Fantasiekostüme wurde zum einen auf die grafische Gestaltung der Zeichnung geachtet, zum anderen der Ideenreichtum des Kostümentwurfs selbst bewertet. Die Schule Reimann, in der alljährlich im Fasching Kostümfeste stattfanden, die sich in ganz Berlin großer Beliebtheit erfreuten, galt als die wichtigste Institution für Festkostüme in Deutschland.

Aus der Ausbildungszeit an der Schule Reimann datieren vermutlich auch die wenigen erhaltenen Plakatentwürfe von Dodo, die wohl nie zur Veröffentlichung bestimmt waren. Sie zeugen von einer guten Grundausbildung in der Plakatgestaltung, die Dodo bei den Lehrern Carl Gadau und Else Taterka erhalten haben dürfte.

Als Dodo im Herbst 1926, wenige Monate vor ihrem 20. Geburtstag, ihr Abschlusszeugnis der Schule Reimann in Händen hielt, stand ihr eine erfolgreiche berufliche Laufbahn als freie Modegrafikerin bevor – ein künstlerischer Beruf, der sich seit etwa 1910 besonders bei Frauen sehr gut eingeführt hatte. In Berlin war nach dem

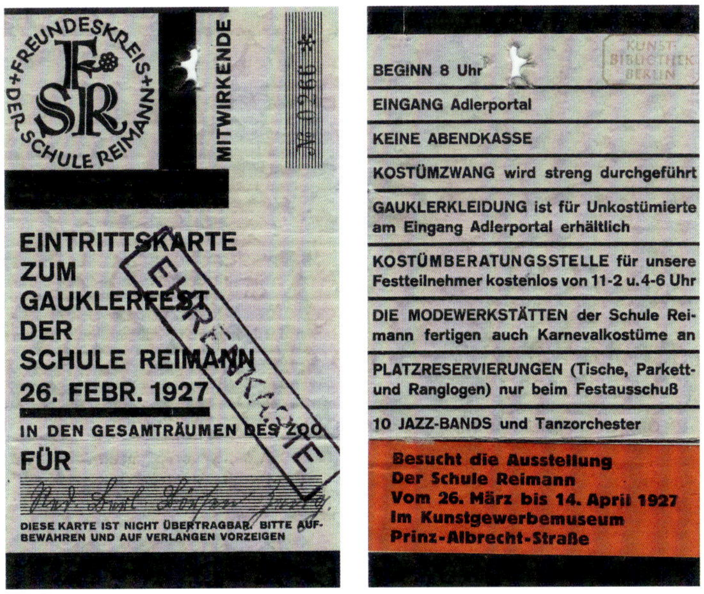

Vorder- und Rückseite der Eintrittskarte zum Gauklerfest der Schule Reimann, 1926
Front and reverse of the admission ticket to the Juggling Festival at the Reimann School, 1926

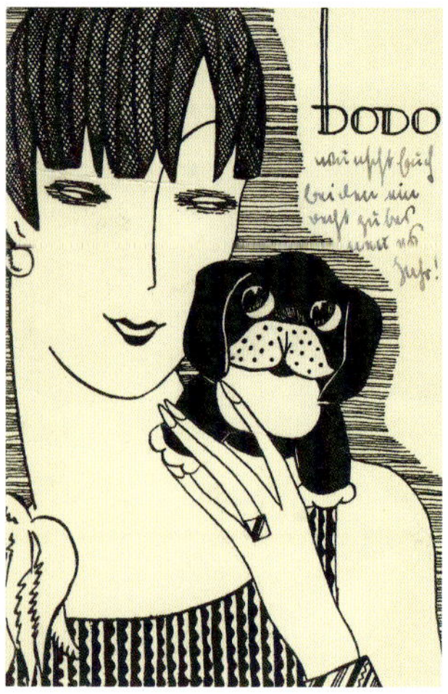

Dodo, Postkarte mit Neujahrsgruß, um 1927
Dodo, postcard with New Year's greetings, c. 1927

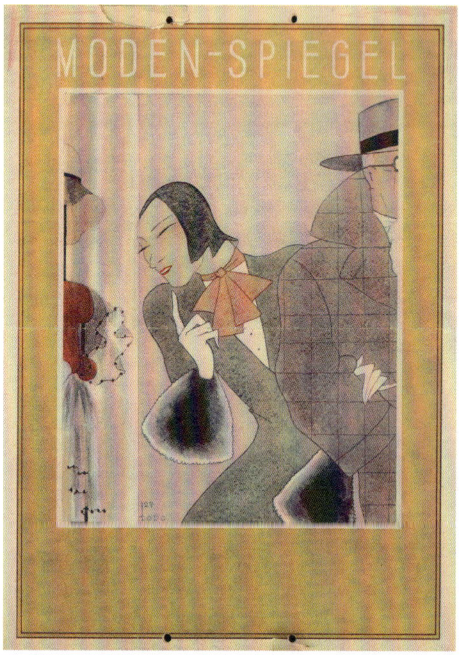

Dodo, Zeichnung für das Titelblatt von *Der Moden-Spiegel*, 1929
Dodo, drawing for the cover of *Der Moden-Spiegel*, 1929

Ersten Weltkrieg durch die freizeit- und konsumorientierte Massenkultur der Weimarer Republik ein breites, schichtenübergreifendes Modeinteresse entstanden, das sowohl der Kleiderproduktion als auch den Medien starken Auftrieb gegeben hatte. Berlin als Hauptstadt der Modehersteller und der Zeitschriftenverlage bereitete der Modeillustration einen goldenen Boden. 1927 waren in der Reichshauptstadt allein 750 Damenkonfektionsbetriebe tätig, dazu kamen zahlreiche Betriebe, die auf Herren- oder Kinderkleidung aller Genres spezialisiert waren. In den Verlagen erschien wöchentlich eine breite Palette an Gesellschaftsblättern, Illustrierten, Mode- und Frauenjournalen sowie illustrierten Beilagen zu den großen Tageszeitungen, genannt seien etwa die *Berliner Illustrierte Zeitung*, *Die deutsche Elite*, *Sport im Bild*, *Die Dame* oder *Der Moden-Spiegel*. Die Leserschaft dieser Printmedien, für die der Hauptanteil der Modeillustrationen produziert wurde, war anspruchsvoll und erwartete eine stete Weiterentwicklung der Bildinhalte und Gestaltungsprinzipien. Modebilder – Fotografien und Illustrationen – mussten mehr bieten, als die reine Wiedergabe eines neuen Modells: Sie waren Zeitbild und Wunschbild zugleich.

Den gleichen Vorgaben hatten auch die Modeillustrationen zu genügen, die Dodo als freie Grafikerin im Auftrag von Firmenkunden zeichnete, etwa die Entwürfe für das monatlich erscheinende Modejournal des renommierten Berliner Stoffhauses Seidenweberei Michels. Die Kundinnen sollten in diesen Bildern zum einen die Vorzüge der neuen Stoffe kennenlernen, zum anderen kreative Vorschläge für deren konkrete Verwendung erhalten. In Dodos Zeichnungen, die als Illustrationen für die durch das Stoffhaus angebotenen *Vogue*-Schnittmuster fungierten, spielten Farben nur eine untergeordnete Rolle, da das Modejournal monochrom gedruckt wurde. Die meisten Zeichnungen zeigen eine oder zwei ganzfigurige Frauendarstellungen, das Raumambiente ist lediglich angedeutet, Möbelstücke verweisen auf den repräsentativen Rahmen der Szenerien. Die modische Aussage steht im Vordergrund: überschlanke junge Frauen mit modischem Kurzhaarschnitt oder Topfhut tragen maskuline Tageskostüme, sportliche Jumperensembles oder weich fließende Tanzkleider mit tief sitzender Taille und großem Schleifendekor. Wie in der Modegrafik üblich, bleiben die individuelle Züge verhalten, die Figuren treten zueinander kaum in szenischen Zusammenhang. Selbst in den beiden querformatigen farbigen Blättern mit jeweils fünf beziehungsweise sechs Figuren, die als Mittelseiten in den Modeberichten der Seidenweberei Michels erschienen, entsteht keine lebendige Szene: Im Zentrum steht hier die Aussage über die verwendeten Stoffe, die als runde Formen oben ins Blatt integriert wurden (Abb. S. 76/77).

Dodos Zeichnungen aus ihrer Ausbildungszeit wie auch die ersten Auftragsarbeiten zeugen von ihrer soliden Grundausbildung im Zeichnen, sie sind von einer subtil eingesetzten Farbigkeit und von ihrem charmanten Verständnis für Mode und Modisches geprägt. Dodos damaliger Stil fügte sich perfekt in den allgemeinen Zeitstil der deutschen Modegrafik ein, die in den Zwischenkriegsjahren eine erste große Blütezeit erlebte.[6]

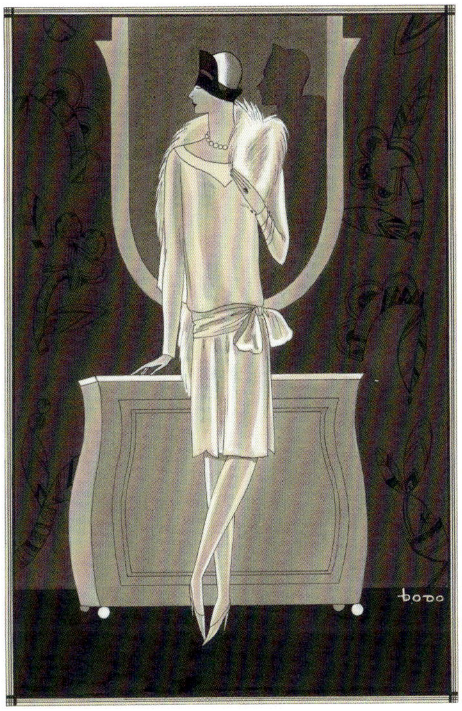

Dodo, *Nachmittagskleid*, Vogue Schnittmuster für die Seidenweberei Michels, 1926/27
Dodo, *Tea Gown*, *Vogue* pattern for the Michels silk-weaving company, 1926/27

Mit Dodos Engagement bei der Zeitschrift *ULK* des Berliner Mosse-Verlages setzte ein komplett neuer Abschnitt ihrer Karriere ein; diesem unbestrittenen Höhepunkt ihrer künstlerischen Laufbahn ist der Beitrag von Miriam-Esther Owesle gewidmet (S. 33–43), weshalb hier nur einige Überlegungen aufgeführt seien. Im Gegensatz zu den bis dato entstandenen Schüler- und Auftragsarbeiten für die Modebranche eröffnen Dodos *ULK*-Blätter eine völlig neue Bilderwelt: Dodo arbeitete nun erstmalig komplexe Kompositionen mit großer atmosphärischer Dichte aus, sie nutzte einen neusachlichen, manchmal scharfen Stil und ausgesprochen intensive Farben.[7] Ihre mondänen Sujets reflektieren treffsicher einzelne Situationen aus dem Leben der wohlhabenden Großstädter, ihre Wahrnehmungsperspektive entspricht einem teilweise beobachtenden, teilweise beteiligten Standpunkt mit fragmentarischen, fast fotografischen Momentaufnahmen. Sie kombinierte gerne große Eleganz mit humoristischen Bildelementen, erfreute sich an der differenzierten Ausarbeitung der Gesichtszüge, legte viel Wert auf die Gestaltung ausdrucksstarker Hände und auf entsprechende Körperposen – Elemente, die viel über die Grundstimmung der jeweiligen Szene aussagen. Die Mienen der Frauen drücken oft Langeweile aus, sie wirken trotz der neu gewonnenen Freiheiten nicht zufrieden, sondern eher gleichgültig, teilweise einsam. Dodos Männer sind arrivierte Herren oder matte Jünglinge, sie leben in ihrem eigenen Universum, das mit dem der sie begleitenden Frauen augenscheinlich nur wenige Berührungspunkte hat.

Der Glanz der sogenannten »Goldenen Zwanziger« ist in Dodos *ULK*-Blättern nicht ungebrochen, immer wieder spürt man die Schwierigkeiten im zwischenmenschlichen Umgang, das fragile Gleichgewicht zwischen Fremd- und Selbstbestimmung. Besonders intensiv ist Dodos Auseinandersetzung mit dem Idealbild der »Neuen Frau«, wie es durch Bildmedien in Form von Zeitschriften oder Filmen,[8] aber auch durch reale Vorbilder vermittelt wurde. In wieweit die fünf Jahre ältere Schwester, eine Klassenkameradin von Marlene Dietrich, hierbei eine Rolle spielte, kann nur vermutet werden. In vielen Zeichnungen zeigt Dodo die Intimität zwischen jungen Frauen, während die Distanz zwischen Mann und Frau eher auf ein sachliches Verhältnis hinweist.

Warum und wie kam es zu diesem unglaublich radikalen Wechsel in Dodos künstlerischem Stil? Welche Faktoren können diese enorme Qualitätssteigerung ausgelöst haben? Auch wenn hierzu heute keine verlässliche Überlieferung erhalten ist, so darf doch vermutet werden, dass die Stilistik der zwei Jahre andauernden *ULK*-Aufträge einerseits eng dem Genre der satirischen Zeichnung geschuldet ist, andererseits stark mit den persönlichen Erlebniswelten von Dodo verbunden ist.

Dodo gehörte selbst zu denjenigen jungen Frauen, die seit der Pubertät von der veränderten gesellschaftlicher Situation stark geprägt waren, insbesondere vom neuen Geschlechterverhältnis mit offenen Beziehungen, kameradschaftlichen Gruppenerlebnissen und unkonventionellen Liebesbeziehungen. Die sogenannte »Neue Frau« mit ihren verschiedenen Ausprägungen als »Garçonne« und »Girl« stand ihr als neu-

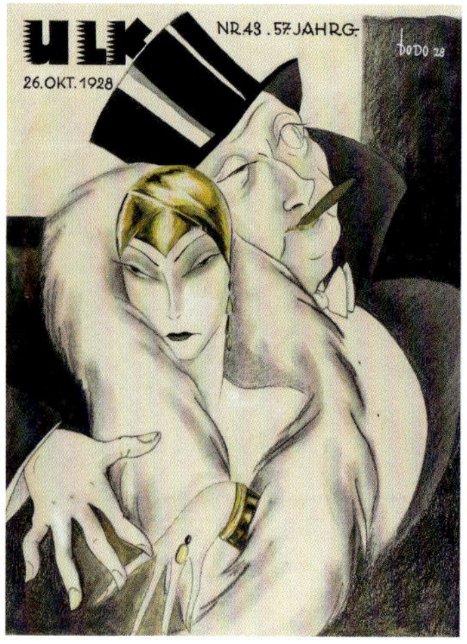

Dodo, *Der Held*, *ULK*-Titelblatt
vom 26. Oktober 1928
Dodo, *The Hero*, *ULK* cover illustration
from 26 October 1928

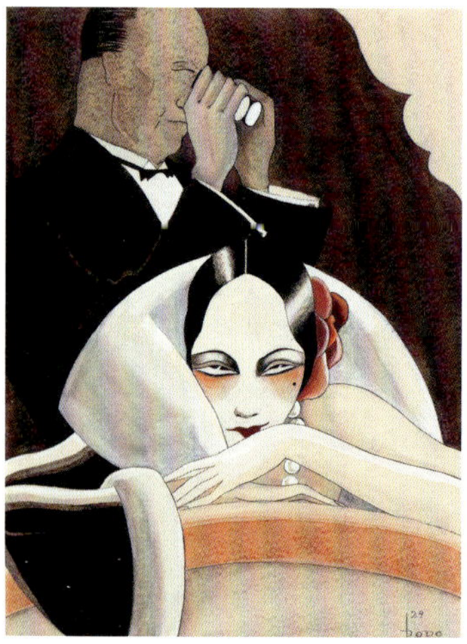

Dodo, *Logenlogik*,
für die Zeitschrift *ULK*, 1929
Dodo, *Theatre Box Logic*,
for *ULK*, 1929

es Leitbild gewiss deutlich vor Augen. Zugleich blieb man teilweise noch im Sicherheitsdenken, vermittelt durch die gutbürgerlichen Ideale der Elterngeneration, verhaftet. Das Leben der jungen Leute bewegte sich stets zwischen dem Ausbruch aus den festgefahrenen Konventionen und der Suche nach einem erfüllten Leben in Harmonie. Dodo berichtete in ihrer Autobiografie einiges über sich selbst: über ihre eigene ungehemmte Lust an der Provokation, ihre nächtlichen Abenteuer mit wechselnden Liebhabern und über den Genuss der finanziellen Unabhängigkeit. Der Umbruch fand in Dodos eigenem Leben statt, als sie 1928 den 25 Jahre älteren Anwalt Hans Bürgner kennenlernte, ihm selbstbewusst einen Heiratsantrag machte und ihn im Januar 1929 ehelichte. Sie begann nun im Alter von 22 Jahren ein äußerlich abgesichertes Leben als Ehefrau im gutbürgerlichen Berliner Stadtteil Westend. Es verwundert allerdings nicht, dass die Ehe recht bald von Enttäuschungen und Irritationen, von Temperamentsunterschieden und ungleichen Lebensauffassungen geprägt war.

Manch eine *ULK*-Zeichnung wirkt wie die Vorwegnahme von Dodos eigenen Lebenserfahrungen, die schicksalhaft in den folgenden Jahren über sie hereinbrechen sollte. Im Herbst 1929 erfolgte das abrupte Ende ihrer Zusammenarbeit mit dem Mosse-Verlag, in den nachfolgenden Berliner Jahren führte Dodo lediglich Aufträge unterschiedlicher jüdischer Zeitungen für kleinere Illustrationen in Tusche aus: Die Themen umfassten biblische Sujets, Theaterszenen, humoristische Blätter und Illustrationen für die Kinderseite der jeweiligen Zeitschrift. Die Geburt ihrer Kinder (1930 und 1932) markierten weitere Einschnitte in ihrem persönlichen Leben. Dodo erlebte innerhalb kurzer Zeit am eigenen Körper und im eigenen Leben unterschiedlichste Rollen: von der beruflich erfolgreichen Junggesellin zur konventionell eingebundenen Ehefrau, von der Femme fatale zur ungewohnten Mutterrolle, changierend zwischen Glück und größter Verzweiflung. Als sie 1933 – in Deutschland übernahmen die Nationalsozialisten die Macht – in Gerhard Adler die Liebe ihres Lebens kennenlernte und in große innere Konflikte gegenüber ihrer jungen Familie geriet, entstand eine sehr intime Werkgruppe von intensiven, teilweise brutalen Zeichnungen, die sie während der im selben Jahr durchlebten viermonatigen Zürcher Psychoanalyse schuf und die ihre allerpersönlichsten Ängste und Sorgen zutage bringen. Margitta Giera widmet ihren Beitrag diesen Blätter und deren tiefenpsychologischer Interpretation (S. 45–52).

Dodo thematisierte in dieser Lebensphase häufig das ursprünglich Weibliche mit seiner zwiespältigen Verführungskraft, sie zeichnete exotische Schönheiten, naturverbundene Mutterfiguren mit Säuglingen, aber auch strenge Nonnen oder schwankende, im Strudel der Ereignisse nahezu verlorene Frauengestalten. Die eher seltene Präsenz des Mannes in diesen Bildern birgt einen fast durchgängig negativen Ton: Der Mann ist als Henker oder als Tod gegenwärtig, er bleibt unerreichbar fern oder steht dem Weiblichen feindlich gegenüber.

Erst nach 1938 festigte sich Dodos private Situation im Londoner Exil – hierzu gibt der biografische Text von Renate Krümmer beredt Auskunft (S. 17–32) – und erst dort fand Dodo teilweise wieder zu ihrer Bildsprache zurück, die sie in Berlin in der zweiten Hälfte der 1920er-Jahren entwickelt hatte. Zwar blieb ihr beruflicher Erfolg im Londoner Exil zeitlebens weit hinter der erfolgreichen Berliner Zeit zurück – Illustrationen für Kinderbücher, Glückwunschkarten und Werbegrafiken entstanden –, doch der Grundton ihrer Arbeiten ist harmonisch, humorvoll und geprägt von einer intensiven Auseinandersetzung mit dem Sujet. Ab den 1950er-Jahren entstand eine Reihe von Aquarellen, die ausschließlich als private Arbeiten zu verstehen sind: Stillleben im häuslichen Umfeld, weibliche Akte und Porträts. Ab den 1970er-Jahren arbeitete Dodo mit Leidenschaft an Entwurf und Ausarbeitung von farbenprächtigen Stickbildern.

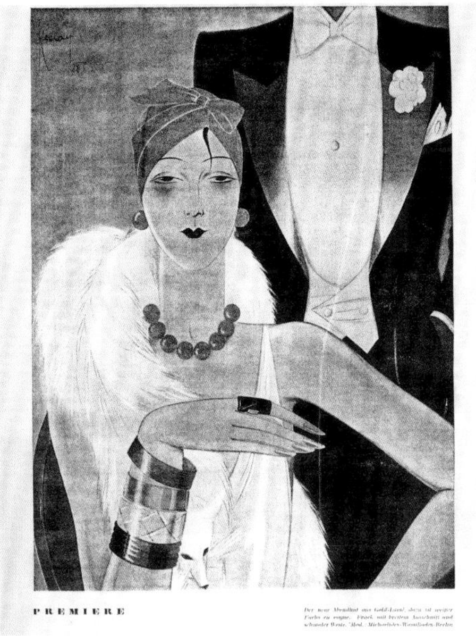

Assaf Kenan, *Premiere*, Illustration für die Modezeitschrift *Die deutsche Elite. Das Blatt der Gesellschaft*, erschienen im November 1928
Assaf Kenan, *Premiere*, illustration for the fashion journal *Die deutsche Elite. Das Blatt der Gesellschaft*, published in November 1928

Als Dodo im Jahr 1998 im Alter von 91 Jahren in London starb, waren siebzig Jahre seit dem Beginn ihrer Zusammenarbeit mit der Zeitschrift *ULK*, ihrem künstlerischen Höhepunkt, vergangen. Diese Welt scheint untergegangen zu sein, und doch ist man versucht zu fragen, welche Entwicklung Dodos künstlerischer Weg genommen hätte, wenn sie weiterhin die Möglichkeit gehabt hätte, in einer kultivierten Welt die Sujets ihrer Illustrationen auszuarbeiten. Bestechend sind bis heute ihre Beobachtungsgabe, ihr Gefühl für Farbe und Komposition, ihr feiner Sinn für die Typisierung der menschlichen Charaktere. Wie hätte sie, mit diesem Rüstzeug ausgestattet, die mondäne Gesellschaft der 1930er-Jahre, den Wirtschaftsaufschwung der 1950er-Jahre oder gar den an die 1920er-Jahre erinnernden Aufbruch der Jugend der 1960er-Jahre gesehen? Welche Entwicklungen wären in Dodos künstlerischem Werk sichtbar geworden, wenn sie ihr weiteres Leben in Berlin hätte verbringen können? Welchen Einfluss hätte eine andere persönliche Lebenssituation ohne die emotionalen Berg- und Talfahrten auf die thematische und stilistische Ausprägung ihrer Zeichnungen genommen? Wie sehr mag Dodo in den ersten Londoner Jahren die Möglichkeit vermisst haben, ihr künstlerisches Können im Rahmen größerer Aufträge erneut unter Beweis zu stellen, ja weiterzuentwickeln? Verstand sie sich selbst in der Zeit nach 1945 noch als Künstlerin?

Wenngleich diese Fragen zur künstlerischen Entwicklung unbeantwortet bleiben müssen, so lassen sich für Dodos langes Leben zumindest einige Konstanten feststellen, die ihr Kraft und Halt boten: der starke Zusammenhalt der Familien, die rückhaltlose Unterstützung durch ihren Ehemann Hans Bürgner und schließlich Dodos zeitlebens anhaltende emotionale Bindung an Gerhard Adler. Mascha Kalékos Zeilen *Von Mensch zu Mensch*[9] drücken diese Gefühlsmischung treffend aus:

> Nun, da du fort bist, scheint mir alles trübe.
> Hätt' ich's gewußt, ich ließe Dich nicht gehen.
> Was wir vermissen, scheint uns immer schön.
> Woran das liegen mag – . Ist das nun Liebe?

1 Stephanie Bung und Margarete Zimmermann, »Von Paris nach Berlin. Victor Marguerittes *La Garçonne* und die Folgen«, in: *Garçonnes à la Mode im Berlin und Paris der zwanziger Jahre* (*Querelles. Jahrbuch für Frauen- und Geschlechterforschung*, 11), hrsg. von Stephanie Bung und Margarete Zimmermann, Göttingen 2006, S. 7–27.

2 Vgl. Swantje Kuhfuss-Wickenheiser, *Die Reimann-Schule in Berlin und London 1902–1943: ein jüdisches Unternehmen zur Kunst- und Designausbildung internationaler Prägung bis zur Vernichtung durch das Hitlerregime*, Aachen 2009.

3 Im weiteren Verlauf des Textes wird aus Lesbarkeitsgründen lediglich die männliche Form genutzt, unter der jedoch auch die weiblichen Schüler zu verstehen sind.

4 Dieser Lehrer wurde in Dodos Biografie mit einem überraschenden Erlebnis verewigt, siehe S. 20.

5 Einige Zeichnungen Dodos für die Zeitschrift *ULK* zeigen jedenfalls deutliche Einflüsse von Kenans eigenen Veröffentlichungen, vgl. Abb. S. 15.

6 Vgl. Adelheid Rasche (Hrsg.), *Pailletten – Posen – Puderdosen. Modezeichnungen und Objekte der Zwanziger Jahre*, Berlin 2009.

7 Es haben sich keine Informationen erhalten, über welchen Weg Dodo zum Mosse-Verlag gekommen ist. Ebenso wenig ist bisher nachvollziehbar geworden, wann und wodurch sich die hier skizzierte stilistische Wandlung vollzogen hat.

8 Vgl. Katharina Sykora u. a. (Hrsg.), *Die Neue Frau. Herausforderung für die Bildmedien der Zwanziger Jahre*, Marburg 1993.

9 Mascha Kaléko, »Von Mensch zu Mensch«, in: *Kleines Lesebuch für Große* (1934), Hamburg 1956, S. 75.

»Die ganze Zeit war ich gut im Zeichnen. Zu Hause zeichnete ich jede freie Minute«

Renate Krümmer

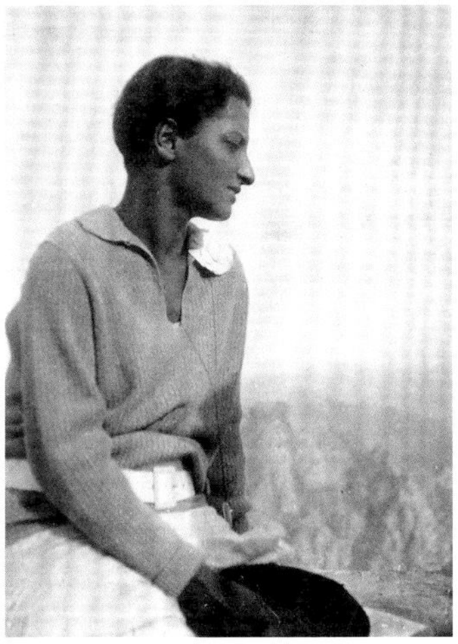

Dodo Wolff, um 1929
Dodo Wolff, c. 1929

»Ich wurde ›Dörte‹ genannt, eine unpassende Wahl für ein dunkelhaariges, jüdisches Mädchen«, bemerkt die am 10. Februar 1907 in Berlin geborene Dörte Clara Wolff zu Beginn ihrer unveröffentlichten Biografie.[1] Die zweite Tochter von Erich Manfred und Grete Wolff war nicht zufrieden mit dem Namen, den ihre Eltern ihr gegeben hatten. Sie war und blieb ihr Leben lang »Dodo«. Nicht Dodo Wolff, nicht Bürgner oder Adler, wie die Namen ihrer Ehemänner lauteten – von nicht einer Hochzeit existiert ein Foto –, nur: Dodo. Bereits früh hatte sie klare Vorstellungen davon, was ihr gefiel, und entsprechend handelte sie. Mehr als alle anderen definierte sie selbst ihre Lebenswege. Und bei aller Bedeutung von Familie, Freunden und Umfeld – wirklich prägend waren ihre Emotionen und ihre spontane Entschiedenheit, die nicht selten Regie in ihrem Leben führten.

Vergeblich erhofft man sich aus Dodos Schilderungen umfassende und detaillierte Aufschlüsse über ihr engstes persönliches Umfeld oder ihre Reflexion über das politische Geschehen. Ihre überlieferte kurze Biografie vermittelt vor allem eines: Erkenntnisse über Dodo. Sie überrascht nicht nur durch das, was sie enthält, sondern auch durch das Ausgelassene. Selbst die Kunst, mit der Dodo weite Wegstrecken ihres Lebens illustrierte, verarbeitete, in Szene setzte – auch sie beherrscht nicht ihre Ausführungen. Durch ihr Studium, durch Literatur und häufige Besuche von Museen und Ausstellungen erwarb sie sich Kenntnisse in der Kunst – für eine Künstlerin hielt sie sich selbst jedoch nicht. Ihre Lebensmotivation war ihr Leben; die Kunst unterstützte sie darin. Die Bedeutung, die die Kunst für Dodo hatte, entdecken wir nur in ihren Bildern, den vielen hundert zumeist leuchtend farbigen Arbeiten auf Papier, Abbildern ihrer Lebensstationen und Zeugen ihrer Emotionalität. Sie illuminieren ihren Weg in den leuchtenden Farben, die ihr Werk stets charakterisierten.

»Meine erste Erinnerung sind Farben«, eine pinkfarbene Ansteckrose am Abendkleid ihrer Mutter, die ihr den Gute-Nacht-Kuss gab – grau war die Welt nicht, in die Dodo geboren wurde. Sie wuchs mit ihrer fünf Jahre älteren Schwester Suse (Antonie

Johanna Suse Wolff) behütet in einem Haus der Jahrhundertwende in der Regensburger Straße 9 in Berlin-Schöneberg auf. Die ursprünglich aus Schlesien stammenden Eltern, der Vater im Holzhandel tätig, die Mutter Hausfrau, erzogen ihre Töchter in einer künstlerisch geprägten Umgebung, die frei von wirtschaftlichen Sorgen war. Wenngleich es für den zeichnerisch begabten Vater, der aus einer jüdisch-bourgeoisen, traditionell geprägten Familie stammte, nie infrage gekommen wäre, seine Leidenschaft zum Beruf zu machen, prägten Kunst, Bücher, Musik, Kino, Theater und Geselligkeit den Alltag der Familie. Für den Komfort des Haushalts sorgten die Köchin »Tata« (Marta Koschan) und das Stubenmädchen Lisbeth Liebener, die bei Dodos Eltern blieb, bis sie, bedingt durch die Judenverfolgung der Nationalsozialisten, 1938 nach England emigrierten.

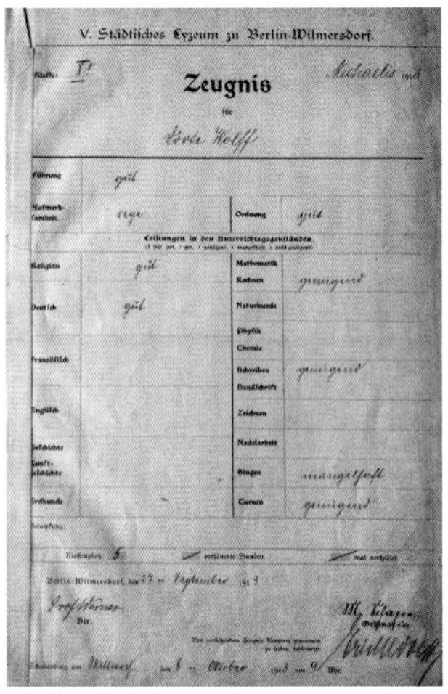
V. Städtisches Lyzeum zu Berlin-Wilmersdorf.

Zeugnis

Dodos Grundschulzeugnis, Städtisches Lyzeum, Berlin-Wilmersdorf, 1913
Dodo's school report from the municipal lyceum in Berlin-Wilmersdorf, 1913

Während Dodo die Ehe ihrer Eltern nicht als überglücklich charakterisierte und ihren Vater als dominant beschrieb, fand ein Familienmitglied ihre ganz besondere Wertschätzung: ihre Großmutter väterlicherseits, Adelheid Wolff, geborene Grünberger. Die frühere Lehrerin aus Beuthen in Oberschlesien, die mit einem gebildeten, humorvollen Buchhändler und Verleger verheiratet gewesen war, hatte nach dessen Tod ein repräsentatives Mehrfamilieneckhaus in der Regensburger Straße in Berlin erworben, in dem sie das Erdgeschoss und ihr Sohn Erich, das einziges Kind, mit seiner Familie den ersten Stock bewohnte. Dodo liebte ihre viel gereiste Großmutter, die ihr früh lesen und schreiben beigebracht hatte und ihr auf eine »altmodische«, sie nicht mit Geschenken verwöhnende Art ihre unbedingte Liebe und Aufmerksamkeit schenkte. Sie bewunderte ihre Stärke und ihren unabhängigen unternehmerischen Geist – Adelheid Wolff war Aktionärin des Berliner Zoologischen Gartens mit Dauereintrittskarten für die Familie und verwandelte das Eckgeschäft des Hauses zwischenzeitlich in ein Gymnastikstudio, das sie vermietete. Diese Frau, die ihrer Mutter das Leben nicht immer leicht machte, war für Dodo der Anker und der solide Fels ihrer Jugend: das Familienmitglied, »das ich am meisten liebte«, und die 12-Jährige reagierte hysterisch, als ihre Großmutter verstarb.

Freundschaften und umtriebige Geselligkeit pflegte die Familie zumeist mit ihrer weitläufigen jüdischen Verwandtschaft. Dodos Freunde kamen ebenfalls vornehmlich aus dem Kreis ihrer Cousins und Cousinen, was sich auch nicht änderte, als sie 1913 in das Städtische Lyzeum in Berlin-Wilmersdorf eingeschult wurde. Neben dem Spiel mit ihren vertrauten Kameraden im Tiergarten verbrachte Dodo gerne Zeit alleine, lesend oder malend, und zog diese Aktivitäten dem Zeitvertreib mit den neuen Schulkameraden vor. Sie bezeichnete sich in der Schule als Einzelgängerin, die eher mit »guter Führung« und »reger Aufmerksamkeit«[2] glänzte als mit herausragender schulischer Leistung. Wenngleich Dodo im Glauben an Gott abends ein Gebet mit ihrer Mutter sagte: »Gott ist sicher da oben, da gibt es keinen Zweifel«, lernte sie das Alte Testament erst bei einer jüdischen Religionslehrerin, die an dem fast zur Hälfte aus jüdischen Schülerinnen bestehenden Lyzeum unterrichtete. Ihre Eltern, die sich als Agnostiker betrachteten, pflegten über persönliche Kontakte hinaus keine engere

Verbindung zur jüdischen Gemeinde. Generell war die Grundschulzeit auch geprägt durch den Ersten Weltkrieg, der sich für Dodo in zeitweiligem Schulausfall, Lebensmittelrationierung und knapper Kohle äußerte. Ihr Vater konnte durch seinen Holzhandel und seine häufigen Besuche auf dem Land genügend Lebensmittel beschaffen, um die Familie zu versorgen. Allenfalls weckte der Erste Weltkrieg patriotische Gefühle: Dodos Vater ließ die schwarz-weiß-rote Deutschlandflagge vom Balkon wehen, und ihre Schwester schrieb flammende Gedichte. Ansonsten konnte man das gesellige Leben im Kreis der Freunde und Verwandten weiterhin relativ unbeeinträchtigt gestalten und die Töchter Teile ihrer Ferien in Kinderfreizeiten verbringen lassen.

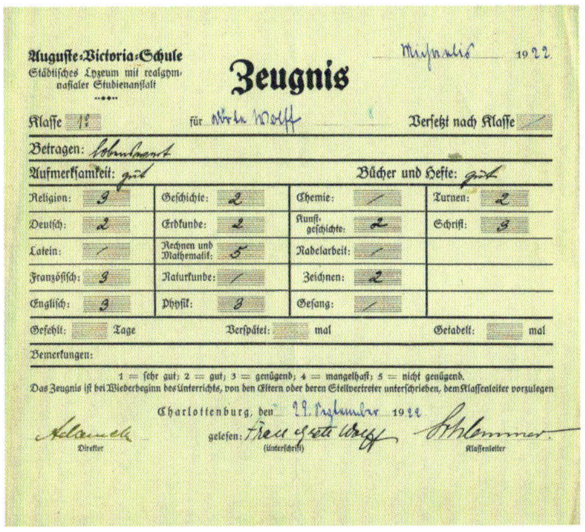

Auguste-Victoria-Schule
Städtisches Lyzeum mit realgymnasialer Studienanstalt

Zeugnis

1922

Klasse — für — Versetzt nach Klasse —

Betragen:

Aufmerksamkeit: gut — Bücher und Hefte: gut

Religion:	3	Geschichte:	2	Chemie:	/	Turnen:	2
Deutsch:	2	Erdkunde:	2	Kunstgeschichte:	2	Schrift:	3
Latein:	/	Rechnen und Mathematik:	5	Nadelarbeit:	/		
Französisch:	3	Naturkunde:	/	Zeichnen:	2		
Englisch:	3	Physik:	3	Gesang:	/		

Gefehlt: Tage — Verspätet: mal — Getadelt: mal

Bemerkungen:

1 = sehr gut; 2 = gut; 3 = genügend; 4 = mangelhaft; 5 = nicht genügend.
Das Zeugnis ist bei Wiederbeginn des Unterrichts, von den Eltern oder deren Stellvertreter unterschrieben, dem Klassenleiter vorzulegen

Charlottenburg, den 29. September 1922

Direktor — gelesen: (Unterschrift) — Schlemmer Klassenleiter

Dodos Abschlusszeugnis,
Auguste-Viktoria-Schule, 1922
Dodo's final school report from
the August-Viktoria School, 1922

1918 wechselte Dodo an die Auguste-Viktoria-Schule (»Städtisches Lyzeum mit realgymnasialer Studienanstalt«, Nürnberger Straße), auf die schon Schwester Suse gegangen war, die zu ihrer Zeit in Marlene Dietrich eine gleichaltrige Schulkameradin hatte. Eine glänzende Schülerin wurde Dodo auch dort nicht, und ihre Lust an guten Leistungen wurde nur kurzzeitig durch ihren neuen Klassenlehrer, Herrn Schlemmer, stimuliert, in den sie sich platonisch im Alter von 14 Jahren verliebte. Doch die Verliebtheit ging, wie sie gekommen war, und damit auch die Noten in der Schule. Herr Schlemmer kommentierte: »Du solltest jetzt alt genug sein, Deine persönlichen Gefühle nicht Deine Arbeit beeinträchtigen zu lassen« – ein Phänomen, das Dodo jedoch zeitlebens begleiten sollte.

In den Ferien verreiste sie mit den Eltern, später durfte sie ihre 20-jährige Cousine zur Winterfreizeit mit Schlittentouren in das Riesengebirge begleiten. Sie gaben sich gegenseitig Alibis, insbesondere für den Hüttentanz mit jungen Beaus am Nachmittag. Dodo verließ die Schule am 29. September 1922 im Alter von fast sechzehn Jahren mit einem Abschlusszeugnis, das sie als »brenzlig« bezeichnete, da sie nur mit Charme und Überredung ihre Lehrer überzeugen konnte, mäßige schriftliche Resultate mit guten mündlichen Beiträgen aufzubessern. In einem aber konnte sie glänzen: »Die ganze Zeit war ich gut im Zeichnen. Zu Hause zeichnete ich jede freie Minute.« Während ihre Mutter sie drängte, in den sommerlichen Bergferien die schöne Landschaft auf das Papier zu bannen, malte Dodo eine Reihe über den Hügel tanzender nackter Nymphchen, die von einem Faun verfolgt wurden. Seit Beginn der Pubertät voller Lust an der Provokation, machten ihre Darstellungen auch nicht Halt vor kopulierenden Paaren oder einer schwangeren Dirne, die auf einer Brücke Selbstmord begehen will – im Übrigen ein Motiv, das sie 1933 in einer für sie schwierigen Zeit wiederholte (Abb. S. 126). Ihre Mutter, verzweifelt darüber, was sie »produziert hatte«, konsultierte einen Kinderarzt, der trocken bemerkte, dass Dodo nur das zeichne, woran andere Mädchen dächten.

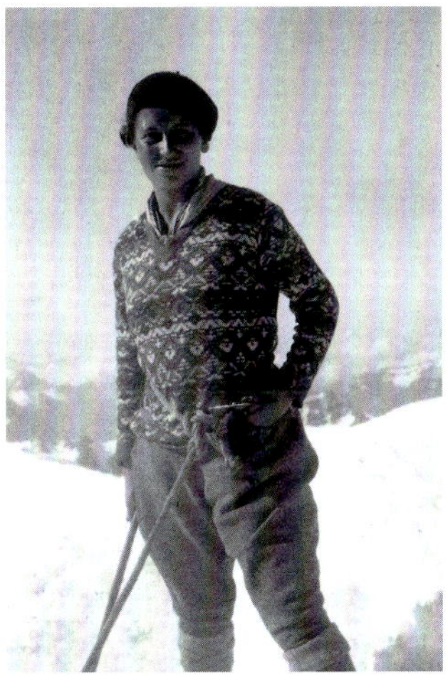

Dodo in den Bergen, um 1928
Dodo in the mountains, c. 1928

Dodo insistierte, wollte auf eine Kunstschule gehen. Die Eltern stimmten unter der Bedingung zu, dass sie vorher auf eine Schule für höhere Töchter gehen solle, damit sie Schliff in Hauswirtschaft und Kochen bekäme. Dodo gab nach und war schließlich überglücklich, als sie die von drei unverheirateten Schwestern geführte »finishing

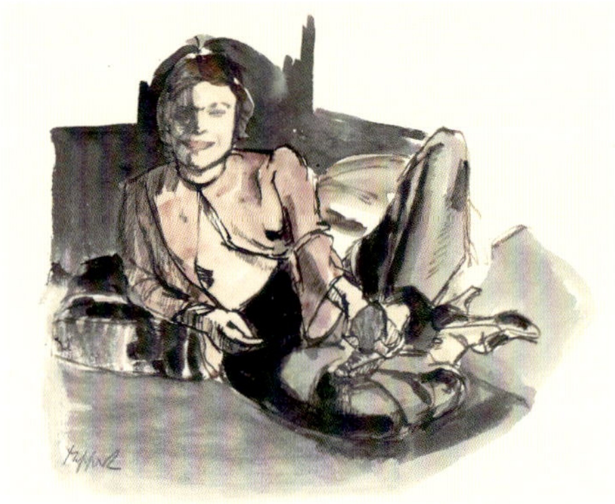

Georg Tappert, *Dodo 1924*, um 1924
Georg Tappert, *Dodo 1924*, c. 1924

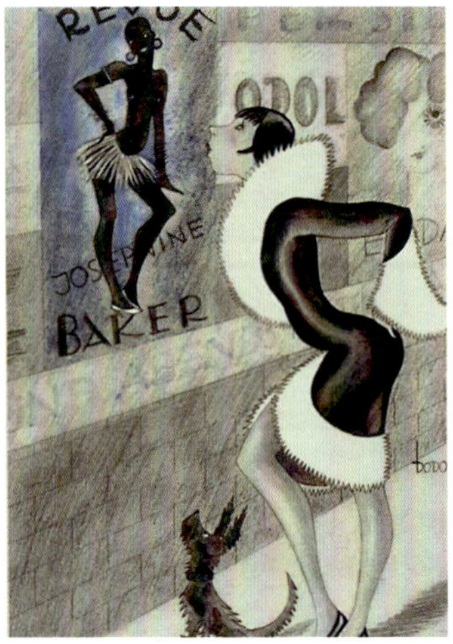

Dodo, *Madame Baker*, für die Zeitschrift *ULK*, 46, November 1928
Dodo, *Madame Baker*, for *ULK* magazine, 46, November 1928

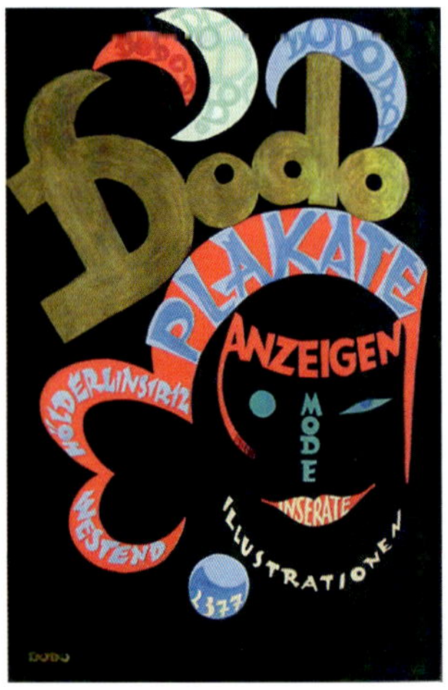

Dodo, Werbeplakat, um 1926
Dodo, advertising poster, c. 1926

school« in der Umgebung Berlins nach einem Jahr im Sommer 1923 verlassen konnte. In den anschließenden Sommerferien entdeckte sie im Urlaub mit den Eltern mit großer Freude das Bergsteigen, das ihr Vater sie mit Führern auf etlichen Touren erproben ließ.

Im Herbst 1923 endlich begann sie ihre Kunstausbildung. Da ihr Mittelschulabschluss für eine Zulassung an der Staatlichen Universität der Künste nicht ausreichte, meldete ihr Vater sie an der Schule Reimann an, der 1902 von Albert Reimann gegründeten privaten Kunst- und Kunstgewerbeschule in Berlin-Schöneberg, die zu Dodos Freude »eine Reputation für moralisch fragwürdiges Verhalten ihrer Studenten hatte«. Dodo war begeistert von den Lehrern und dem breiten Curriculum, das den Schülern außer profunden Studienmöglichkeiten auch »Live-Klassen« nicht nur im Zoo, sondern auch in Nachtklubs bot. Über einen der Zooausflüge der Zeichenklasse berichtet Dodo: »Es war nicht das wilde Tier, sondern der Lehrer, der mich im Löwenhaus überfiel und wild küsste. Der Löwe schaute ungerührt zu.«

Wenn auch die Biografie den Namen dieses Lehrers[3] verschweigt, war einer ihrer Lehrer sicherlich Georg Tappert, der bis 1924 an der Schule Reimann unterrichtete. Aus diesem Jahr existiert ein kleines Tappert-Aquarell, das Porträt einer jungen Frau, betitelt *Dodo 1924*, das große Ähnlichkeit mit unserer Dodo aufweist. Dodo blieb bis 1926 an der Schule Reimann. Eine umfangreiche Publikation über die Schule Reimann führt Dodo namentlich als eine der Studentinnen auf.[4] Einige ihrer Entwürfe wurden 1926 in *Form und Farbe* publiziert, andere Zeichnungen gingen in den Besitz der Lipperheideschen Kostümbibliothek Berlin über, heute Sammlung der Staatlichen Museen zu Berlin.

Ansonsten empfand Dodo, zunehmend von Abenteuerlust getrieben, ihr Privatleben eher als langweilig: Tanzschule und Hauspartys, von jüdischen Familien arrangiert, immer Kartoffelsalat, Frankfurter Würstchen und Saft. Bis der fast zehn Jahre ältere Hans Aufrichtig, den sie kurz vor ihrem 17. Geburtstag kennenlernte, mit ihr zu flirten begann. Gut zwei Jahre dauerte ihre platonische Beziehung. Was mit Hans Aufrichtig begann, wurde mit Herbert Hadra vollendet: Dodo lernte den Sohn eines Kollegen ihres Vaters 1926 kennen, er war auf der Suche nach einem guten Mädchen, das er heiraten wollte. Sie machten Spritztouren mit seinem Auto, saßen in Cafés auf dem Kurfürstendamm und besuchten Theatervorstellungen und Revuen. Dodo wurde Zeuge, wie Josephine Baker 1926, nur mit einem Bananenröckchen bekleidet, im Nelson-Theater am Kurfürstendamm auftrat. Sie war davon so beeindruckt, dass sie sie mehr als einmal zeichnete (Abb. S. 20, 85). Auch wenn Hadra bis 1928 ihr Liebhaber war: Er entschied, dass sie doch nicht das Mädchen sei, das er heiraten wolle.

Nachdem Dodo die Schule Reimann im Herbst 1926 verlassen hatte, wurde sie unmittelbar für freiberufliche Arbeiten engagiert, sodass das eigens entworfene Werbeplakat mit den Adressdaten, unter denen die Familie mittlerweile lebte (Hölderlinstraße 12, Berlin-Westend), gar nicht mehr zum Einsatz kam. Zunächst galt das

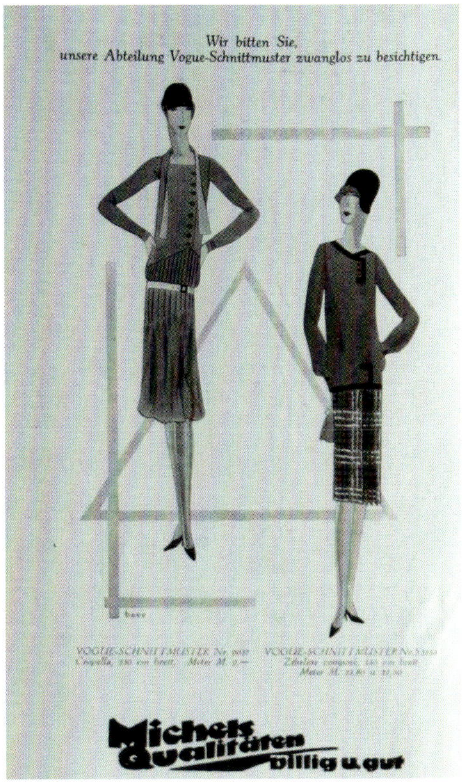

Dodo, *Vogue*-Schnittmuster für die Seidenweberei Michels, um 1926
Dodo, *Vogue* patterns for the Michels silk weaving company, c. 1926

Engagement Modezeichnungen auf Basis von Stoffproben, vornehmlich für das am Kaisereck /Auguste-Viktoria-Platz befindliche Modehaus Michels & Cie., das unter dem Titel *Seidenweberei Michels und die Mode* monatlich Modepublikationen »für die elegante Frau« herausbrachte, in denen Dodos Entwürfe für *Vogue*-Schnittmuster erschienen. Sie verdiente damit »viel Geld«, und da sie ihren Eltern nichts für ihren Lebensunterhalt geben musste, gab sie es mit leichter Hand aus, indem sie »Taxi fuhr, wohin ich auch immer wollte, und meine eigenen Zigaretten hatte, auf denen mein Name aufgedruckt war«. Da sie kurzsichtig war und ihr eine Brille unelegant erschien, trug sie ein Monokel und schwang beim Ausgehen dandyhaft einen Spazierstock. Sie kleidete sich schick und avantgardistisch, sie war »smart auf französische Art und Weise« – nicht klassisch schön, aber ungemein attraktiv. Diese ihr eigene Anziehungskraft sollte Dodo ihr ganzes Leben auf andere Menschen ausstrahlen.

Mit Zwanzig befand sie, dass sie ein erwachseneres Leben führen sollte, und wollte nun den Hafen der Ehe und Familie ansteuern. Ihre künstlerische Arbeit war zwar so spannend wie noch nie zuvor: Der Kunst-Chefredakteur des von Theodor Wolff herausgegebenen *Berliner Tageblattes* hatte Dodo für ganz- und doppelseitige Illustrationen der Satirezeitschrift *ULK* gewinnen können, ein wöchentliches Magazin, das sich in Spitzenzeiten einer Auflage von 250.000 bis 300.000 Exemplaren erfreute und damit nicht nur in den arrivierten Haushalten von Berlin eine weite Verbreitung fand. Mit ihren *ULK*-Gouachen gelangte Dodo auf Augenhöhe mit einigen namhaften *ULK*-Illustratoren, darunter Jeanne Mammen (einst Reimann-Schülerin) und Rolf Niczky

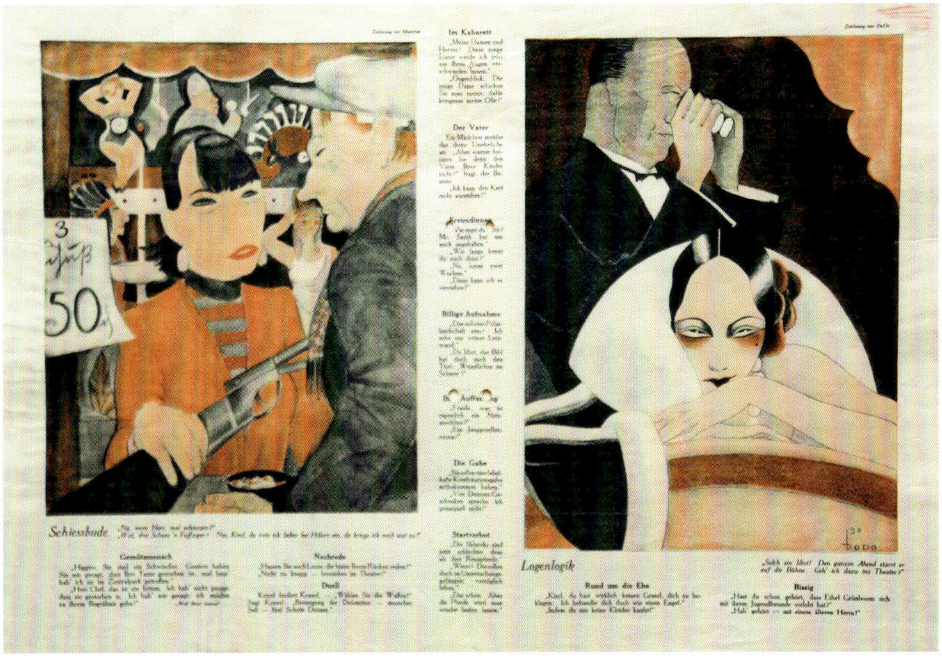

Doppelseite der Zeitschrift *ULK* mit der Zeichnung *Schiessbude* von Jeanne Mammen und *Logenlogik* von Dodo, 45, November 1929
Double-page spread in *ULK* magazine showing Jeanne Mammen's drawing *Shooting Gallery* and Dodo's *Theatre Box Logic*, 45, November 1929

Wenn die beste Freundin mit der besten Freundin

Marcellus Schiffer, 1928

Wenn die beste Freundin
mit der besten Freundin,
um was einzukaufen,
um sich auszulaufen,
durch die Straßen latschen,
um sich auszuquatschen,
spricht die beste Freundin
zu der besten Freundin.
Meine beste Freundin.
O meine beste Freundin,
o meine schöne Freundin,
o meine treue Freundin,
o meine süße Freundin!

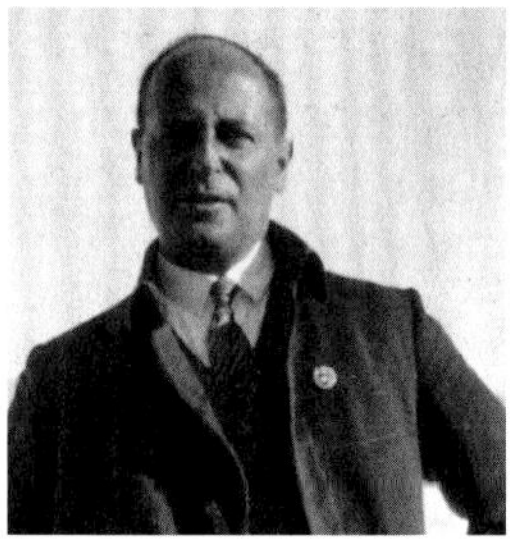

Hans Bürgner, 1929

(Lehrer an der Schule Reimann). Mehr als 60 farbintensive Dodo-Illustrationen, häufig abgebildet auf den prominenten Titel-, Rück- oder Mitteldoppelseiten, erschienen von Ende 1927 bis 1929 (Abb. S. 21). Damit wurde sie eine der begehrtesten Künstlerinnen für *ULK*, »ohne Zweifel der Höhepunkt meiner künstlerischen Karriere«. Hinzu kamen Illustrationen zu Artikeln von Polly Tieck (d. i. Ilse Falkenfeld), einer gefragten Feuilletonistin, deren Beiträge im *Tagebuch*, *BZ am Mittag*, *ULK* und *Münchner Jugend* an Irmgard Keun und Kurt Tucholsky erinnern. Später sollte Polly das Schicksal vieler jüdischer Journalisten in der Weimarer Republik ereilen: Sie musste emigrieren, und ihre Spur verliert sich in Amerika.

Als einen der aufregendsten Momente beschreibt Dodo den Empfang eines Telegramms von Marcellus Schiffer und Mischa Spoliansky, die mit *Es liegt in der Luft* DIE Revue der Neuen Sachlichkeit inszenieren wollten. Dodo sollte Kostüme für die Sängerin und Diseuse Margo Lion und ihren Gegenpart, die bis dahin gänzlich unbekannte Marlene Dietrich, entwerfen. Die Premiere ihres ersten Stücks am 15. Mai 1928 war der Durchbruch des Duos. Margo Lion und Marlene Dietrich sangen, wohlhabende junge Frauen spielend, in der Szenerie eines großen Berliner Kaufhauses unter anderem das doppeldeutige Duett *Wenn die beste Freundin mit der besten Freundin*. In ihrem Lied wird deutlich, dass beide mit ihren Ehemännern unzufrieden sind und ihre Beziehung zueinander mehr als nur ein wenig vertraut ist. Das Stück wurde ein großer Hit und gleichzeitig die Hymne lesbischer Frauen in den späten 1920er-Jahren. Fortan war Schiffer gefragter Verfasser von Couplets im Deutschland der Weimarer Republik. Dodo besuchte viele Proben und bekam danach »unendlich viele Tickets für Aufführungen am Kurfürstendamm«.

Es war Polly Tieck, die 1928 mit einer Abendeinladung für den Anlass sorgte, an dem Dodo ihren späteren Ehemann Hans kennenlernen sollte. Dr. Hans Bürgner, erfolgreicher Rechtsanwalt und Notar, geboren am 17. November 1882 in Berlin und erheblich älter als Dodo, war ein später Gast nach dem Theater. Dodo und Hans unterhielten sich bis drei Uhr morgens auf einem Kanapee in Pollys Wohnung, danach brachte er sie nach Hause. Im Auto machte ihm Dodo einen Antrag. Er brach in Lachen aus und wies sie darauf hin, dass er mehr als 20 Jahre älter sei. Das mache nichts, und sie bekräftigte, dass er ihr mit Blumen am nächsten Tag sein Einverständnis erklären solle. Die Blumen kamen, begleitet von der Nachricht, dass er sie charmant, witzig und provozierend finde. Er wolle mehr von ihr sehen, allerdings komme Heirat nicht infrage. Danach gingen sie häufig aus, zum Diner, in Aufführungen und am Wochenende zum Schwimmen an einen der Seen in der Umgebung. Sie liebte ihn, und bald begannen sie eine Affäre, die sich dadurch umso problemloser gestaltete, als er eine Wohnung hatte und ihr einen Schlüssel gab. Polly, nach ihrer Ehe mit dem linken Journalisten Helmuth Falkenfeld nun in einer Frauenbeziehung mit Fe Spemann-Adriani lebend, lud in gemeinsame Ferien mit weiteren Bekannten. Zusammen verbrachten sie freizügige Tage, während derer die Grenzen der Partnerschaft nicht immer klar gezogen waren. Polly beschreibt den Zeitgeist folgender-

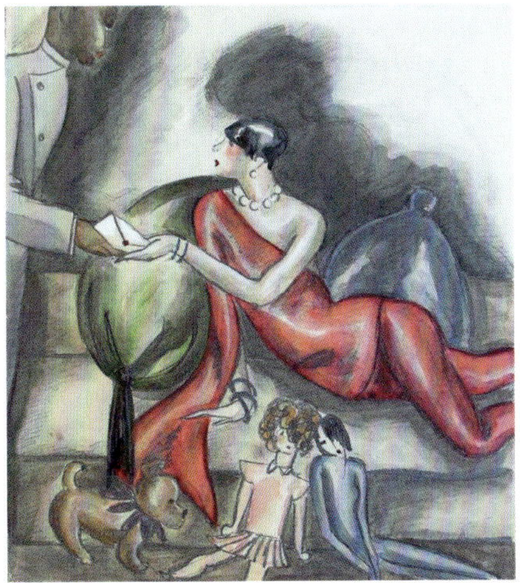

Dodo, Der Brief, um 1929
Dodo, *The Letter*, c. 1929

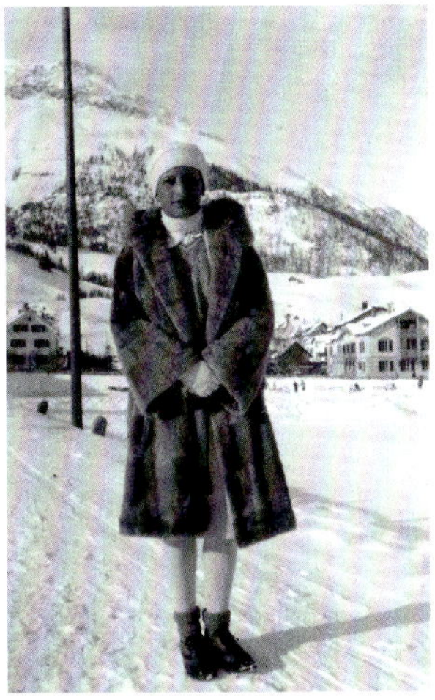

Dodo, Celerina, 1929

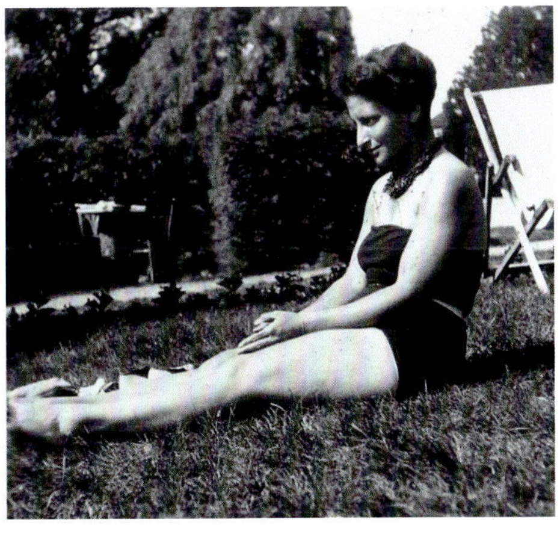

Dodo, Berlin, 1929

maßen: »Ich also habe einen Freund und mein Freund hat eine Freundin – ich meine, dass wir uns auch recht verstehen, er hat noch eine außer mir [...]. Und um damit endlich zum Hauptthema zu kommen: ich bin auf diese Freundin absolut nicht und in keiner Weise eifersüchtig.«[5]

Im Sommer 1928 beschloss Dodo, dass sie nun wirklich heiraten wolle. Hans weilte gerade in Italien mit seiner Schwester Hedwig, die mit dem namhaften Psychiater und Sigmund-Freud-Freund Karl Abraham verheiratet war. Spontan und emotional, wie Dodo war, schrieb sie Hans eines Nachts einen Brief mit einem Ultimatum und – damit sie sich nicht eines Besseren besinnen konnte – warf ihn sofort, über ihrem nackten Körper nur mit einem Mantel bekleidet mit behandschuhten Händen (man ging mit Handschuhen aus!), in einen nahe gelegenen Briefkasten ein, nur um danach den Schlüssel zu verlieren und sich in diesem Zustand ihren völlig entgeisterten Eltern an der Haustür zu früher Stunde Argumentationsnöten ausgesetzt zu finden.

Hans kehrte zurück, und Dodo war im siebten Himmel: Ja, er wolle sie heiraten! Ihre Eltern waren einerseits sehr angetan, da Hans »etwas darstellte«. Dennoch verfiel Dodos Vater nach dem Mann-zu-Mann-Gespräch kurzzeitig in eine Depression, da ein Mann seines Alters – Hans war nur neun Jahre jünger als er – »seine Tochter stehlen würde«.

Die Hochzeit wurde für den Jahresbeginn 1929 angesetzt und in der verbleibenden Zeit das gemeinsame Zuhause eingerichtet. Hans hatte den Architekten Ernst Freud, Sohn von Sigmund Freud und Vater von Lucian Freud, mit der Einrichtung ihrer ersten gemeinsamen Wohnung in der Platanenallee 26 in Charlottenburg betraut. Von Freud entworfene silbergraue Lackmöbel im Art-déco-Stil zierten nicht nur ihr Wohnzimmer, Esszimmer und ihrer beiden Schlafzimmer, nein – auch für Dodos Stofftiersammlung, die in ihr Schlafzimmer Einzug hielt, wurde ein lackgrauer Laufstall entworfen. Sie heirateten Anfang Januar standesamtlich, Dodo in einem kurzen roten Seidentaftkleid und einem Pelzmantel, den sie von ihrem selbst verdienten Geld erstanden hatte. Am gleichen Tag brachen beide zu zweiwöchigen Flitterwochen nach Celerina auf, die sie im Suvretta-Haus verbrachten. Hans, den man dort schon kannte, stellte sie seinem Skilehrer mit den Worten vor: »Diesmal bringe ich Ihnen meine Frau«, der grinsend antwortete: »Herr Doktor, das sagen Sie jedes Jahr!« Während Hans den Wintersport liebte, konnte sich Dodo nie richtig dafür erwärmen: Sie liebte warmes Klima. Auch hätte Dodo dem Glamour und den allabendlich formellen Diners gemütliche Abende in der Suite vorgezogen. Und so war sie letztlich froh, als beide nach dem Urlaub ihr neues Domizil bezogen, für das Hedwig, Hans' Schwester, inzwischen eine Angestellte gefunden hatte. Von dem Honeymoon des frischvermählten Paares zeugen noch einige winterliche *ULK*-Illustrationen, die ab Ende Januar 1929 erschienen (Abb. S. 96/97, 111)

Das Eheleben machte Dodo zunächst Freude: Theaterpremieren am Samstag, Freunde, Familienbesuche – Hans' Familie nahm sie sehr nett auf –, Ausflüge zu den

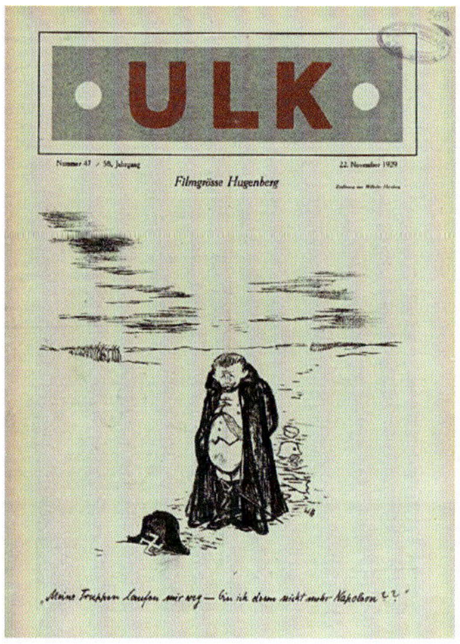

ULK-Titelblatt, 22. November 1929
ULK cover illustration, 22 November 1929

Seen und gute Restaurants am Abend. So sehr sie die beiderseitige Liebe und Wärme genoss, umso weniger begeisterte sie jedoch zunehmend der Sex in ihrer Beziehung, eine Tatsache, über die das Paar zeitlebens nie miteinander sprach. Auch das gesellschaftliche Leben mit den Dinnerpartys, die zu erwidern waren, empfand Dodo mehr und mehr als belastende Routine. Sie stellte die fundamentalen Unterschiede ihrer Charaktere fest: Während Dodo emotional, intensiv und experimentell war, war Hans vorsichtig und ihrer Meinung nach wenig spontan. Hans hatte als Leitmotiv, dass man sich nur sehr überlegt zu etwas verpflichten solle; wenn man es getan habe, müsse man dazu stehen und könne nicht zurückziehen, eine Einstellung, die im Übrigen bewirken sollte, dass er Dodo und ihrer gemeinsamen Familie später unerschütterlich Unterstützung und Zuwendung auch angesichts schwierigster partnerschaftlicher Probleme geben sollte. Dodo fühlte sich mehr als das »liebenswerte, vergnügliche Spielzeug, zuweilen die Tochter, für die Hans sich verantwortlich fühlte, sicherlich aber nicht als die Partnerin in einer Ehe«. Sie hatte das Gefühl, dass sie sein Leben nicht wirklich teilen konnte.

Dodo zeichnete und arbeitete weiterhin, allerdings fand sie bereits im Spätherbst 1929 nach dem Schwarzen Freitag keine Möglichkeit mehr, ihre farbenprächtigen Illustrationen in *ULK* zu positionieren, da das Magazin nicht mehr im Vierfarbdruck erschien. Zudem wollte sie unbedingt ein Kind. Nach den Sommerferien in den Dolomiten wurde Dodo im Herbst schwanger. Danach folgten »die erfreulichsten neun Monate meines Lebens, physisch auf der Höhe der Welt, im emotionalen Hoch, mich unbewusst mit der heiligen Maria vergleichend«. Etliche ihrer Gouachen aus dieser Zeit verherrlichen die Mutterschaft. Die Geburt brachte sie auf den Boden der Tatsachen: Ihre Ende Juli 1930 geborene Tochter Anja (Anja Ruth Burgner, 31. Juli 1930) sei, so kann man der Biografie entnehmen, fast zwei Jahre lang ein Schreikind gewesen. Als die »schlimmsten Tage« empfand sie die, an denen das eigens engagierte Kindermädchen seinen freien Nachmittag hatte und sie zu Hause (mittlerweile Ilmenauer Straße 2 a, Berlin-Grunewald) alleine mit der Situation fertig werden musste. Anstatt zu versuchen, die Situation zu beherrschen, wollte sie rasch ein zweites Mal schwanger werden, um dieses emotionale Hoch und das Glücksempfinden noch einmal erleben zu können. Dieses Mal jedoch war alles ganz anders: Als sie nur zehn Monate später wieder schwanger wurde, ersetzte Hilflosigkeit das Hochgefühl. Dodo erlebte eine Depression, die unter anderem dazu führte, dass sie mit ihrem Anfang März 1932 geborenen Sohn Thomas (Thomas Ulrich Wolfgang Burgner, 6. März 1932 – 14. Juli 2001) erst eine emotionale Verbindung aufbauen konnte, als dieser dem Babyalter entwachsen war. Diese Belastung und offensichtliche Überforderung dokumentierte Dodo auch in Werken aus dieser Zeit: Sie drücken ihr Gefühl aus, dass das bunte Leben an ihr vorbeizieht und sie selbst mit Mitte Zwanzig in ihrer Situation ausweglos eingesperrt ist.

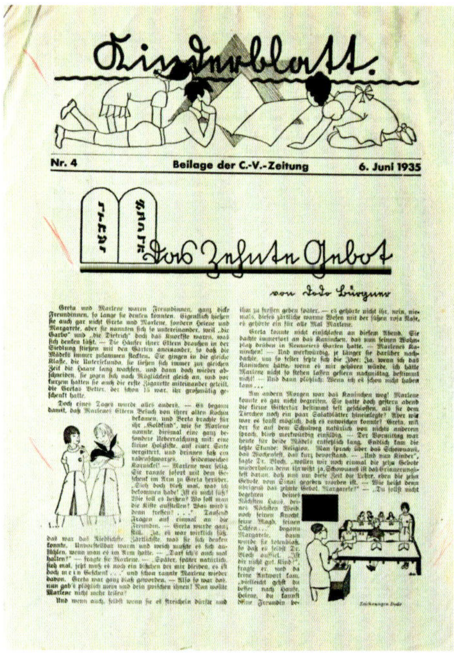
Kinderblatt.
Nr. 4 Beilage der C.-V.-Zeitung 6. Juni 1935
Das zehnte Gebot
von Dodo Bürgner

Dodo, *Illustrierte Kindergeschichte*, Kinderblatt der *C.V.-Zeitung*, Juni 1935
Dodo, *Illustrated Story for Children*, children's supplement to the *C.V.-Zeitung*, June 1935

Dodo war politisch nie interessiert, insofern berührte sie auch die Machtergreifung Hitlers im Januar 1933 zunächst wenig. Durch ihre Mutterschaftspause, die

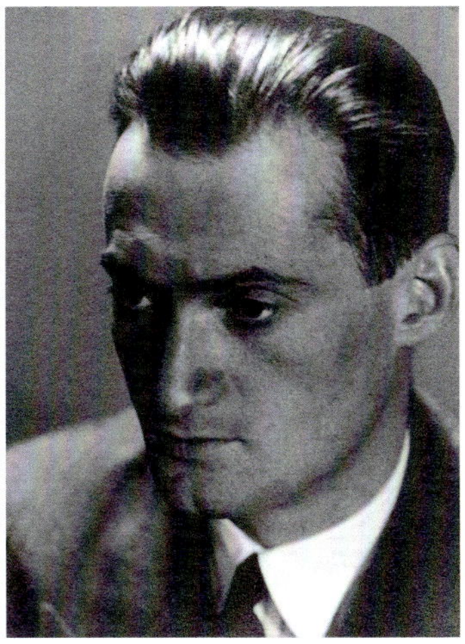

Gerhard Adler, 1933

Wirtschaftskrise und sicher auch dadurch, dass sie Jüdin war, hatte sie ohnehin schon seit längerer Zeit keine kommerziellen Aufträge mehr erhalten. Erst ab 1934 sollte sie wieder regelmäßig Kinderzeichnungen, Bibelgeschichten und Theaterszenen ausschließlich für jüdische Publikationen erstellen, nämlich für die *Jüdische Rundschau*, das *Israelitische Familienblatt*, die *C.-V. Zeitung des Judentums* und das *Gemeindeblatt der Jüdischen Gemeinde* (Abb. S. 115–119).

Es war wieder Polly Tieck, die 1933 mit einer Einladung zur Faschingszeit eine entscheidende Wende in Dodos Leben einleiten sollte: Während Hans ohne seine Gattin in der Schweiz beim Wintersport war, lernte Dodo Gerhard Adler kennen – sie verfielen einander sofort. Der nahezu gleichaltrige, attraktive Dr. Gerhard Adler, 1904 in Berlin geboren, hatte nach Studium und Promotion in Freiburg 1932 die Arbeit an der Zürcher Psychiatrischen Burghölzli-Klinik unter Carl Gustav Jung aufgenommen, mit dem er bis zu dessen Tod eine enge Verbindung haben sollte. Hans erfuhr bald von der intensiven Affäre. Nachmittägliche Treffen in Gerhards Berliner Wohnung gefolgt von seiner baldigen Abreise nach Zürich stürzten Dodo in ein Gefühlschaos von empfundener Schuld, Leidenschaft und Trennungsgedanken, das sie in vielen Aquarellen thematisierte (Abb. S. 121–139). Zudem stellte sie bald verzweifelt fest, dass sie von Gerhard schwanger war. Sie fand einen Arzt, der eine Abtreibung durchführte (»Madam wünscht keine Kinder«),[6] und setzte nicht nur Gerhard in Zürich darüber per Telefon in Kenntnis, sondern auch Hans. Düstere Gedichte an das ungeborene Kind zeugen davon, wie sehr sie diese Zeit bedrückte.

Dodo lenkte sich ab, ging zu einer Abendklasse über Elternschaft, die von Tami Oelfken geführt wurde. Tami, eine namhafte Reformpädagogin und Schriftstellerin,

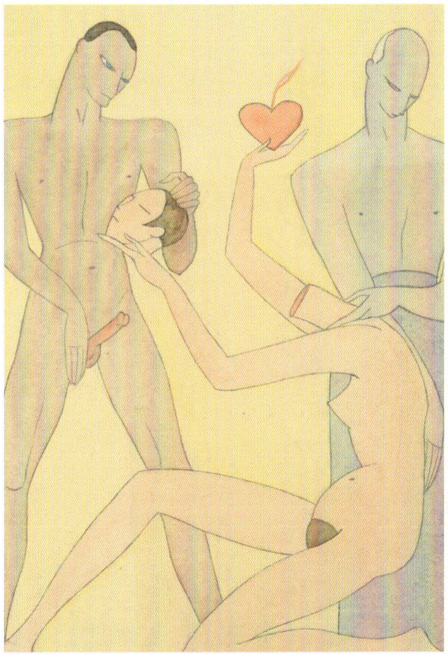

Dodo, *Zwischen 2 Männern*, 1933
Dodo, *Between 2 Men*, 1933

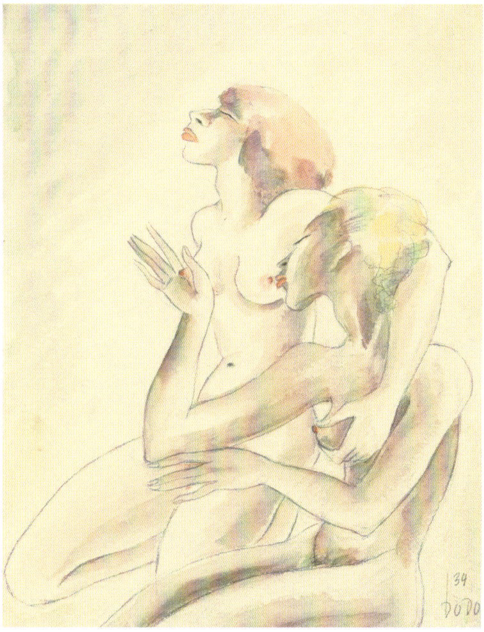

Dodo, *Ohne Titel (Liebe unter Frauen)*, 1934
Dodo, *Untitled (Love among Women)*, 1934

beeindruckte die sich einsam fühlende Dodo so sehr, dass sie sich in Tami, die eigentlich in einer festen Frauenpartnerschaft lebte, verliebte und mit ihr eine Affäre begann. Ob Hans davon wusste, ist unklar, jedenfalls mochte er Tami und vertrat sie auch rechtlich in Fragen ihrer Berliner Gemeinschaftsschule.[7] Tami sollte auch später noch bei der durch die politischen Entwicklungen erforderlich gewordenen Emigration der Familie eine wichtige Hilfe sein. Sie, die immer eine kritische Position zum Nationalsozialismus hatte, erwähnt, dass Hitler zunächst durchaus Anhänger im liberalen Berliner Judentum hatte: Ein kluger Berliner Anwalt warf ihr vor, die Verdienste Hitlers nicht genügend zu würdigen; er sei eher traurig, dass Hitler die Juden nicht mitspielen lassen wolle.[8]

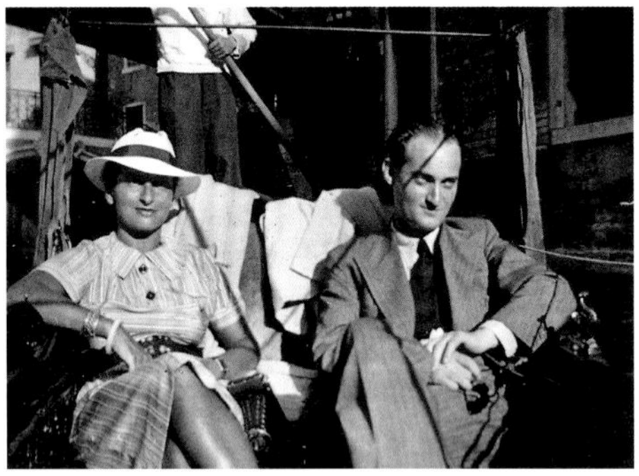

Dodo und Gerhard Adler in Venedig, Sommer 1934
Dodo and Gerhard Adler in Venice, summer 1934

Die Liebesbeziehung der beiden Frauen endete, als Gerhard nach Berlin zurückkehrte. Aus Dodos Gedicht *Die sieben Dinge und eins:* »Gut ist von Frau zur Frau die Zärtlichkeit – aber weit unendlich weit ist es in Dir zu versinken!« Gerhard wollte im Herbst nicht ohne Dodo nach Zürich gehen. Ein zweites Mal wurde sie ungewollt schwanger und leitete den Abort diesmal mit Tabletten ein. Sie fühlte, dass sie Gerhard im September mit nach Zürich begleiten müsse und teilte dies Hans – auch auf die Gefahr einer Scheidung hin – und ihren erbost und verstört reagierenden Eltern mit. In Zürich fühlte sie sich beglückt, um Jahre jünger und wie eine Studentin. Sie besuchte Jung-Seminare, und in einem persönlichen Treffen erklärte Carl Gustav Jung dem Paar die Gefahr ihrer Beziehung mithilfe einer Streichholzdose: »Je mehr ich die eine Hälfte in die andere schiebe, desto mehr verschwindet sie. Man muss lernen, eine Person in sich selbst zu sein und nicht komplett in der anderen Person zu leben.« Er schlug Dodo eine Analyse mit seiner langjährigen Freundin und Analystin Toni Wolff vor. Dodo empfand die Arbeit mit Toni als Offenbarung; sie hielt sie in einer Reihe »unbewusster Bilder« fest, die Gegenstand der Analyse wurden. Mit Hans blieb sie in brieflichem Austausch über die Kinder. Toni, die überzeugt davon war, dass »Dodos Beziehung zu Hans auf keinen Fall beendet sei«, regte an, dass Dodo Hans vorschlagen solle, als offizielle Ehefrau und Mutter der Kinder wieder zu ihm zurückzukommen, ohne die Beziehung mit Gerhard Adler aufzugeben. Stattdessen sollten sie eine Dreiecksbeziehung eingehen, wie sie schon C. G. Jung, Emma Jung und sie selbst praktizierten und als ideal empfanden. Hans akzeptierte ihren Vorschlag, und Dodo kehrte Anfang 1934 nach Berlin zurück, wo dann auch Gerhard wieder mehr Zeit mit seinen Berliner Patienten verbrachte. Wie gewöhnliche Verliebte reisten Dodo und Gerhard im Sommer 1934 nach Venedig. Dodo empfand diese Situation nicht als außergewöhnlich: Sie berichtet von einem Kochkurs, in dem alle Frauen köstliche kleine Gerichte schufen und diese nicht ihren Gatten, sondern den Geliebten nach Hause brachten.

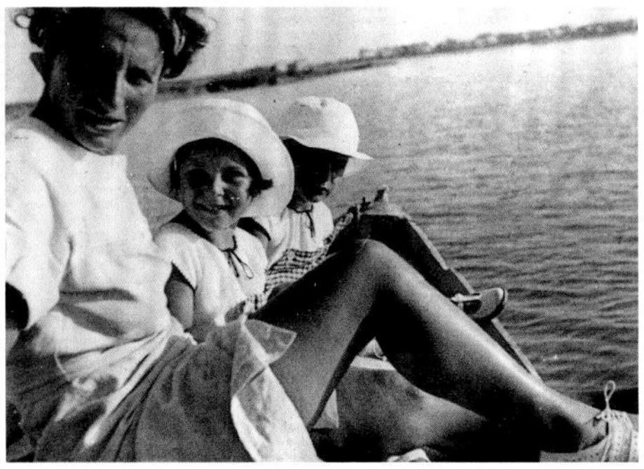

Dodo mit ihren Kindern in Grado, Sommer 1935
Dodo with her children in Grado, summer 1935

Die politische Situation wurde nun mehr und mehr spürbar für alle Beteiligten. Hans, der als Jude nach einem kurzzeitigen Vertretungsverbot 1933 wieder als Anwalt zugelassen wurde, berichtete im Herbst 1934 mit weißem Gesicht, dass er angesichts öffentlicher Aufträge den Eid auf Hitler schwören musste. Der Arzt hatte den Kindern

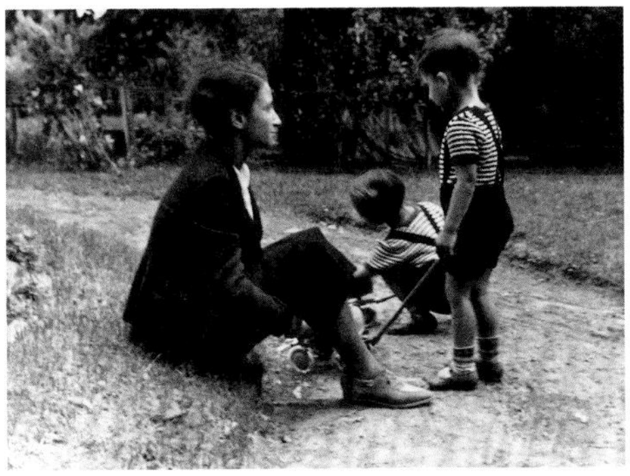

Dodo mit ihren Kindern in England, 1936
Dodo with her children in England, 1936

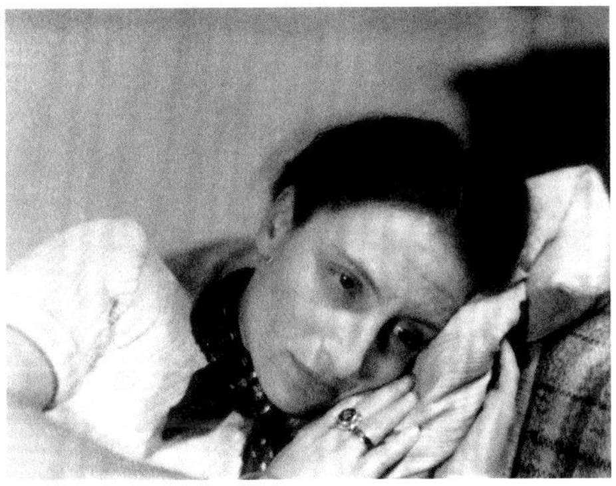

Dodo, 1938

einen Seeaufenthalt empfohlen; sie fuhren im Sommer 1935 nach Grado in Italien: »Die Nordsee verbat sich, übervölkert mit Nazi-Familien, deren Kinder Hakenkreuzflaggen in ihren Sandburgen wehen ließen.« Auch die sie nach Grado begleitende arische Nanny bekannte sich antisemitisch und verließ die Familie. Die Kinder waren in Berlin in einem jüdischen Kindergarten; als jedoch die Zeit für Anjas Einschulung kam, wollte Hans sie nicht auf eine jüdische Schule schicken. Und er gestattete nicht, dass Gerhard und Dodo die Kinder nach Palästina mitnähmen, wie Gerhard dies geplant hatte. Hans schlug vor, dass sie stattdessen ohne ihn nach London gehen sollten. Bei einem Besuch in England – Hans' Schwester Hedwig betrieb dort mittlerweile eine Pension – kam man überein, dass Dodo eine britische Arbeitsgenehmigung für freiberufliche Arbeiten beantragen solle. Sie wurde bewilligt, und Dodo nahm einige Möbel und ihre Werke mit nach London, wo Hedwig mittlerweile ein kleines Haus für sie gemietet hatte (13 Holders Hill Gardens, London NW4). »Ich verließ Berlin im April 1936, und die Kinder blieben bei Hans, solange bis das Haus eingerichtet war.« Gerhard fand zwei möblierte Zimmer fünf Minuten entfernt; er hatte schon vorher Kontakt in England, da sein Sohn aus erster Ehe dort in ein Internat ging. Tami Oelfken nahm als Nichtjüdin das Risiko auf sich, beide Kinder nach London zu bringen, und lebte einige Monate gemeinsam mit der Familie, bis Anja und Tom, die sie pädagogisch betreute, sich eingelebt hatten. Ihre eigenen Bemühungen, eine Privatschule in London aufzubauen, scheiterten, sodass sie im Herbst 1936 nach Berlin abreiste.[9] Dodo musste erstmals ohne Personal auskommen, und während die Kinder in der nahe gelegenen Schule schnell Englisch lernten, empfand sie die Eingewöhnung als schwierig. Ihre einzigen Freunde waren Hans' Familie, die trotz der Tatsache, dass sie ihn verlassen hatte, weiterhin sehr nett zu ihr war. Gerhard insistierte, sie solle sich scheiden lassen, da er sie heiraten wolle. Obwohl sie sagte: »Ich kann nicht von einer Ehe in die andere springen, es ist nicht wie ein Hemd gegen ein saubereres zu tauschen«, ließ sie sich in Deutschland mit Unterstützung von Hans scheiden.

Mittlerweile war ihre Beziehung zu Gerhard aber schon weniger intensiv. Da er zuweilen abwesend war und sich seine Erklärung, er würde seinen Sohn im Internat besuchen, als unzutreffend erwies, wurde ihr klar, dass er eine andere Beziehung hatte. Sie konfrontierte ihn damit, er gab es zu, war aber nicht bereit, seine schon seit einer Weile andauernde Beziehung zu Hella, einer Deutschen, aufzugeben und schlug eine Dreiecksbeziehung vor. Jetzt war es Dodo, die ablehnte und auf einer Heirat bestand. Im Sommer 1937 heirateten Gerhard und Dodo, als denkwürdiges Omen sprang die Hauskatze beim Hochzeitsfrühstück vom ersten Stock des gemieteten Londoner Hauses in den von beiden geliebten Baumkuchen.

Da jedoch die Beziehungskonstellation mit Hella unverändert blieb, begann für Dodo eine der »elendsten Phasen« ihres Lebens. Sie fühlte sich abgestorben und wollte Selbstmord begehen, hatte sie doch stets Gerhard als die Liebe ihres Lebens bezeichnet. Gerhard riet, dass sie sich analysieren lassen solle, und schließlich begann

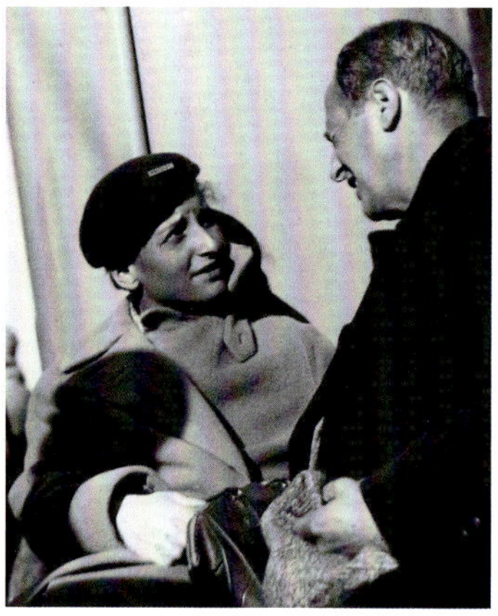

Dodo mit Hans Bürgner
in Ascona, 1938
Dodo with Hans Bürgner
in Ascona, 1938

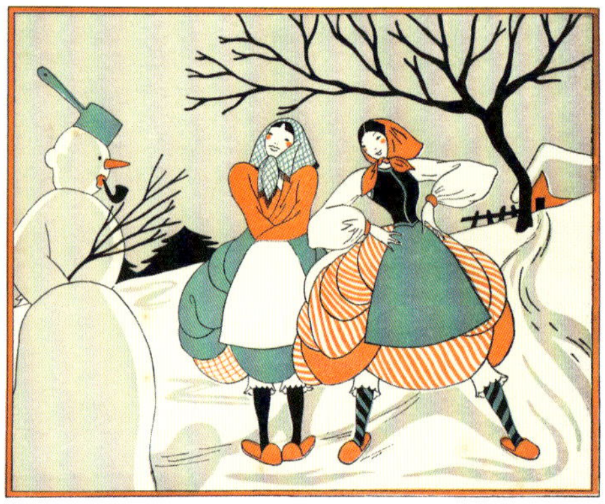

Dodo, *Entwurf für Grußkarte: Zwei Mädchen und Schneemann* für Raphael Tuck & Sons, um 1938
Dodo, *Design for a greeting card: Two Girls and Snowman*, for Raphael Tuck & Sons, c. 1938

sie eine Analyse bei Philipp Metmann, der ihr sehr half und drei Mal in der Woche mit ihr arbeitete. Da sie kein Geld hatte, sich ihm und seiner Frau aber erkenntlich zeigen wollte, verschenkte sie Schmuckstücke, die sie von Hans zu ihrer Verlobung und der Geburt ihrer Tochter erhalten hatte. Auch Hans wurde in ihre Sorgen und Beziehungsprobleme eingeweiht. Er warnte sie davor, sprunghaft zu sein, und riet ihr, der Ehe noch eine Chance zu geben; letztlich trennten sich Dodo und Gerhard jedoch endgültig nur ein Jahr nach ihrer Hochzeit. Die Ehe wurde mittels Hans' Unterstützung auf Dodos Wunsch in Deutschland geschieden. Den nachfolgenden Sommerurlaub, den Dodo mit den Kindern in Ascona verbrachte und anlässlich dessen Hans die Familie besuchte, bezeichnete sie als ihren miserabelsten Urlaub. Im Herbst 1938, nur wenige Monate nach der Trennung von Dodo, heiratete Gerhard Hella, die ihm später auch beim Aufbau der Society of Analytical Psychology, des britischen Trainingsinstitutes der Analysten nach C. G. Jung, helfen sollte. Gerhard unterstützte Dodo mit einer kleinen Summe, Hans bezahlte für die Kinder, und Dodo suchte eine freiberufliche Tätigkeit. Sie ging mit dem Portfolio ihrer Arbeiten hausieren, allerdings wurde ihr Stil als zu kontinental bezeichnet. Schließlich und endlich konnte sie Gruß- und Weihnachtskarten für Raphael Tuck & Sons entwerfen (Abb. S. 162–167), einen führenden Kartenverlag, dessen Räumlichkeiten 1940 im Blitzkrieg zerstört wurden. Auch konnte Dodo ab 1938 einige Kinderbücher illustrieren.

Dodos Eltern mussten 1938 emigrieren und kamen nach England, noch bevor man englische Visa benötigte. Nach dem allgemeinen Anwalts-Berufsverbot vom 27. September 1938 kam auch Hans nach London,[10] wo er bei seiner Schwester Unterkunft fand. Seine Habe verblieb in Deutschland, darunter auch einige Werke von Chagall, mit denen der Künstler Hans für seine Rechtsberatung entlohnt hatte. Sie wurden mit einigen Nolde-Bildern, die Hans' Schwester Hedwig gesammelt hatte, versteckt, aber nach dem Krieg nie wieder aufgefunden. Hans setzte sich in London tatkräftig und initiativ für den Kindertransport (Refugee Children's Movement) ein, der zwischen November 1938 und dem 1. September 1939 über 10.000 jüdischen Kindern die Ausreise aus dem Deutschen Reich nach Großbritannien ermöglichte.

Bezüglich der sehr späten Ausreise von Dodos Schwester ergaben sich Schwierigkeiten, und Dodo brachte sich mit Nachdruck persönlich ein: Suse war mit ihren Kindern in Holland und wartete schon länger auf Visa für die USA, die jedoch nicht eintrafen. Ein Gesprächstermin mit der britischen Flüchtlingsorganisation wäre Dodos Meinung nach zu spät gewesen. Statt sich zu gedulden, suchte Dodo zwei Wochen vor dem vereinbarten Termin das Büro von Otto Schiff auf, dem ehemaligen deutsch-jüdischen Banker, der das Jewish Refugees Committee leitete. Sie ließ sich nicht abwimmeln und wartete so lange in seinem Vorzimmer, bis er selbst heraustrat: »Ich muss mit Ihnen sprechen, es ist eine Angelegenheit auf Leben und Tod.« Otto Schiff rief den Flughafen Croydon an und setzte sich dafür ein, dass eine Frau samt ihren Kindern mit deutschen Pässen, aber ohne britische Visa, das nächste Flugzeug besteigen könne, um nach England einzureisen. Dodo sah mit ihrem Schwager Kurt

Neustein, Suses zweitem Ehemann, von der Aussichtsplattform zu, wie das Flugzeug mit ihrer Schwester und den Kindern landete.

Etliche Menschen verließen London, um den Bombenangriffen zu entgehen, aber als Flüchtling hatte Dodo keine Verbindung auf's Land. Sie brach mit einem Caravan und ihren Kindern am 2. September 1939 mit der allgemeinen Mobilmachung nach Cornwall auf, wo sie ein Haus mit primitivster Ausstattung mietete. Weihnachten wurde sie von Hans und Kurt besucht, die sie überredeten, wieder nach London zu kommen, da es im Verbund der Familie für sie komfortabler und sicherer sei. Sie bezogen in einem Mehrfamilienhaus im Norden Londons eine Wohnung (15 Grove House, London N3), Suse nebenan und die Eltern ein Stockwerk höher. Die deutschen Luftangriffe auf London setzten ein, und mit ihnen begannen Luftschutzübungen und der Einsatz von Gasmasken; die Familie schlief auf Matratzen in der Diele, möglichst weit von den splitternden Fenstern entfernt. Hans, der sich Sorgen um seine Familie machte, konnte sie nur unter erschwerten Umständen besuchen, da er am anderen Ende der Stadt wohnte und während der Übungen und Angriffe die öffentlichen Verkehrsmittel ausfielen. Er blieb häufig über Nacht, und nach einiger Zeit schlug Dodo vor, dass er das Zimmer bei seiner Schwester aufgeben solle und in ihre Loggia einziehen könne. Dieses Arrangement funktionierte gut, und die Familie verbrachte die Abendessen gemeinsam. Hans hatte zusätzlich zu seinem Engagement für den Kindertransport vorübergehend eine Tätigkeit in einer Kanzlei gefunden, wo er einen der Partner, der Kriegsdienst zu leisten hatte, bis zum Ende des Krieges vertrat.

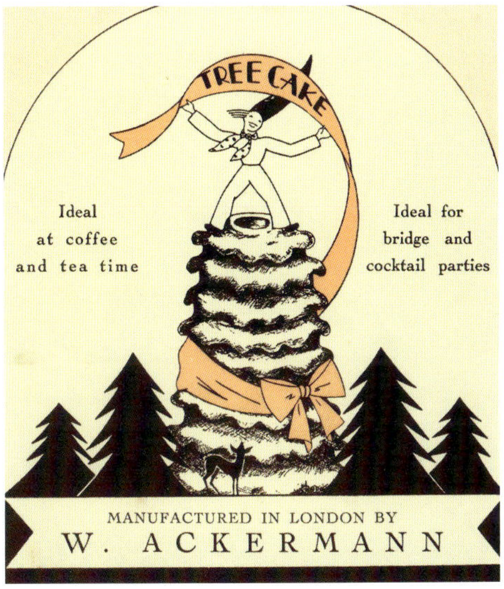

Dodo, Etikett für Ackermann Chocolats and Tree Cake, London, um 1940
Dodo, label for Ackermann chocolates and tree cake, London, c. 1940

Hans lag die Ausbildung der Kinder sehr am Herzen. Beide Kinder waren begabt und konnten durch Stipendien auf gute Gymnasien gehen, ohne dass Schulgebühren anfielen. Anja und Tom profitierten auch davon, dass Hans eine profunde klassische Bildung hatte, von der er viel an seine Kinder weitergab, selbst für Klavierunterricht wurde gesorgt. Lebensmittelrationierung bestimmte den Alltag, die knappen Zuteilungen für Süßigkeiten wurden bei Werner Ackermann eingelöst, den Dodo bereits von Berliner Tanzveranstaltungen her kannte. Er und seine Frau, die in Berlin bei einem Chocolatier die Kunst des Schokolademachens gelernt hatte, brachten ihr Können in ein eigenes Geschäft ein, das sie aus ihrer Küche heraus starteten. Dodo erhielt die Gelegenheit, Schokoladenpapier und Werbemittel zu erstellen. Auch der geliebte Baumkuchen hielt so in der Nachbarschaft Einzug.

Am 6. Juni 1944, der als D-Day in die Geschichte einging, fuhr die ganze Familie in die Stadt, um Churchill und die Minister auf ihrer Prozession in die Westminster Abbey zu sehen und die erfolgreiche Landung der Alliierten in der Normandie zu feiern. Mittlerweile machte Hans keine Anstalten, wieder in seine Wohnung zurückzuziehen, stattdessen überraschte er Dodo mit einem Antrag: »Wir kommen so gut miteinander aus, warum heiraten wir nicht?« Der Standesbeamte stand vor der ihm unvertrauten Situation, dass ein Paar das zweite Mal heiratete. Und so nahm Dodo wieder ihren alten Namen an, diesmal jedoch unter Verzicht auf den Umlaut als »Burgner«. Hans kaufte ein Haus für die Familie, in dem sie auch fortan bleiben sollten (Lansdowne Road, Finchley, London). Dodos Eltern hatten den Krieg durch die Emigration gut überstanden, Erich Wolff verstarb 1951 mit 78 Jahren, seine Frau folgte ihm kurz darauf 1952 im Alter von 74 Jahren.

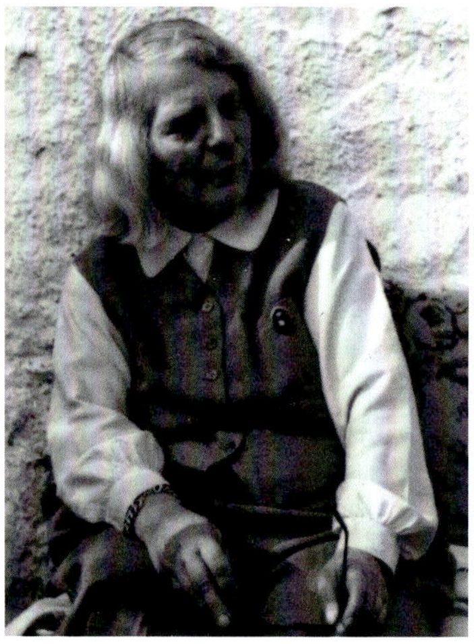

Tami Oelfken, 1951

1951 besuchten Dodo und Hans Tami Oelfken, die zurückgezogen in Überlingen am Bodensee lebte. Sie fühlten sich mit ihr sehr verbunden, verdankten sie der 63-jährigen Freundin doch, ihre Kinder sicher nach London gebracht zu haben. Auch Tami hatte beide stets geschätzt: Sie widmete ihnen zwei Erzählungen in ihrem 1946 erschienenen Buch *Die Sonnenuhr*.

Dodo begann ganztätig für Paris House zu arbeiten, ein Unternehmen, das von einem jüdischen Paar mittleren Alters geführt wurde und sich der Hestellung von Accessoires für Couturiers widmete. Anja und Tom hatten ihre gute Ausbildung fortgesetzt, beide erhielten Stipendien, sodass Tom in Cambridge Englisch studieren konnte und Anja in London Französisch. Als Direktorin einer National Housing Association sollte Anja öffentliche Aufgaben im Bereich Social Housing in Schottland wahrnehmen; noch heute widmet sie sich einer Vielzahl öffentlicher Projekte und Ämter in Edinburgh. Tom machte eine bedeutende und hoch respektierte Karriere im britischen Finanzministerium, verstarb jedoch bereits im Alter von 69, knapp drei Jahre, nachdem Dodo selbst verschieden war.

Dodo und Hans führten ein friedliches und genussvolles Leben miteinander. Hans, der seine Arbeit in der Kanzlei mit Kriegsende aufgeben musste, hatte das Angebot vom United Restitution Office (URO) erhalten, sich in Deutschland für die Belange der Entschädigung der Juden einzusetzen: Er sollte 1950 das URO-Büro in Düsseldorf und später in Berlin aufbauen. Aus Rücksicht auf seine Familie war Hans zögerlich, wieder nach Deutschland zu gehen, Dodo überzeugte ihn aber, das Angebot anzunehmen, da ihn die Aufgabe immens befriedigen würde. Hans besuchte die Familie regelmäßig, und bei einem der Besuche schlug er Dodo vor, das Malen wieder aufzunehmen, das sie bedingt durch die Umstände wie einen losen Faden hinterlassen hatte. Sie schrieb sich in eine Zeichenklasse in Hampstead ein, die sich der Aktmalerei widmete. Gleich an ihrem ersten Tag traf sie Gerhard Adler, der sich sein Leben lang für Kunst interessiert hatte und sich von seinem Freund Sir Herbert Read beim Aufbau seiner wachsenden Kunstsammlung hatte beraten lassen. Sie unterhielten sich in der Pause über ihre Kinder und berührten ansonsten keine persönlichen Themen. Adler kehrte nicht mehr zu der Zeichenklasse zurück, Dodo sollte ihn nicht mehr lebend sehen.

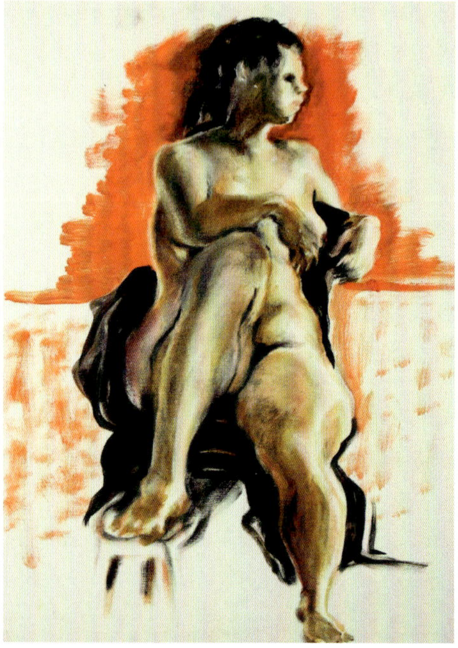

Dodo, *Weiblicher Akt*, um 1955
Dodo, *Female Nude*, c. 1955

Noch einmal sollte Dodo nach Berlin fahren: In den 1950er-Jahren besuchte sie Hans. Sie gingen ins Theater, in Konzerte und Museen, und während er tagsüber arbeitete, machte sie sich auf die Suche nach ihrer Vergangenheit. Sie traf nur wenige Leute, die sie noch kannte. Dass sie 1936 nicht nach Palästina auswandern durfte, sollte sie nicht bereuen. 1960 folgte Dodo einer Einladung nach Israel, während Hans in Torquay urlaubte. Das Land war ihr fremd, und sie fuhr nicht noch einmal hin.

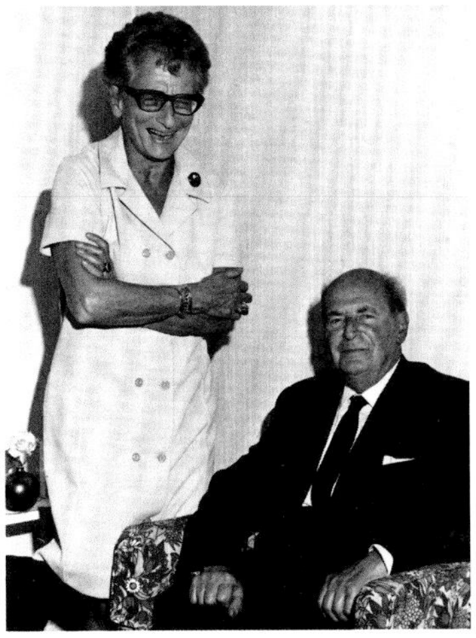

Dodo und Hans Bürgner, 1968
Dodo and Hans Bürgner, 1968

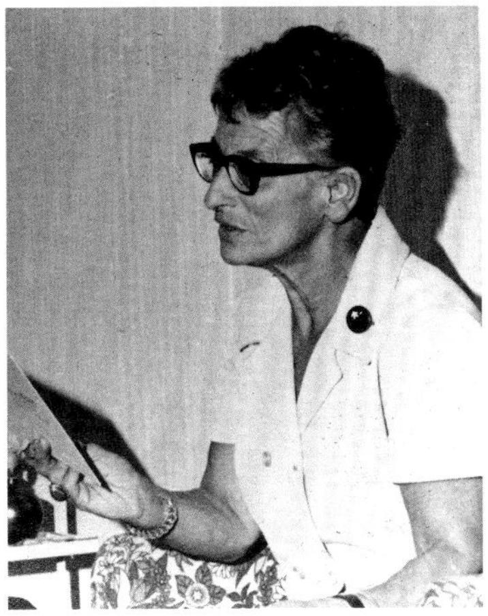

Dodo, 1968

Hans, der erst mit etwa achtzig Jahren aufhören sollte zu arbeiten, erhielt schließlich von der URO ein Angebot in London, das er nur zögernd annahm. So lebten Dodo und Hans nach Jahren der räumlichen Trennung bis zu Hans' Tod wieder vereint in einer Stadt. In ihren Ferien verreiste das Paar häufig nach Italien; die Landschaftseindrücke hielt Dodo in Aquarellen fest. 1974 verstarb Hans friedlich im Alter von 92 Jahren zu Hause.

Ein zweites Mal noch beerdigte Dodo »ihren« Mann. Auf der Bestattung von Gerhard Adler zum Jahreswechsel 1988/89 fühlte sie beim Anblick seiner Frau Hella, die noch 102 werden und Gerhard um zwanzig Jahre überleben sollte, dass sie, Dodo, seine eigentliche Witwe sei.

Auch im fortgeschrittenen Alter interessierte sich Dodo für Kunst, Kultur und Reisen: Sie reiste nahezu jedes Jahr mit ihrer Tochter Anja nach Florenz, später machten sie ausgedehnte Autotouren durch Großbritannien. In den 1970er-Jahren hatte sie angefangen, eine stattliche Anzahl Gobelins zu entwerfen und zu besticken. Sie kümmerte sich zudem um ihren gepflegten Garten und traf sich mit Freunden und Familie. Dodo verstarb friedlich und ohne Krankheit am 22. Dezember 1998 im Alter von fast 92 Jahren, auf den Tag genau 10 Jahre, nachdem Gerhard verschieden war. In den Jahren zuvor hatte sie schon häufiger den Wunsch geäußert, zu gehen. Sie habe genug gelebt und sei neugierig auf das, was noch käme.

Zeugnis ihres künstlerischen Erbes sind viele Mappen mit ihren Werken, farbenfroh und auf Papier. Dodo hinterließ sie zusammen mit einer Sammlung von mehr als tausend Schildkröten, die sie in allen Materialien, Farben und Formen seit den 1970er-Jahren gesammelt hatte. Schildkröten haben Panzer, die sie vor Angriffen schützen. Sie symbolisieren Sensibilität und ein reiches Gefühlsleben, die zum Schutz vor Verletzungen hinter scheinbarer Härte und Gleichgültigkeit verborgen sind: Züge, die Dodo zeitlebens prägten.

1 Dodo verfasste in den 1980er-Jahren auf Wunsch ihrer Kinder weitgehend chronologische biografische Aufzeichnungen in englischer Sprache, die nicht zur Veröffentlichung bestimmt sind. Wenn nicht anders vermerkt, sind Zitate dieser Biografie entnommen.
2 Bewertungen aus Dodos Zeugnissen.
3 Der Lehrer Adolf Plünnecke ging mit seinen Klassen häufig in den Zoo, um dort zu zeichnen.
4 Swantje Kuhfuss-Wickenheiser, *Die Reimann-Schule in Berlin und London 1902–1943: ein jüdisches Unternehmen zur Kunst- und Designausbildung internationaler Prägung bis zur Vernichtung durch das Hitlerregime*, Aachen 2009, S. 579, S. 128 mit Abb. eines ihrer Werke.
5 Polly Tieck, »Die Freundin meines Freundes«, in: *Das Tagebuch*, 7/2, Berlin 1926.
6 Bezeichnung einer Zeichnung von Dodo, in der sie 1934 eine Abtreibung darstellt (Abb. S. 127).
7 Tami Oelfken, *Fahrt durch das Chaos*, Konstanz 2003, S. 352, Anm. 37.
8 Ebd., S. 21. Dieser Anwalt könnte unter Umständen Hans Bürgner gewesen sein, wenngleich sich seine antifaschistischen Überzeugungen und Handlungen bald danach herausbildeten.
9 Oelfken 2003 (wie Anm. 7), S. 352, Anm. 37.
10 Simone Ladwig-Winters, *Anwalt ohne Recht. Das Schicksal jüdischer Rechtsanwälte in Berlin nach 1933*, Berlin 2007, S. 109.

Embleme des Zeitgeists – Dodos Illustrationen für das Unterhaltungsblatt ULK

Miriam-Esther Owesle

Am Anfang der Wiederentdeckung Dodos steht ein Eindruck, ein Impuls, ein Wiedererkennen: Die Sammlerin Renate Krümmer entdeckt in England eine leuchtend bunte, figurenreiche Caféhaus-Szene (Abb. S. 6). Obwohl diese topografisch nicht näher spezifiziert ist, schießt es ihr unwillkürlich durch den Kopf: »Das ist Berlin – das sind die 1920er-Jahre«. Damit ist der Tenor jener künstlerischen Zeugnisse benannt, die Dodo selbst als Höhepunkte ihres Œuvre bezeichnete und in denen es der Künstlerin gelang, ihrer Zeit ein Spiegelbild vorzuhalten, das das Lebensklima der »Goldenen Zwanziger« auf unverwechselbare Weise reflektiert: In der kurzen Zeitspanne von 1927 bis 1929 entstanden mehr als sechzig Illustrationen für den *ULK*, das *Illustrirte Wochenblatt für Humor und Satire*, das seit 1872 als Beilage des von Rudolf Mosse herausgegebenen liberalen *Berliner Tageblatts* erschien.[1] Die größtenteils farbig ausgeführten, meist als ganz- oder doppelseitige Abbildungen und vielfach als Titelseiten publizierten Blätter machen deutlich, dass Dodo ein originärer Platz in der Kunstgeschichtsschreibung gebührt.

Wie eine gezeichnete Version der von Gabriele Tergit beschriebenen »Carte du chic« nehmen sich ihre Arbeiten aus, in denen sich die Lebenswelt der gehobenen bürgerlichen Gesellschaft, der Hautevolee ein Stelldichein gibt: »Die ›Carte du chic‹ ist eine Karte von Europa, die von einer französischen Modezeitung herausgegeben wird und in der nur solche Orte verzeichnet sind, die es ›schick‹ ist zu besuchen. Mit Anweisungen, was man an einem solchen Orte tut und was man dazu anzieht. [...]. Im Januar hat man in St. Moritz zu sein oder in Ägypten. Februar, März gehört der Riviera. [...]. An allen [...] Orten gibt es Golf und Tennis, Autoausflüge und Charleston, wird geritten, getanzt und Flirt gespielt.«[2]

In leuchtenden Farben und geschmackvollen Linien schilderte Dodo den kosmopolitischen Lebensstil der eleganten Welt, die in den 1920er-Jahren zum Wunsch- und Leitbild weiter Bevölkerungskreise avancierte. Dabei verkörpern ihre weiblichen Protagonisten jene »Neue Frau«, die sich als gleichberechtigtes Individuum verstand

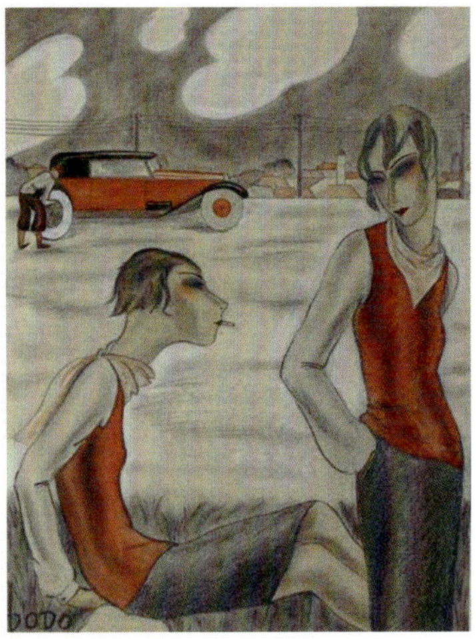

Dodo, *Panniküre*, 1928
Dodo, *Panniküre*, 1928

und in der Öffentlichkeit – auf der Straße, in den Tanzlokalen, Revuetheatern oder Kaffeehäusern – emanzipiert auftrat: Abends in Gestalt der Verführerin, des betörenden Vamps. Tagsüber als kesses, glatt frisiertes Girl mit Bubikopf oder als knabenhafte, androgyne »Garçonne« mit Eton-Schnitt, wie die beiden kessen jungen Damen in *Panniküre* (1928), deren Selbstbewusstsein sich in den typischen »windschnittigen« Dodo-Gesichtern widerspiegelt. Die Augen zu Schlitzen verengt und mit schnippischen Mundwinkeln warten sie – eine von ihnen rauchend – auf die Reparatur ihres Wagens im Hintergrund. Bis auf wenige Ausnahmen zeichnet eben dieses neue Ideal von knabenhafter, Busen und Taille verleugnender Schlankheit Dodos Frauenfiguren aus, die mehrfach auch in sportivem Kontext – als Tennisspielerinnen, Schwimmerinnen oder beim Wintersport – gezeigt werden.

Beschworen illustrierte Journale, Film und Werbung in den politisch wie wirtschaftlich krisengeschüttelten Jahren ab 1928 darüber hinaus in einer bis dato ungekannten Bilderflut Luxus, Eleganz, Schönheit und einen glamourösen Lebensstil so reflektieren auch Dodos Zeichnungen jene für die Spätphase der Weimarer Republik typische Hinwendung der Mode zu einem wieder eher femininen Stil. Ihn präsentiert die Protagonistin von *Die verhängnisvolle Glatze* (1928, Abb. S. 110), deren blondgelocktes Haar und weich fließendes Kleid auf das in den späten 1920er-Jahren bevorzugte Ideal damenhafter Eleganz und distinguierter Weiblichkeit verweisen, für das Filmdiven wie beispielsweise die »göttliche« Greta Garbo stilbildend wirkten.

Unnahbar und blasiert, geschminkt und gepudert erschien die Dame von Welt abends in großer Toilette. Der Mantel mit üppiger Edelpelzverbrämung an Kragen, Ärmeln und Saum, wie er von einer Vielzahl von Dodos Protagonistinnen getragen und insbesondere in ihrer *Straßenszene* (Abb. S. 87) dominierend zur Schau gestellt wird, dient nicht nur zum Schutz gegen die kalte Witterung, sondern auch der Koketterie. Man trägt ihn ebenso in Innenräumen wie am Strand und verleiht sich damit eine extravagante Note. Und er ist mehr als das: Als drapierende Umrahmung des zarten Kerns der Frauen, wappnet er sie wie ein Schutzpanzer gegen die herrschende soziale Kälte. Dient die Kleidung am Tage der Anpassung an die Anforderungen des Alltags, so wird sie am Abend zur Kostümierung, zur Maske, hinter der sich das wahre Wesen verbirgt. Indem die Künstlerin ihr Bildpersonal auch in Fantasiekostümen zeigte, so beispielsweise in *Der Versucher*, dem *ULK*-Titelblatt vom 22. Februar 1929 (Abb. S. 107) oder in *Keine Chance* (1929, Abb. S. 91), verlieh Dodo dem allgemeinen »Karnevalsgeist«[3] der Zeit besonders sinnfälligen Ausdruck. Das Sujet war der Künstlerin bestens vertraut, hatte sie doch während ihres Studiums an der 1902 gegründeten privaten Kunst- und Gewerbeschule von Albert Reimann, in die sie im Herbst 1923 eintrat, schwerpunktmäßig Kostümentwurf studiert.[4]

Dass Natürlichkeit *out* und Künstlichkeit *in* war, bezeugt nicht nur die schillernde Mode der Zeit. Auch in der Vergnügungskultur wie dem Film und den zahlreichen Revuen der 1920er-Jahre – beispielsweise der 1928 im Admiralspalast aufgeführten Haller-Revue *Schön und Schick* – kam es in erster Linie auf die Wirkung durch den

Oberflächenreiz an. Die leuchtende Farbigkeit von Dodos Bildern, die glatte Oberfläche, die klaren Konturen, die Schärfe der Zeichnung, das raffinierte Spiel mit Lichtreflexen, das an die »Glamourfotografie« der Zeit erinnert, die die Hollywood- oder Ufa-Schauspielerinnen als kühle und makellose Schönheiten inszenierte, entspricht dieser Haltung und macht deutlich, dass die Künstlerin Stilmittel anwandte, mit denen auch die neuen Medien agierten. Dass Dodo die Darstellungsweise ihrer Zeichnungen dem jeweiligen Darstellungsgegenstand anpasste, macht sie zu einer »neusachlichen« Künstlerin par excellence, entsprechend der Wendung, die Otto Dix 1927 zur Charakterisierung der Malerei der »Neuen Sachlichkeit« in Abgrenzung vom Expressionismus formulierte: »Erst aus dem Was entwickelt sich das Wie!«[5]

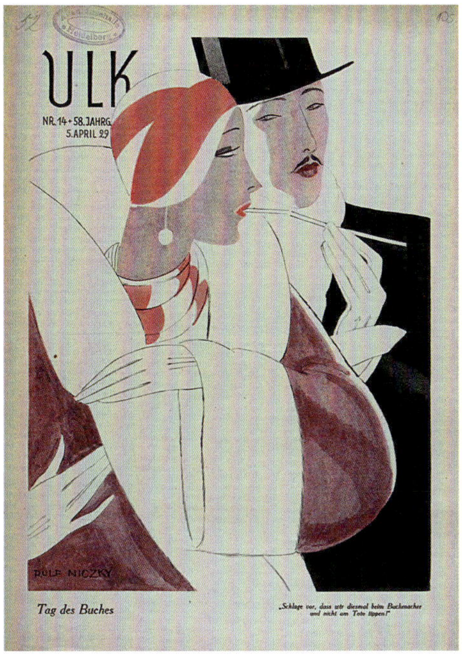

Rolf Niczky, *Tag des Buches*,
ULK-Titelblatt vom 5. April 1929
Rolf Niczky, *Day of the Book*,
ULK cover illustration from 5 April 1929

Dabei zeigt sich Dodo inspiriert von der Modezeichnung des Art déco, wie sie sich in Arbeiten führender Modezeichner, die Mitte der 1920er-Jahre als Lehrer an der Schule Reimann unterrichteten, nachweisen lassen: Ornamentale Abstraktion des Naturvorbilds, Detailverknappung, dekorativer Linienfluss und kühle Eleganz von Dodos Zeichnungen weisen eine besondere Affinität zu den Mode- und Werbezeichnungen Assaf Kenans auf, der ab Frühjahr 1926 zum Lehrkörper gehörte und die Fächer Modeentwurf und Modeillustration unterrichtete.[6] Die Ähnlichkeit ihrer stilisierenden Auffassung macht besonders ein Inseratentwurf Kenans für eine Werbeanzeige des Modehauses Haas-Heye[7] deutlich: Die Augen der Reklamefigur sind als schmale, mandelförmige Schlitze wiedergegeben, die Nase ist ein langer schmaler Grat, der Mund herzförmig simplifiziert, die Finger stark überlängt – ein Schema das Kenan aus der französischen Modegrafik übernahm und das sich auch in seinen Modeillustrationen findet, die das vornehme, exklusive Leben der oberen Gesellschaftskreise widerspiegeln. Auch Dodos deckend aufgetragene Farben, ihre geschlossen konturierten Silhouetten und die Glanzlichter, mit denen sie ihre Figuren belebt, scheinen Kenan verpflichtet zu sein. Zusammen mit Rolf Niczky,[8] der ab Januar 1924 die Klasse für Modeillustration leitete und zeitgleich mit Dodo Illustrationen im *ULK* publizierte,[9] vertrat Kenan die Auffassung vom Kunstwerkscharakter der modernen Modezeichnung. Beide Zeichner plädierten für eine Schulung der guten Beobachtungsgabe an der Natur, ein Herausgreifen des Sujets direkt aus dem Leben ebenso wie für den Zusatz humoristischer und karikaturistischer Akzente.

Auf dieser Basis entwickelte Dodo ihren ureigenen Stil und ging dabei weit über die an der Schule Reimann vermittelten Lehren und die zeitgenössische Modegrafik hinaus. Ihre Arbeiten sind mehr als einfache Abbildungen aktueller Moden. In ihnen gelang es der Künstlerin vielmehr, das moderne Lebensgefühl, wie es in der Vier-Millionen-Metropole Berlin studiert werden konnte, einzufangen und zu beleuchten. Dodos Figuren sind – wie die Künstlerin selbst – ganz in der modernen Kultur verwurzelt. Geht es ans Meer oder in die Berge, werden die großstädtischen Verhaltensweisen mitgenommen: Das imposante Naturschauspiel eines Sonnenuntergangs am Meer oder das gewaltige Panorama der Alpen vermag die Protagonisten nicht zu fesseln – abgewandt von der Naturkulisse gilt ihre ungeteilte Aufmerksamkeit aus-

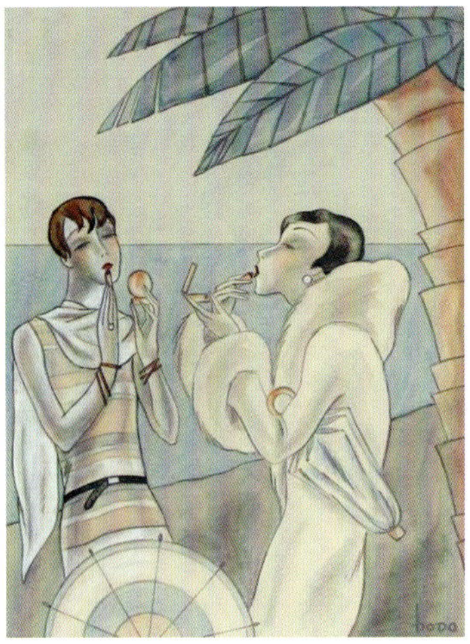

Dodo, *Riviera-Zitat*, 1928
Dodo, *Riviera Quotation*, 1928

schließlich ihrer eigenen Person. Noch unter Palmen beschäftigen sie sich mit Lippenstift und Puderdose, tragen auch am Strand den obligatorischen Pelzmantel (*Riviera-Zitat*, 1928) und sind selbst auf einer Aussichtsplattform vor majestätischer Gebirgskulisse in modischer Repräsentation gefangen (*Der Herr mit dem Gletscherauge*, 1928, Abb. S. 92).

Romantische Topoi fungieren lediglich als Kulisse für Liebespaare, deren Haltung, Gestik und Mimik zum Ausdruck bringen, dass sie weder Mondschein noch Sternenhimmel in eine schwärmerische Stimmung zu versetzen vermögen. Kündet die Vielzahl an Lampions, die das junge Paar in dem Blatt *Ein leidenschaftlicher Jüngling* (1928, Abb. S. 88) hinterfängt, von einem stimmungsvollen Parkfest, so ist das Schweigen zwischen den Protagonisten äußerst beredt: Verbindendes Element der Beziehung ist die beiderseitige Sprachlosigkeit. Zu einer *Annäherung der Geschlechter* kann es auch in lauer Frühlings- oder Frühsommernacht nicht kommen, wenn der selbstgefällige Liebhaber mit verhärteten Gesichtszügen, desinteressiertem Blick und spitzen Fingern nach dem Oberarm seiner weiblichen Begleitung greift. Trotz der intimen Nähe unter üppigen Blütenkaskaden bleibt jeder für sich und trägt seine arrogante Attitüde wie eine Maske, die den Partner auch ohne Worte auf emotionalem Abstand hält. Die sehnsuchtsvolle Gebärde hat sich in eine auf Prestigedenken basierende Gestik verwandelt, die das Miteinander der Geschlechter mehr als Kampf, denn als Verbundenheit ausweist. So scheint sich die junge Dame in dem *ULK*-Titelblatt *Der erledigte Romeo* (1928, Abb. S. 94) ihren vor ihr auf die Knie gefallenen und sichtlich um sie bemühten Verehrer vom Leib halten zu wollen. Gegenüber seinen romantischen Avancen bleibt sie kühl.

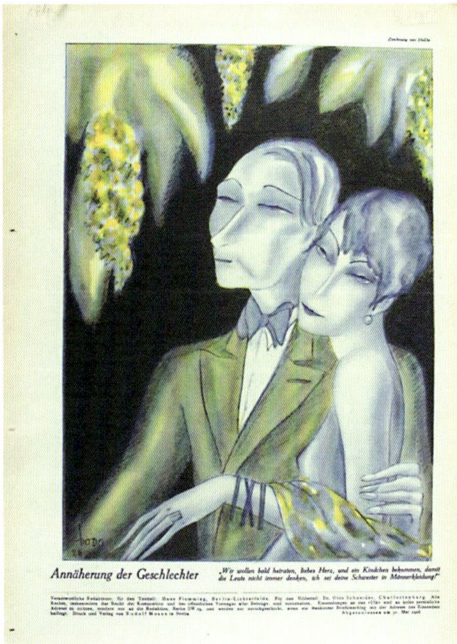

Dodo, *Annäherung der Geschlechter*, 1928
Dodo, *The Sexes Coming Closer Together*, 1928

Vermittels pointierter Gesten fängt Dodo hier die zwischenmenschliche Entfremdung, die Einsamkeit zu zweit ein, die intensiviert zutage tritt, wenn die Künstlerin einer jungen Dame einen älteren, arrivierten Herrn an die Seite stellt, wie in dem Titelblatt *Der Held* (1928, Abb. S. 95). Nicht nur geben die unterschiedlichen Blickrichtungen der titelgebenden Figur mit Monokel, Zylinder und Zigarre und seiner eleganten Begleitung im Pelz ihre Interesselosigkeit aneinander zu erkennen. Eine besonders deutliche Sprache sprechen auch ihre Hände, deren manierierte Längung – ein Markenzeichen Dodos – ihn als besitzergreifend, sie als angewidert charakterisiert. In einer der raren privaten Interieurszenen, dem Blatt *Die verhängnisvolle Glatze*, macht Dodo allein durch den äußerlichen Kontrast zwischen der mondänen, blondgelockten Frau in fließendem Gewand und dem glatzköpfigen Herrn mit Monokel, der im Morgenrock an ihrem Bett steht, die Unmöglichkeit eines wirklichen Miteinanders deutlich, trotzdem es sich um eine intime Szene handelt. In *Logenlogik* (1929, Abb. S. 103) schließlich wendet sich die glamouröse Dame von ihrem lediglich am Theatergeschehen interessierten Begleiter gänzlich ab. Scheint ihre Überlegung zu sein, ob ein Verlassen des Vergnügungsorts ihrem eigenen Amüsement nicht zuträglicher sein könnte, so visualisierte Dodo dieses Gedankenspiel auf äußerst raffinierte Weise: Während die mondäne Frauenfigur ihren linken Arm verführerisch

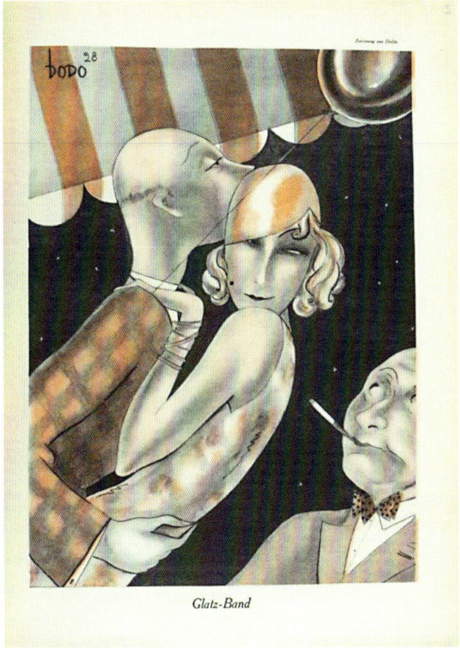

Dodo, *Glatz-Band*, 1928
Dodo, *Glatz-Band*, 1928

entblößt hat, steckt der rechte bereits im Ärmel ihres pelzbesetzten Mantels, dessen opulenter Kragen sie zusätzlich von ihrer männlichen Begleitung separiert.

»Es ist 1929. 1929 ist es albern, kein Verhältnis zu haben«, heißt es bei Gabriele Tergit,[10] und Dodo greift dieses Thema mit Vorliebe auf: In *Glatz-Band* (1928) schildert sie ein eng aneinander geschmiegtes Paar, dessen männlicher Part in die Sterne blickt, während das Interesse seiner Partnerin einem anderen Mann gilt, dem sie über ihre linke Schulter hinweg verführerische Blicke zuwirft. Das mehrfigurige, koloristisch brillante Doppelblatt *Trübe Ahnung* (1929, Abb. S. 112/113) arbeitet mit filmischen Mitteln: Auf einem Schiff wird das heimliche Stelldichein eines an der Reling stehenden Paares von einer Dame im Liegestuhl beobachtet, der ein chinesischer Ober ein Getränk reicht. Wie eine Momentaufnahme erscheint die Szene, die den Betrachter einlädt, sich eine Geschichte rund um die dargestellte Situation zu ersinnen.

Während die Bildunterschriften der *ULK*-Redaktion– meist zynisch unterkühlte Kurzdialoge – in den wenigsten Fällen sinnerhellend oder gar komisch wirken, verdankt sich der besondere Reiz von Dodos Gesellschaftsstudien einer subtilen, bildimmanenten Verweisstruktur, die sich kompositorischer, koloristischer und vielfach humoristischer Elemente bedient, mittels derer die Künstlerin die Bildaussage intensiviert. In *Rationalisierung* (1928, Abb. S. 109) reduziert Dodo die Gesichter dreier Revuesänger auf ein »O«, während die weiblichen Revuestars am Fuß der Showtreppe narzisstische Selbstverliebtheit demonstrieren. In dem Blatt *Ihre Sorgen* (1929, Abb. S. 93), das den Ägypten-Trend der Zeit reflektiert, kennzeichnen das Kamel jene typisch blasierten Züge, die sonst die menschlichen Figuren in Dodos Bildern auszeichnen. In dem dreiteiligen *Abstieg* (1929) setzt Dodo den gesellschaftlichen Aufstieg einer jungen Frau mit der Verschlechterung ihres Männertyps in eins. Wird im ersten Blatt die Unabhängigkeit der modernen Frau inszeniert (Abb. S. 98), so ist der Besitzerstolz des Mannes, der sich mit einer weiblichen Schönheit an seiner Seite schmückt, Thema des Mittelteils. Das letzte Bild berichtet vom ebenso luxuriösen wie

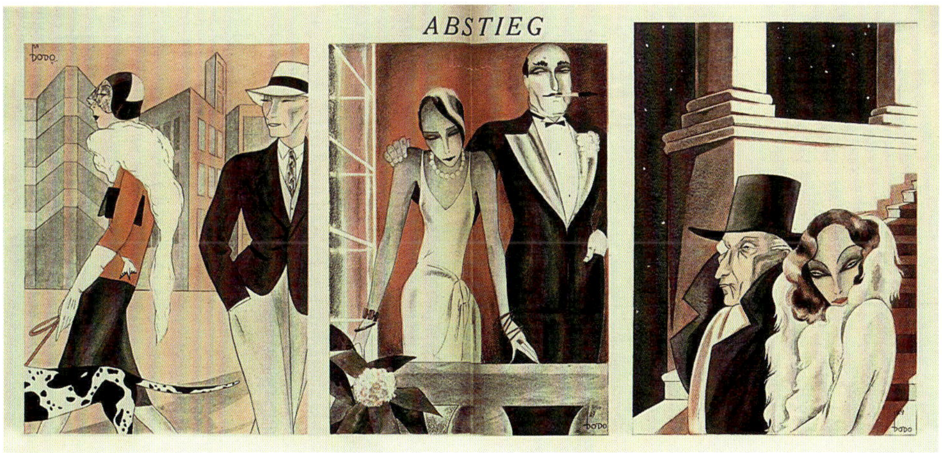

Dodo, *Abstieg*, 1929
Dodo, *Descent*, 1929

entzauberten Leben der eleganten Dame an der Seite eines arrivierten, aber alten Mannes. Damit nimmt Dodo Stellung zu den zeitgenössischen, medial inspirierten Verhaltensweisen und deckt auf, was sich hinter dem blendenden Glanz und der betörenden Aufmachung ihrer Protagonisten verbirgt: Emotionale und intellektuelle Leere, wie sie von Siegfried Kracauer als zeitsymptomatisch definiert wurde: »Das aber ist das Kennzeichen der neuen Sachlichkeit überhaupt, daß sie eine Fassade ist, die nichts verbirgt«, schrieb Kracauer in seiner 1930 veröffentlichten empirisch-soziologischen Studie *Die Angestellten*.[11]

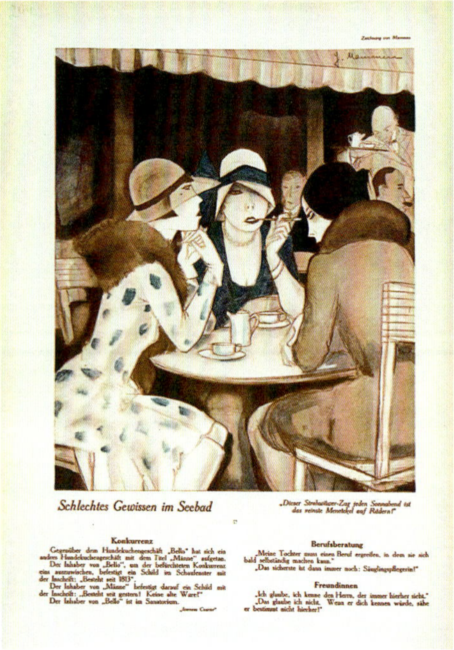

Jeanne Mammen, *Schlechtes Gewissen im Seebad*, 1929
Jeanne Mammen, *Guilty Conscience at the Seaside Resort*, 1929

Mit Mitteln, die der Karikatur entlehnt sind, macht Dodo auf die Oberflächlichkeit und den Illusionscharakter der Glamourwelt aufmerksam. Hierin trifft sich Künstlerin mit der rund zwanzig Jahre älteren und Ende der 1920er-Jahren künstlerisch äußerst erfolgreichen und angesehenen Jeanne Mammen, die in der Zeit von 1916 bis 1920 ebenfalls eine Ausbildung zur Modegrafikerin an der Schule Reimann erhalten hatte[12] und von 1927 bis 1931 auch für den *ULK* arbeitete.[13] Die meisten ihrer Illustrationen erschienen dort 1928 und 1929, und so wurden mehrere Blätter beider Künstlerinnen unmittelbar nebeneinander publiziert, wie beispielsweise Mammens *Schiessbude* und Dodos *Logenlogik* (1929, Abb. S. 21). Auch wenn Mammen – im Gegensatz zu Dodo – generell Vertreter aller Gesellschaftsschichten darzustellen pflegte, handelt es sich bei den meisten ihrer für den *ULK* entstandenen Zeichnungen zwischen 1927 und 1929 um bildmäßig angelegte Szenen aus der Vergnügungswelt der Neureichen und Kleinbürger in Aquarell auf Bleistift, die überwiegend als ganzseitige Farbabbildungen reproduziert wurden.

Die zeittypische Gleichgültigkeit innerhalb zwischenmenschlicher Beziehungen ist Thema von Mammens Aquarell *Schlechtes Gewissen im Seebad* (1929), das 1971 mit dem Titel *Bei Kranzler* versehen wurde.[14] Suggeriert das enge Beieinander der drei Cafébesucherinnen Intimität, so ist diese lediglich auf räumlicher, nicht jedoch auf emotionaler Ebene gegeben, wie Mimik und Körperhaltung der Dargestellten deutlich machen. Gelangweilt, mit maskenhaft-starren, resignierten Gesichtern, haben sich die drei Freundinnen nichts zu sagen und bleiben trotz des gemeinschaftlichen Cafébesuchs und körperlich dichten Beieinanders einsam. Gilt dies auch für die Protagonisten von Dodos thematisch ähnlichem *Wedding auf dem Dachgarten* (Abb. S. 100/101), so werden im Vergleich beider Zeichnungen Unterschiede deutlich, die auch auf andere Arbeiten der Künstlerinnen zutreffen. In ihrer starken Stilisierung und leuchtenden Farbigkeit ist Dodos Gouache ein dekorativer Charakter eigen, der die Zeichnung als Gesamtornament lesbar macht, während Mammen ihren Figuren einen Rest an Individualität belässt. Sowohl Kleidung als auch Haltung kennzeichnen die Protagonistinnen als Einzeltypen, wohingegen Dodos Cafészene einen Gesamttypus bezeugt: die mondäne Großstadtgesellschaft.

Hierin tritt der emblematische Charakter von Dodos Kunst zutage, den insbesondere auch der Vergleich von Mammens nächtlicher Berliner Boulevardszene *Der verkehrte Teint* (1929) mit Dodos Straßenszene aus dem *ULK*-Triptychon *Abstieg* veran-

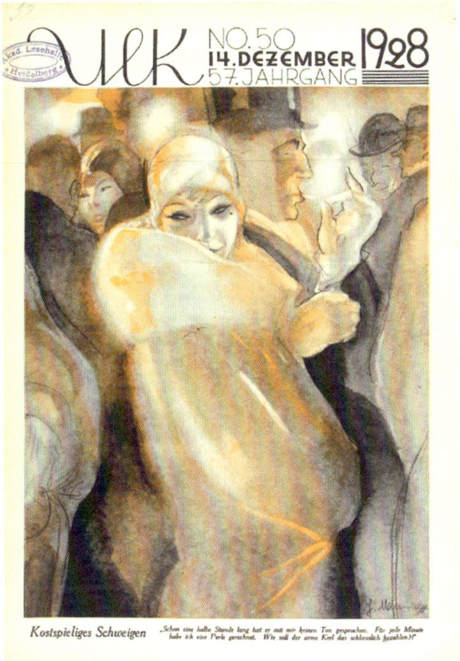

Jeanne Mammen, *Kostspieliges Schweigen*, 1928,
ULK-Titelblatt vom 14. Dezember 1928
Jeanne Mammen, *Costly Silence*, 1928,
ULK cover illustration from 14 December 1928

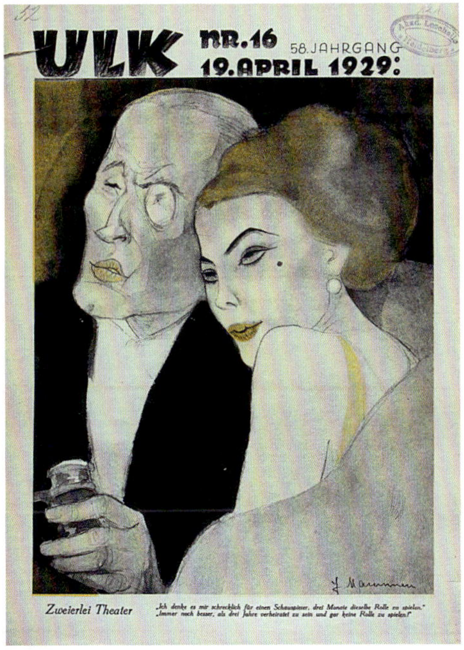

Jeanne Mammen, *Zweierlei Theater*, 1929,
ULK-Titelblatt vom 19. April 1929
Jeanne Mammen, *Two Kinds of Theatre*, 1929,
ULK cover illustration from 19 April 1929

schaulicht. Die blasierte Teilnahmslosigkeit des Bildpersonals beider Blätter dient der Charakterisierung eines spezifisch urbanen Lebensgefühls. Während Mammen dies anhand eines Konglomerats unterschiedlichster Typen exemplifiziert, richtet Dodo ihren künstlerischen Fokus auf lediglich zwei Figuren. So würdigt die junge, selbstbewusste Frau, die einen Dalmatiner an der Leine führt, den Dandy mit den scharfkantigen Gesichtszügen keines Blickes. Seine glatte Erscheinung und verhärtete Mimik verweisen auf die eisige Beschaffenheit des großstädtischen Klimas, das zudem durch die unpersönlich und abweisend wirkenden Häuserfassaden im Hintergrund betont wird. Auf den ersten Blick wird an dieser Szene, wie an Dodos Arbeiten für den *ULK* im Allgemeinen, das »unterkühlte Lebensgefühl der Neuen Sachlichkeit«[15] ablesbar, bei dem Rationalität und Fortschrittsglaube an die Stelle von Emotion und Sentiment getreten waren.

Um 1927 hielt es Bernard von Brentano für unmöglich, »in einer so großen und so von Leben und Ereignissen erfüllten Stadt, allein unter vier Millionen Menschen zu leben, ohne eine glatte und widerstandsfähige Oberfläche zu haben«,[16] und auch in der fugenlosen Glätte der weiblichen und der unnahbaren Härte der männlichen Gesichtszüge von Dodos Bildpersonal artikuliert sich der Existenzkampf des modernen Großstädters. Mit ihrer betonten Blasiertheit tragen viele ihrer Protagonisten eine in den 1920er-Jahren kultivierte Attitüde zur Schau, die an den »Ennui« des 19. Jahrhunderts erinnert, den Dodo in die Moderne transportiert. Dabei betreibt die Künstlerin ein hintergründiges Spiel mit dem Vordergründigen. Ihre Kunst ist ein doppelter Spiegel, der mit den urbanen Verhaltensweisen der Zeit auch deren Laster reflektiert und das arrogante und gespreizte Rollenverhalten der Zeitgenossen dekuvriert, dem Dodo noch 1933 in ihrer Gouache *In der Bar* (Abb. S. 102) Ausdruck verlieh.

Auf besonders prägnante Weise ist es ihr auch in dem *ULK*-Titelblatt *Der Held* vom 26. Oktober 1928 gelungen, gesellschaftliche Repräsentation und Standesdünkel als das verbindende Moment der Beziehung zwischen Mann und Frau darzustellen. Indem Dodo auf eine detaillierte Ausgestaltung des Milieus verzichtet und ihren Fokus alleine auf das stark überzeichnete, aufgeblasen wirkende Paar richtet, verleiht sie dessen Anspruch, gesehen zu werden, bildhaft Ausdruck. Im Vergleich zu seinem eitlen Gebahren erweist sich die mondäne Attitüde von Jeanne Mammens Paar auf dem *ULK*-Titelblatt *Kostspieliges Schweigen* vom 14. Dezember 1928 als wesentlich gemäßigter. Während Dodos Protagonisten die gesamte Aufmerksamkeit des Betrachters für sich beanspruchen, umgibt das Mammen-Paar eine Vielzahl unterschiedlicher Großstadttypen, die dazu animieren, den Blick frei über die dargestellte Szene schweifen zu lassen. Der Vergleich beider Blätter zeigt Mammen als Beobachterin und Chronistin, während sich Dodo als Analytikerin und Interpretin der Verhaltensweisen ihres Großstadtpaares erweist.

Als Teil jener Gesellschaftsklasse, die sie in ihren Bildern darstellt, weiß Dodo deren Gepflogenheiten wie keine Zweite zu schildern – gleichsam von innen heraus. Dies unterscheidet sie von Jeanne Mammen, der einstmals begüterten Kaufmannstochter, die sich infolge des Ersten Weltkriegs mit materieller Mittellosigkeit konfrontiert sah und fortan allein für ihren Lebensunterhalt sorgen musste, indem sie ab 1922 als Illustratorin und Modezeichnerin für zahlreiche Zeitschriften und Unterhaltungsblätter arbeitete. Mammen blieb stets Außenstehende, die sich eine modische Inszenierung selbst nicht zugestand.[17] Demgegenüber verkörperte Dodo den Typus der »Neuen Frau« nicht nur im Medium ihrer Kunst, sondern auch in ihrem Leben. Daher rührt die Lebendigkeit, Frische und Unmittelbarkeit, die uns aus ihren Blättern entgegenleuchtet. Bevorzugte Dodo als künstlerisches Medium die Gouache, so favorisierte Jeanne Mammen die Aquarelltechnik, deren Zartheit des Strichs und Verhaltenheit der Farbe dem distanzierten Beobachterstandpunkt entsprach, den die Künstlerin ihren Bildsujets gegenüber einnahm. Mit mehrfach nachgezogenen Linien und transparentem Farbauftrag fängt Mammen in ihrem Aquarell *Zweierlei Theater* (1929, Abb. S. 39) das Tête-à-Tête eines arrivierten älteren Herrn und seiner jungen, schönen Begleitung in der Theaterloge wie flüchtig ein, während Dodo in *Logenlogik* ihre Theaterbesucher mit fest zupackendem, kalkuliertem Strich scharf umrissen in Szene setzte.

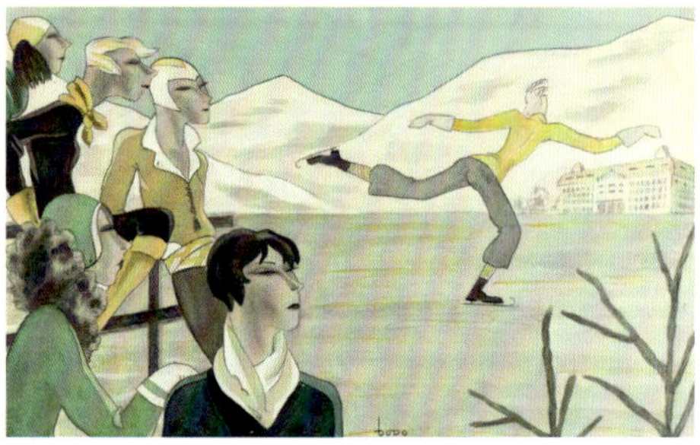

Dodo, *Eislaufkunst*, 1929
Dodo, *Figure Skating*, 1929

Wünschte sich Jeanne Mammen »ungesehen durch die Welt«[18] zu gehen, so lag es durchaus in Dodos Absicht, gesehen zu werden. Mit der provokanten, dem Betrachter zugewandten Haltung des Vamps im Zentrum ihrer farbenprächtigen und schönlinigen Darstellung setzte sich die Künstlerin selbst ein Denkmal. Dodo kannte das, was sie zeichnete, aus eigener Erfahrung. Der männliche Protagonist von *Logenlogik* trägt Züge ihres über zwanzig Jahre älteren Ehemanns, des erfolgreichen Rechtsanwalts und Notars Hans Bürgner, den sie Anfang 1929 heiratete und mit dem sie sich auf Hochzeitsreise nach Celerina bei St. Moritz begab, die sie zu einer Reihe winterlicher *ULK*-Illustrationen inspirierte. Die Porträtähnlichkeit des Paares in *Flitterwochen* (1929, Abb. S. 111) legt nahe, dass es sich bei dem Blatt um ein doppeltes Selbstbildnis der Künstlerin und ihres frisch angetrauten Gatten handelt. In *Eislaufkunst* (1929, Abb. S. 96/97) schilderte Dodo eine Facette des mondänen Skiurlaubs und setzte das geckenhafte Schaulaufen eines Galans auf dem Eis des St. Moritzer Sees vor einer Gruppe modischer junger Damen in Szene.[19]

Nur wenige Künstlerinnen fingen das pulsierende Leben ihrer Zeit im Medium ihrer Kunst ein und waren dabei selbst als moderne, emanzipierte Frau Teil dieses neuen Lebens. Dodo lässt sich jedoch in dieser Hinsicht mit der in Paris lebenden, polnischen Künstlerin Tamara de Lempicka (1898–1980) vergleichen, die einen höchst unkonventionellen Lebensstil wählte und in ihren »wie emailliert wirkenden«[20] Bildern distinguierte, makellose und glamouröse Frauen von unnahbarer Eleganz in den Mittelpunkt stellte. Im selben Jahr wie Dodo wurde auch Lempicka in St. Moritz zu einem Sujet inspiriert, das sich auf dem Titelblatt des dritten Dezemberhefts der Zeitschrift *Die Dame* von 1929 fand (Abb. S. 41) und das das Brustbild einer modernen Skifahrerin wie eine moderne Ikone vor verschneiter Gebirgskulisse zeigt. Indem Dodo in ihrem humoristisch aufgefassten Blatt *Madame Baker* (1928, Abb. S. 20) eine

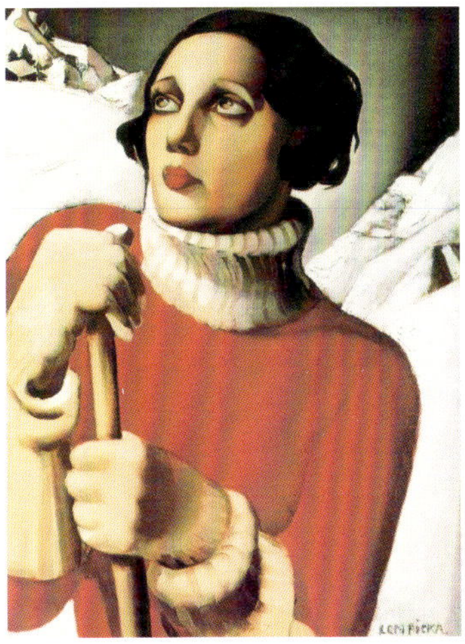

Tamara de Lempicka, *St. Moritz*, Titelblatt von *Die Dame*, Dezember 1929
Tamara de Lempicka, *St. Moritz*, cover illustration for *Die Dame*, December 1929

junge Dame vor einem Werbeplakat die berühmte Tanzpose von Josephine Baker, dem Star der *Revue Nègre*, imitieren lässt, macht sie nicht nur auf den Vorbildcharakter weiblicher Film- oder Revuestars für das zeitgenössische Frauenbild, das Mode- und Schönheitsideal, aufmerksam, es schwingt auch in dieser Darstellung eigenes Erleben mit: Die Künstlerin hatte die Baker 1926 in ihrem typischen Bananenröckchen im Nelson-Theater am Kurfürstendamm selbst bewundern können. Dodo war jene selbstbewusste »Neue Frau«, die wusste, was sie wollte, und die einforderte, was sie brauchte. Antibürgerlich war ihr Leben dennoch nicht. Ihr wohlsituierter Ehemann, den sie früh heiratete und mit dem sie zwei Kinder bekam, war in der Lage, sie finanziell und sozial abzusichern. Dodo hatte damit erreicht, wovon zahlreiche Filme und Romane der Zeit handelten und viele junge Frauen träumten: Ein »Glanz« zu werden, wie es das Lebensmotto von Doris, der Hauptfigur von Irmgard Keuns 1932 publiziertem Roman *Das kunstseidene Mädchen* ist.

Mit hervorragender Laviertechnik schuf Dodo Blätter von hinreißender Farbenpracht, die ein Fest für das Auge sind und dem verführerischen Schein der »Goldenen Zwanziger« auf äußerst sprechende Weise Ausdruck verleihen, wie das kaltfarbig-sprühende *Feuerwerk Gleichnis* (1929, Abb. S. 105) deutlich macht. Dass das Interesse des mondänen Großstadtpublikums an einer Fülle von Sinnesreizen am Ende der 1920er-Jahre allerdings merklich abgekühlt und einer Saturiertheit gewichen war, die sämtliche optische Spektakel bereits mit interesseloser Gleichgültigkeit konsumierte, geht aus dem Doppelblatt vom 6. September 1929 jedoch ebenfalls hervor: Die ungerührte Teilnahme am Feuerwerk verweist auf die zeittypische Abgeklärtheit, auf den eisigen Aggregatzustand aller Leidenschaften. Dodos Blätter reflektieren eine Lebenswelt, die zum Zeitpunkt ihres Entstehens bereits im Niedergang begriffen war. Der durch den sogenannten Schwarzen Freitag am 25. Oktober 1929 ausgelöste Börsencrash stellte den Auftakt der Weltwirtschaftskrise dar, die das Ende der »Goldenen Zwanziger« bedeutete. Das ganz spezielle Lebensklima der 1920er-Jahre war der Nährboden für Dodos *ULK*-Illustrationen. Vor diesem Hintergrund ist nicht verwunderlich, dass ihre letzte Arbeit in dem Unterhaltungsblatt auf den 15. November 1929 datiert. Auch der mit der Ausgabe vom 22. November 1929 (Abb. S. 24) eingestellte Vierfarbdruck des *ULK* zeichnet mitverantwortlich dafür, dass Dodo ihre Tätigkeit für das Gesellschaftsmagazin aufgab. Dem von nun an farblosen Erscheinungsbild standen die farbexplosiven Arbeiten der Künstlerin diametral entgegen.

Dodos Zeichnungen sind mehr als Illustrationen, gehen weit über einfache Schilderung ihrer Lebenswelt hinaus. Es erstaunt nicht, dass die Künstlerin zeitlebens die Berufsbezeichnung Illustratorin ablehnte, wie uns ihre Tochter berichtet. Indem Dodo Stellung zu den soziokulturellen Phänomenen ihrer Zeit bezieht, erhalten ihre Arbeiten den Charakter vollgültiger Kunstwerke – eine Tatsache, die durch die künstlerische Brillanz und Originalität ihres Stils unterstrichen wird. Dodos Zeichnungen – ebenso wie jene Jeanne Mammens – sind subtiler und vielschichtiger gearbeitet, als es ihr kommerzieller Zweck erfordert hätte. Nur auf den ersten Blick zeichnen sich die Blätter durch dekorativen Charakter und modischen Appeal aus und bedienen damit das Klischee der »Goldenen Zwanziger«. Indem sie mit Stilisierung und Karikierung veristische Verfremdungsverfahren nutzte, legte die Künstlerin offen, was sich hinter der viel zitierten schillernden Oberfläche ihrer Zeit verbarg, führte dem zeitgenössischen Rezipienten seine Eitelkeiten und Verführbarkeiten vor Augen und vermochte ihn auf diese Weise zur Selbstreflexion anzuregen. Dass Dodos Werke auch auf den heutigen Betrachter eine ungemein suggestive Wirkung haben, rührt insbesondere von ihrer frisch leuchtenden Farbigkeit her, die den Eindruck erweckt, als seien ihre Gouachen eben erst aufs Papier gezaubert worden. Ihre Blätter machen den oft beschworenen Glanz der »Goldenen Zwanziger« noch heute visuell erlebbar.

Ein Licht auf die Faszination, die Dodos Arbeiten bereits auf den zeitgenössischen Betrachter ausübten, wirft die Anzahl ihrer im *ULK* publizierten Illustrationen, durch die die Künstlerin einen hohen Popularitätsgrad erreichte und von denen 1928 und 1929 ein Drittel mehr Arbeiten zu sehen waren als von Jeanne Mammen im doppelten Zeitraum. Das Unterhaltungsblatt war weit verbreitet und wurde nicht nur von den höheren Gesellschaftskreisen gelesen, sondern insbesondere auch von den Angehörigen jener Angestelltenkultur, die sich an den Leitbildern orientierten, wie sie von den neuen Medien lanciert wurden und wie sie Dodo – hierin Jeanne Mammen ähnlich[21] – gleichermaßen perpetuierte und desavouierte. Die manipulierende Strategie der Massenmedien und ihre verblendende Wirkung kritisierend, hatte Siegfried Kracauer 1927 in seinem Aufsatz über die Fotografie geschrieben: »In den Illustrierten sieht das Publikum die Welt, an deren Wahrnehmung es die Illustrierten hindern. [...] Noch niemals hat eine Zeit so wenig über sich Bescheid gewußt.«[22] Dem wirkte Dodo mit ihren Zeichnungen und Illustrationen entgegen. Dass die eingangs erwähnte *Straßenszene* wie eine bildliche Metapher für jenes »Ornament der Masse« erscheint, das von Siegfried Kracauer 1927 in seinem gleichnamigen Essay als Signum der zeitgenössischen Großstadtgesellschaft diagnostiziert wurde – dass *Wedding auf dem Dachgarten* auf den ersten Blick als Darstellung der urbanen Lebenswelt der 1920er-Jahre zu entziffern ist, macht Dodos Werke zu Emblemen des modernen Zeitgeists.

1 Die *ULK*-Jahrgänge 1914 bis 1930 wurden von der Ruprecht-Karls-Universität Heidelberg digitalisiert und sind unter http://digi.ub.uni-heidelberg.de/diglit/ulk einsehbar.

2 Gabriele Tergit, »Die Leerlaufexistenz oder Die Luftperson«, in: dies., *Atem einer anderen Welt. Berliner Reportagen*, hrsg. von Jens Brüning, Frankfurt a. M. 1994, S. 49–51, hier S. 49 f.

3 *Charlestonkleid und Tippmamsell, Mode und modernes Leben der 20er Jahre*, hrsg. von Regine Schumacher, Ausst.-Kat. Rheinisches Industriemuseum, Oberhausen, Ratingen 2001, S. 3.

4 Vgl. Swantje Kuhfuss-Wickenheiser, *Die Reimann-Schule in Berlin und London 1902–1943: ein jüdisches Unternehmen zur Kunst- und Designausbildung internationaler Prägung bis zur Vernichtung durch das Hitlerregime*, Aachen 2009, S. 579.

5 Zit. nach Rainer Metzger und Christian Brandstätter, *Berlin. Die Zwanzigerjahre, Kunst und Kultur 1918–1933*, Wien 2006, S. 179.

6 Zu Assaf Kenan vgl. Kuhfuss-Wickenheiser 2009 (wie Anm. 5), S. 70–97.

7 Assaf Kenan, *Inseratentwurf für Haas-Heye*, Berlin, 1925, abgebildet in: Kuhfuss-Wickenheiser 2009 (wie Anm. 5), Abb. 57, S. 86.

8 Zu Rolf Niczky vgl. Kuhfuss-Wickenheiser 2009 (wie Anm. 5), S. 64–69.

9 Vgl. hierzu beispielsweise das mondäne Paar auf dem *ULK*-Titelblatt vom 5.4.1929.

10 Gabriele Tergit, *Käsebier erobert den Kurfürstendamm*, Berlin 1931, zit. nach Erhard Schütz, *Romane der Weimarer Republik*, München 1986, S. 160.

11 Siegfried Kracauer, *Die Angestellten. Aus dem neuesten Deutschland*, Frankfurt a. M. 1930, zit. nach Metzger / Brandstätter 2006 (wie Anm. 6), S. 254.

12 Vgl. Kuhfuss-Wickenheiser 2009 (wie Anm. 5), S. 108 und 548.

13 Für diesen Zeitraum sind 43 Arbeiten von Mammen für den *ULK* nachweisbar; vgl. *Jeanne Mammen 1890–1976. Gemälde. Aquarelle. Zeichnungen. Lithographien*, Ausst.-Kat. Städtisches Kunstmuseum Spendhaus Reutlingen, Reutlingen 1981, S. 89.

14 Vgl. hierzu Annelie Lütgens, »Jeanne Mammen, die Frauen und die Großstadt der zwanziger Jahre«, in: *Jeanne Mammen. Köpfe und Szenen. Berlin 1920 bis 1933*, Ausst.-Kat. Kunsthalle Emden; Städtisches Museum Gelsenkirchen, Emden 1991, S. 45–54, hier S. 48; Eva Züchner: »Langweilige Puppen. Jeanne Mammens Großstadt-Frauen«, in: Jörn Merkert (Hrsg.), *Jeanne Mammen: 1890–1976, Monographie und Werkverzeichnis*, Köln 1997, S. 51–56, hier S. 53; Christine Elise Mani, »Jeanne Mammen – Eine Berlinerin in Paris. Von der Modezeichnerin zur neusachlichen Großstadtchronistin«, in: *Garçonnes à la Mode im Berlin und Paris der zwanziger Jahre (Querelles. Jahrbuch für Frauen- und Geschlechterforschung*, 11), hrsg. von Stephanie Bung und Margarete Zimmermann, Göttingen 2006, S. 29–46, hier S. 37 f.

15 Susanne Meyer-Büser, *Bubikopf und Gretchenzopf. Die Frau der Zwanziger Jahre*, Ausst.-Kat. Museums für Kunst und Gewerbe, Hamburg 1995, S. 15.

16 Zit. nach Bernard von Brentano, »Berlin – von Süddeutschland aus gesehen« (1926/27), in: ders., *Wo in Europa ist Berlin? Bilder aus den zwanziger Jahren* (1928), Frankfurt a. M. 1981, S. 95–102, hier S. 97.

17 Vgl. Annelie Lütgens, *»Nur ein paar Augen sein ...«. Jeanne Mammen – eine Künstlerin in ihrer Zeit*, Berlin 1991, S. 79.

18 Zit. nach ebd., S. 205.

19 Vgl. in diesem Kontext auch *Schweizer Wintersport*, 1929, abgeb. in *ULK*, 1929, S. 52.

20 Verena Dollenmaier, »Glamour! Das Girl wird feine Dame – Frauendarstellungen in der späten Weimarer Republik«, in: *Glamour! Das Girl wird feine Dame – Frauendarstellungen in der späten Weimarer Republik*, Ausst.-Kat. Georg-Kolbe-Museum, Berlin 2008, S. 12–26, hier S. 14.

21 Zu Jeanne Mammen vgl. hierzu Lütgens 1991 (wie Anm. 19), S. 42; Annelie Lütgens: »The Conspiracy of Women: Images of City Life in the Work of Jeanne Mammen«, in: Katharina von Ankum (Hrsg.), *Women in the Metropolis: Gender and Modernity in Weimar Culture*, Berkeley, Kalif., u. a. 1997, S. 89–105, hier S. 91.

22 Siegfried Kracauer, »Die Photographie« (1927), S. 34, zit. nach Michael Bienert, *Die eingebildete Metropole. Berlin im Feuilleton der Weimarer Republik*, Stuttgart 1992, S. 121.

Das Zürcher Experiment

Margitta Giera

Wohl das einschneidenste Erlebnis in Dodos langem Leben war im Frühjahr 1933 die Begegnung und beginnende Liebesbeziehung mit Gerhard Adler, einem Berliner Psychiater und Vertreter der Jungschen Psychologie. Ähnlich einschneidend dürften die Erfahrungen gewesen sein, die Dodo im selben Jahr in Zürich im Verlauf ihrer kurzen, vier Monate dauernden Analyse bei Toni Wolff machte. Zum Zeitpunkt ihrer Begegnung mit Adler war sie 26 Jahre alt, mit Hans Bürgner, einem 25 Jahre älteren Rechtsanwalt, verheiratet und Mutter zweier Kinder (die Tochter wurde 1930 geboren, der Sohn 1932). Obwohl versorgt, verwöhnt und in ihren Wünschen nicht eingeschränkt, war Dodo in ihrer Ehe nicht glücklich, was sie auf die unterschiedlichen Charaktere und die physische Beziehung zurückführte. Erste große Probleme traten nach der Geburt der Kinder auf. Die Tochter bezeichnete sie in ihren biografischen Aufzeichnungen zwei Jahre lang als »Schreikind«, nach der Geburt des Sohnes fiel sie in eine Depression und konnte auch zu ihm zunächst keine tiefere emotionale Bindung aufbauen. Ihre Mutter wird in ihren Aufzeichnungen kaum erwähnt. Durch den Tod der geliebten Großmutter, dem »Anker und Fels« ihrer Kindheit, ging der 12-Jährigen eine positive Mutterfigur verloren, auf deren Verlust sie »ziemlich hysterisch«, heute würde man wohl sagen: depressiv, reagierte. Ihre Fixierung auf den Vater und spätere Vaterfiguren machte sie zu einer »Vatertochter«, die mit der eigenen Mutterrolle zunächst völlig überfordert war. Sie wollte die faszinierende, die Männer betörende Femme fatale bleiben, eine »Puella aeterna«, die von der Wertschätzung und Akzeptanz der Männer abhängig war, obwohl sie sich selbst durch das Spiel mit ihnen und deren Abwertung stark, unabhängig und vor allem von der traditionellen Frauenrolle befreit fühlte. Für ihren Ehemann Hans war sie in dieser Lebensphase ein »liebenswertes, vergnügliches Spielzeug, zuweilen die Tochter«, für die er sich zeitlebens verantwortlich fühlte.

Mit Gerhard Adler begann jedoch eine leidenschaftliche Affäre, die wohl für beide in eine symbiotische Liebesbeziehung mündete. Von ihm wurde sie zweimal schwanger, zweimal erfolgte eine Abtreibung, denn *Madame wünscht keine Kinder,* wie Dodo eine Abtreibungsszene von 1933 (Abb. S. 127) betitelte. Weder Hans, der vom Geschehen Kenntnis hatte, noch Adler geboten Einhalt. In einer ihrer depressiven Phasen während dieser Zeit schrieb Dodo in einem Gedicht an das ungeborene Kind: »Einmal habe ich Dich sterben lassen, als ich so verlassen war, dass nicht einmal Gott da war, der sagte: Halte ein.« Obwohl sich Dodo bewusst sarkastisch und unbewusst durch Verdrängung und Verleugnung von den schmerzlichen, ihr Schuldgefühle verursachenden Ereignissen zu befreien suchte, wurde sie von depressiven Stimmungen, Gefühlen der Einsamkeit und Verlassenheit gequält. In ihrem Elend fühlte sie sich verflucht. Als Adler im September 1933 nach Zürich ging, folgte sie ihm begeistert und erhoffte sich eine Befreiung von ihrer inneren Zerrissenheit, Mann und Kinder ließ sie in Berlin zurück. In Zürich fühlte sich Dodo wieder um Jahre jünger und unbeschwert. Am Jung-Institut besuchte sie einige Seminare, begegnete C. G. Jung, der schnell ihre emotionale Abhängigkeit von Adler erkannte und ihr riet, eine Analyse bei Toni Wolff zu beginnen, seiner Mitarbeiterin und Geliebten, damit Dodo mithilfe der Analyse zu einer selbstständigen, erwachsenen Persönlichkeit werden konnte. Fasziniert von Toni Wolff – ebenso wie sie selbst eine Geliebte, die in einer Dreiecksbeziehung lebte –, begann Dodo die Sitzungen und identifizierte sich sehr schnell mit ihr. »Ein Gespräch ist gut zu zweit, so nackt und scharf wie durchgeschnittnes Glas«, schrieb sie. In ihren während der Analyse gemalten »unbewussten Bildern«, wie Dodo diese nannte, wird die enorme Dynamik des therapeutischen Prozesses ebenso sichtbar wie Dodos verdrängte persönliche Konflikte, aber auch deren tieferen unbewussten Ursachen.

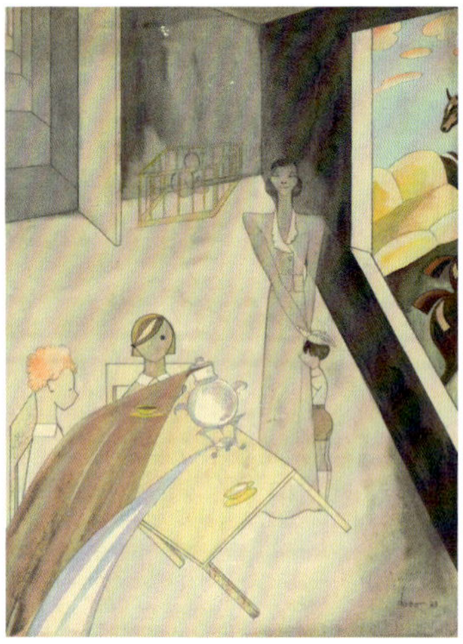

Traum, 1933
Dream, 1933

Die Tiefenpsychologie betrachtet das Bild ähnlich wie den Traum. Die im Bild auftauchenden Symbole werden in gleicher Form gedeutet. Wie im Traum finden sich auch im Bild Inhalte des persönlichen Unbewussten, also Gedachtes, Gefühltes, Vergessenes, Verdrängtes, Inhalte also aus der *persönlichen* Lebenssphäre und persönlichen Lebenserfahrungen. Als Inhalte des *kollektiven* Unbewussten hingegen finden sich im Bild archetypische Motive, wie Geburt und Tod, Liebe und Hass, Gut und Böse. Damit werden im Bild innerseelische Erlebnis- und Verhaltensabläufe von Entwicklungs- und Reifungsprozessen wie auch Konfliktmöglichkeiten dargestellt, die nicht nur typisch und charakteristisch für den Einzelnen sind, sondern auch für das Kollektiv. Eine der kreativen Fähigkeiten der Psyche besteht darin, sich in inneren Bildern auszudrücken. Nach C. G. Jung ist die Belebung des Unbewussten Voraussetzung für den schöpferischen Prozess. In der Analyse erfolgt deshalb eine aktive Belebung durch die Zuwendung des Bewusstseins zum Unbewussten, durch Aufmerksamkeit den Manifestationen des Unbewussten gegenüber, seien es Träume oder Bilder. Ist erst einmal das Unbewusste aktiviert, liefert dieses seine Inhalte, die ins Bewusstsein übertreten. Diese können so, bearbeitet und weiter ausdifferenziert, eine Entwicklung in Richtung Ganzwerdung der Persönlichkeit bewirken, ein Prozess, den C. G. Jung Individuation nennt. Wenn das Bewusstsein den unbewussten Inhalt oder Komplex integ-

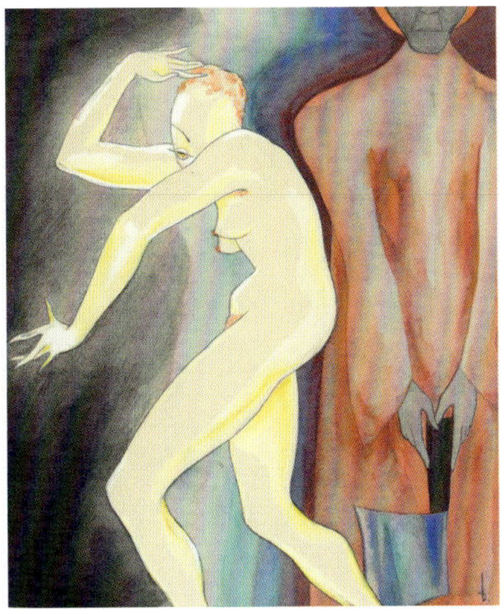

Schuld, 1933
Guilt, 1933

rieren kann, bedeutet dies immer einen Wachstumsprozess, denn durch das kreative Ausdrücken dieser seelischen Inhalte gelangt der Mensch zu den emotional besetzten Urbildern, den Archetypen, die auf die Veränderung des Bewusstseins abzielen, neue Lösungswege aufzeigen und Wandlung beziehungsweise Reifung der Persönlichkeit bewirken können. Jung vergleicht den Individuationsprozess mit dem Wandlungsprozess in der Alchemie, der zu einer Verbindung der Gegensätze (coniuctio) auf einer höheren Ebene führen soll. Dies ist zumindest ansatzweise in den Bildern Dodos nachvollziehbar, die nachfolgend beschrieben und interpretiert werden. Die Deutung wird sich vorwiegend auf die persönlichen Konflikte Dodos fokussieren. Im Rahmen dieses Beitrags ist allerdings eine Betrachtung der archetypischen Inhalte nur ansatzweise möglich.

In *Traum* (Abb. S. 129) sehen wir eine konventionell gekleidete Frau mit geschlossenen Augen in einem kargen Zimmer stehen. Sie träumt von der aufregenden Welt draußen, von der sie sich durch ihr Muttersein ausgeschlossen fühlt. Ihre vier Kinder sind sich selbst überlassen, sie kann sie nicht liebevoll-mütterlich (mit Milch und Kakao) versorgen. Mental abwesend legt sie ihre Hände auf den Kopf des kleinen, an sie gepressten Jungen, das Baby im Laufstall scheint vergessen. Sie selbst möchte (zu zweit – abgebildet sind zwei Pferde, ein Zweiersofa) ein beschauliches und aufregendes Leben führen. Im Symbol des Pferdes zeigt sich nicht nur ihre Stärke und Vitalität, sondern auch ihre sexuelle Triebhaftigkeit. Die Öffnung zur Außenwelt am rechten Bildrand ist groß und verlockend, während die grauen Türen in der linken oberen Ecke auf die nicht enden wollende Folge eintöniger hausfraulicher Aufgaben und Pflichten hinweisen. Im Bild sehen wir vier Kinder, obwohl Dodo nur zwei Kinder hatte. So könnten ihre zwei ungeborenen Kinder im Bild integriert sein, letztlich aber dürfte das Bild der Mutter mit vier Kindern den damaligen Vorstellungen einer idealen Mutter entsprochen haben.

In *Schuld* (Abb. S. 130) wendet sich die Frau scheinbar entsetzt vor der drohenden Hinrichtung durch den rot gewandeten Henker mit dem blauen Beil in einer expressiven Bewegung nach links ab. Sie schaut nach unten, will noch die Bedrohung durch ihre eigene strafende Über-Ich-Instanz verdrängen. Dass sie noch nicht ernsthaft an Bestrafung glaubt, zeigt sich auch an der Lockerheit, mit der die zarten Hände des Henkers das blaue Beil (Blau ist hier die Farbe der Ratio) umfassen. Seine gnadenlosen Augen im totenkopfähnlichen Haupt sind der Frau noch verborgen. Und doch beginnt hier schon der Abstieg in die Dunkelheit des Unbewussten, das Abtauchen in den finsteren Bereich der Seele, die Schwärzung (nigredo). Dodo kann ihre Schuldgefühle nicht wirklich verdrängen, sie fühlt sich verflucht, durch ihre Abhängigkeit bestimmt und gebunden.

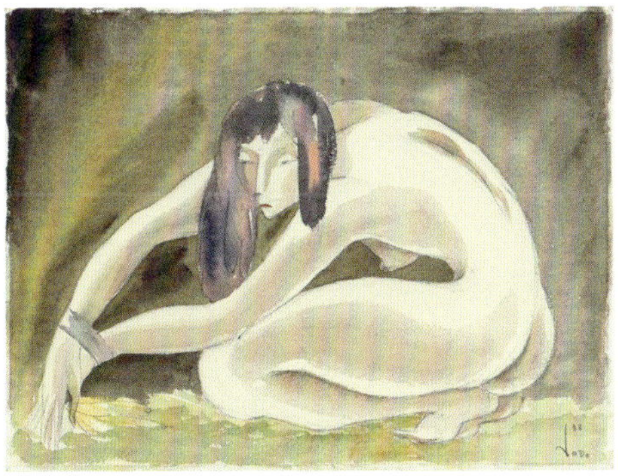

Verflucht II, 1933
Cursed II, 1933

In *Verflucht II* (Abb. S. 121) kauert eine nackte Frau in einer Art ockerbraunen Höhle, die Hände sind ihr gebunden, die Haare hängen herunter, ihr Blick ist trüb. Nichts ist mehr zu entdecken von der frivolen, lebenslustigen Dodo. Ihren Selbstvorwürfen ausgeliefert, ist sie ein bemitleidenswertes Wesen, das sich am liebsten in einer Höhle verbergen möchte. Die Höhle, ein bergender mütterlicher Bereich, steht für den positiven Aspekt des Mutterarchetypus, in dem Rückkehr zu den Ursprüngen des Lebens, aber auch Wandlung möglich ist, die Dodo von den Fesseln ihrer Abhängigkeiten befreien könnte.

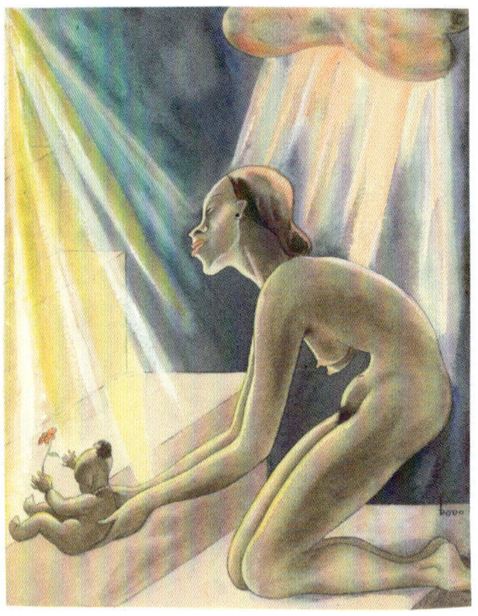

Darreichung IV, 1933
Offering IV, 1933

Noch in Berlin, also vor ihrer Abreise mit Adler nach Zürich im September 1933, entsteht das Bild *Darreichung IV* (Abb. S. 128). Auf den Stufen eines pyramidenartigen Altars kniend reicht die sehr erotisch-exotisch dargestellte Frau ihr mit Perlenkette und roter Blume geschmücktes Kind einer göttlichen Instanz dar, symbolisiert durch die von links oben kommenden Strahlen. Ist es ihr reales Kind, das sie opfern musste, um die Liebe und Wärme des Mannes zu erhalten, der im Bild oben rechts über ihr als halber, liegender Torso schwebt? Ist es ihr Selbst (hier im Symbol des Kindes), ihre eigenen weiblichen Potenziale, die sie aufgrund ihrer Fixierung auf das Männliche dem Väterlich-Geistigen darreicht? Oder ist es ihre Kindlichkeit, ihr Unerwachsensein, das sie opfern muss, um eine ebenbürtige Begleiterin und Partnerin des Mannes zu werden? Die Dunkelheit des Hintergrunds wird von (Hoffnungs-)Strahlen erhellt. Hoffnungen auf einen Neubeginn in Zürich?

In *Suchende* (Abb. S. 151) sehen wir Dodo, bereits in Zürich angekommen, gelöst und erwartungsvoll dastehen, die mit Goldreifen geschmückten Arme nach oben gestreckt. Hier ist sie wieder, die »Puella«, die zu erwarten scheint, dass ihr das Gesuchte von oben, vom Himmel, in die Hände gelegt wird. Was sie sucht, weiß sie nicht. Doch nur kurz nach Beginn der Analyse treibt die Träumerin unvermittelt in den Fluten (des Unbewussten, Abb. S. 136). Das bleiche Gesicht scheint wie der am Ufer stehende Baum vom Mondlicht beschienen. Der Hintergrund ist in ein Braun getaucht, das den Horizont verschluckt. Es scheint eine Todeslandschaft zu sein, in der sich die Gestalt – treibend im Todesfluss, am Ufer der Todesbaum, mit allen Symbolen für den in der Analyse evozierten negativen Mutterarchetypus – befindet, wäre da nicht in der Bewegtheit und Farbigkeit des Wassers (als Urwasser des Lebens und des Unbewussten) und der üppigen weichen Baumkrone nicht auch schon der Wandlungscharakter des Weiblichen erkennbar. Damit wäre der Baum ein Lebens- und Erkennt-

Suchende, 1933
Seeker, 1933

Doch uns ist gegeben, auf keiner Stätte zu ruh'n ... (Hölderlin), 1933
But to us it is given / never and nowhere to rest (Hölderlin), 1933

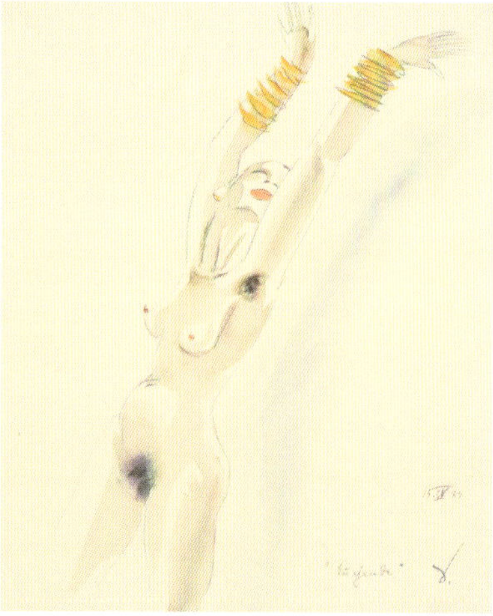

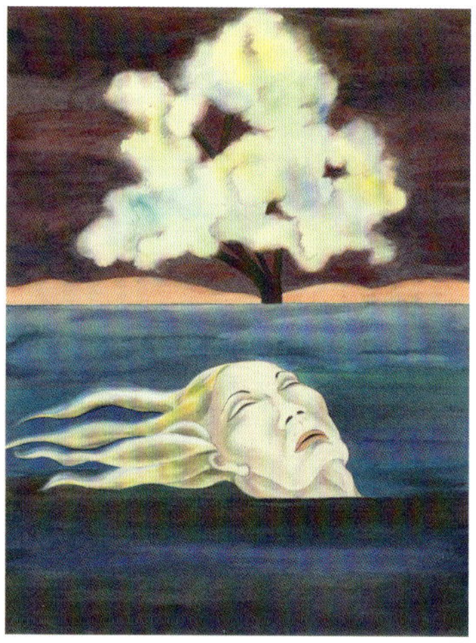

nisbaum, der Fluss eine alle psychische Energie zum Fließen bringende archetypische Kraft. Nach der Auflösung (solutio) könnte Selbstheilungs- und Transformationspotenzial frei werden. »Doch ist uns gegeben ...« bezeichnet Dodo das Bild. Es ist die letzte Strophe von *Hyperions Schicksalslied* von Friedrich Hölderlin. »Doch ist uns gegeben / auf keiner Stätte zu ruhen / es schwinden, es fallen / die leidenden Menschen / blindlings von einer Stunde zu anderen / wie Wasser von Klippe / zu Klippe geworfen / jahrlang ins Ungewisse hinab.« Der seelische Zustand der Träumerin ist ganz von Leid und Hoffnungslosigkeit bestimmt. Nur durch den Tod, das Eingehen in den Schoß der Großen Mutter, als einzige noch erreichbare Möglichkeit der Selbstverwirklichung kann die leidvolle, einschränkende Wirklichkeit überwunden und ewiges Geborgensein erreicht werden.

Dieses dramatische innere Geschehen wird auch in *Die Braut* (Abb. S. 131) sichtbar, das auf realer Ebene auf Dodos suizidale Tendenzen hinweist. Die Träumerin ist an ihrem Kreuz angekommen, bereit ihre Schuld anzunehmen, sich mit dem Tod zu vermählen. Ein kleines rotes Kreuz am Hals hängend, ein großes schwarzes Kreuz im Hintergrund sowie Rot und Schwarz – Farben, die die archetypische Polarität von Liebe und Leid symbolisieren – finden sich hier. Das Kreuz (als Symbol, das die Gegensätze verbindet) und das Kreuzesopfer sollen Leid überwinden. Die schöne, mit Blumenkranz und Schleier geschmückte jungfräuliche Braut scheint keine Angst zu haben vor dem Tod, dessen erdigbraunen Augen- und Nasenhöhlen ihn als Begleiter der Todesmutter, des negativen Mutterkomplexes, ausweisen.

In *Hexe* (Abb. S. 135) taucht ein weiteres Symbol des negativen Mutterarchetypus auf. Die Hexe steht für das dämonisch-destruktive Weibliche, das verführt, abhängig macht und zerstört. In deren Einflussbereich ist Dodo als Femme fatale geraten, die durch die Ablehnung ihrer weichen mütterlichen Aspekte Selbstverlust und Selbstentfremdung erfahren musste. Die Gestalt der Hexe im grünen Gewand verspricht nur scheinbar Lebendigkeit und Lebenslust, denn sie ist im Bild von einem trüben Gelb umgeben (diese Farbe verweist auf Krankheit und Verderben), die aggressive Weiblichkeit (spitze, blaurote Brustwarzen) wird durch die Jagd des großen gelben

Die Braut, 1933
The Bride, 1933

Hexe, 1933
Witch, 1933

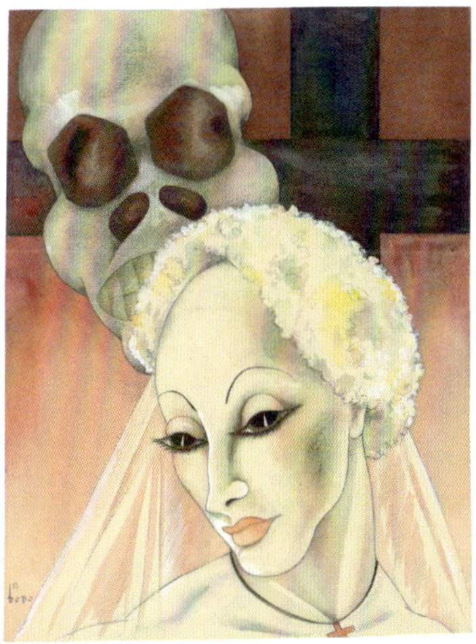

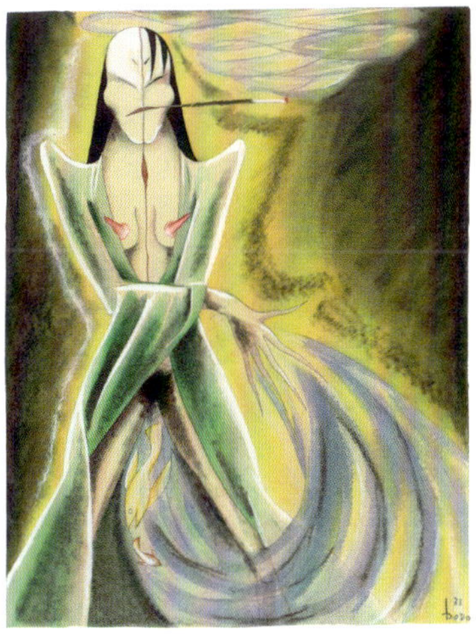

Ohne Titel (Paar und Nonne), 1933
Untitled (Couple and Nun), 1933

Im Sturmwind Gottes, 1933
Amid the Divine Tempest, 1933

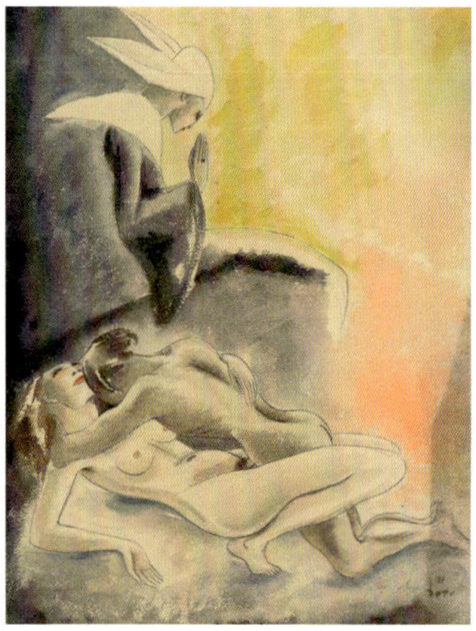

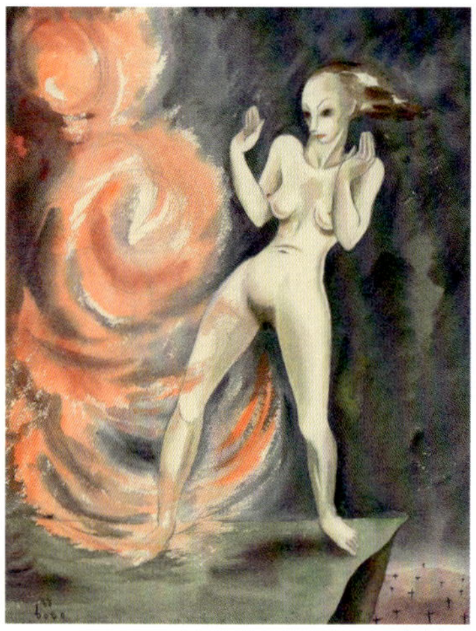

Fisches (verschlingende Aspekte) auf den kleinen roten (lebensbejahende Aspekte) betont. Der Fisch, Symbol der Fruchtbarkeit und des Lebens, ist Träger der schöpferischen Inhalte des Unbewussten. Werden die kreativen Möglichkeiten durch die zerstörerischen Potenziale vernichtet beziehungsweise gefressen werden? Im nicht betitelten Bild eines sich liebenden Paares (Abb. S. 134) scheinen zunächst die positiven Kräfte zu überwiegen. Die am Lächeln der Frau sichtbar beglückende Liebesvereinigung könnte durch die Fürbitten der über den Liebenden schwebenden Nonnengestalt, die einen geistig-transzendierenden Aspekt des Weiblichen darstellt, mit göttlichem Segen doch noch gelingen, symbolisiert durch das gelbrote Licht im Hintergrund, das wie eine Morgenröte erscheint. Doch das Paar liegt nahe am Abgrund. War es doch nur ein kurzer Moment der Hoffnung auf Erlösung, die durch *Im Sturmwind Gottes* (Abb. S. 133) von links aus der Dunkelheit kommend, zerstört wird. Die Träumerin, die die Hände abwehrend in die Höhe hebt, wird vom roten Wind an den Abgrund gedrängt, in dessen Tiefe nur noch der Tod zu finden ist, wie die zahlreichen Kreuze zeigen. Der Himmel ist wieder in Dunkelheit getaucht. Gottes Gnade ist der Träumerin nicht zuteil geworden, zu groß ist die Schuld, die in ihr brennt. In dieser Phase der Therapie muss Dodo schwer depressiv und zumindest latent suizidal gewesen sein. Sie will sich mit dem Schlafmittel Veronal vergiften, wie ein anderes erhaltenes, hier nicht abgebildetes Blatt zeigt. Das destruktive Potenzial scheint das schöpferische, lebensbejahende und -verändernde zu überwiegen, das aus dem negativen Mutterkomplex evozierte Wandlungspotenzial nicht ausreichend, um eine dauerhafte Bewusstseinsveränderung und -erweiterung zu erlangen. So bleibt wohl nur die Flucht in den Tod als letzte Möglichkeit, um Ruhe und Frieden zu finden.

Eine riesige Iris erscheint im rechten oberen Teil von *Anklage* (Abb. S. 132). Ist es das Auge Gottes, vor das der Engel die leblose Gestalt der Träumerin bringt, vor das Jüngste Gericht? Der Engel, eine himmlische Gestalt, kann in seinem Doppelaspekt sowohl hilfreich (Schutzengel) als auch rächend sein (Rache- und Todesengel). Seine Handbewegung kann auf das Elend der Frau deuten, um Gnade für sie bitten oder aber auch gerechte Strafe fordern. Verweist das helle Licht auf die Hoffnung nach Erlösung?

Anklage, 1933
Accusation, 1933

Ohne Titel (*Die Schlafwandlerin*), 1933
Untitled (*The Sleepwalker*), 1933

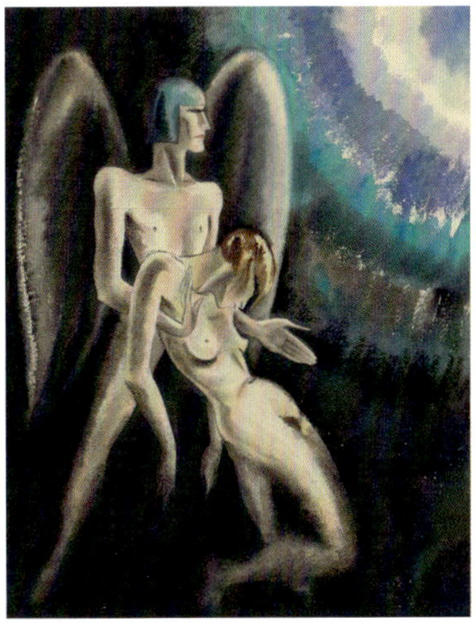

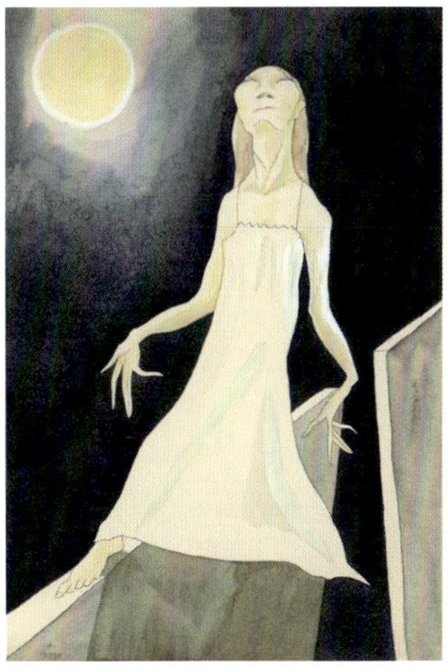

Nach der am 17. November 1933 gemalten *Anklage* folgt nur noch eines in Zürich vor ihrer Rückkehr nach Berlin Anfang 1934 (Abb. S. 139). Eine Schlafwandlerin versucht, auf dem hohen auseinanderbrechenden Grat die Balance zu halten. Es herrscht tiefste Nacht, das zum Mond gerichtete Gesicht ist von dessen bleichem Licht beschienen. Keiner ist da, der sie auffängt. Keiner, der ihre manifeste Depression heilen könnte. Sie ist wieder einsam und verlassen.

Die Zürcher Analyse wurde von Toni Wolff beendet, die Dodo erklärte, dass sie noch viel zu sehr an Hans gebunden sei und deshalb zu ihm und der Familie zurückkehren, zugleich aber nicht auf die Beziehung mit Adler verzichten solle. Dodo musste diese Einschätzung als Scheitern erlebt haben. Sie fühlte sich nicht mehr als die einstige Femme fatale, sehnte sich nach Schutz und Geborgenheit in der Zweierbeziehung mit Adler. Sie war jedoch nicht in der Lage und selbstständig genug, um eine eigene Entscheidung zu treffen. So folgte sie auf Rat ihrer Analytikerin, in der sie wieder einmal eine sorgende, schützende Mutterfigur verlor, Adler nach Berlin. Die Analyse wurde in Berlin nicht fortgesetzt. Dodo blieb mit den in der Analyse evozierten Inhalten allein. Es ist schwer vorstellbar, dass innerhalb einer viermonatigen, wenn auch intensiven Analyse eine tiefgehende, dauerhafte Persönlichkeitsentwicklung möglich war und die ins Bewusstsein gehobenen Potenziale nicht zumindest partiell wieder dem Unbewussten anheimfallen mussten. Das Zürcher Experiment endete für Dodo unglücklich.

Noch einmal tauchte 1936, im Rahmen ihrer Scheidung von Hans, die auf Drängen Adlers erfolgte – obwohl dieser wahrscheinlich bereits mit Hella, seiner späteren Frau, liiert und Dodo in einer schlechten seelischen Verfassung war –, das in der Zürcher Analyse evozierte Potenzial aus dem Unbewussten auf, ihre tiefliegenden, ihr Leben und Lebensgefühl bestimmenden Konflikte wurden nochmals sichtbar.

Das Dreieck (Abb. S. 141), später von Dodo in *Segelboot* umbenannt, kann als eine surrealistische Komposition betrachtet werden. Aus tiefenpsychologischer Sicht verweist das Bild auf die zentralen, unbewussten Konflikte Dodos und verdichtet symbolisch, auf eine für den Betrachter eindringliche Weise, den Prozess der Zerstücke-

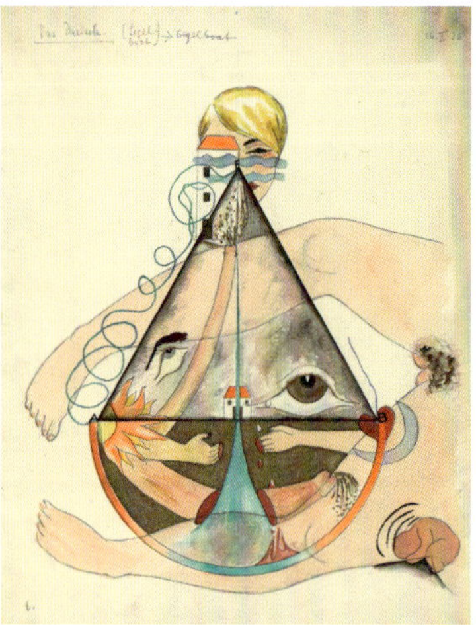

Das Dreieck – Segelboot, 1936
The Triangle – Sailing Boat, 1936

lung und Fragmentierung (separatio). Hinter dem (männlichen) Dreieck (Segel des Bootes) erscheint ein zweigeteiltes Gesicht, links ist es von einer Haushälfte bedeckt, rechts sieht man ein geschlossenes Auge. Zwei Wellen durchschneiden beide Hälften des Gesichts. Auch das Dreieck ist durch einen von der Spitze und den Wellen ausgehenden Wasserstrahl zerschnitten. Links schaut ein nach oben gerichtetes Auge dem aus dem unteren, dem Bootsbereich aufsteigenden, ejakulierenden Penis nach, im rechten Teil des Dreiecks schaut ein Auge unbeteiligt nach vorn. Zentral, auf der Trennungslinie von Segel und Boot stehend, erscheint ein ebenfalls geteiltes, kindlich gezeichnetes Haus. Im Bootsbereich findet der eigentliche Prozess der Zerstückelung statt, die Kastration des Männlichen (Symbol des Männlich-Solaren, Patriarchalen) durch das Weibliche (Mütterlich-Lunare, Matriarchales). In der Darstellung des ausgestreckten Sonnen- und Mondarmes – beide streben danach, den anderen zu berühren – wird der Versuch der Vereinigung der Gegensätze (coniucio) sichtbar, die durch das Wasser (des Unbewussten) verhindert wird. Die Vereinigung kann nicht gelingen, eine Versöhnung von Männlich / Weiblich, Frau / Mann, scheint auch aufgrund der beiderseitigen Verletzungen (sichtbar an den abgeschnittenen Fingern beider Arme und deren blutigen Stümpfen) nicht möglich. Sie können einander nicht er- beziehungsweise begreifen. Was verübelt das Weibliche dem Männlichen, muss es kastrieren? Zeigt sich in der hinter dem Dreieck sichtbaren Geburtsszene das tiefste Motiv? Verweist das Kind, das im Bild zitternd am linken Schenkel der Mutter Schutz sucht, auf Dodos eigene frühe Ungeborgenheit und Schutzlosigkeit und ihre dadurch bedingte Unmütterlichkeit? Sind es ihr Ungeschütztsein, ihre eigenen frühen Einsamkeits- und Verlassenheitserfahrungen, die sie später in ihren Beziehungen zu Männern zu erlösen hofft? Zeigt das Drama im Inneren des Schiffsbauches symbolisch auch die Unvereinbarkeit des männlichen und weiblichen Prinzips, wie wir es in der Zauberflöte von Wolfgang Amadeus Mozart verfolgen können, die Unversöhnlichkeit der Königin der Nacht mit Sarastro, weil er ihr die Tochter (die Anima) raubte? Psychologisch betrachtet wird auch Dodos Spaltung von Ich und Selbst, ihre dadurch bedingte Selbstentfremdung, ihr Selbstverlust deutlich. 1937 begab sich Dodo aufgrund ihrer Depressionen in London nochmals in Analyse mit Philipp Metmann. Über diese Therapie gibt es keinen Bericht. Auch nach ihrer nur kurz nach der Eheschließung erfolgten Scheidung bezeichnete Dodo Adler als die große Liebe ihres Lebens. Anlässlich seiner Beerdigung, rund fünfzig Jahre nach ihrer Trennung, fühlte sie sich beim Anblick seiner Ehefrau Hella als seine eigentliche Witwe. Das schöpferische Potenzial versiegte nach 1933 allmählich, nicht zuletzt bedingt durch die für sie als Jüdin schrecklichen politischen Umstände und das Exil. Sie malte Landschaften, Stillleben, fertigte Tappisserien und begann später eine Sammlung von Schildkröten aller Art. Symbolisch kann die Schildkröte als Kaltblütler der Instinktseite des mütterlichen Unbewussten, dem Mutterarchetypus, zugewiesen werden und Weisheit und Langlebigkeit symbolisieren. Letztere sind Dodo zuteil geworden.

Reflexionen über Dodo

Anja Amsel, geb. Burgner

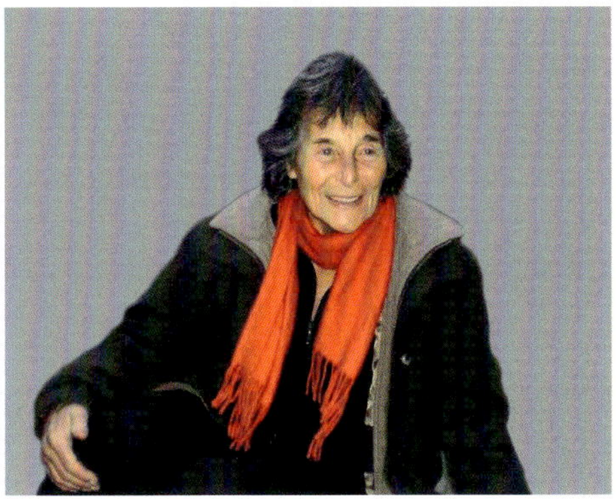

Anja Amsel, geb. Burgner
Anja Amsel, née Burgner

Wie hätte Dodo auf dieses Projekt reagiert?

Sie hätte sich sicher zunächst einmal amüsiert. Dann hätte sie sich natürlich gefreut und wäre vielleicht auch überrascht gewesen. Dodo betrachtete sich selbst nie als Künstlerin (sie hasste es, wenn ich sie meinen Freunden als Künstlerin vorstellte). Andererseits neigte sie dazu, auf Kollegen, die in ihren Augen nur »Illustratoren« waren, herabzusehen. Bescheinigte ihr jemand Talent, reagierte sie darauf stets mit einem abschätzigen Achselzucken.

Dodos Werk erschließt sich aus seinem soziokulturellen Kontext. Viele der Exponate spiegeln auf unvergleichliche Weise den Zeitgeist wider, die geistige Atmosphäre, von der Berlin in den 1920er- und frühen 1930er-Jahren geprägt war – die Weimarer Republik, die Zeit Berthold Brechts und Kurt Weills und eines Kurt Jooss, die Zeit, in der Marlene Dietrich mit *Der Blaue Engel* Furore machte und in der Christopher Isherwoods Romane *Leb wohl Berlin* und *Mr. Norris steigt um* entstanden –; eine Atmosphäre, in der Dodo aufging und die sie aufsog.

Wenn man ihre Werke heute sieht, wundert man sich, dass sie bereits in so jungen Jahren, mit gerade einmal Anfang / Mitte Zwanzig, in der Lage war, dies alles zu erfassen. Als ihre Tochter verstehe ich allerdings sehr gut, dass diese Mischung aus Befreiung und Dekadenz einen Freigeist wie Dodo faszinierte. Sie interessierte sich schon für die Frauenbewegung, als man diesen Begriff noch gar nicht kannte. Obwohl wir sehr wenig Geld hatten, stand unser Haus meinen und den Freunden meines verstorbenen Bruders in unserer Studienzeit stets offen. Sie genossen die scheinbar lockere Atmosphäre – in Wirklichkeit war sie zwar gar nicht so entspannt, aber auf unsere Freunde mit ihrem eher konservativen englischen Hintergrund wirkte es so. Es war die Zwanglosigkeit, die so reizvoll für sie war.

Natürlich fragt man sich, weshalb Dodo diese künstlerischen Arbeiten in England nicht fortführte. Ein Grund war, dass sie nicht zur Stimmung der Zeit passten und es keinen Markt dafür gab. Es herrschte Krieg, und das war nicht der Moment für unbeschwertes Kabarett, Glamour oder ausgelassene Bade- und Wintersportvergnügen. Und es war auch nicht der Augenblick für tiefschürfende emotionale Themen. Es ging in erster Linie ums Überleben und in unserem Fall vor allem darum, ein bisschen Geld für den Lebensunterhalt der Familie zu verdienen. Natürlich war für die Juden die Flucht vor den Nationalsozialisten ein ernstes Thema. Wir hatten das Glück, dass uns die Emigration gelang, und wir überlebten. Und unsere Eltern wussten nur zu gut, dass viele andere nicht in dieser Lage waren. Dodo empfand es als enormes Privileg, in England zu sein, und die Familie hielt sich stets strikt an die mitunter lächerlichen Auflagen, die den Flüchtlingen auferlegt wurden – wir mussten unseren einzigen Radioapparat abgeben, hätten wir ihn doch dazu benutzen können, dem »Feind Nachrichten zu übermitteln«.

Dodo war darauf angewiesen, Geld zu verdienen, und ich erinnere mich noch, wie sie – meist vergeblich – mit ihrer Mappe Agenturen und potenzielle Auftraggeber aufsuchte. Sie bekam den Auftrag, Bücher mit Gymnastikübungen für Kinder zu illustrieren, wobei ich ihr Modell stand (wenn auch nur widerwillig, denn es war extrem kalt und zum Posieren musste ich mich fast vollständig entkleiden). Doch ansonsten musste sie alles annehmen, was zum Familienunterhalt beitrug, und so trat die Kunst in den Hintergrund.

In die Vergangenheit einzutauchen, ist mir mitunter nicht ganz leicht gefallen. In den 1980er-Jahren schrieb Dodo ihre kurze Autobiografie (das heißt, sie diktierte sie mir, und ich tippte sie). Es sind sehr persönliche Aufzeichnungen, die sich intensiv mit ihrer eigenen Person befassen. Als Basis für Dodos Lebensgeschichte in diesem Buch habe ich mich mit diesen Aufzeichnungen beschäftigt. Sie riefen auch Erinnerungen an Zeiten hervor, in denen Dodo zutiefst unglücklich war. Zuweilen vertraute sie mir in einem Alter, in dem ich zu jung dafür war, Gefühle an, die ich als Teenager noch nicht nachempfinden konnte. Ich erinnere mich jedoch ebenso gerne an Dodo als meine Mutter wie auch an die begabte Künstlerin. Und ich wünsche mir von ganzem Herzen, dass mir ihre Wärme und ihr Verständnis immer im Gedächtnis bleiben.

Die Ausstellung und das Begleitbuch – und die unerwartete, späte Anerkennung, die Dodo damit zuteil wird – erfüllen mich mit großer Freude. Dass die Anregung zu dieser Retrospektive aus Berlin kam, wo sie ihr künstlerisches Potenzial zum ersten Mal unter Beweis stellen konnte, hätte ihr, die sich stets an den Paradoxien des Lebens erfreute, gefallen. Auch mein Vater Hans und mein verstorbener Bruder Tom hätten sich gefreut. Ihre vier Enkel, die sie über alles liebte und zu denen sie eine sehr enge Beziehung hatte, sind begeistert und alle bedauern zutiefst, dass Dodo dieses Ereignis nicht mehr miterleben kann.

Dodo 1907–1998

1924–1927

Ausbildung und Modezeichnungen

Education and Fashion Illustrations

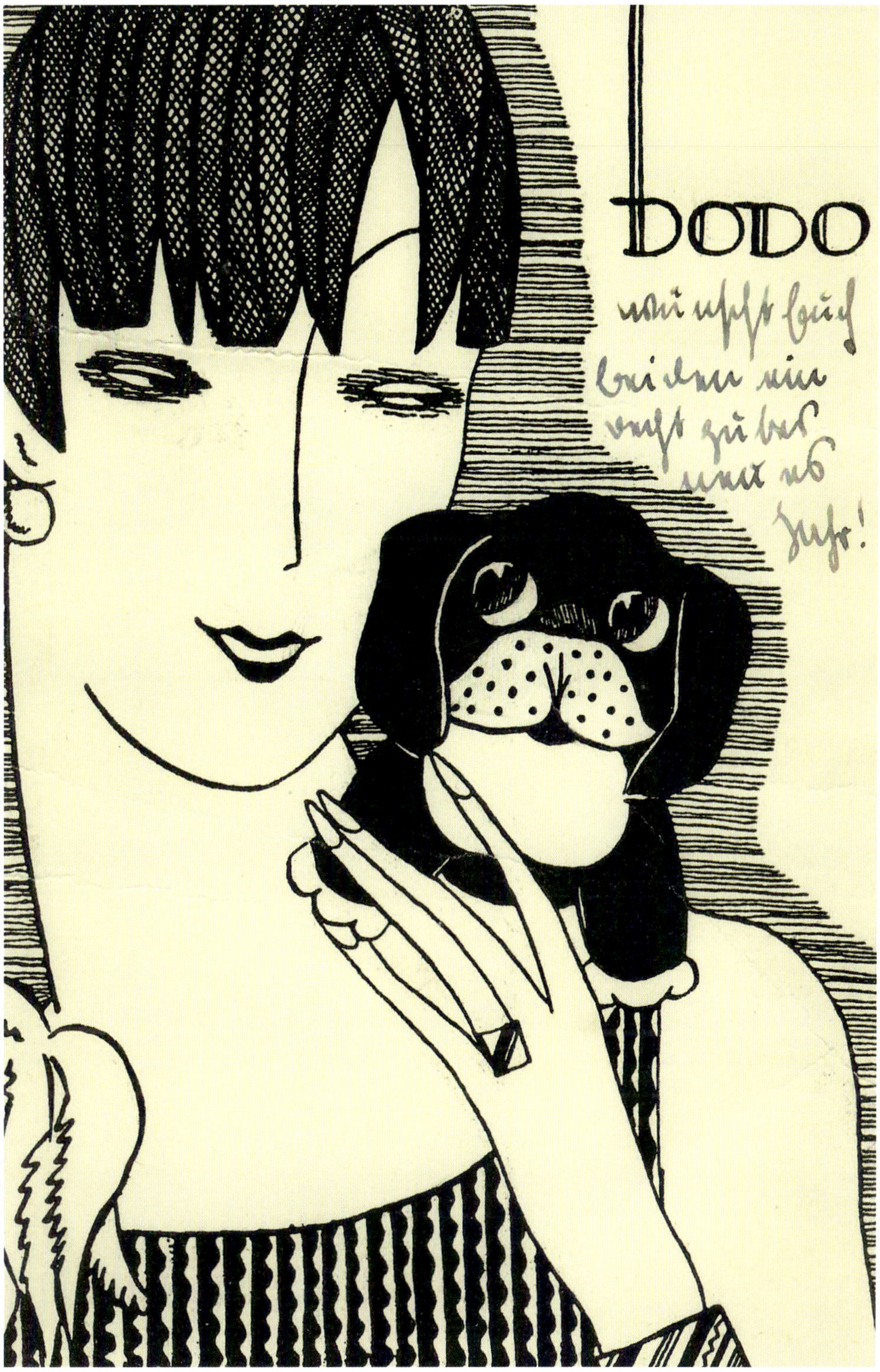

Postkarte mit Neujahrsgruß *Postcard with New Year's Greetings* um c. 1927

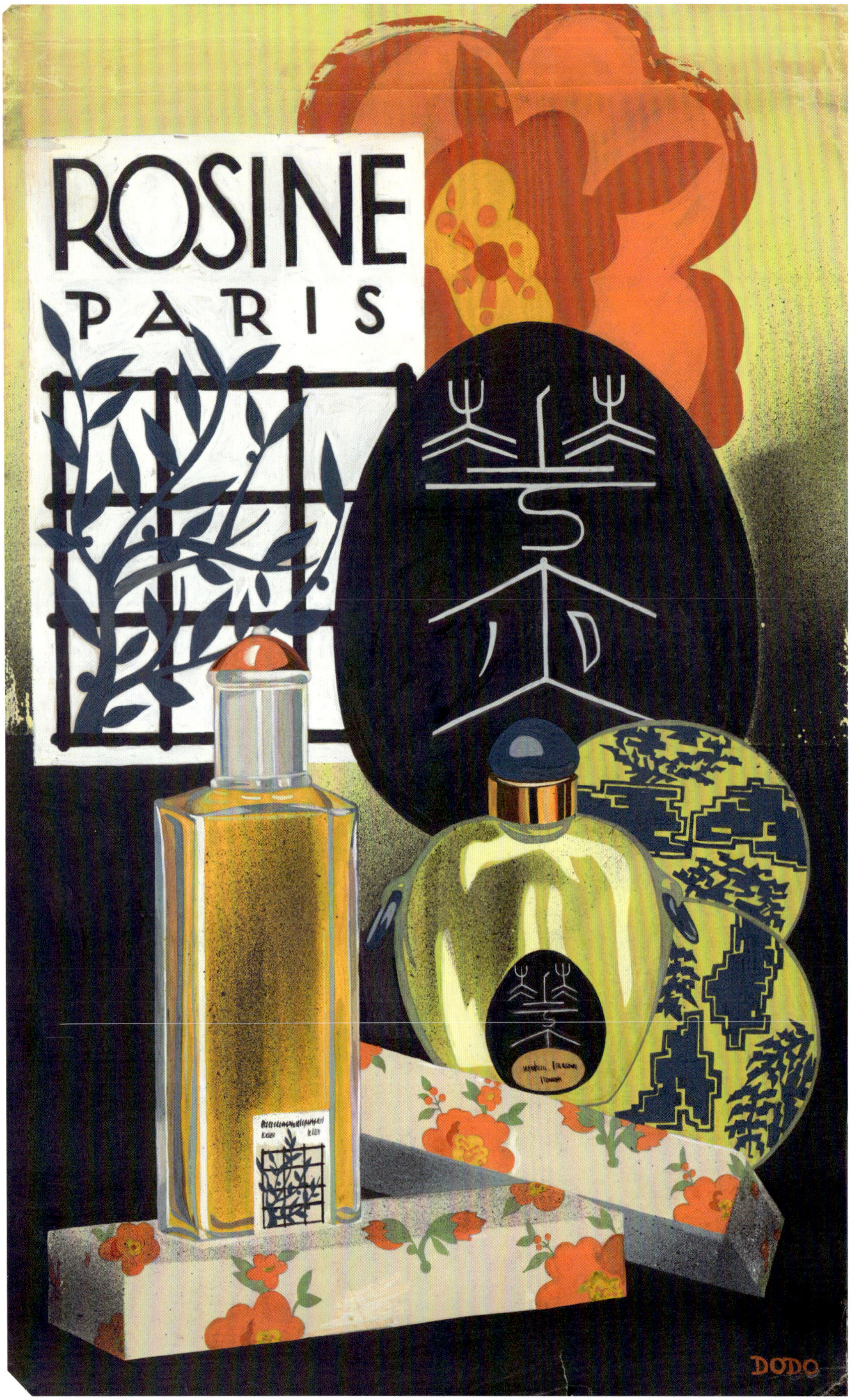

Plakatentwurf für Rosine Paris *Poster design for Rosine Paris* um *c.* 1925

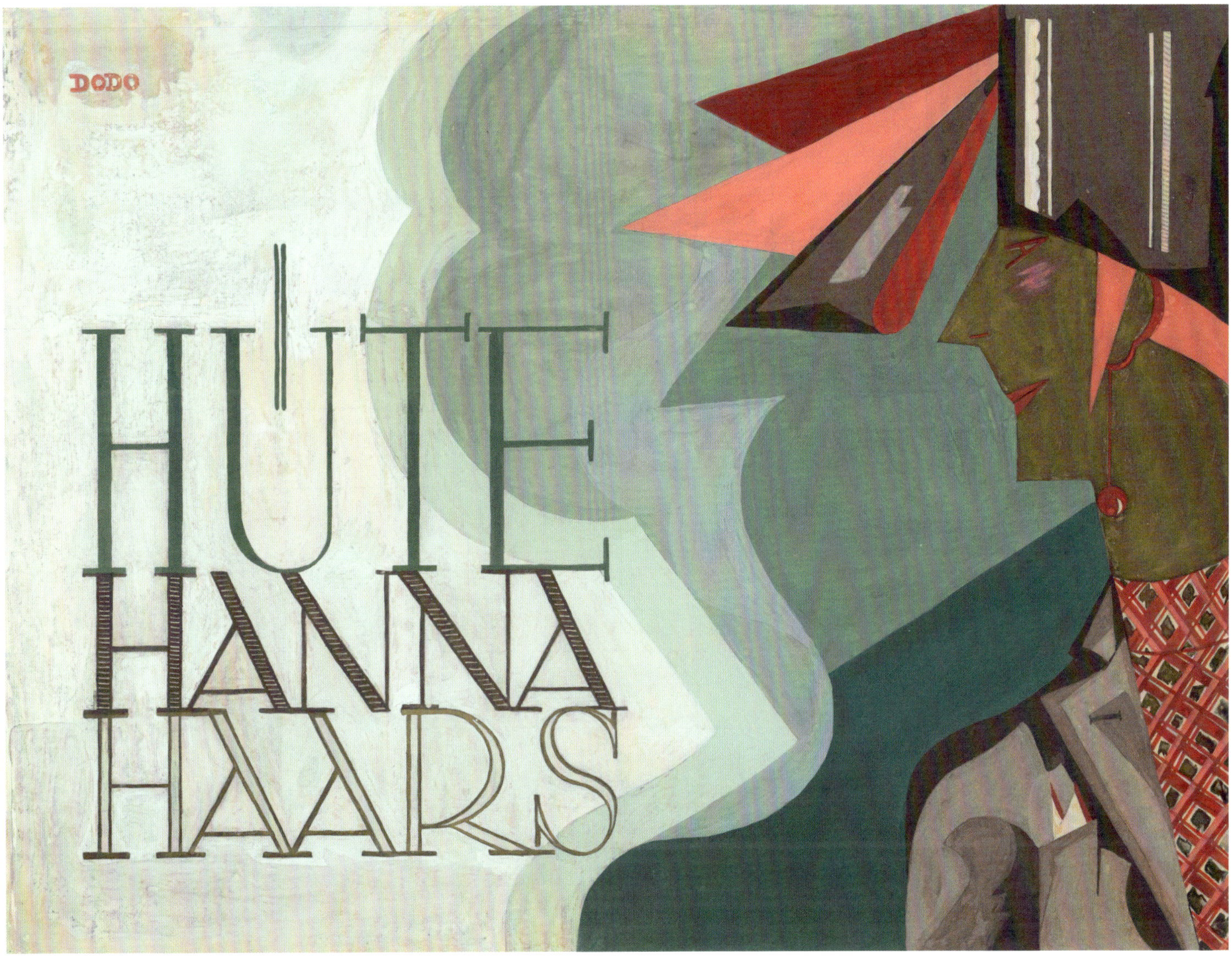

Plakatentwurf für Hüte Hanna Haars *Poster design for Hanna Haars Hats* um c. 1926

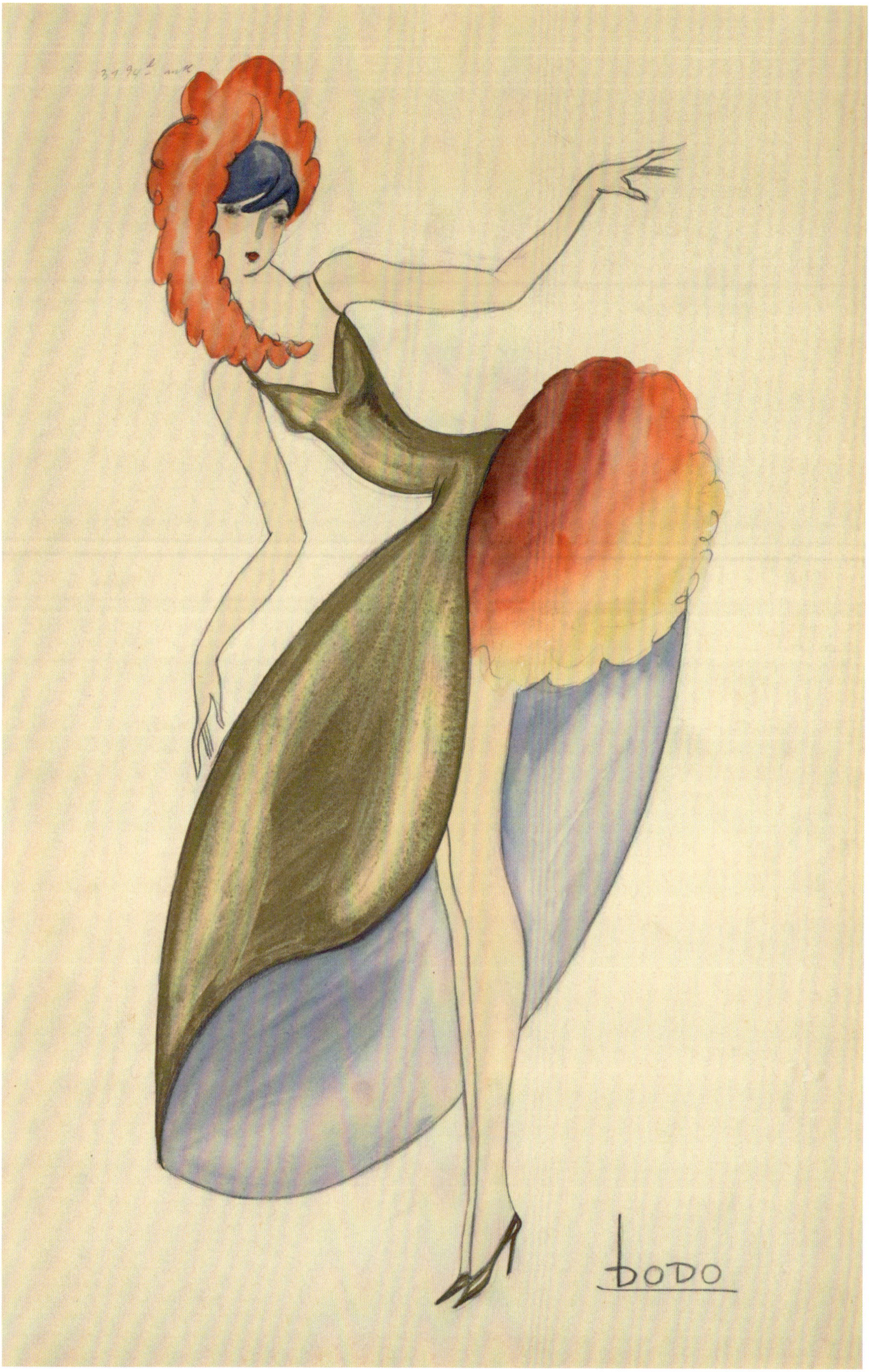

Entwurf für ein Fantasiekostüm *Design for a fantasy costume* um c. 1926

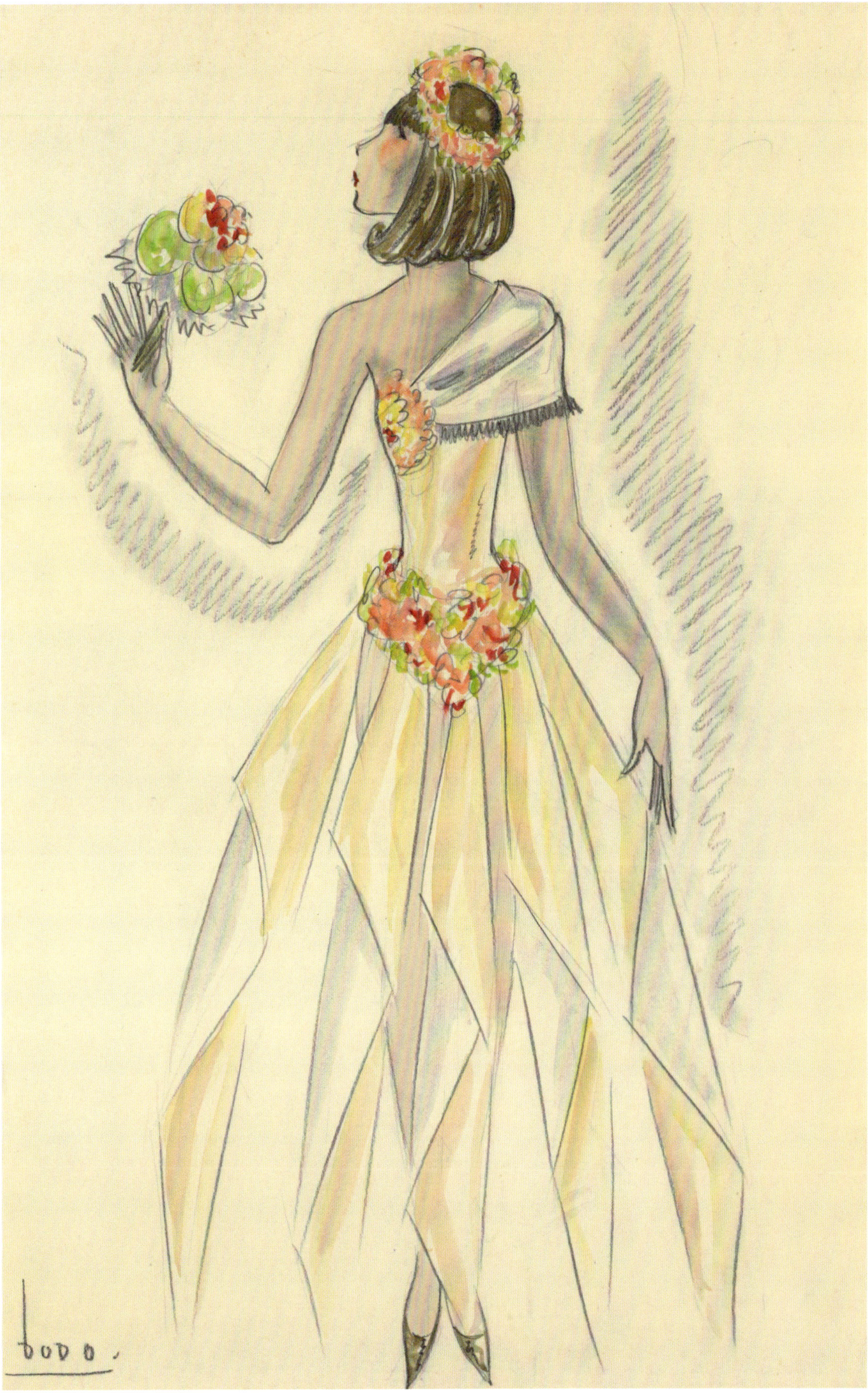

Entwurf für ein Fantasiekostüm *Design for a fantasy costume* um *c.* 1926

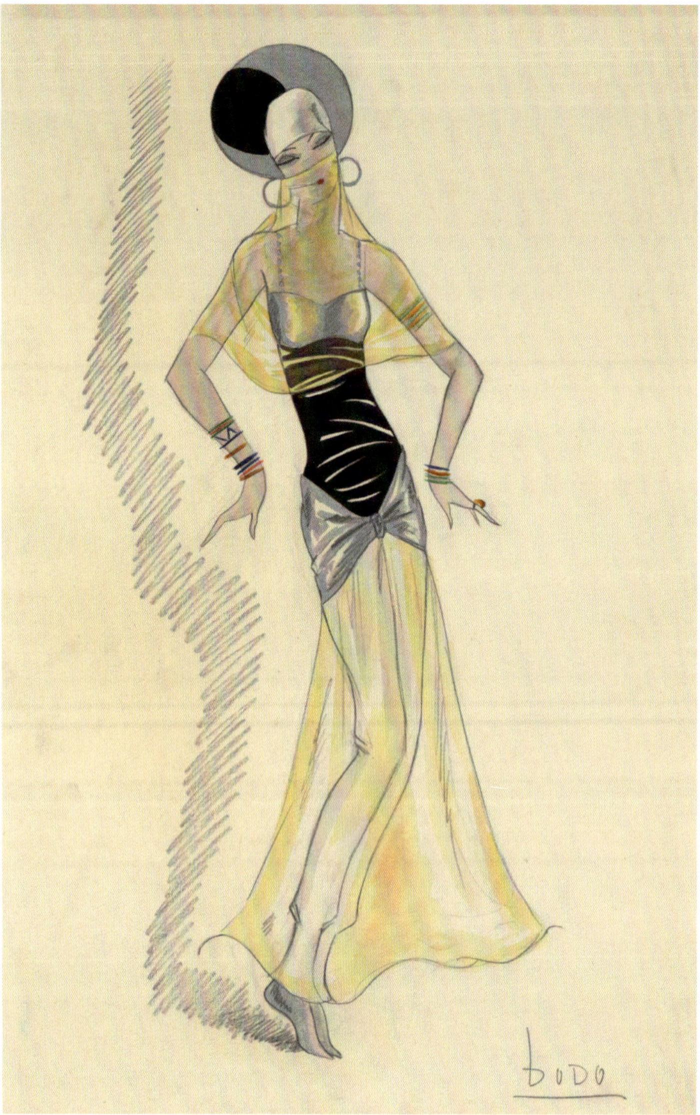

Entwurf für ein Fantasiekostüm *Design for a fantasy costume* um c. 1926

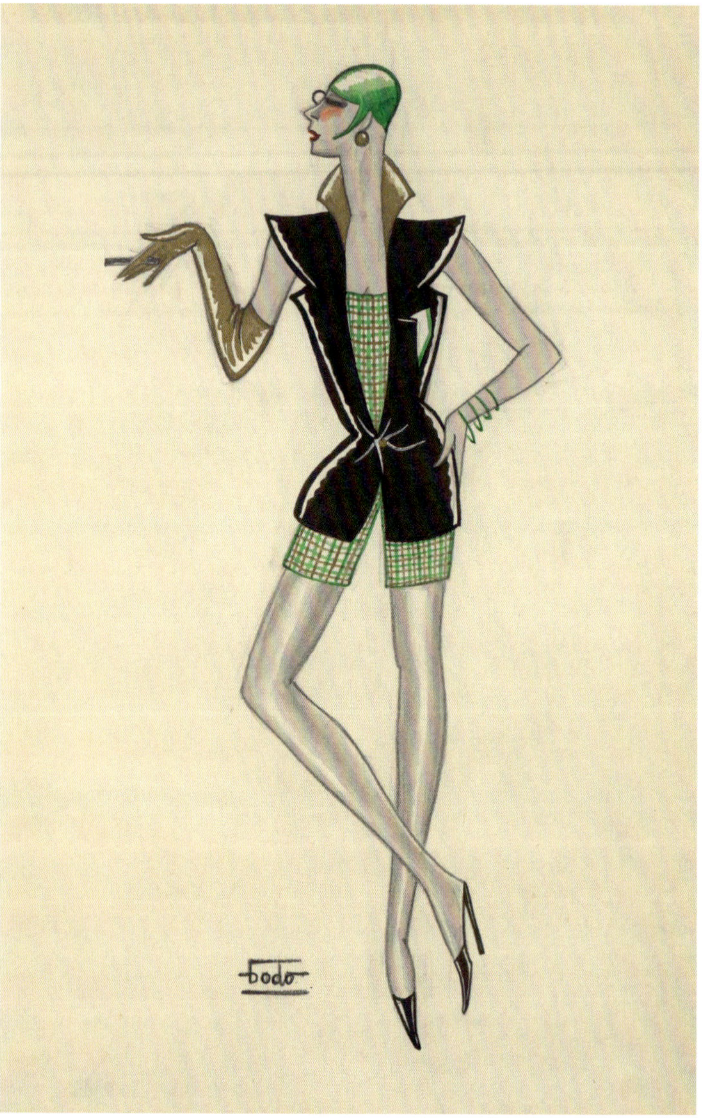

Entwurf für ein Fantasiekostüm *Design for a fantasy costume* um c. 1926

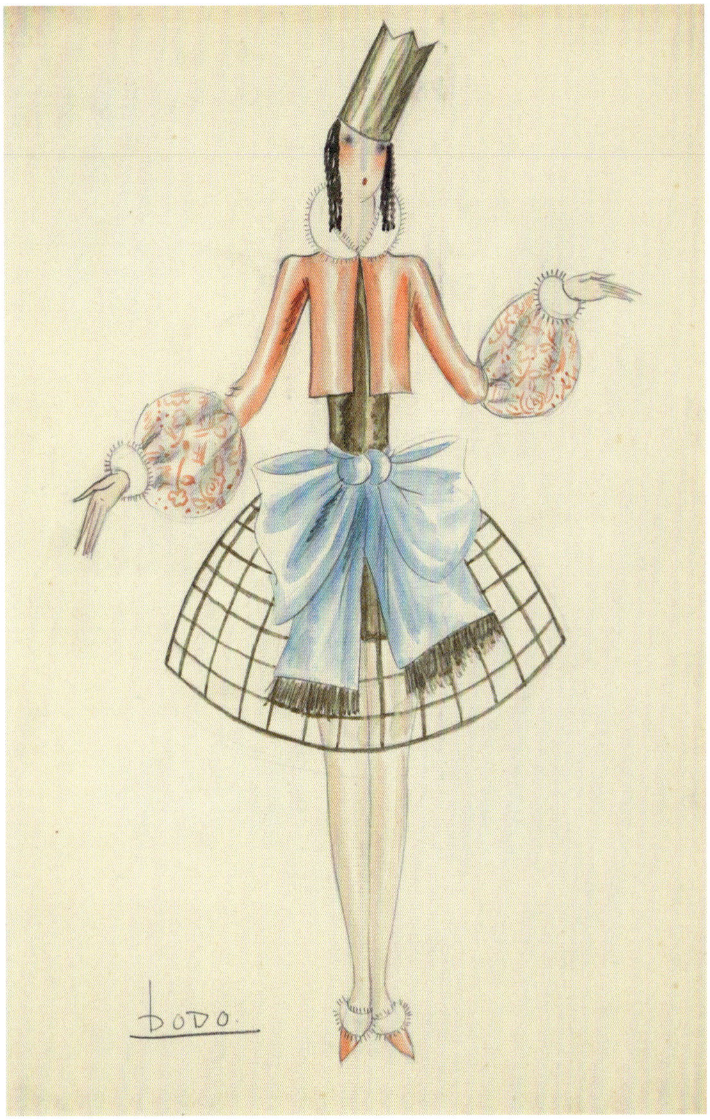

Entwurf für ein Fantasiekostüm *Design for a fantasy costume* um c. 1926

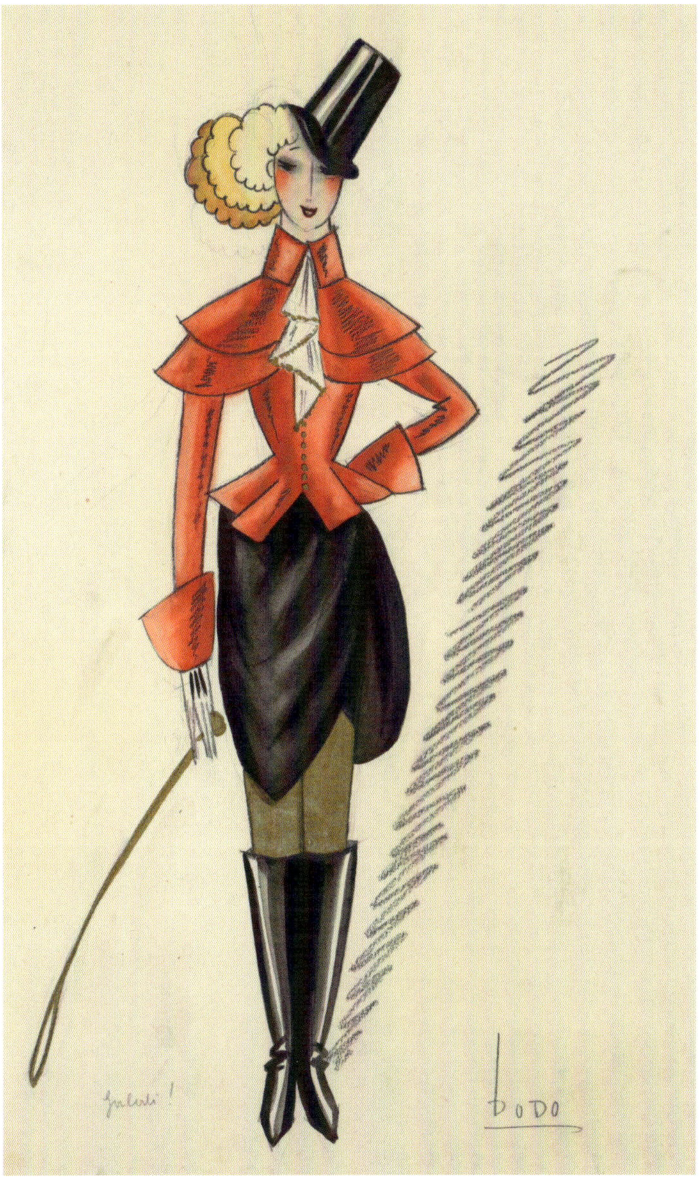

Halali! (Entwurf für ein Fantasiekostüm)

Tally-ho! (Design for a fantasy costume) um c. 1926

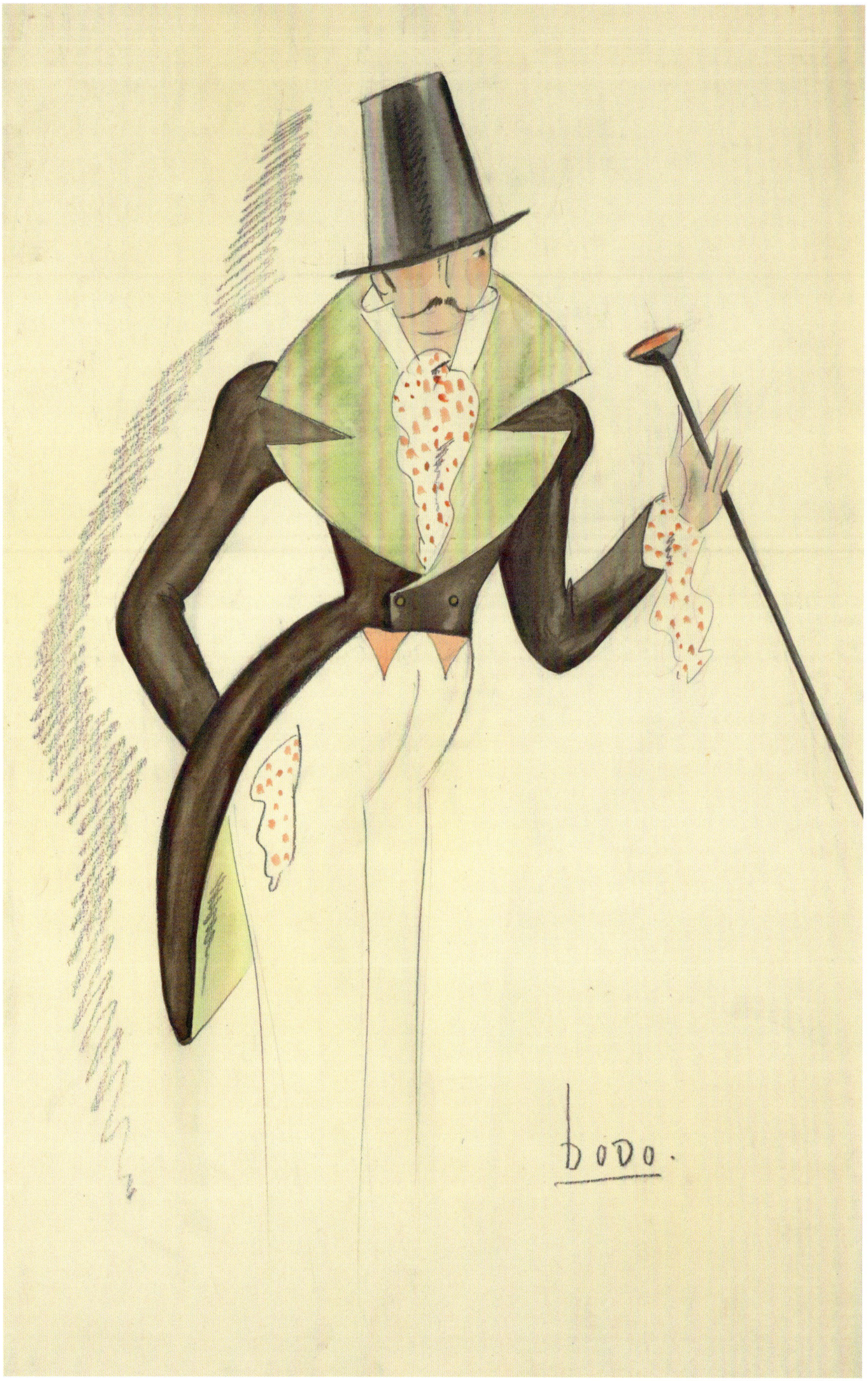

Entwurf für ein Fantasiekostüm *Design for a fantasy costume* um c. 1926

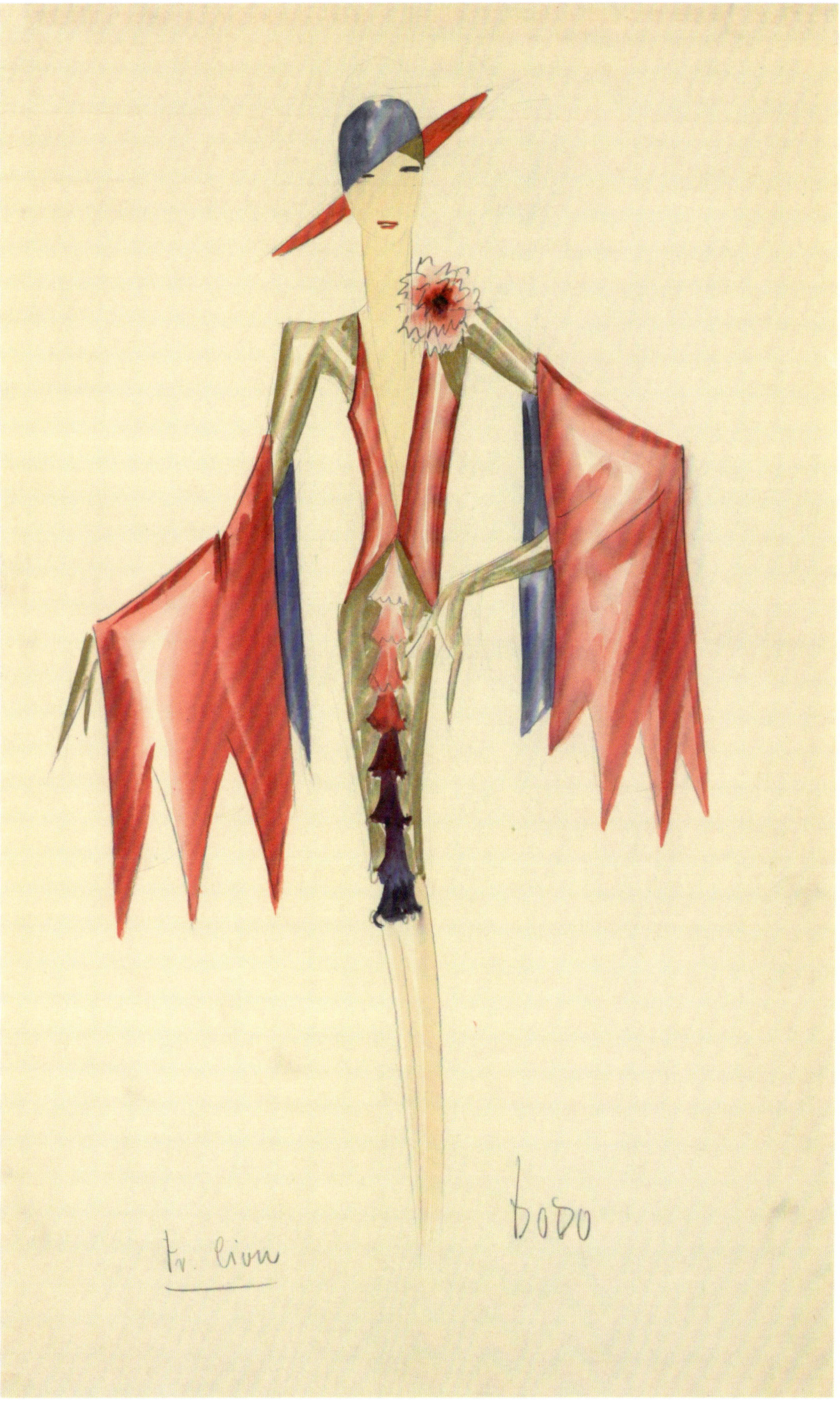

Fr. Lion (Entwurf für ein Fantasiekostüm) *Ms Lion (Design for a fantasy costume)* um c. 1926

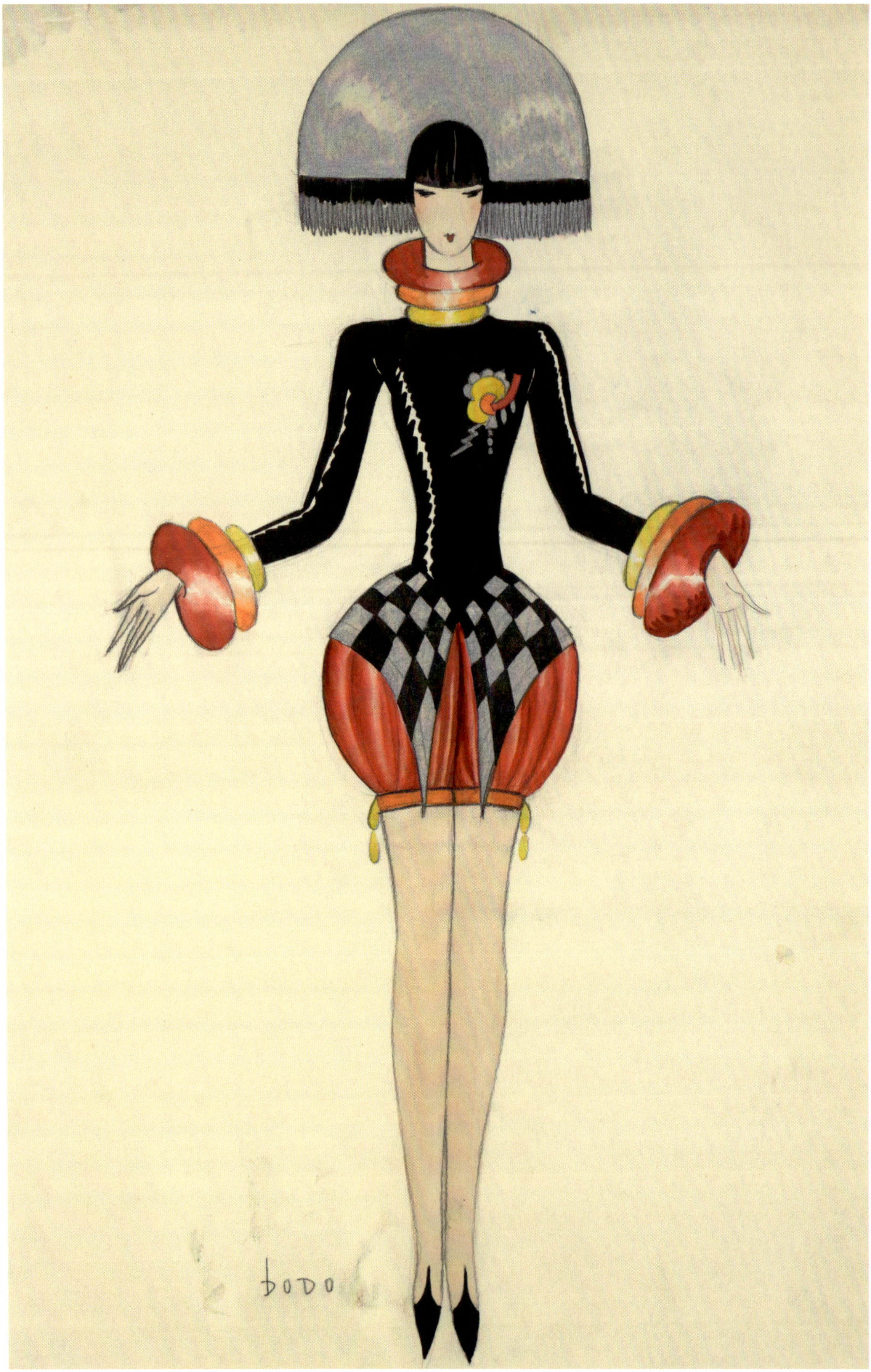

Entwurf für ein Fantasiekostüm *Design for a fantasy costume* um c. 1926

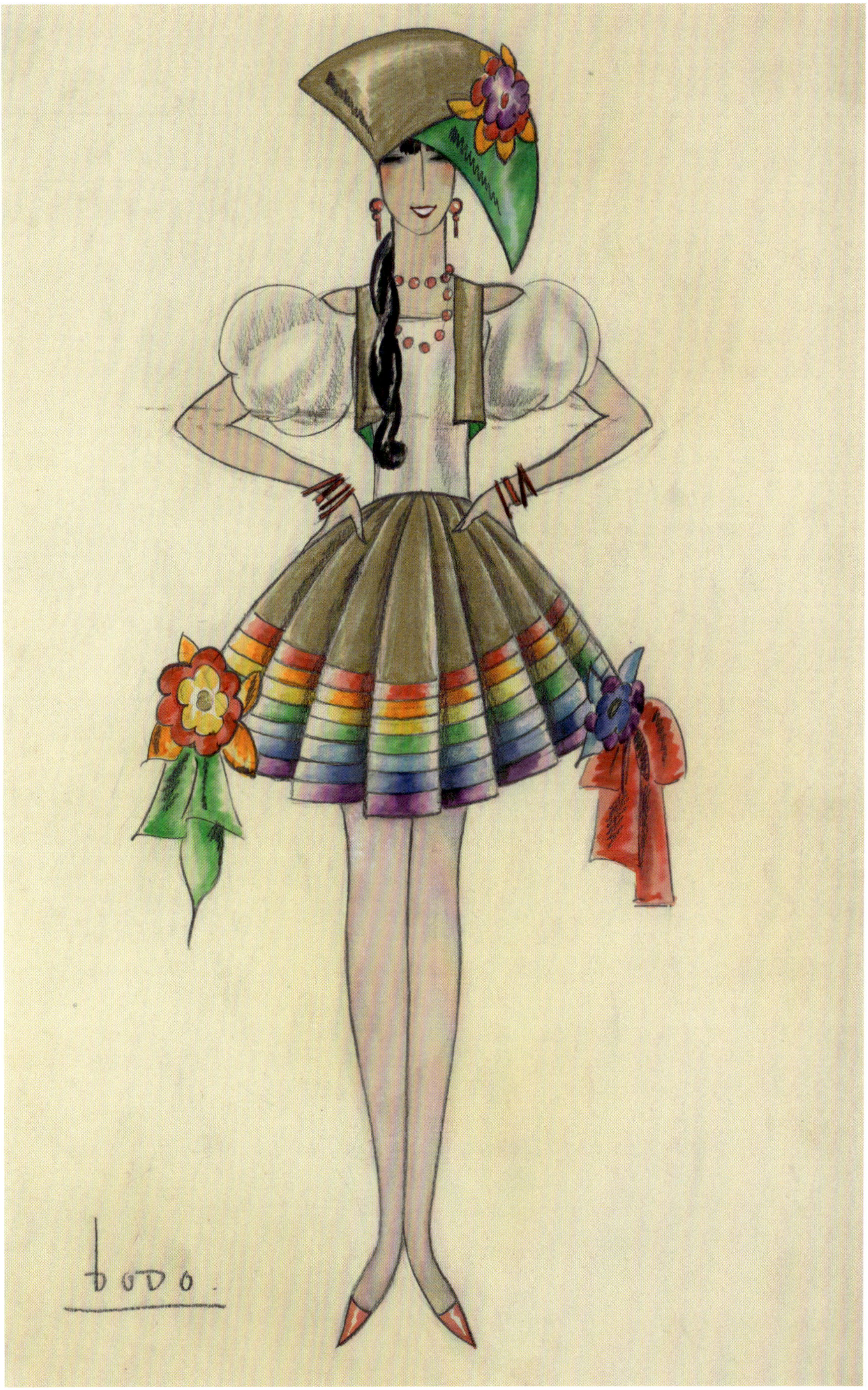

Entwurf für ein Fantasiekostüm *Design for a fantasy costume* um c. 1926

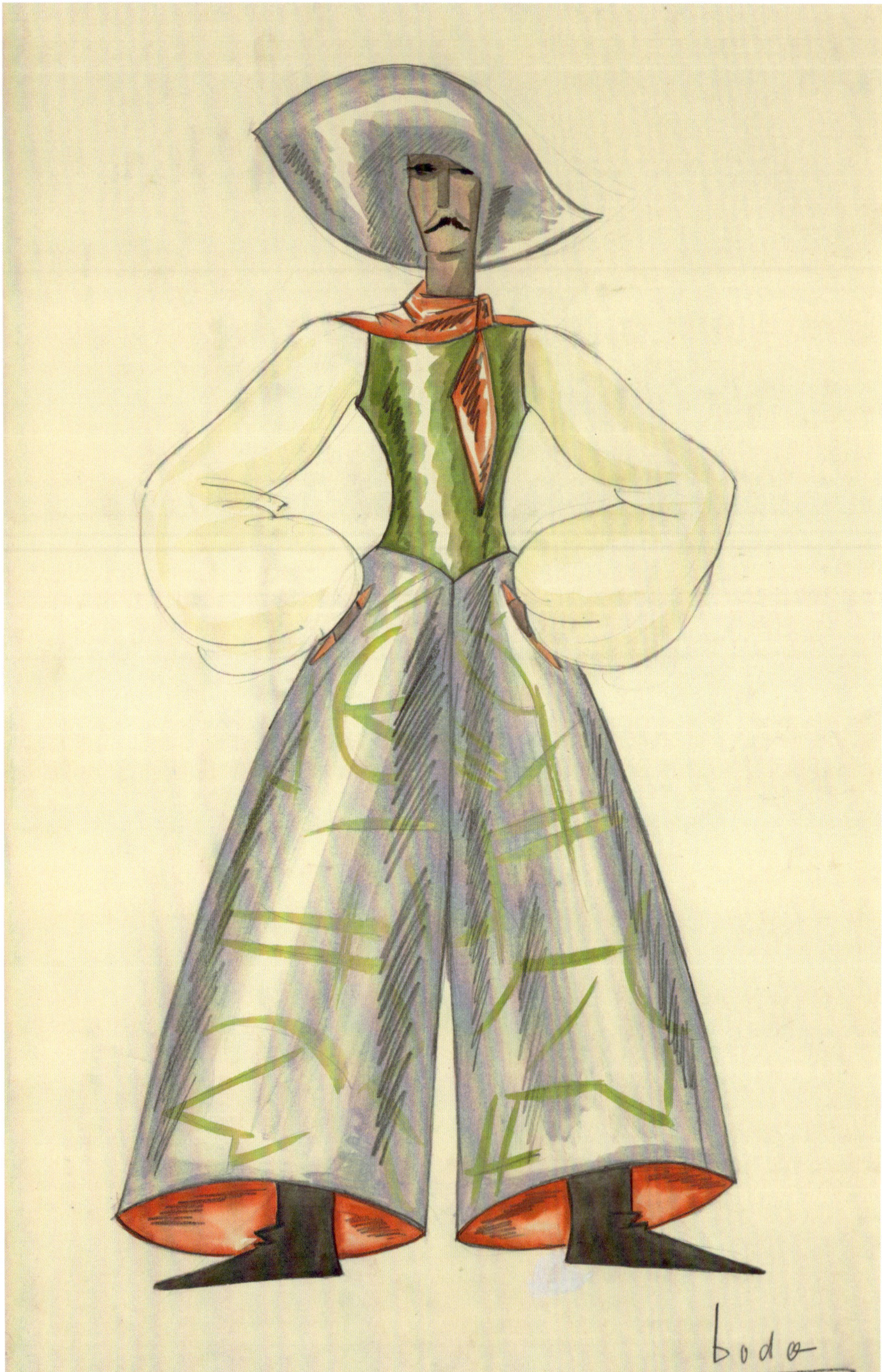

Entwurf für ein Fantasiekostüm *Design for a fantasy costume* um c. 1926

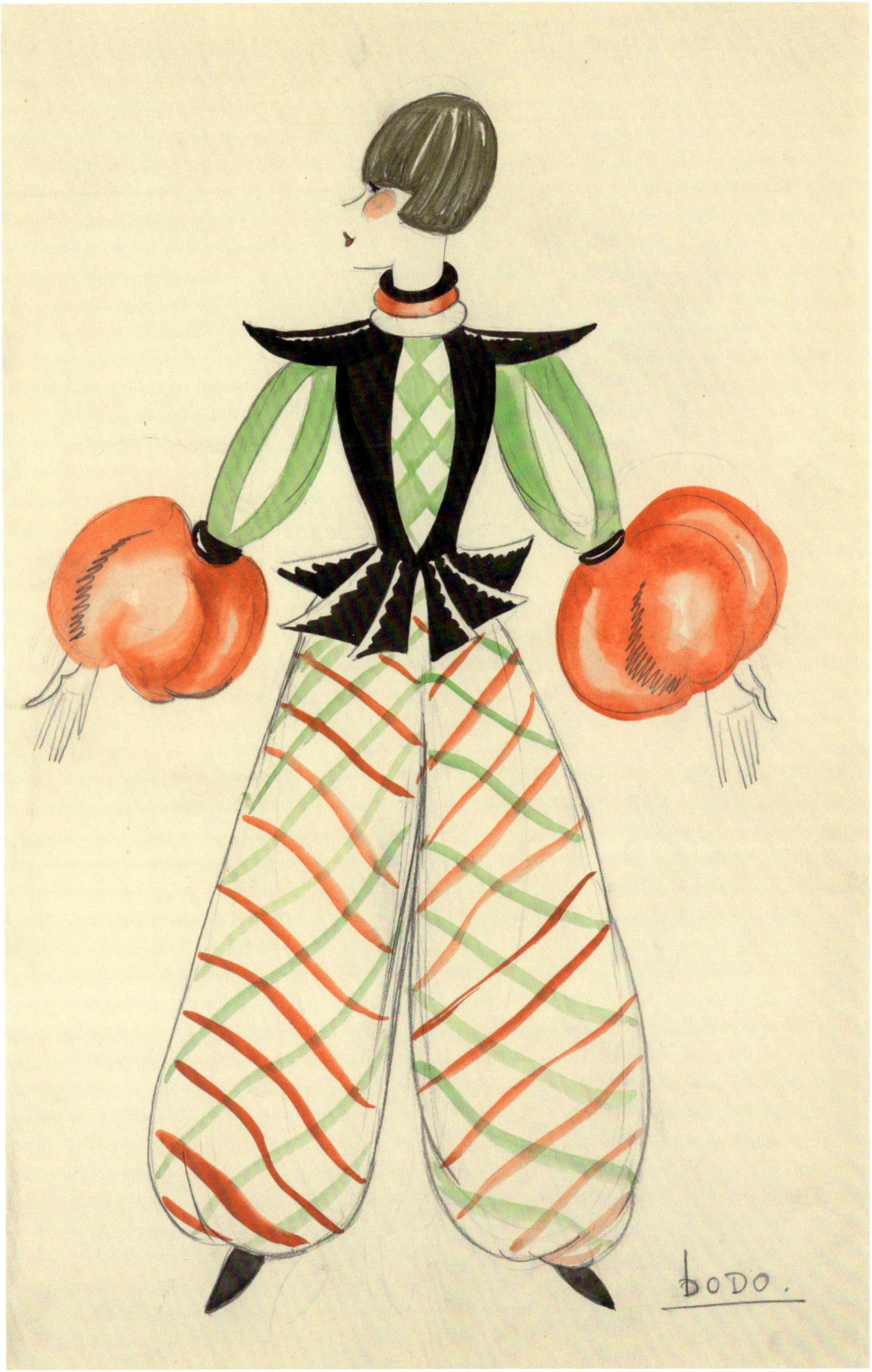

Entwurf für ein Fantasiekostüm *Design for a fantasy costume* um c. 1926

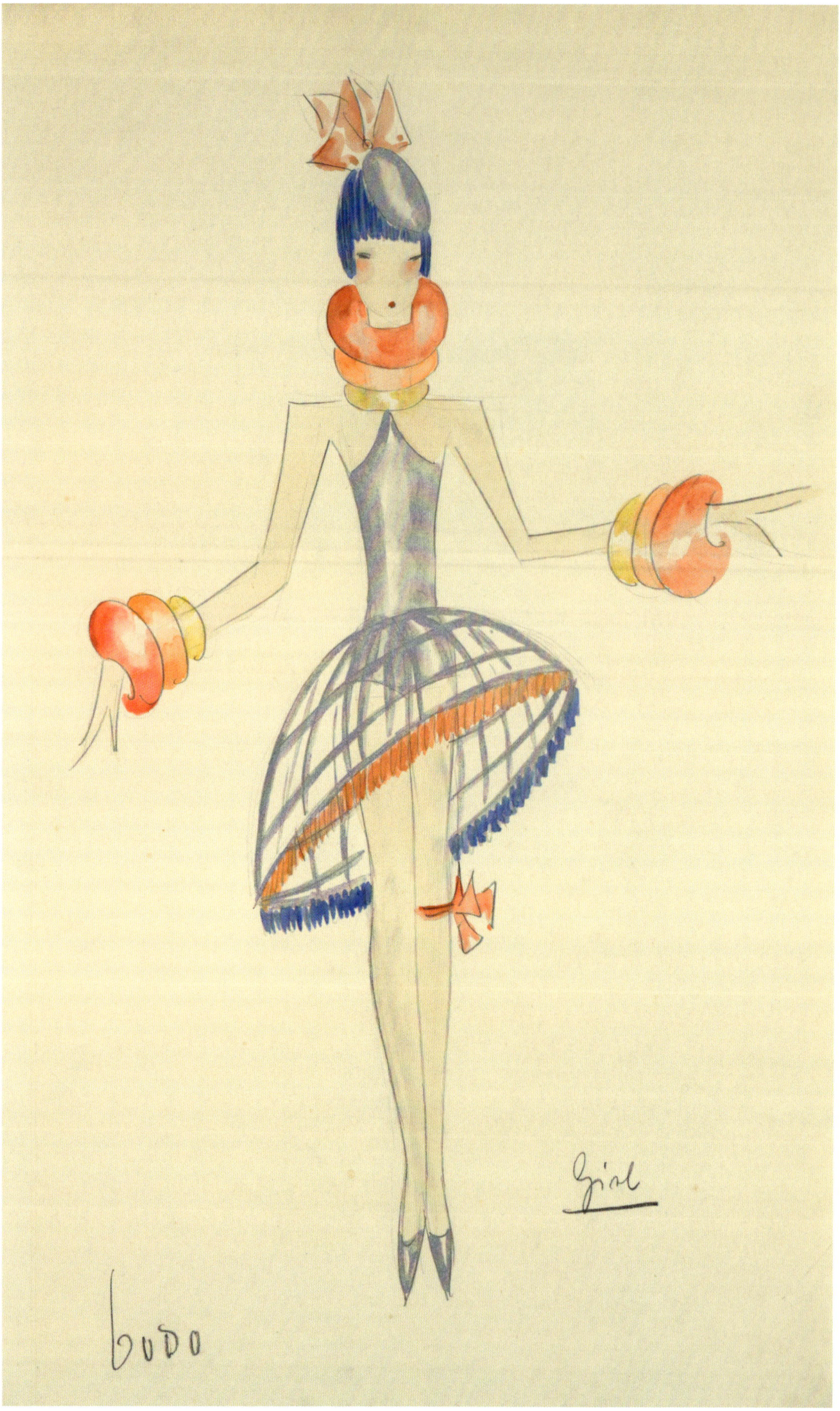

Girl (Entwurf für ein Fantasiekostüm) *Girl (Design for a fantasy costume)* um c. 1926

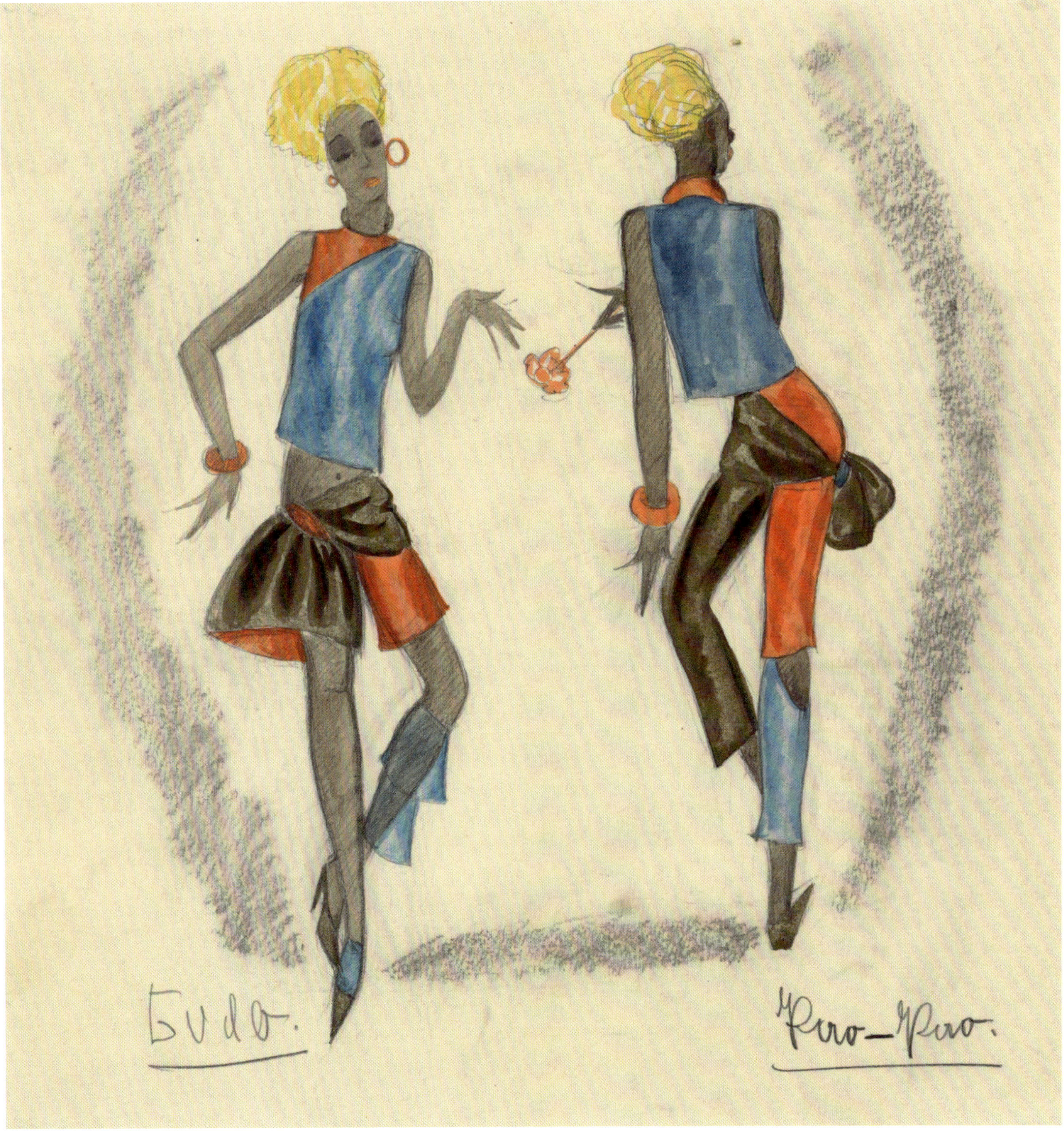

Pao Pao (Entwurf für Fantasiekostüme) *Pao Pao (Design for fantasy costumes)* um c. 1926

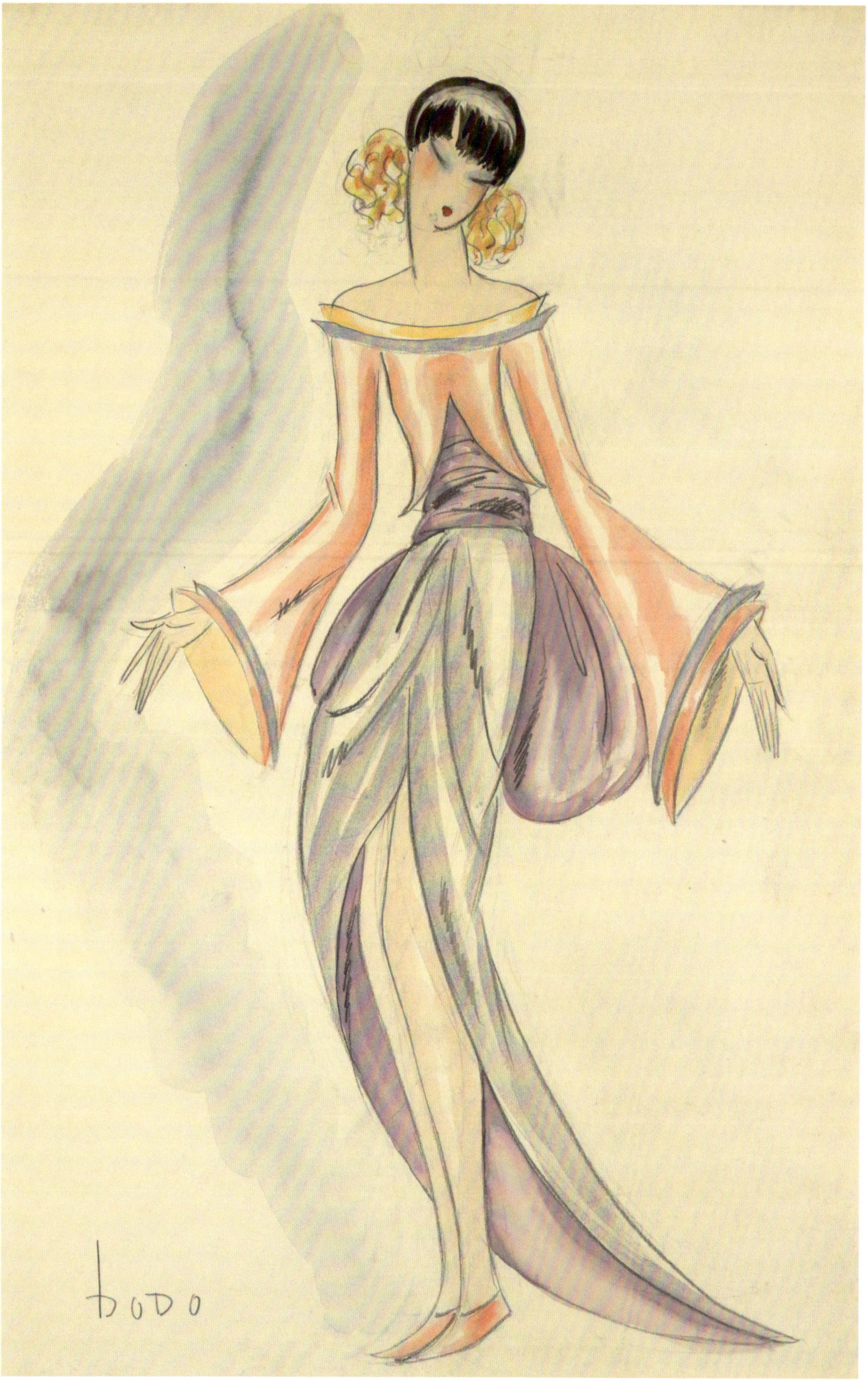

Entwurf für ein Fantasiekostüm *Design for a fantasy costume* um c. 1926

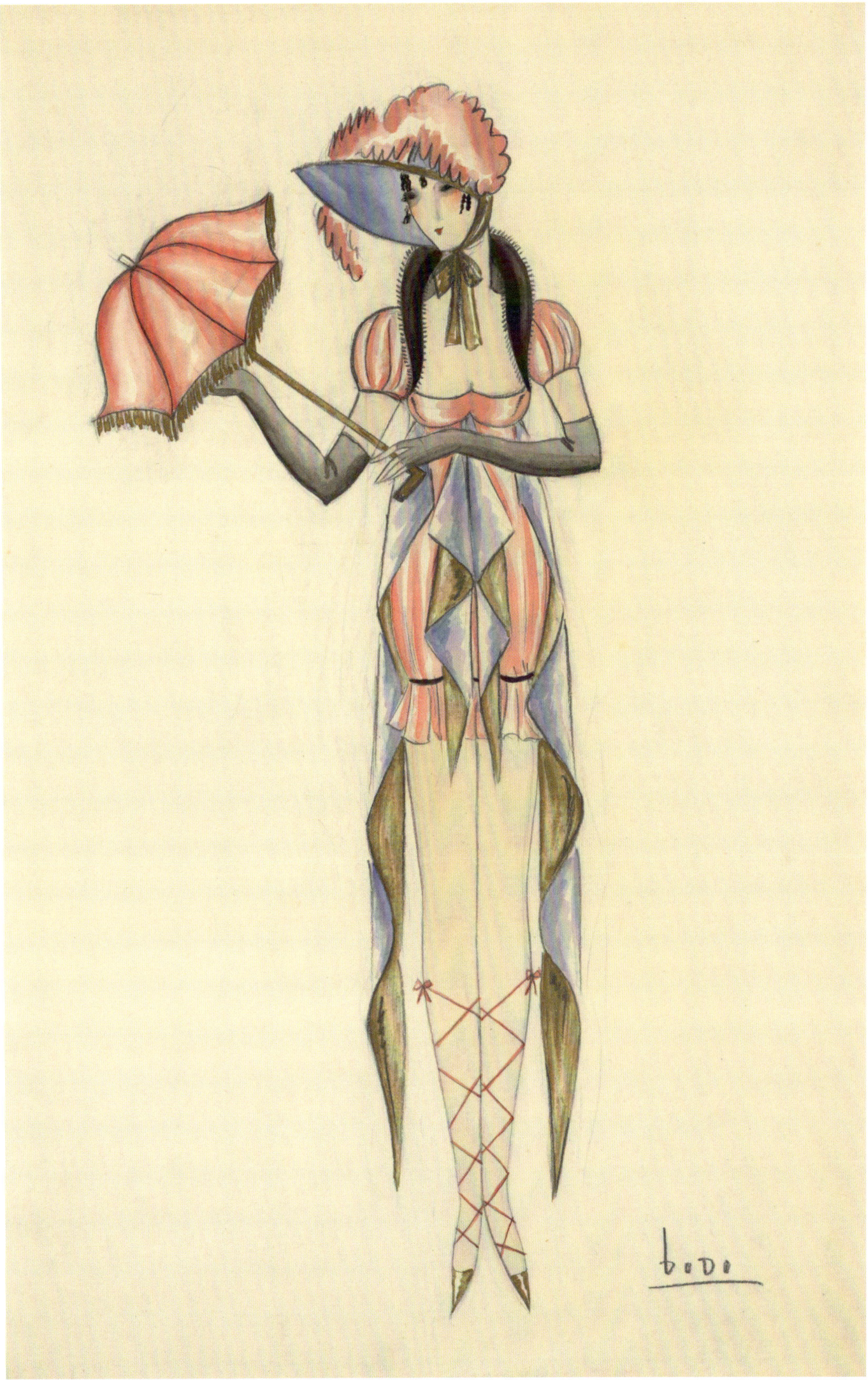

Entwurf für ein Fantasiekostüm *Design for a fantasy costume* um *c.* 1926

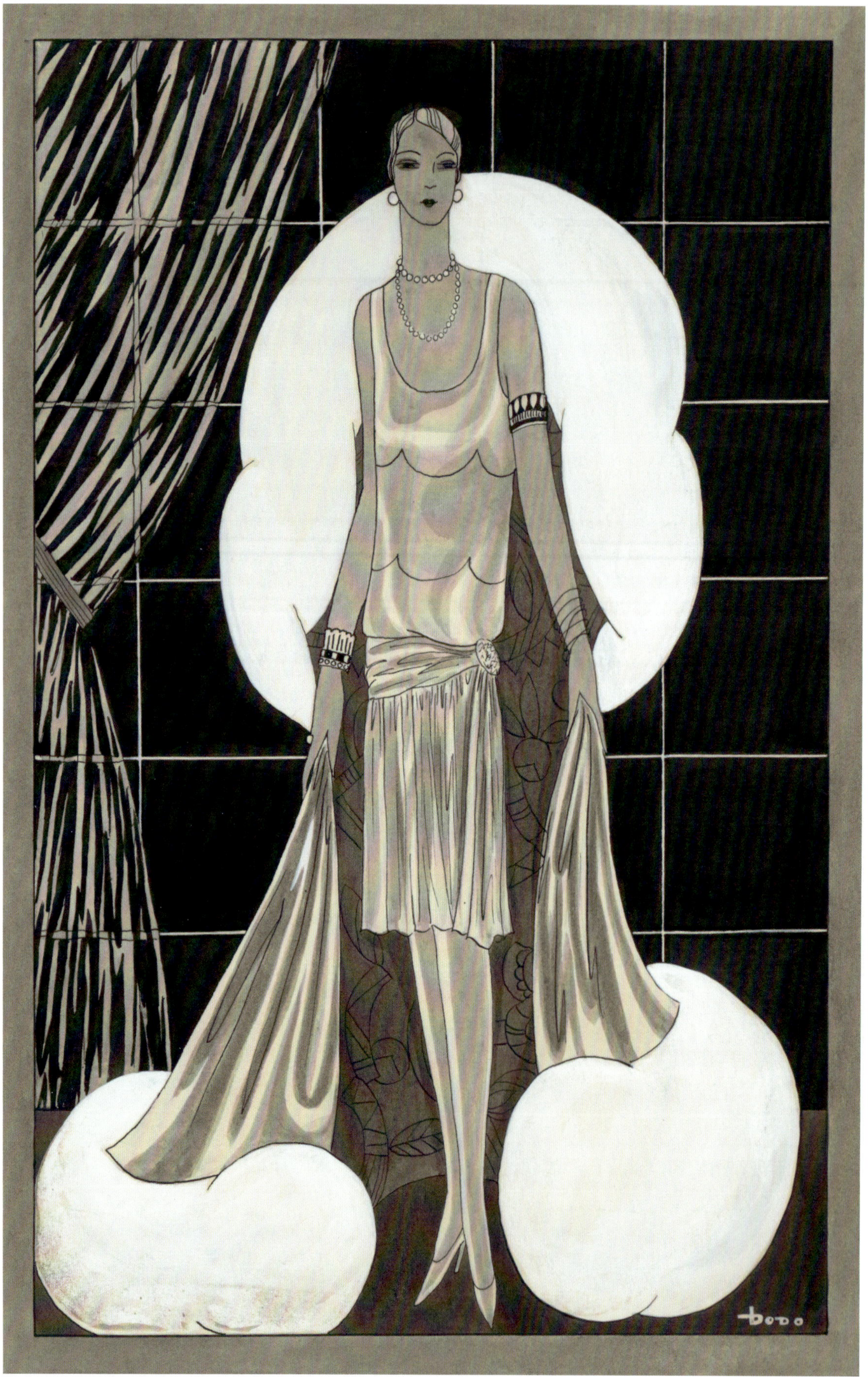

Tanzkleid mit Pelzcape, *Vogue*-Schnittmuster für die Seidenweberei Michels

Dance Dress with Fur Cape, *Vogue* pattern for the Michels silk weaving company   um c. 1927

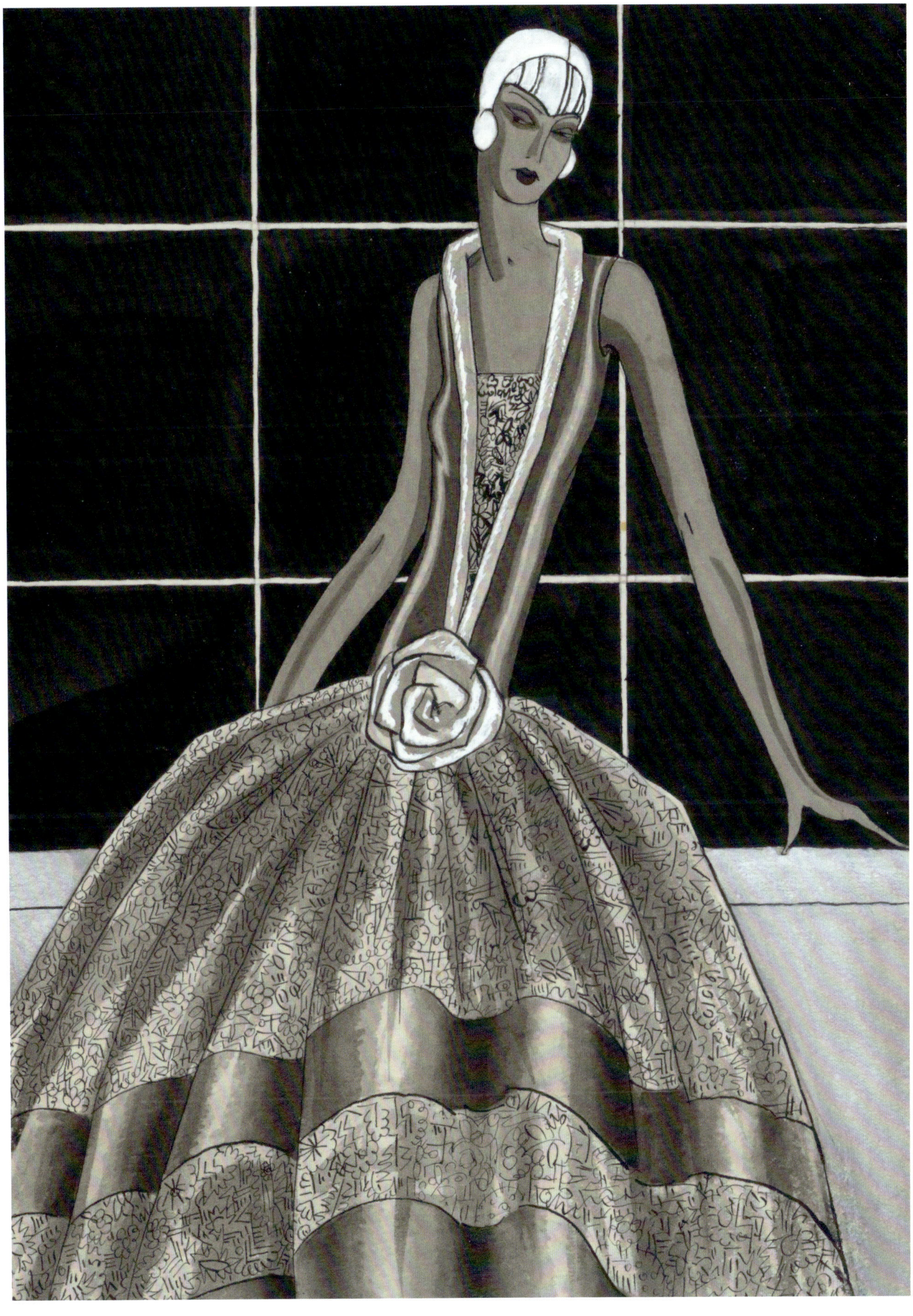

Abendkleid Evening Dress um c. 1926

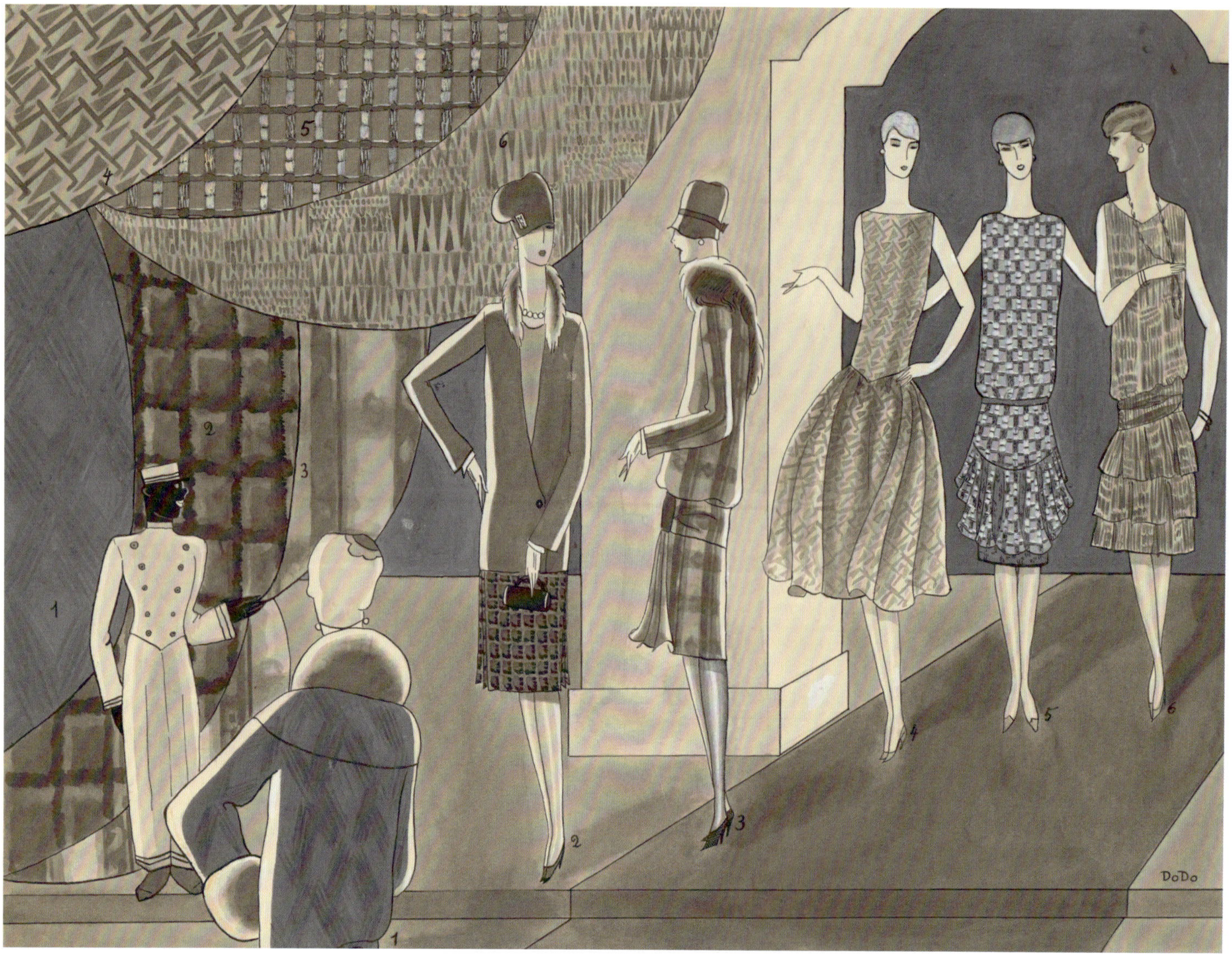

Sechs Modeentwürfe, Vogue-Schnittmuster für die Seidenweberei Michels

Six fashion designs, Vogue patterns for the Michels silk weaving company um c. 1926

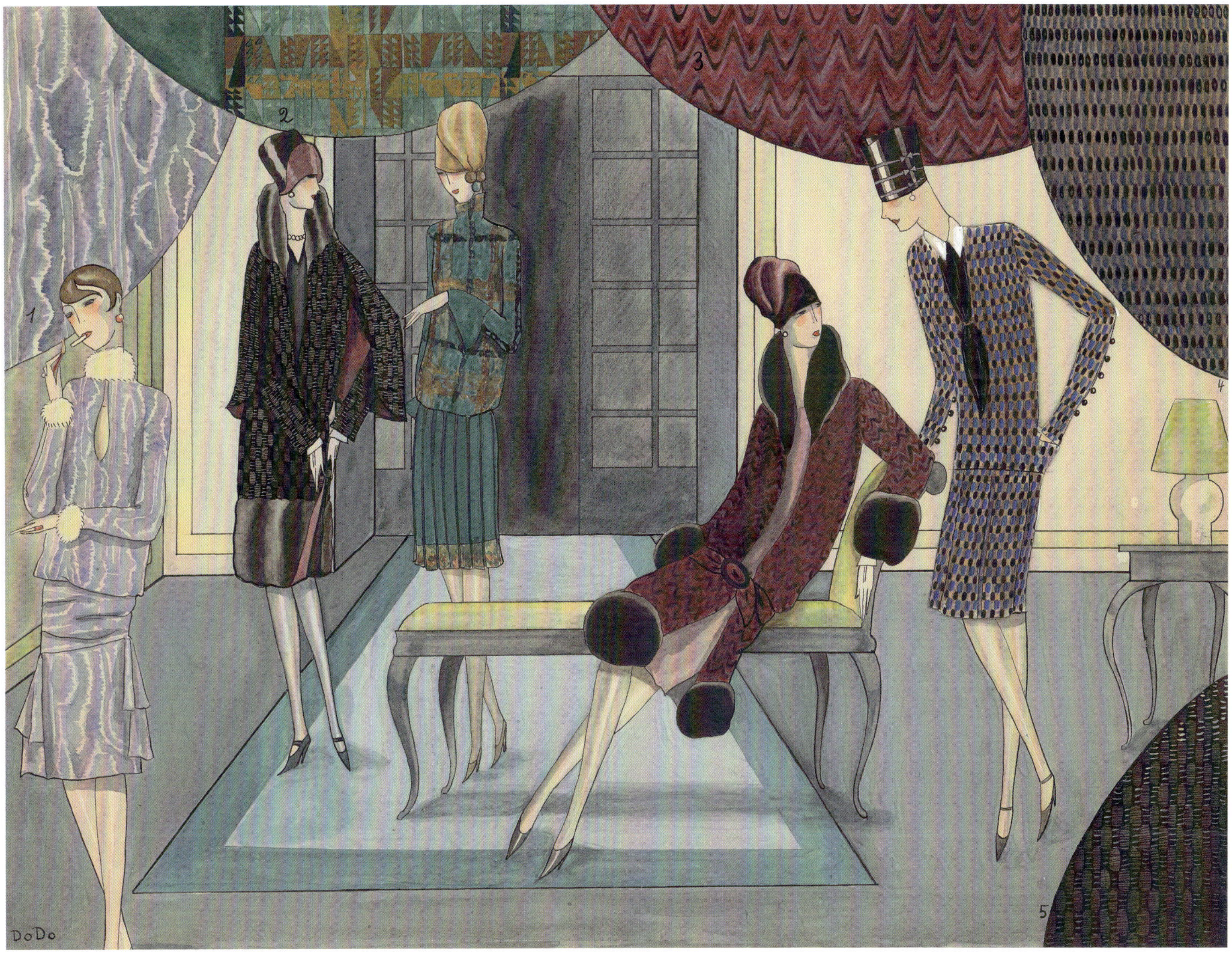

Fünf Modeentwürfe, Vogue-Schnittmuster für die Seidenweberei Michels

Five Fashion Designs, Vogue patterns for the Michels silk weaving company um c. 1926

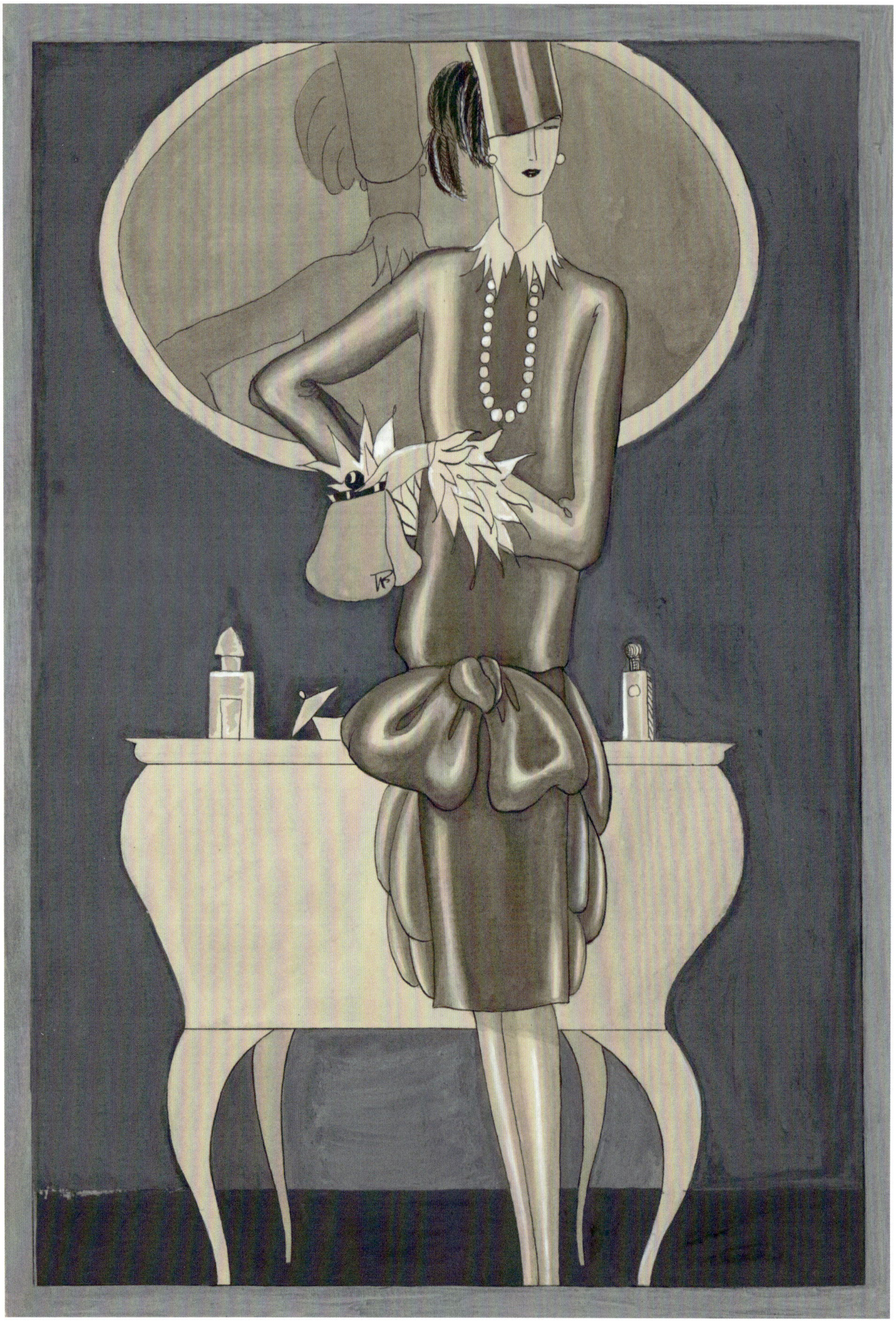

Nachmittagskleid, Vogue-Schnittmuster für die Seidenweberei Michels

Tea Gown, Vogue patterns for the Michels silk weaving company um c. 1926

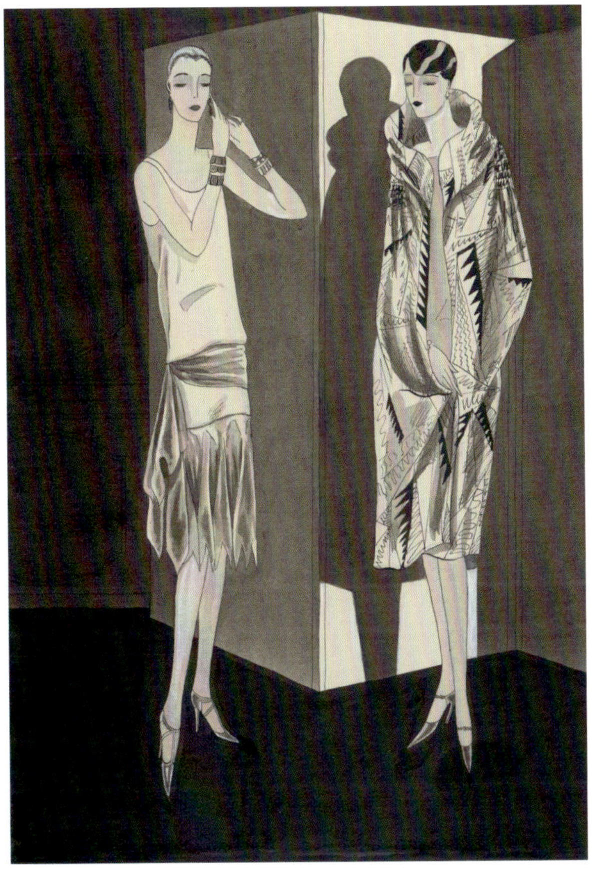

Tanzkleid und Abendcape, Vogue-Schnittmuster
für die Seidenweberei Michels
Dance Dress and Evening Cape, Vogue patterns
for the Michels silk weaving company   um c. 1926

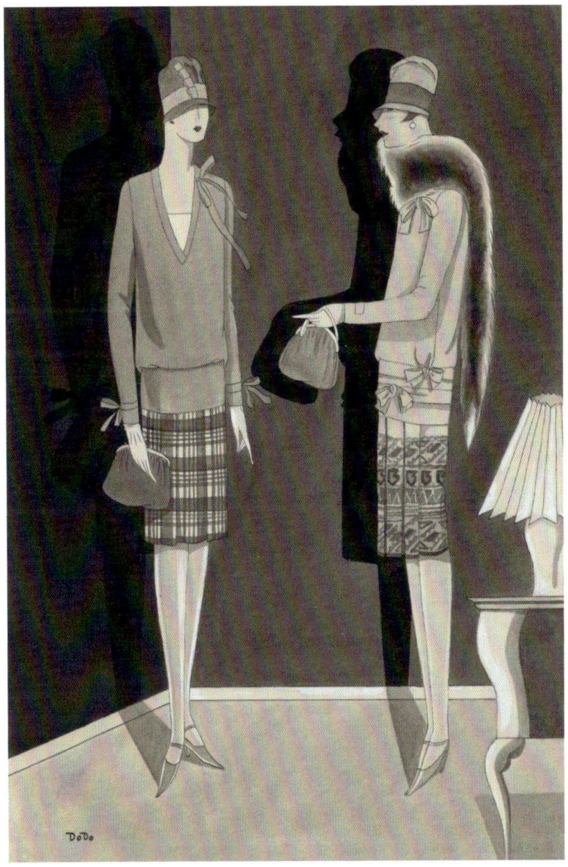

Zwei Tagesensembles, Vogue-Schnittmuster
für die Seidenweberei Michels
Two Daytime Ensembles, Vogue patterns
for the Michels silk weaving company   um c. 1926

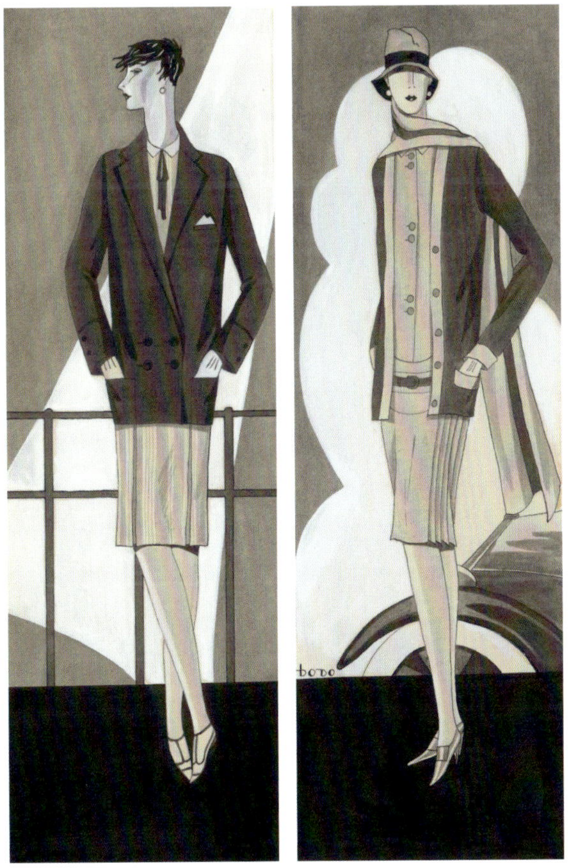

Zwei Tagesensembles, Vogue-Schnittmuster
für die Seidenweberei Michels
Two Daytime Ensembles, Vogue patterns
for the Michels silk weaving company   um c. 1927

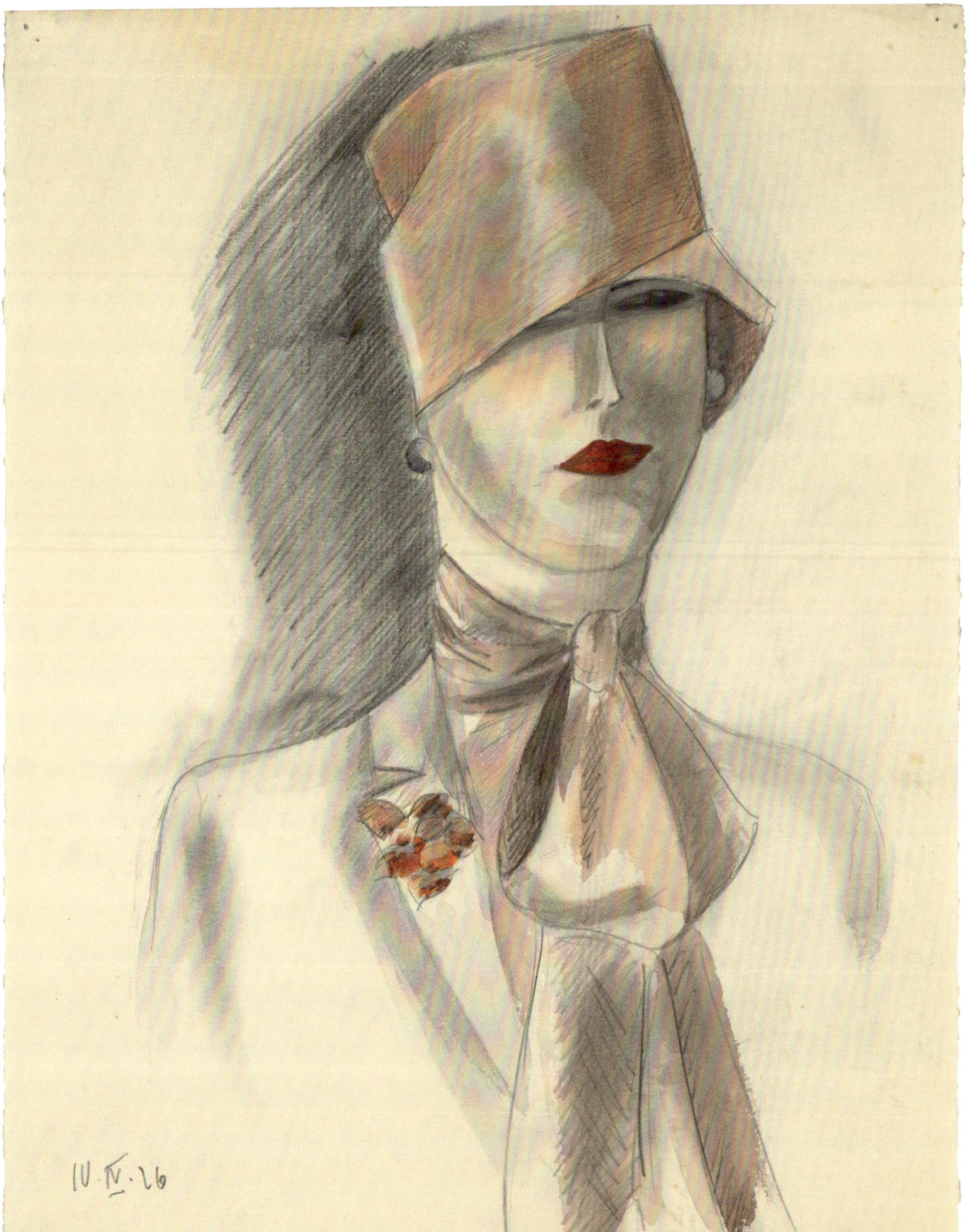

Hut und Schal *Hat and Scarf* 1926

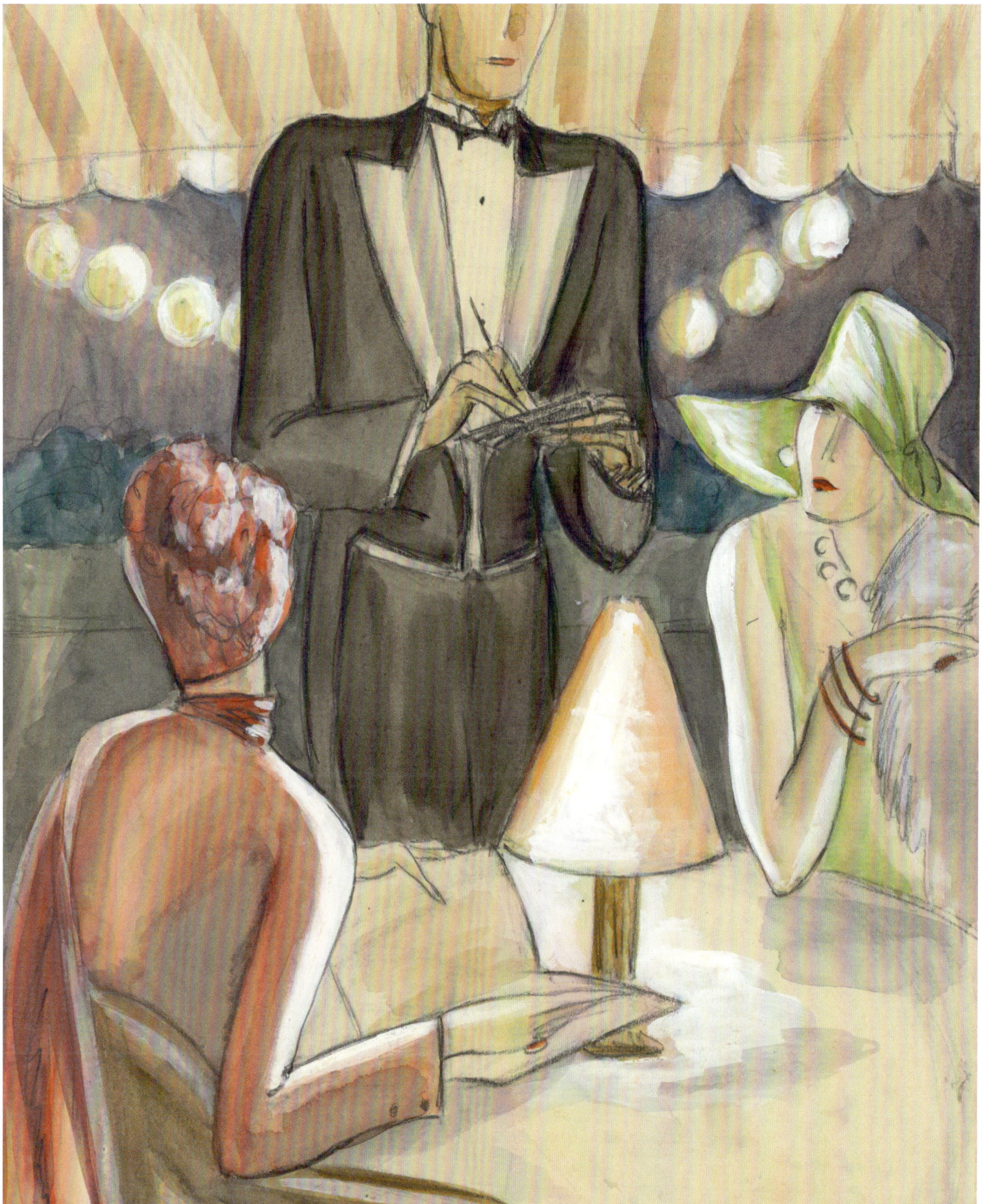

Im Café *In the Café* um *c.* 1926

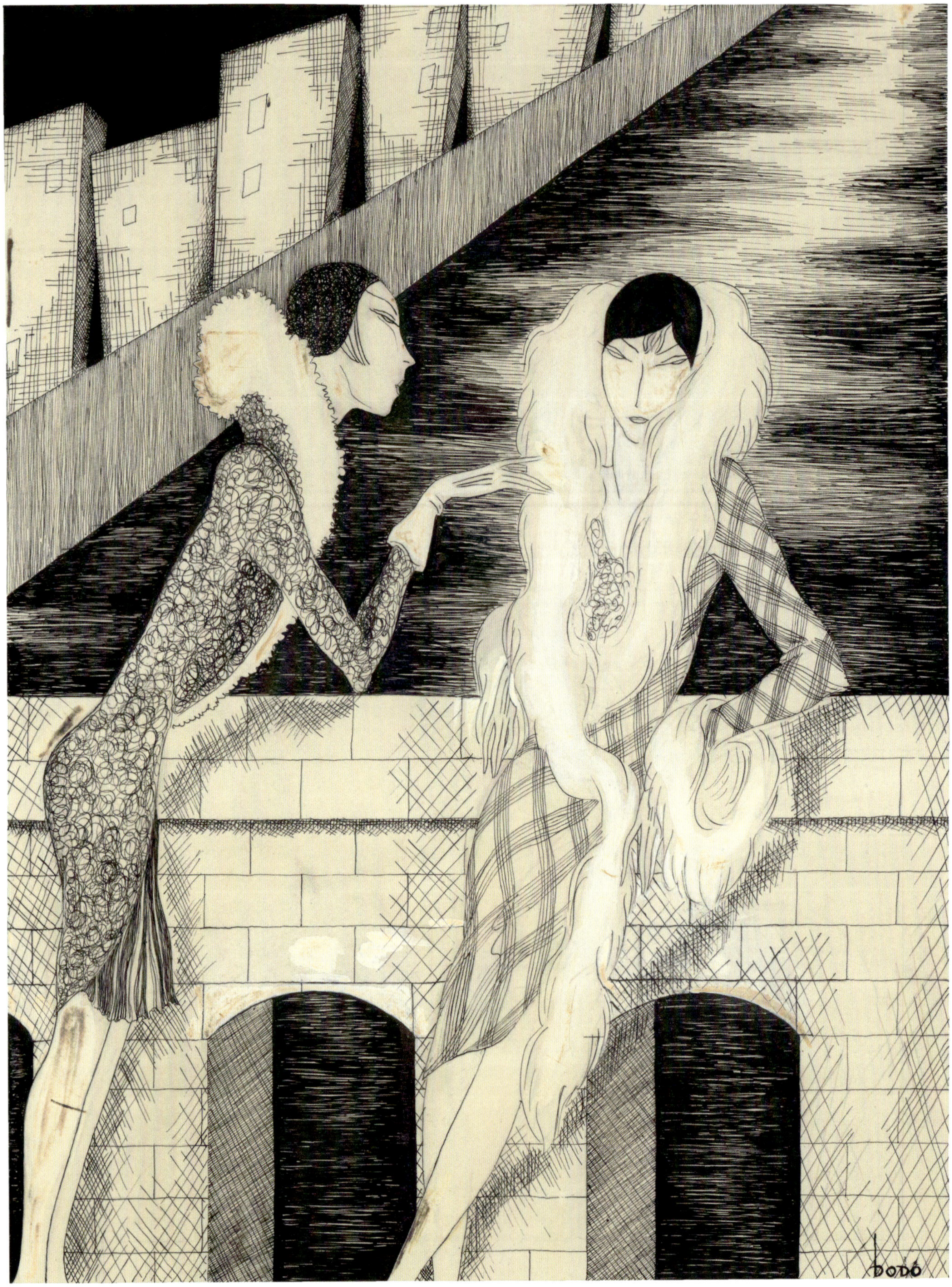

Zwei Frauen auf der Brücke *Two Women on the Bridge* um c. 1928

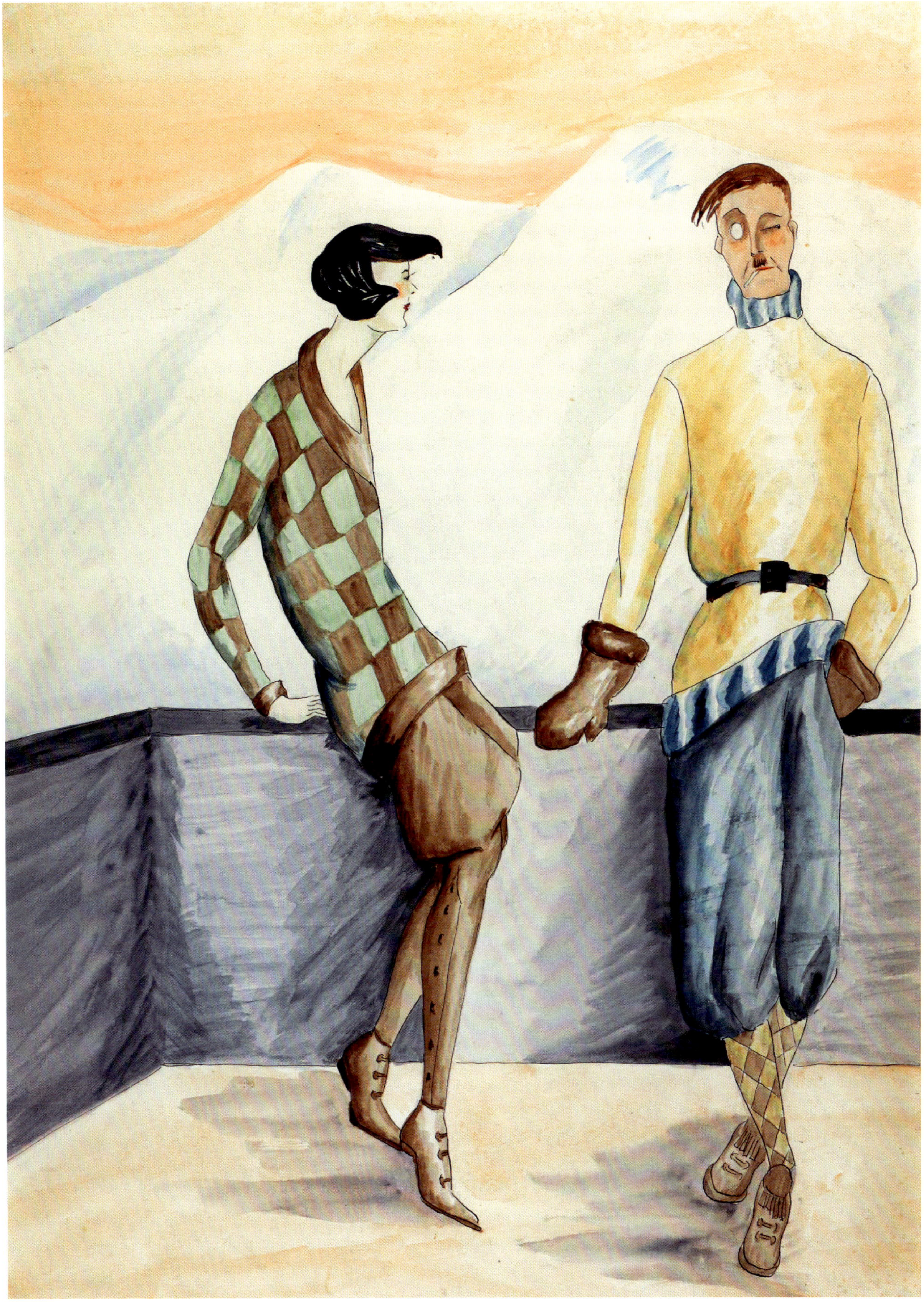

Paar in den Bergen, vermutlich für die Zeitschrift *ULK* *Couple in the Mountains, probably for ULK magazine* um c. 1928

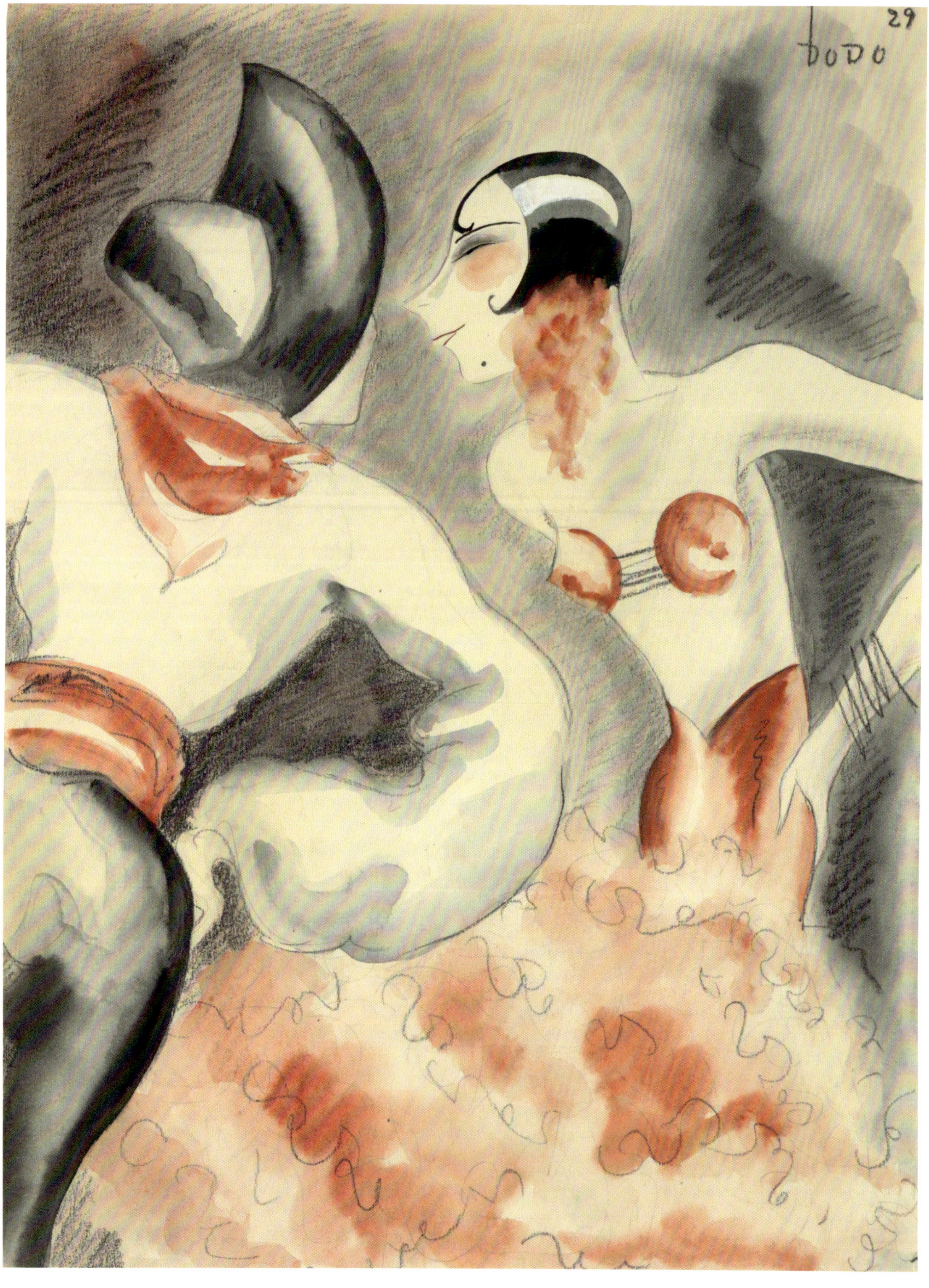

Revue-Tanzpaar *Revue Dance Couple* 1929

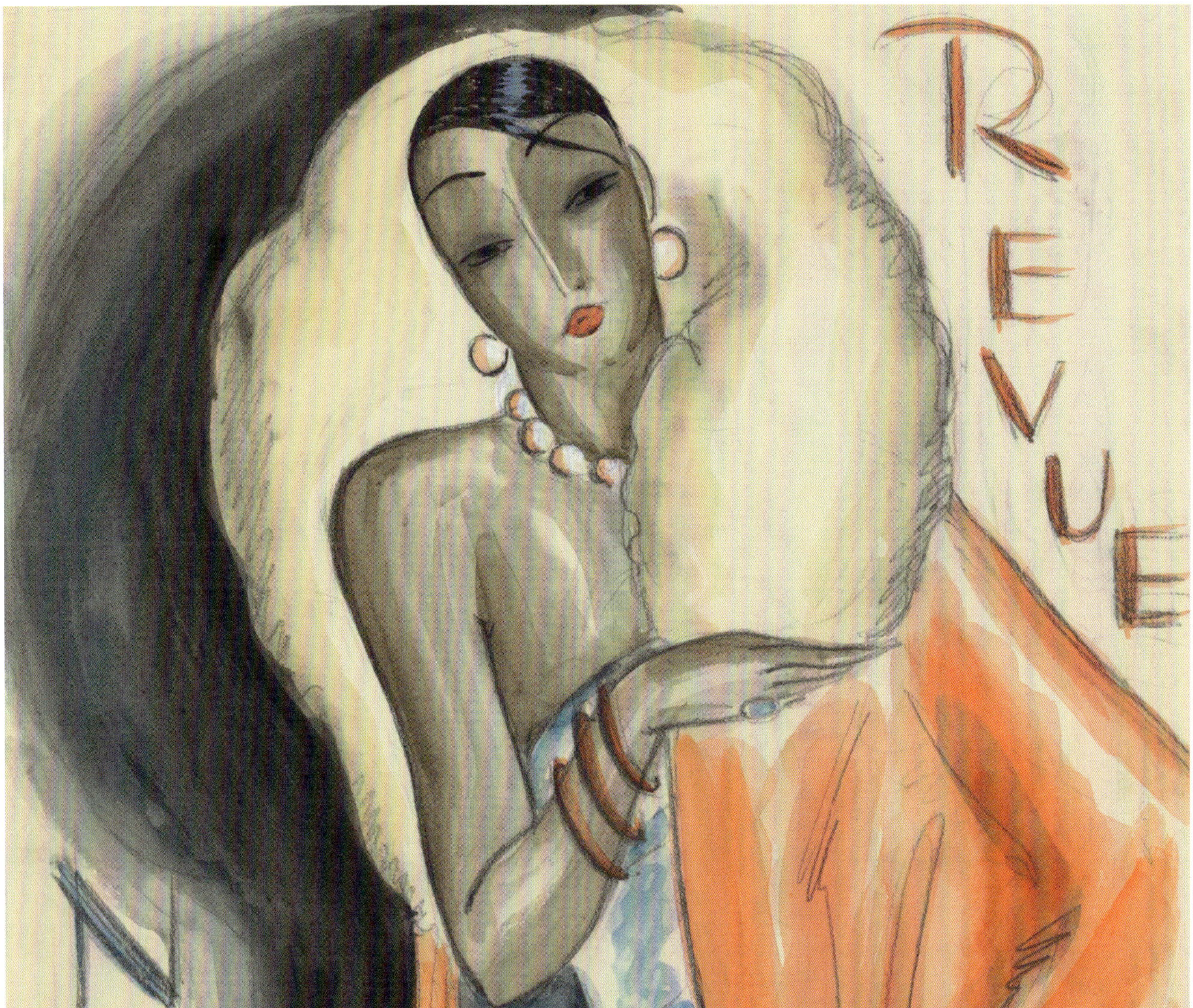

Neger Revue (Josephine Baker) *Black Revue (Josephine Baker)* um c. 1926

1927–1929
Arbeiten für die Zeitschrift ULK
Work for ULK Magazine

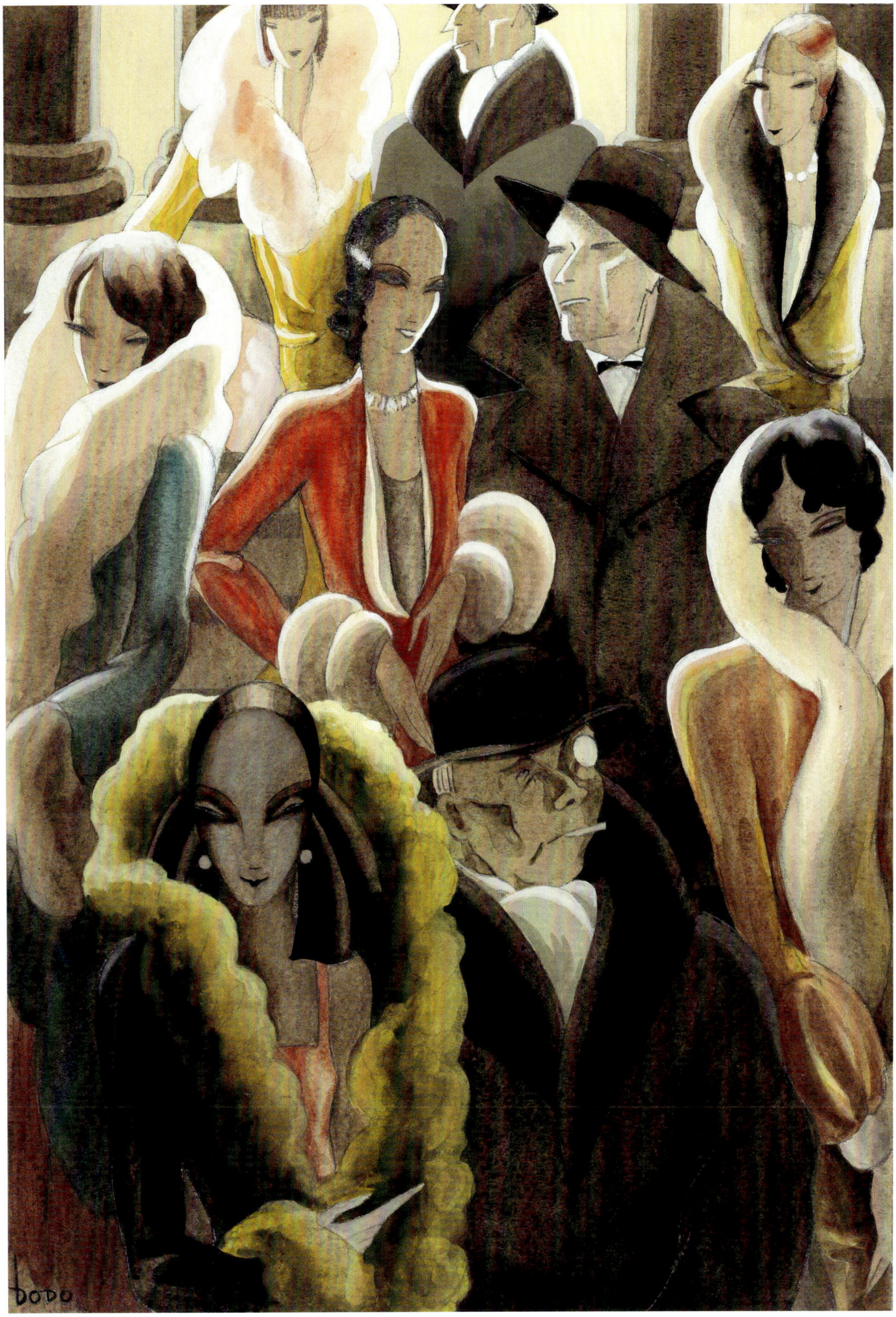

Straßenszene Street Scene um c. 1928

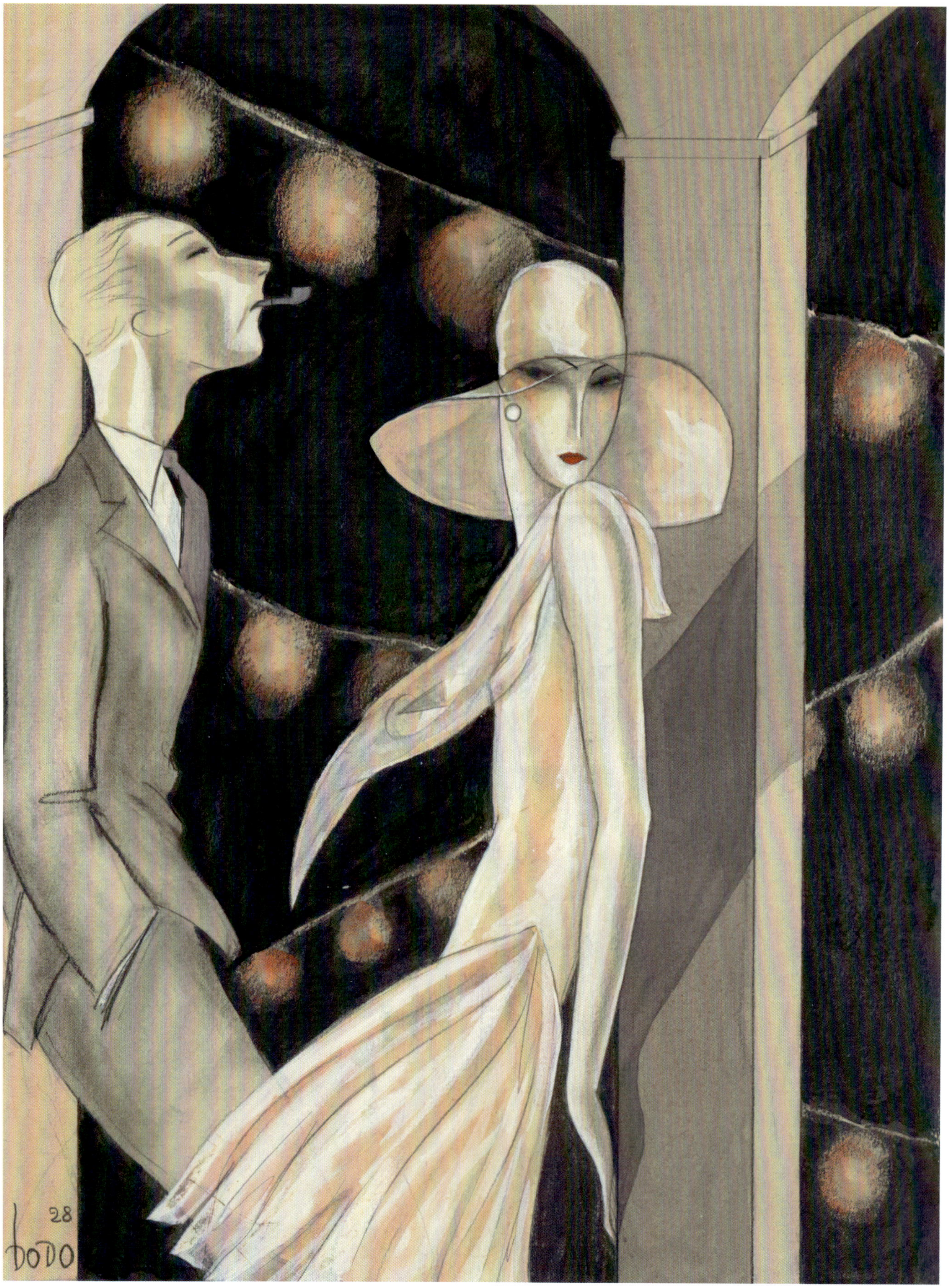

Ein leidenschaftlicher Jüngling, für die Zeitschrift *ULK*   *A Passionate Lad*, for *ULK* magazine   1928

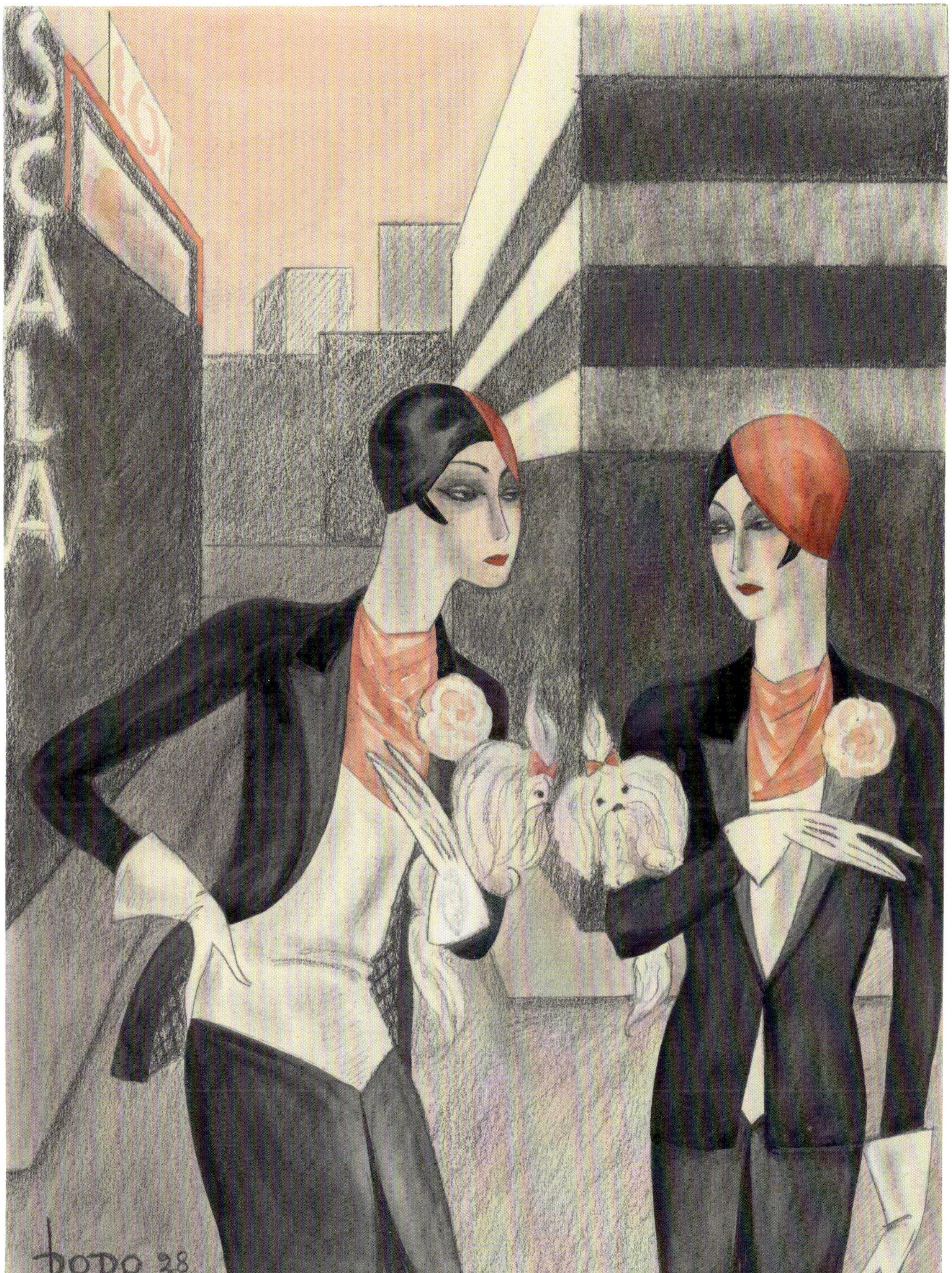

Sisters, vermutlich für die Zeitschrift *ULK* *Sisters*, probably for *ULK* magazine 1928

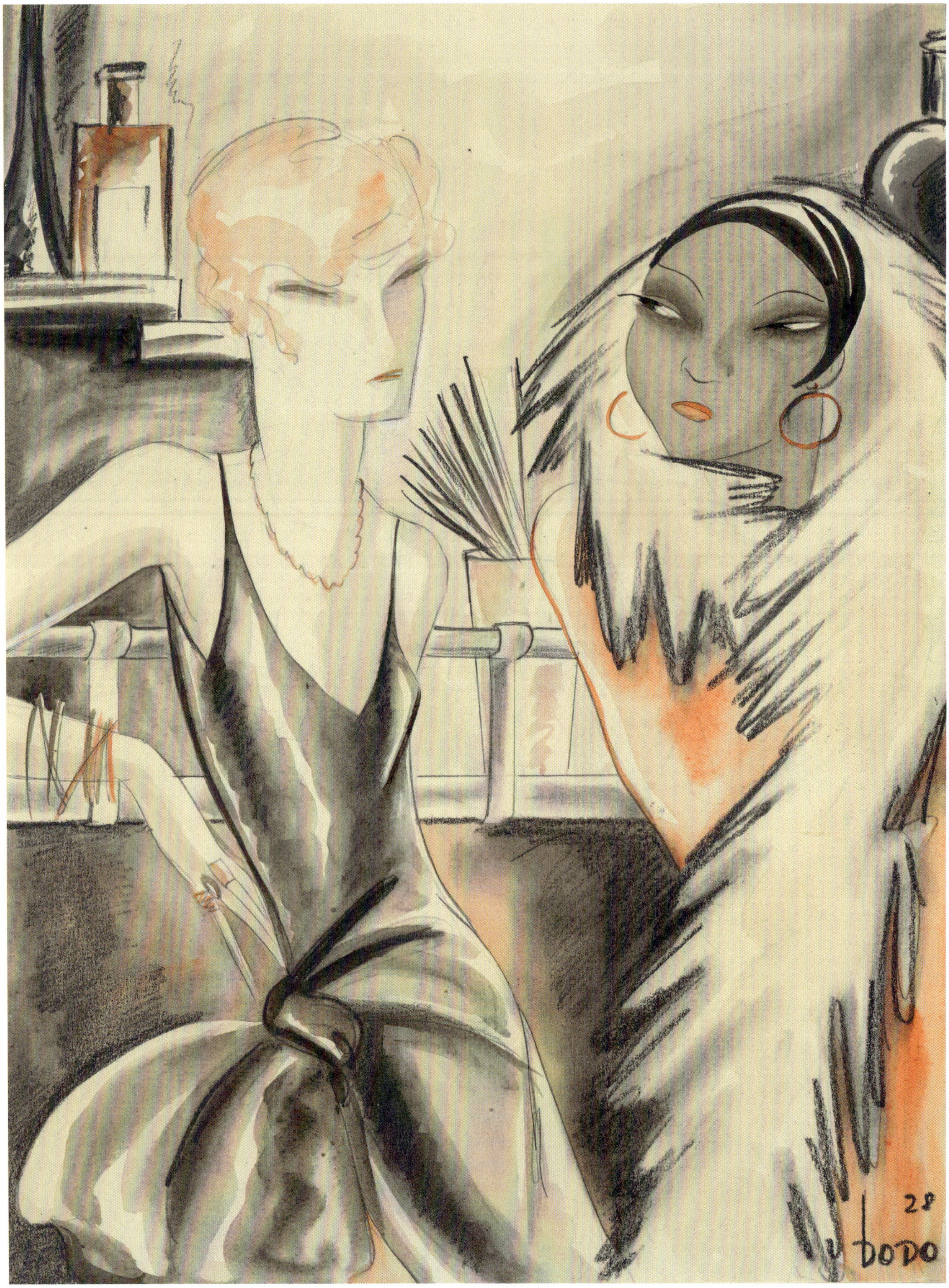

Geldfragen, für die Zeitschrift *ULK* *Questions of Money*, for ULK magazine 1928

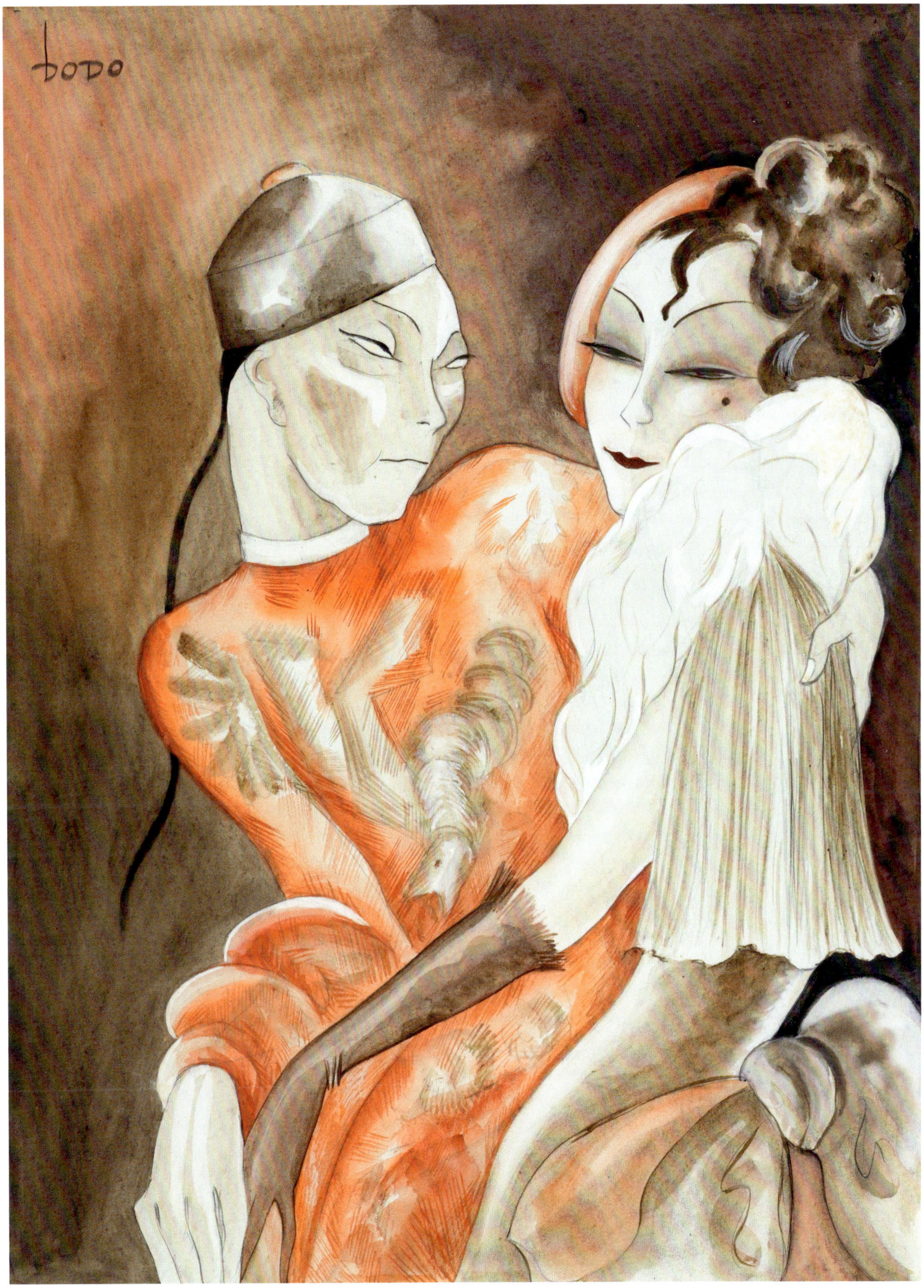

Keine Chance, für die Zeitschrift ULK *No Chance*, for ULK magazine 1929

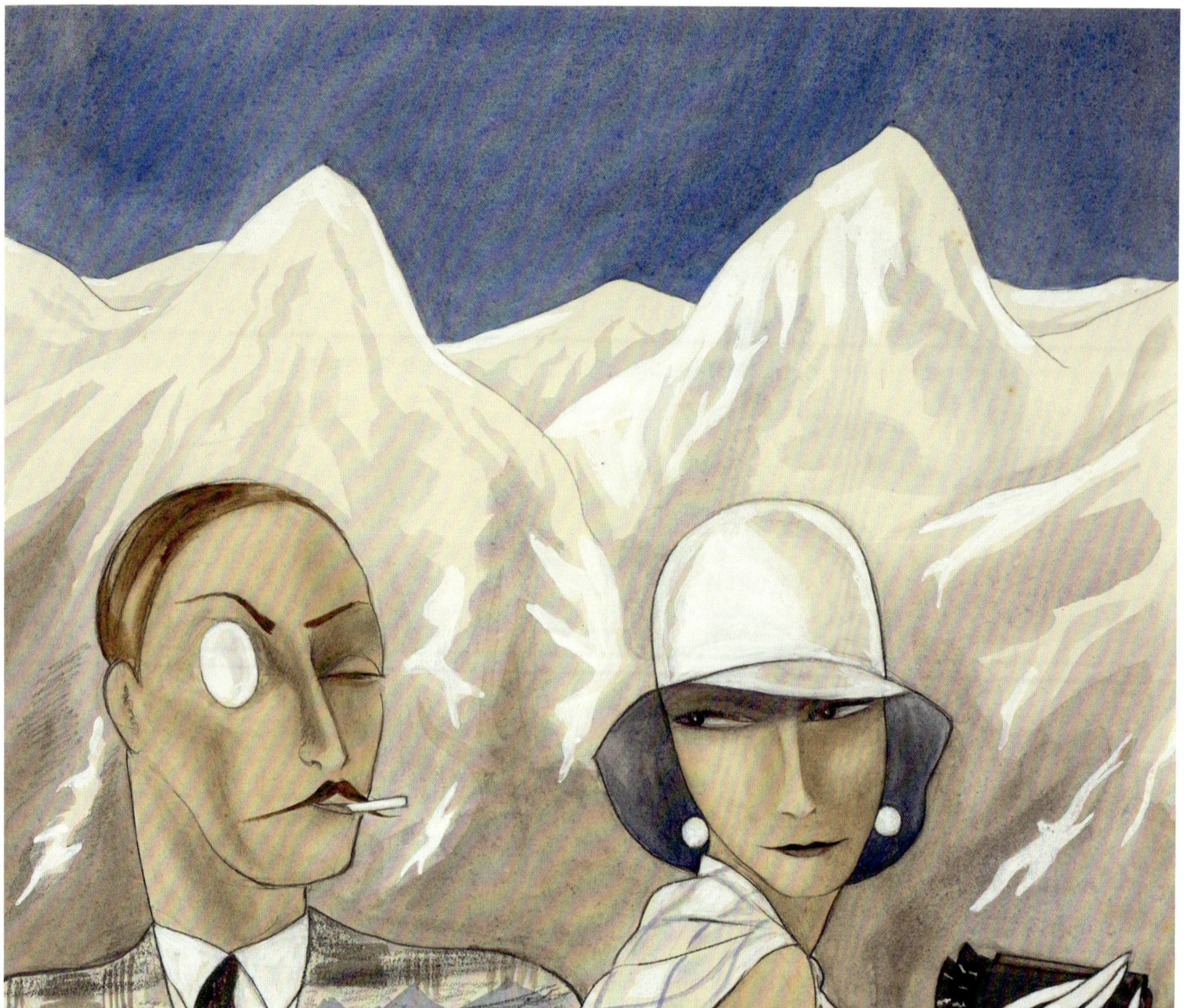

Der Herr mit dem Gletscherauge, für die Zeitschrift ULK *The Gentleman with the Glacier Eye, for ULK magazine* 1928

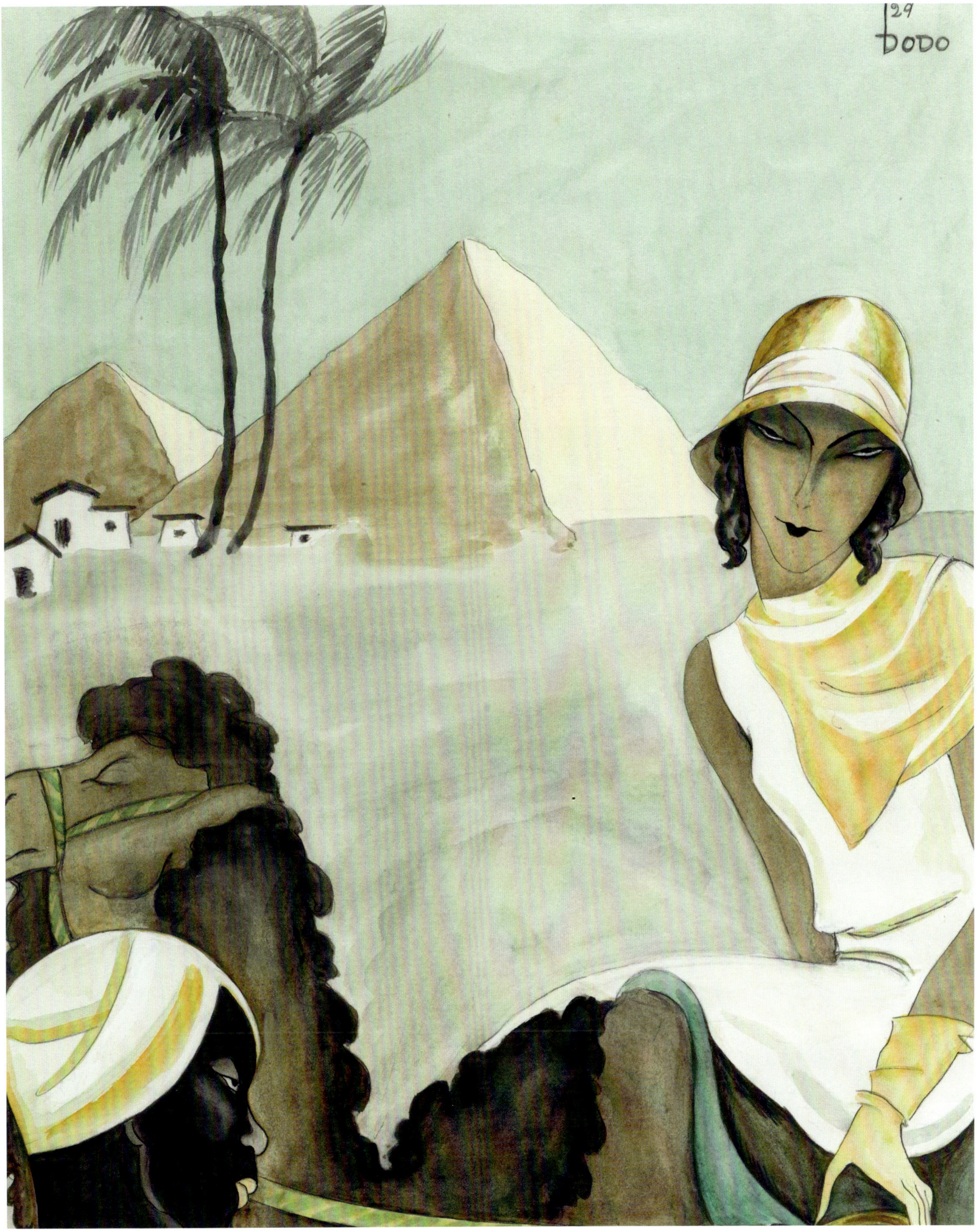

Ihre Sorgen, für die Zeitschrift ULK *Her Worries, for ULK magazine* 1929

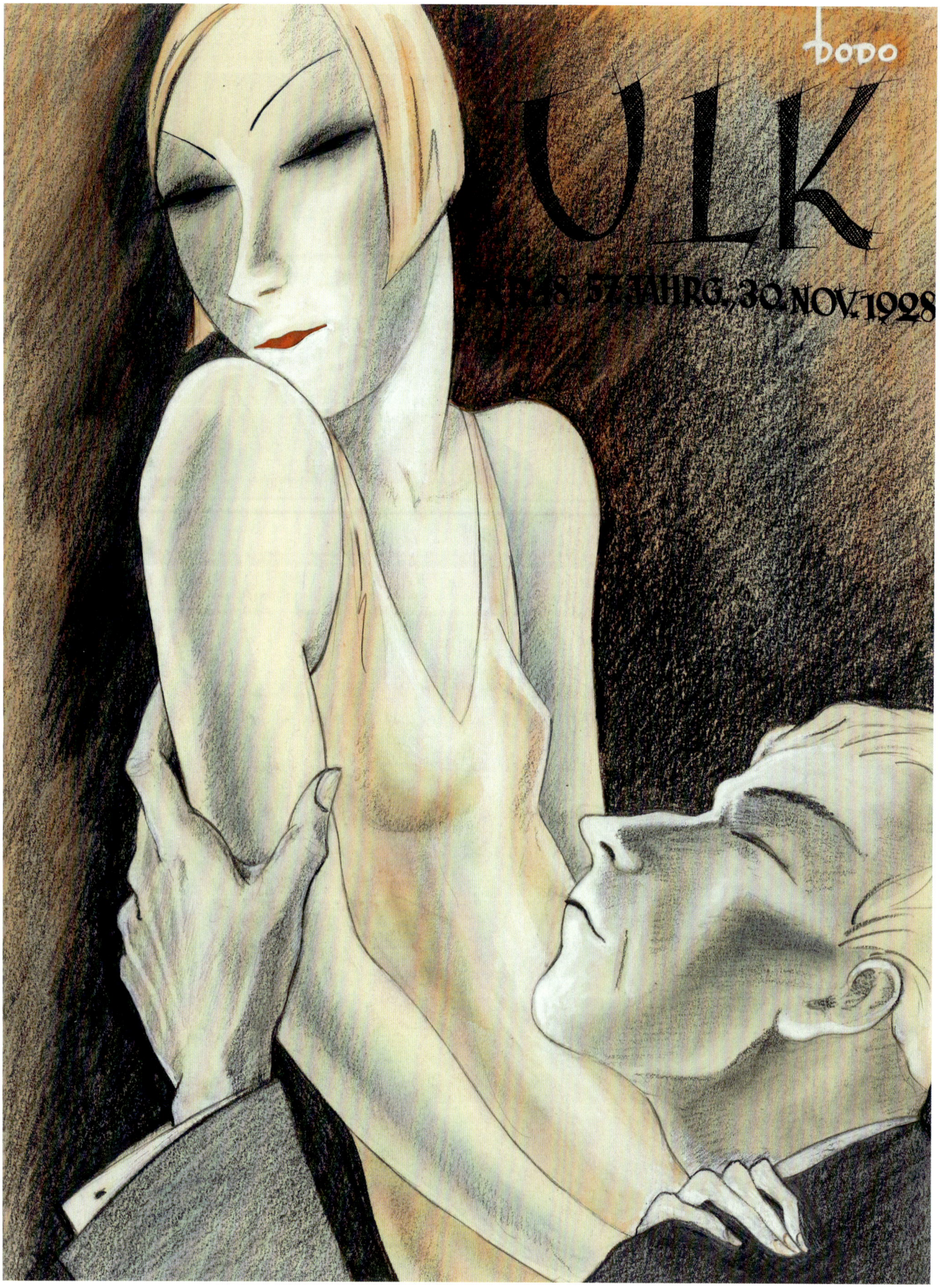

Der erledigte Romeo, für die Zeitschrift ULK *The Worn-Out Romeo, for ULK magazine* 1929

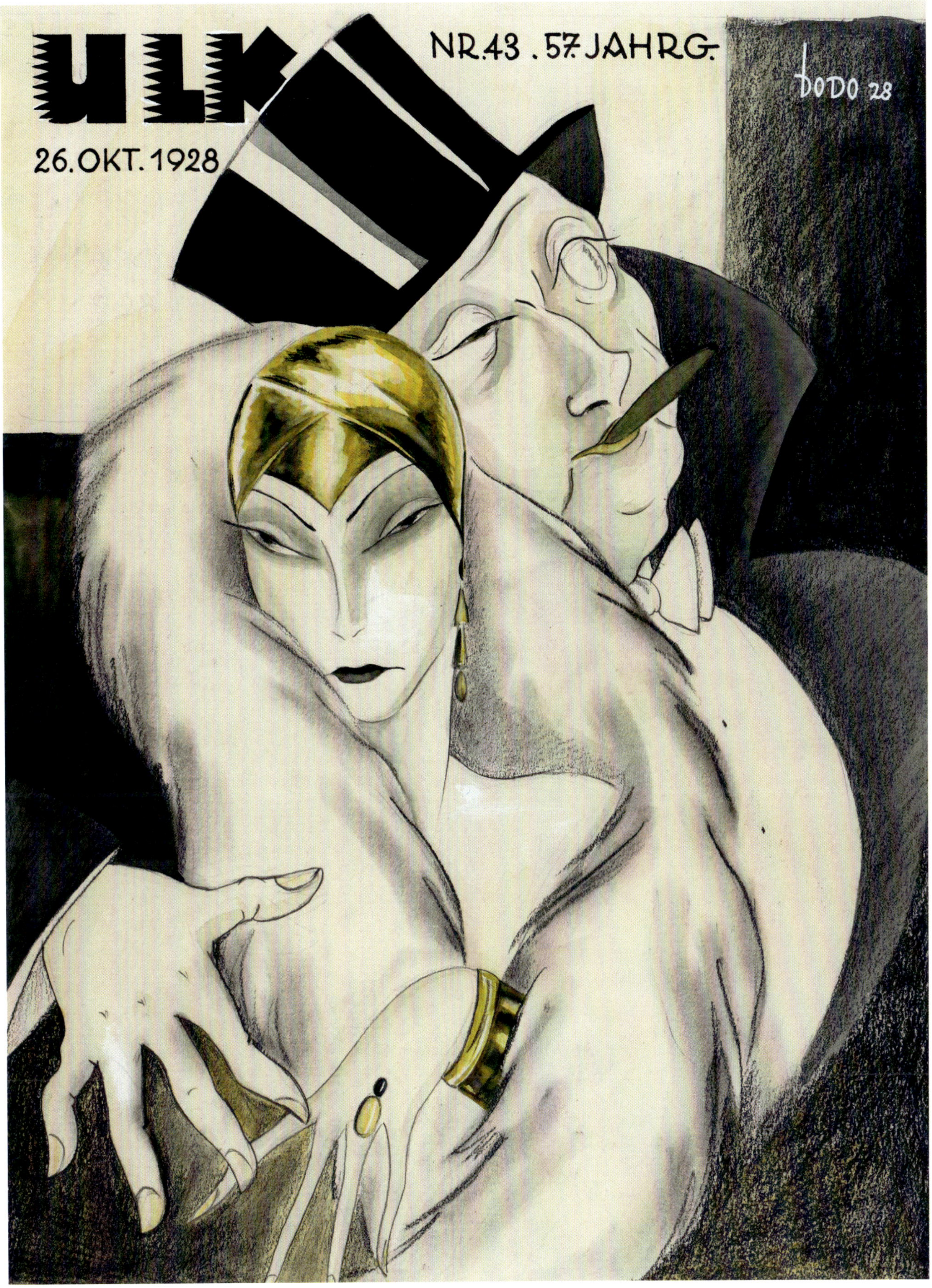

Der Held, für die Zeitschrift ULK *The Hero, for ULK magazine* 1928

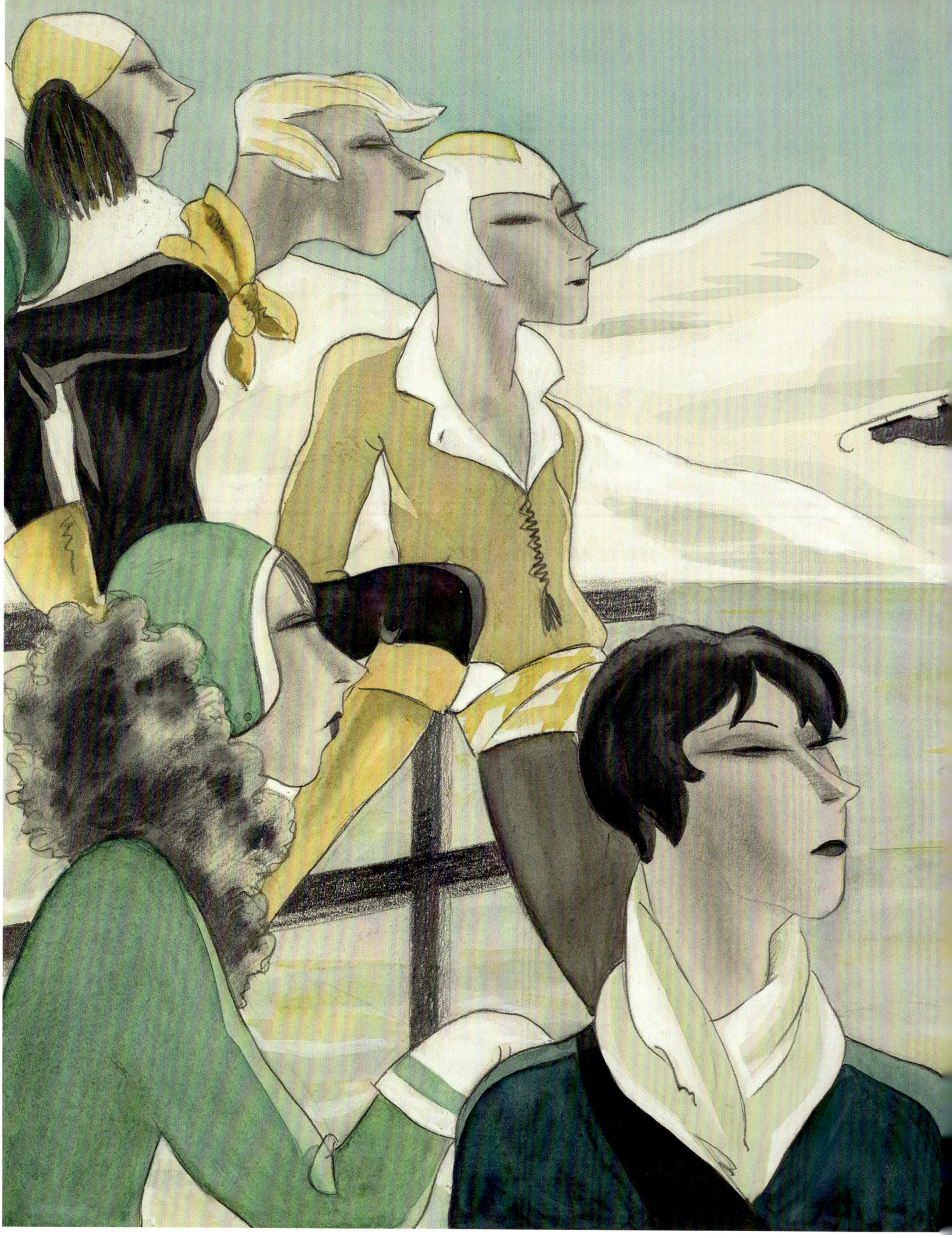

Eislaufkunst, für die Zeitschrift ULK *Figure Skating, for ULK magazine* 1929

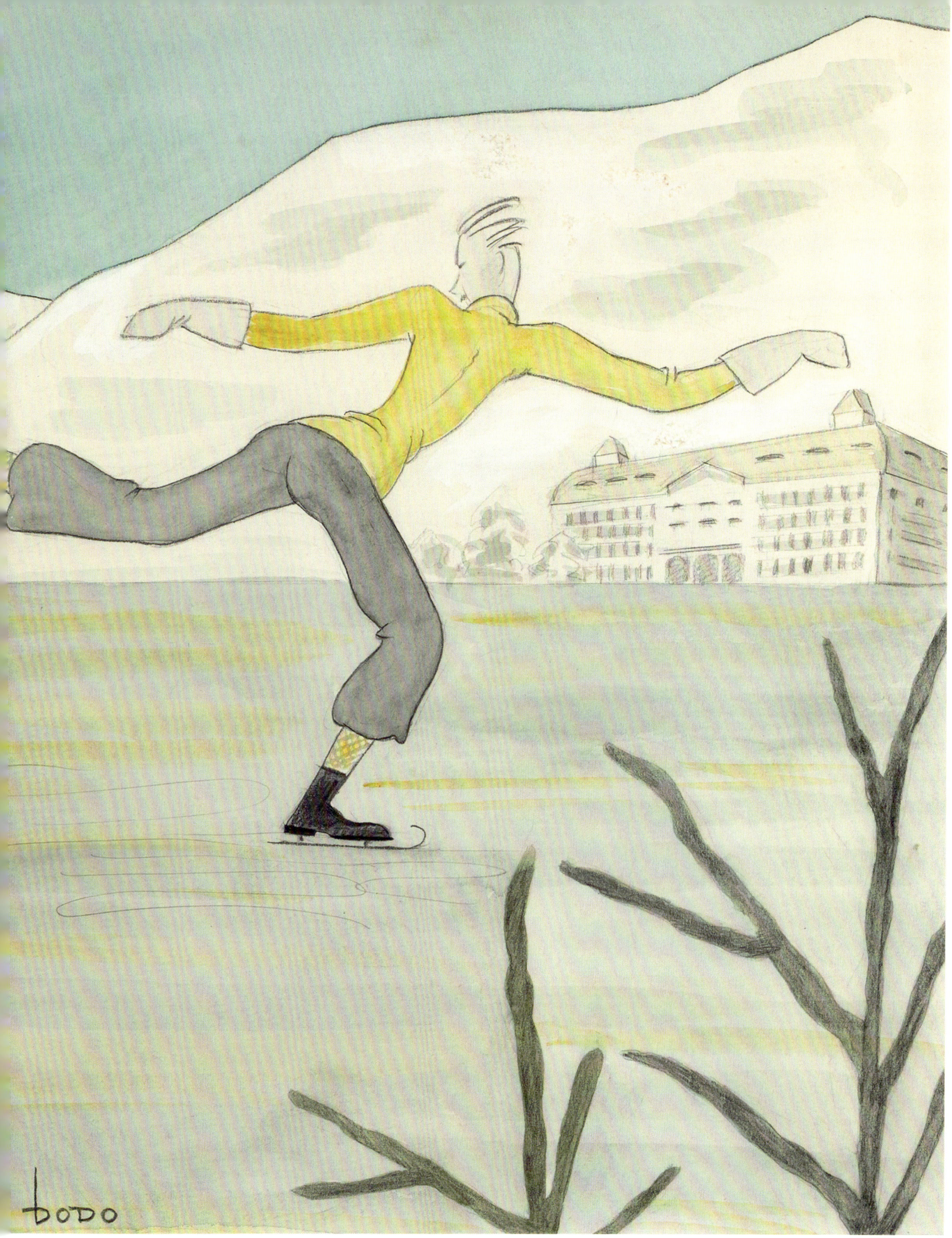
DODO

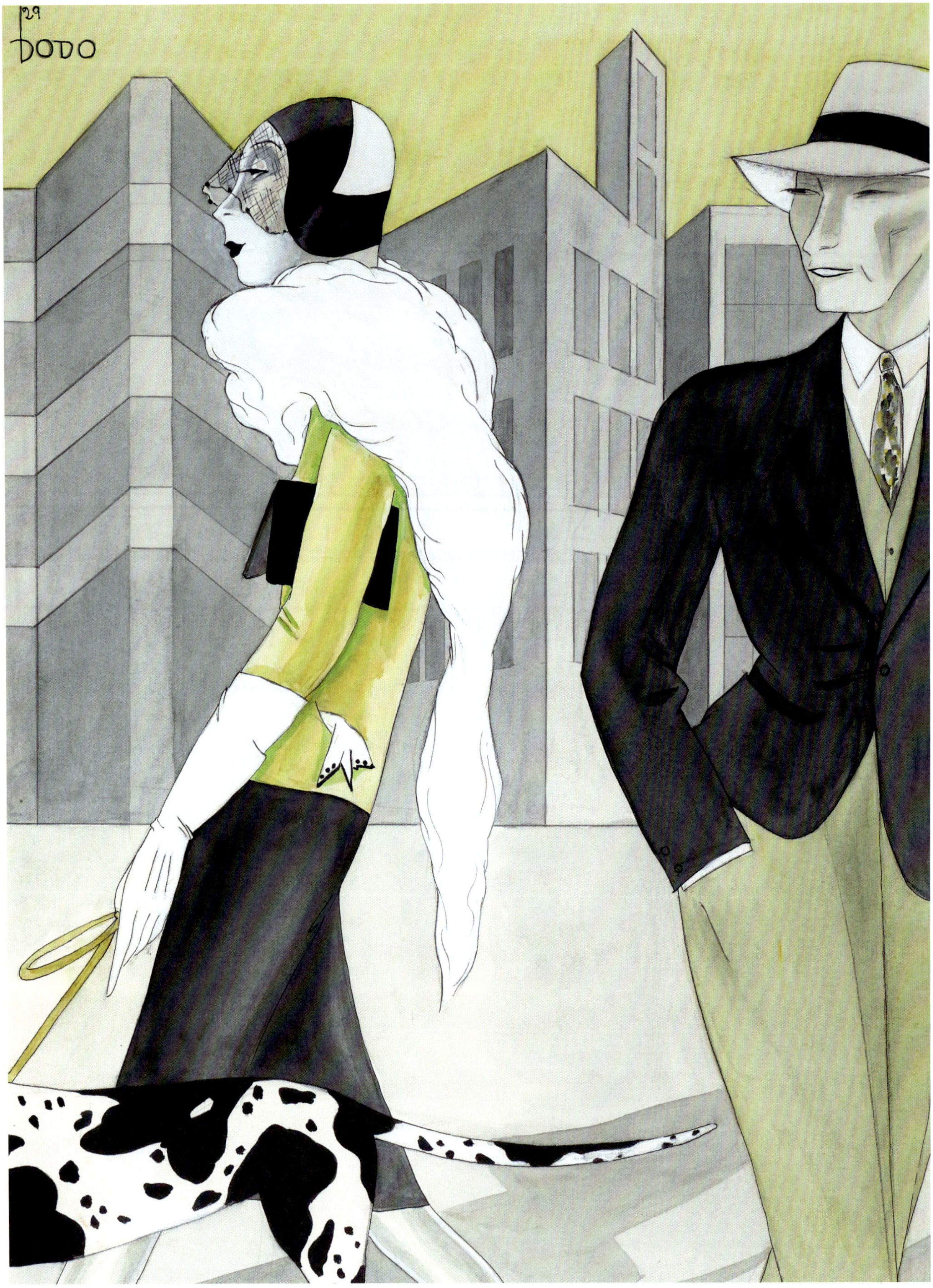

Der Dalmatiner (*Abstieg*), für die Zeitschrift *ULK* *The Dalmatian (Descent), for ULK magazine* 1929

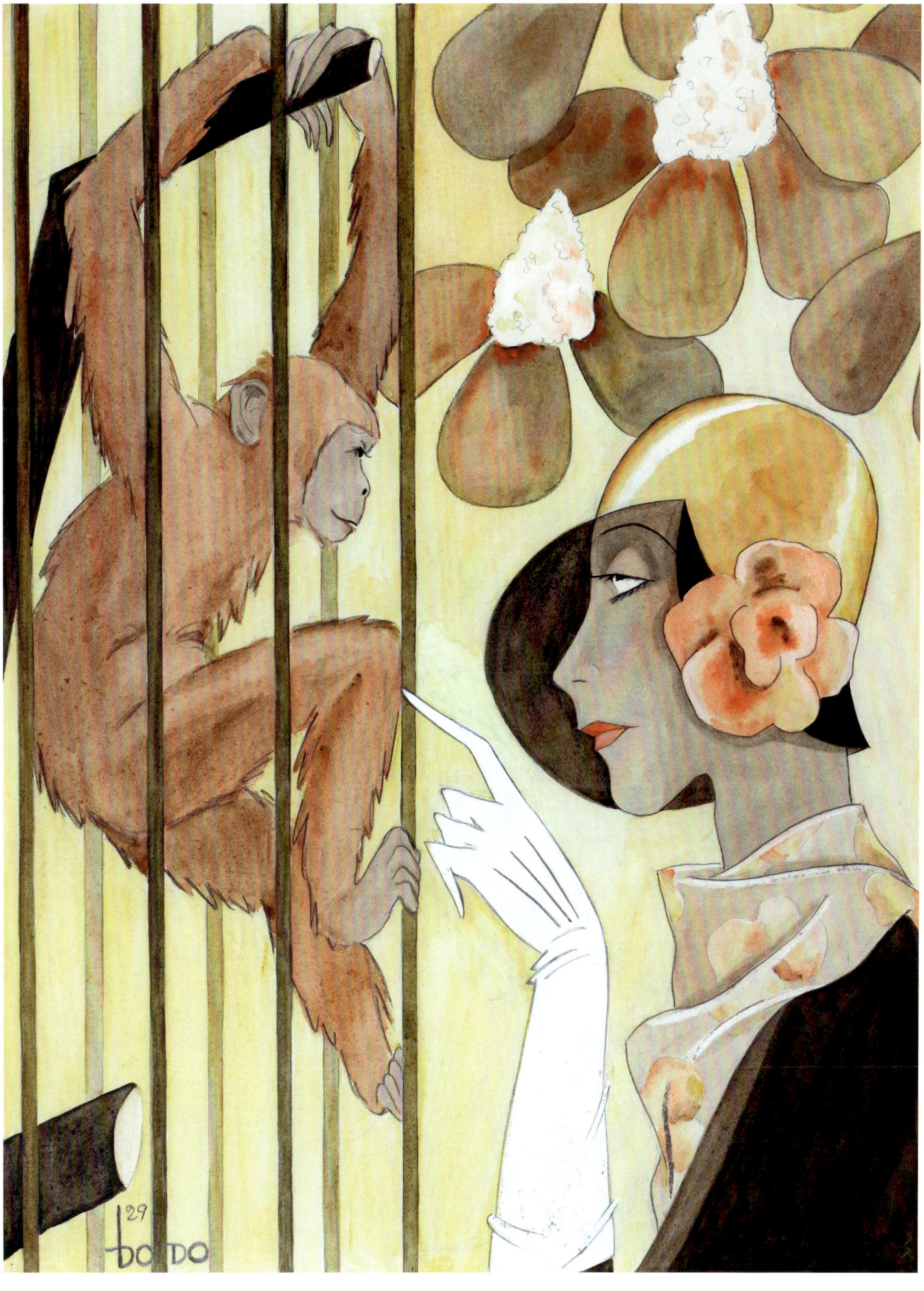

Hinter Gittern (Der Praktiker), für die Zeitschrift ULK *Behind Bars (The Pragmatist), for ULK magazine* 1929

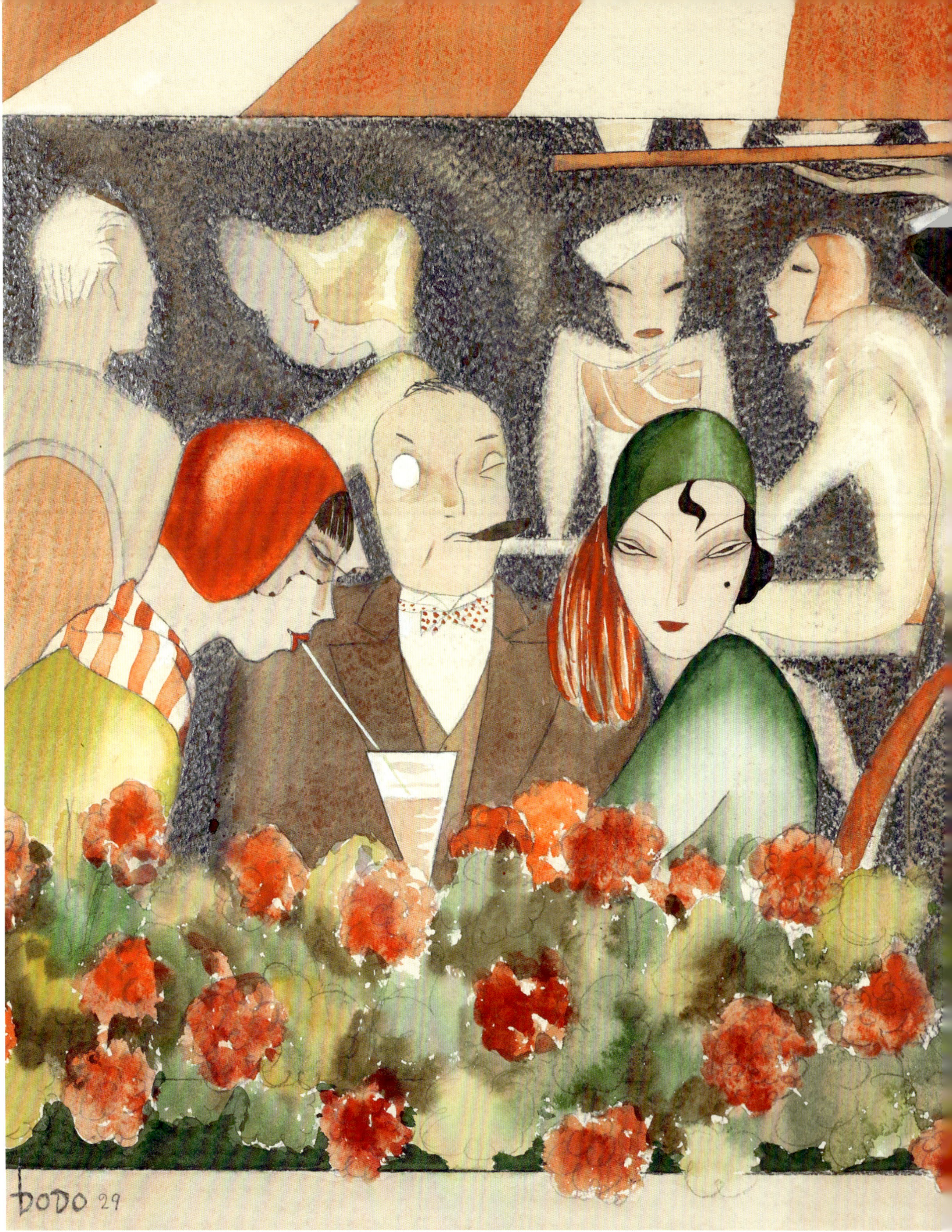

Wedding auf dem Dachgarten, für die Zeitschrift ULK *Wedding on the Roof Garden, for ULK magazine* 1929

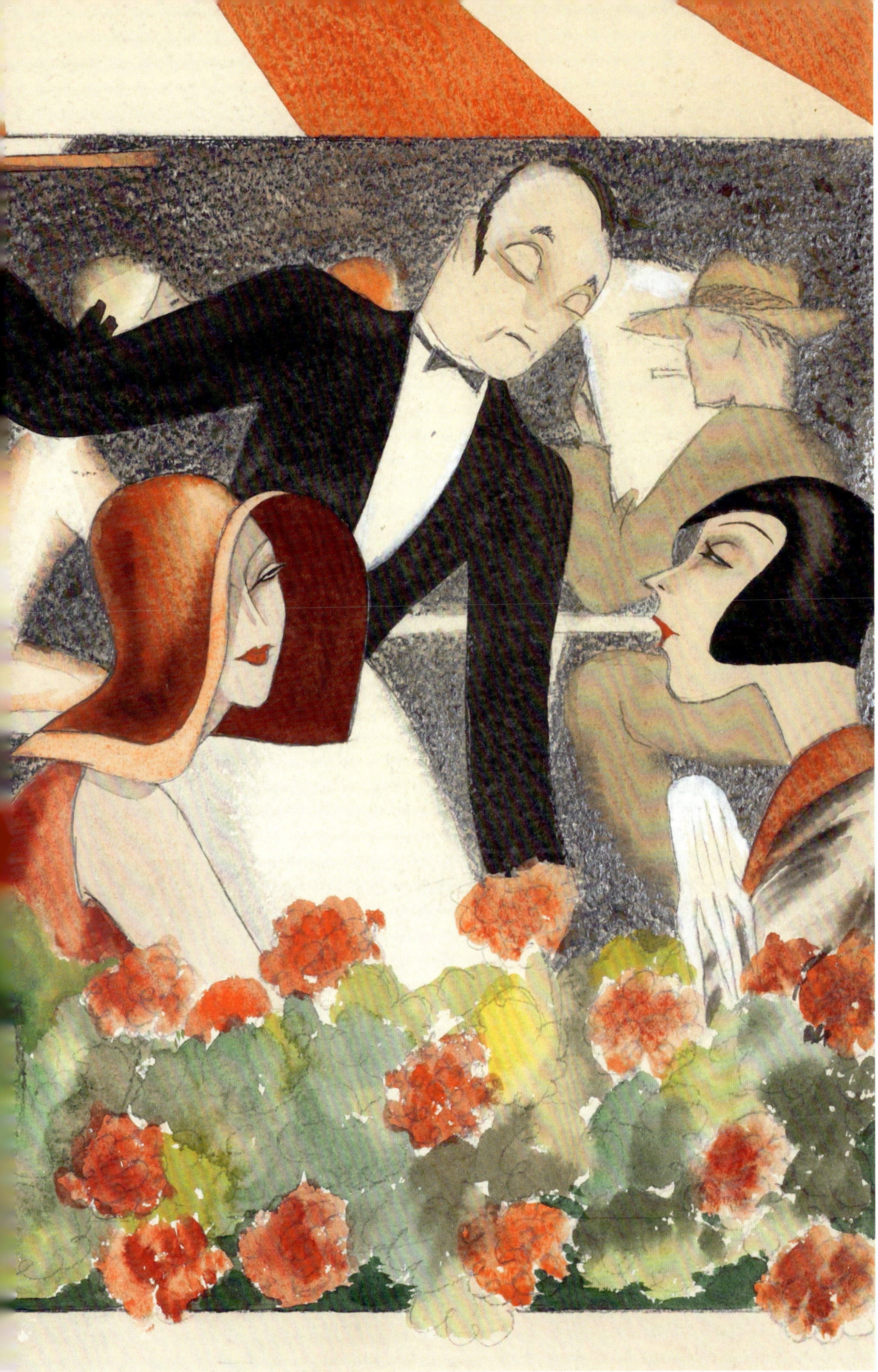

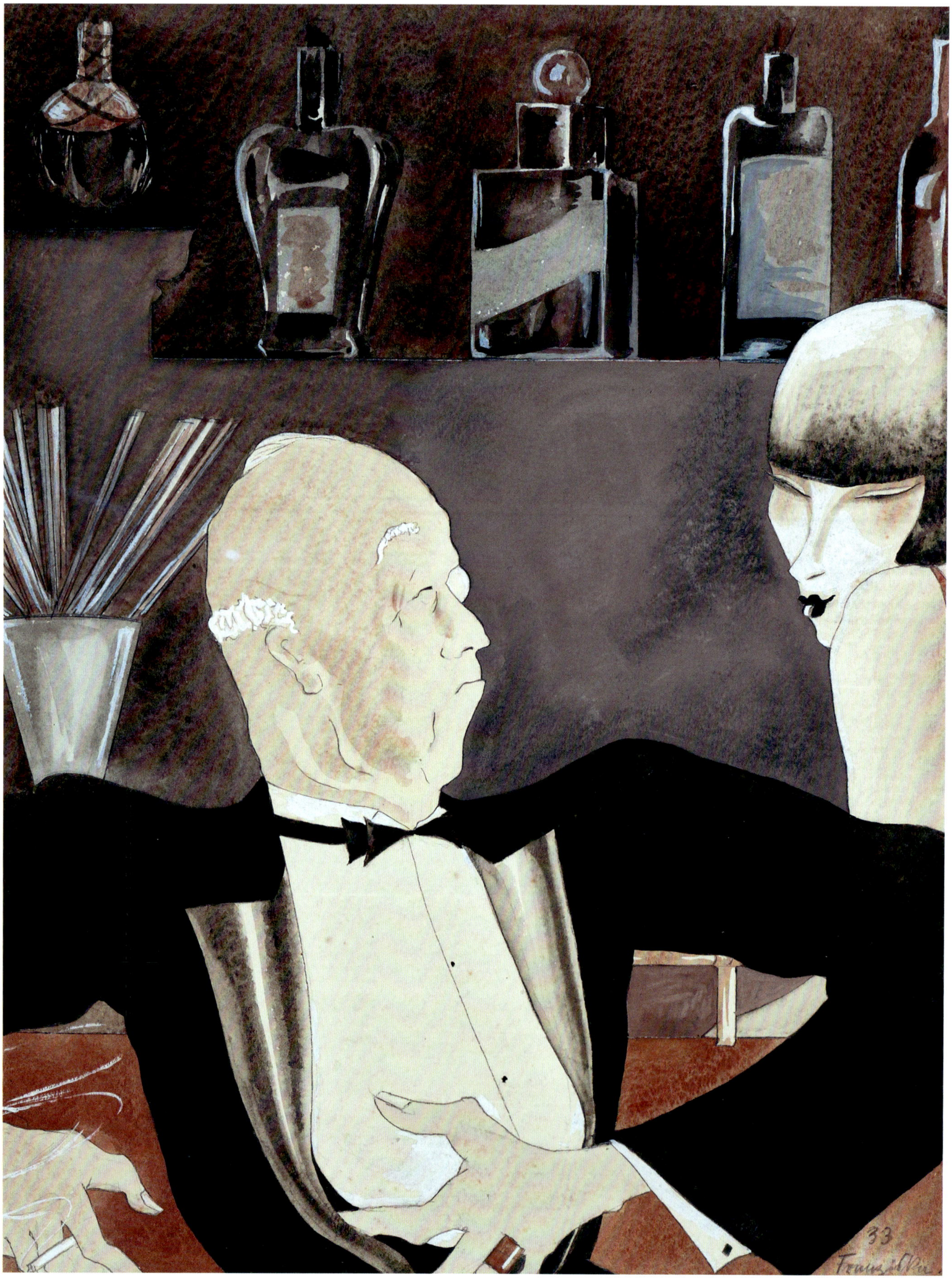

In der Bar, vermutlich ursprünglich für die Zeitschrift *ULK* *In the Bar*, probably originally for *ULK* magazine 1933

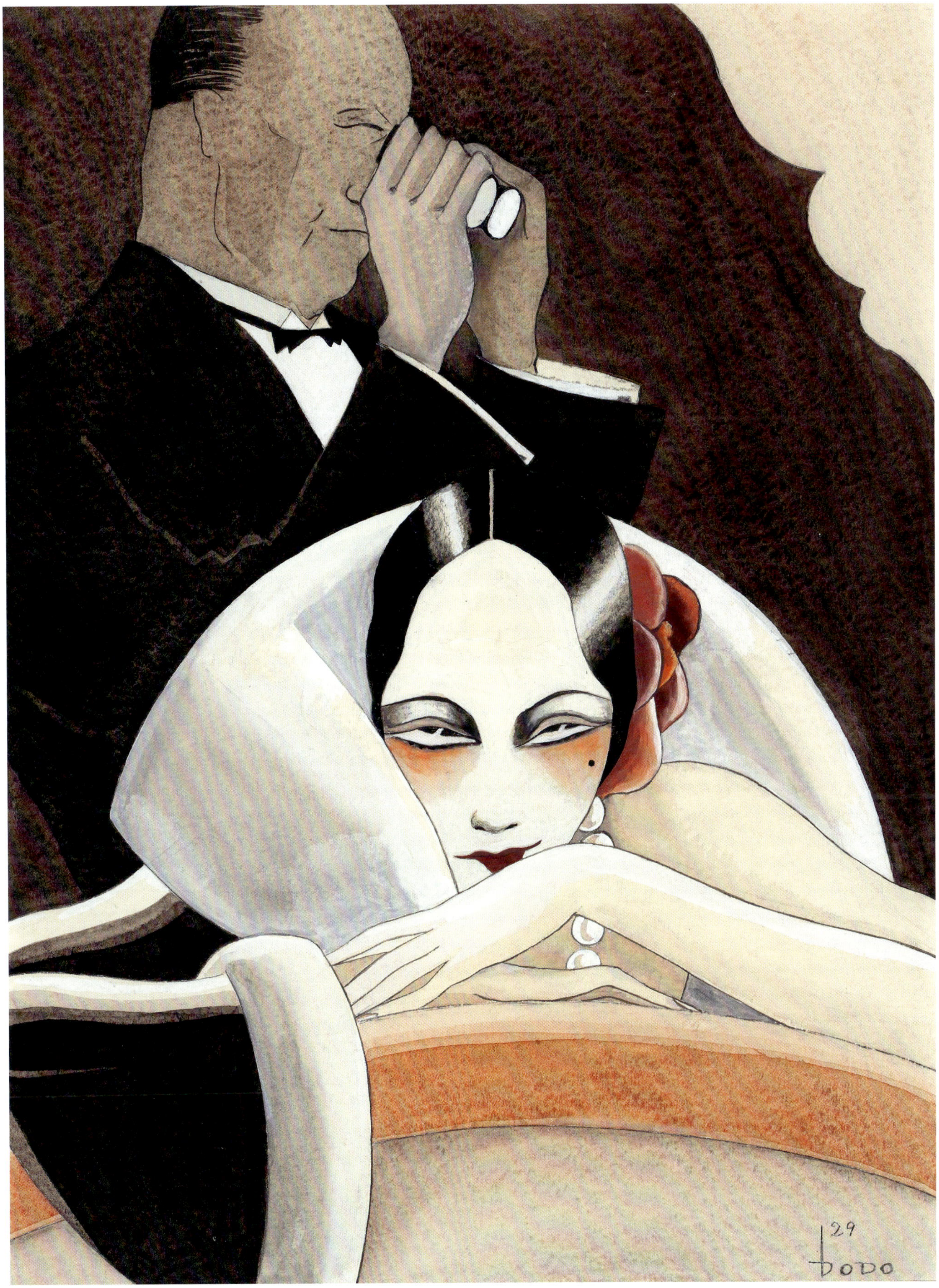

Logenlogik, für die Zeitschrift ULK *Theatre Box Logic, for ULK magazine* 1929

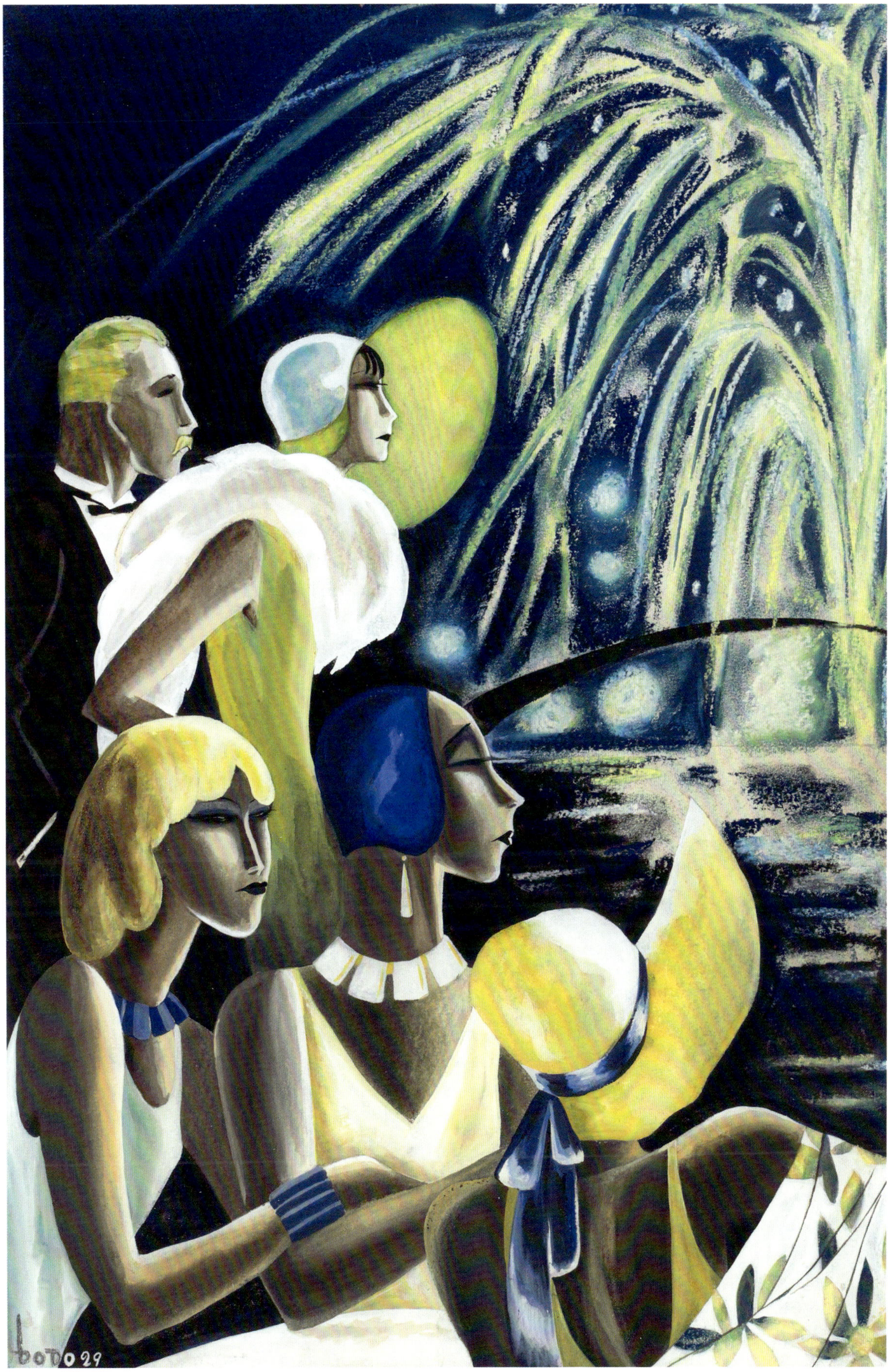

Feuerwerk (Gleichnis), für die Zeitschrift *ULK* *Fireworks (Parable), for ULK magazine* 1929

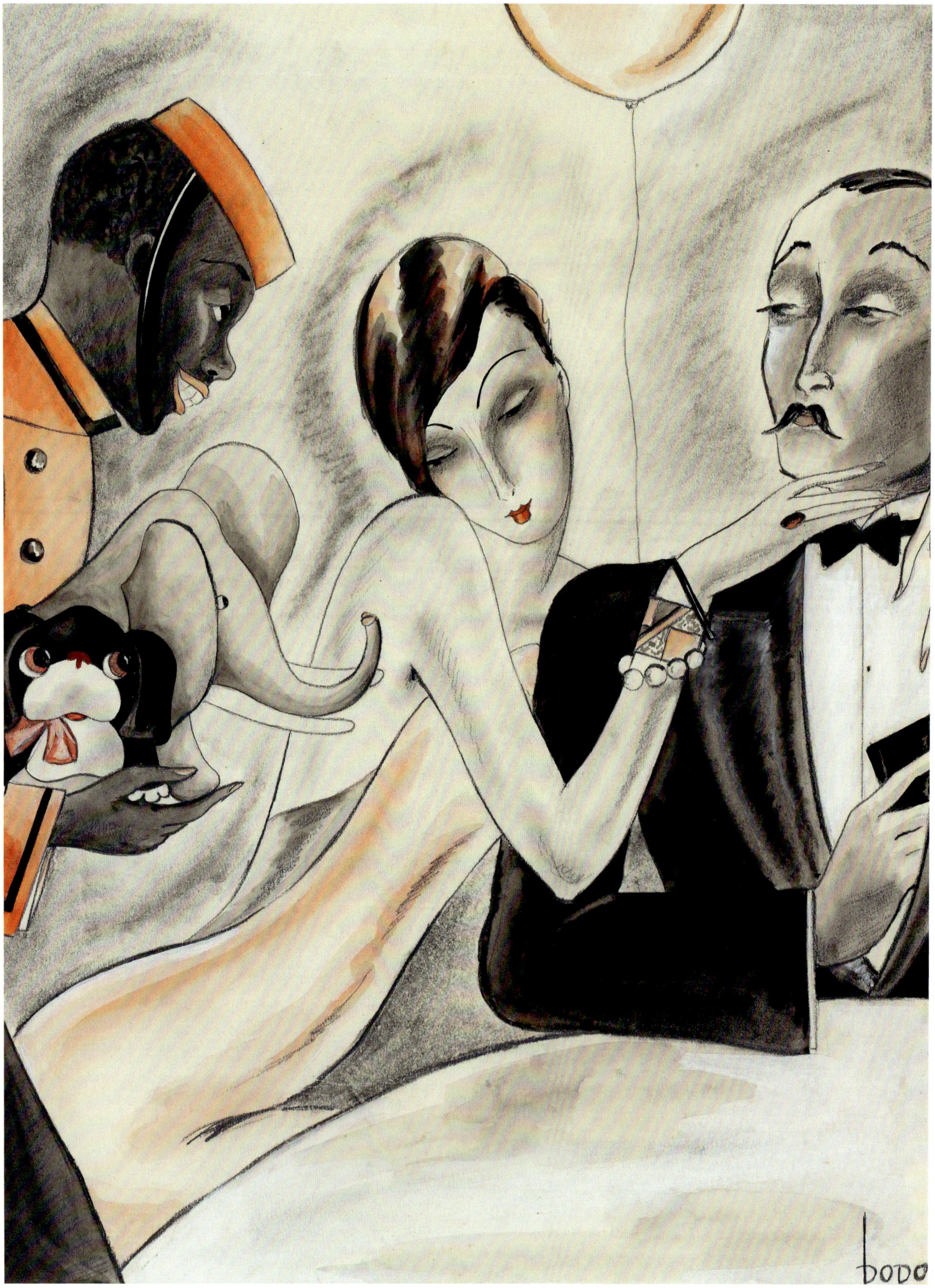

Ihr größter Wunsch, vermutlich für die Zeitschrift *ULK* *Her Greatest Wish*, probably for *ULK* magazine um c. 1929

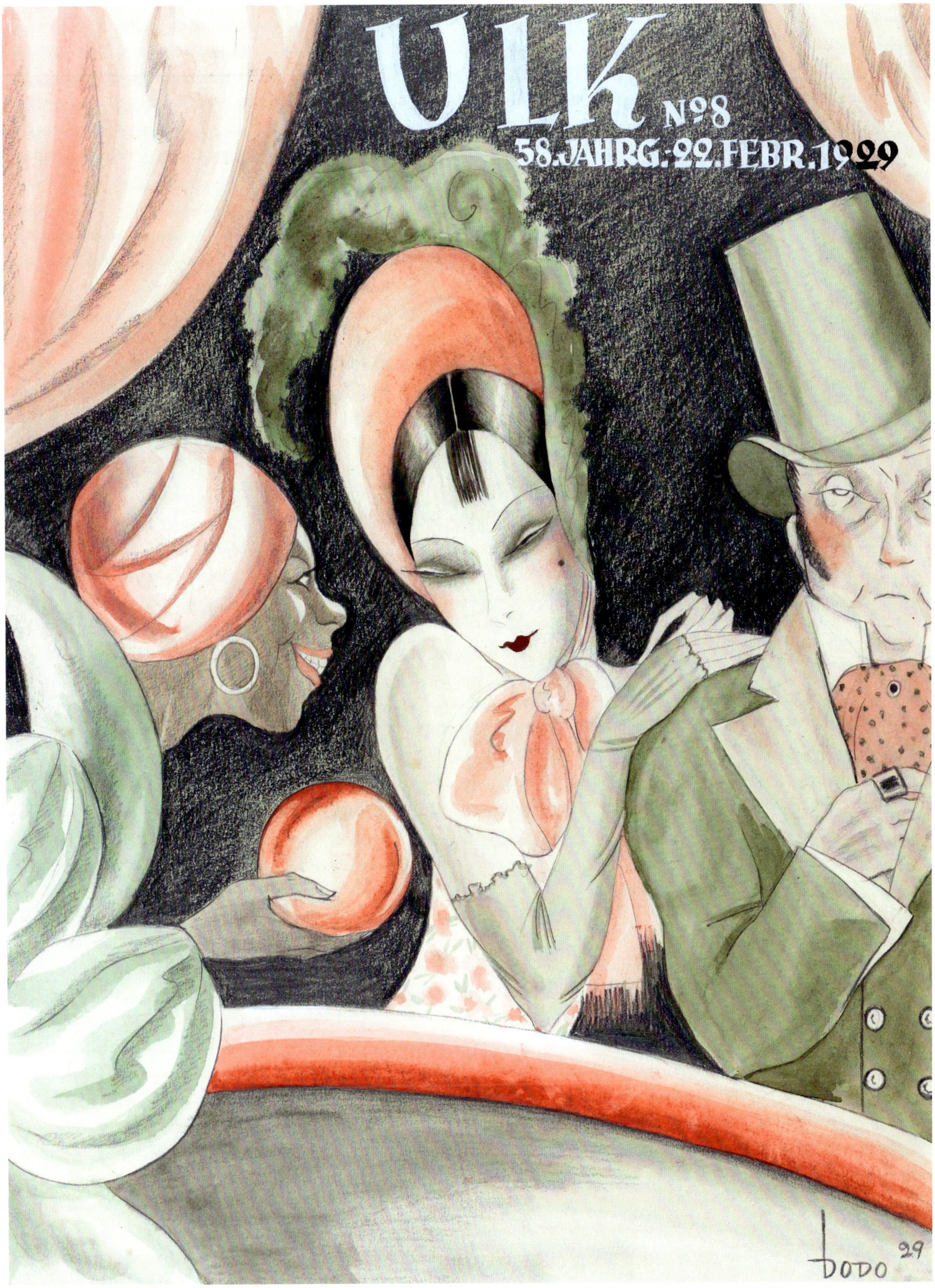

Der Versucher, für die Zeitschrift ULK *The Tempter, for ULK magazine* 1929

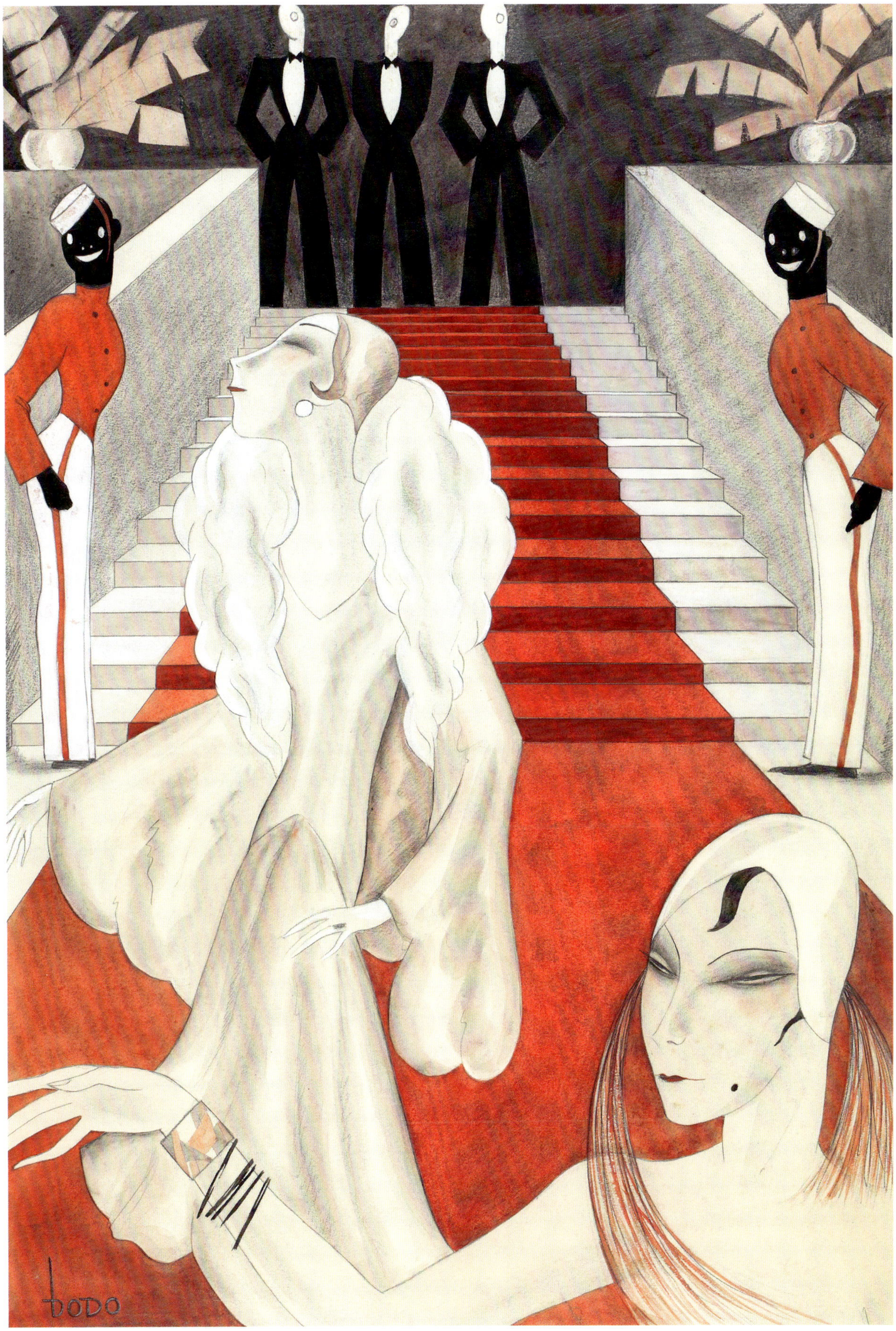

Rationalisierung, für die Zeitschrift ULK *Rationalisation, for ULK magazine* 1928

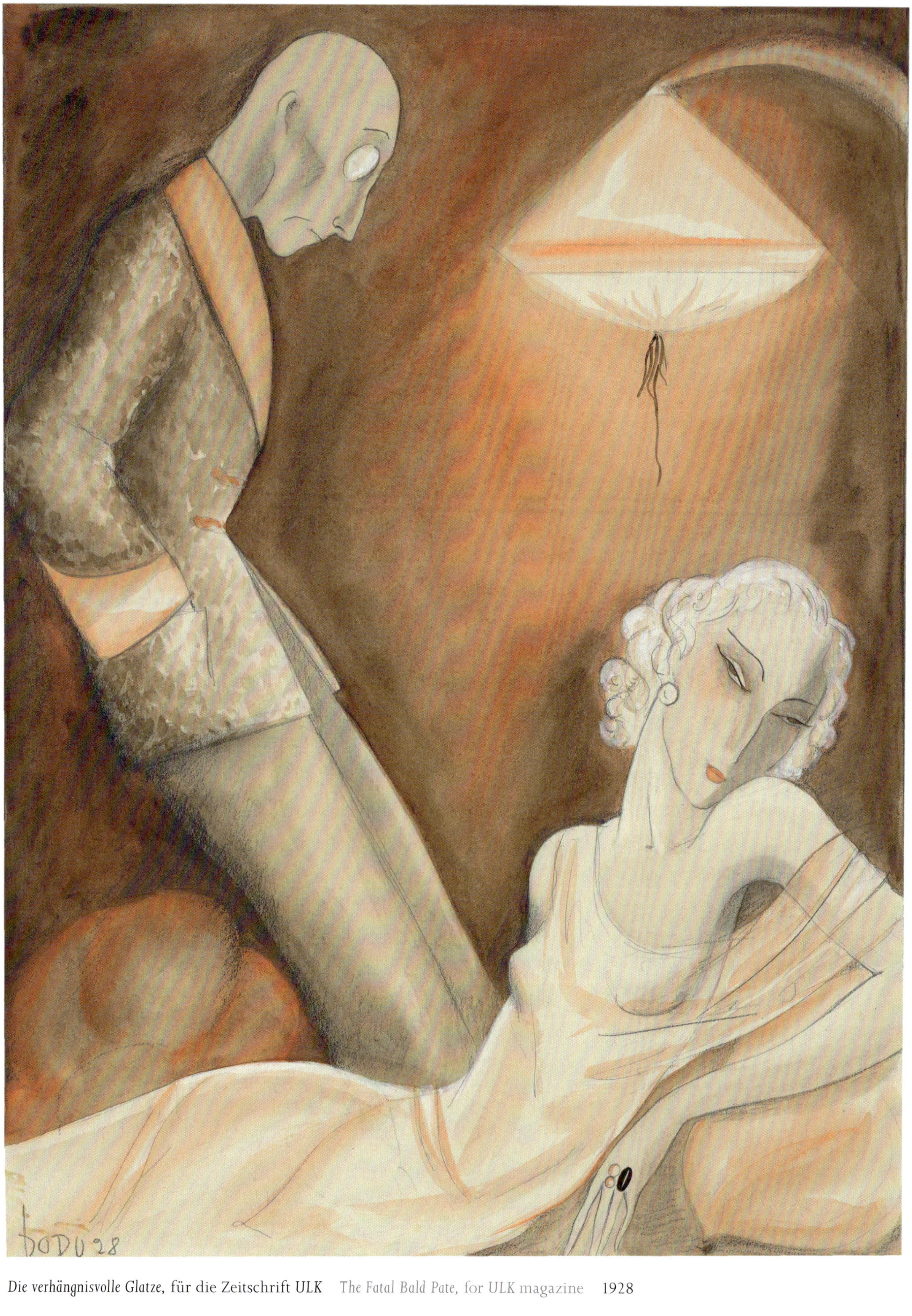

Die verhängnisvolle Glatze, für die Zeitschrift *ULK* *The Fatal Bald Pate*, for *ULK* magazine 1928

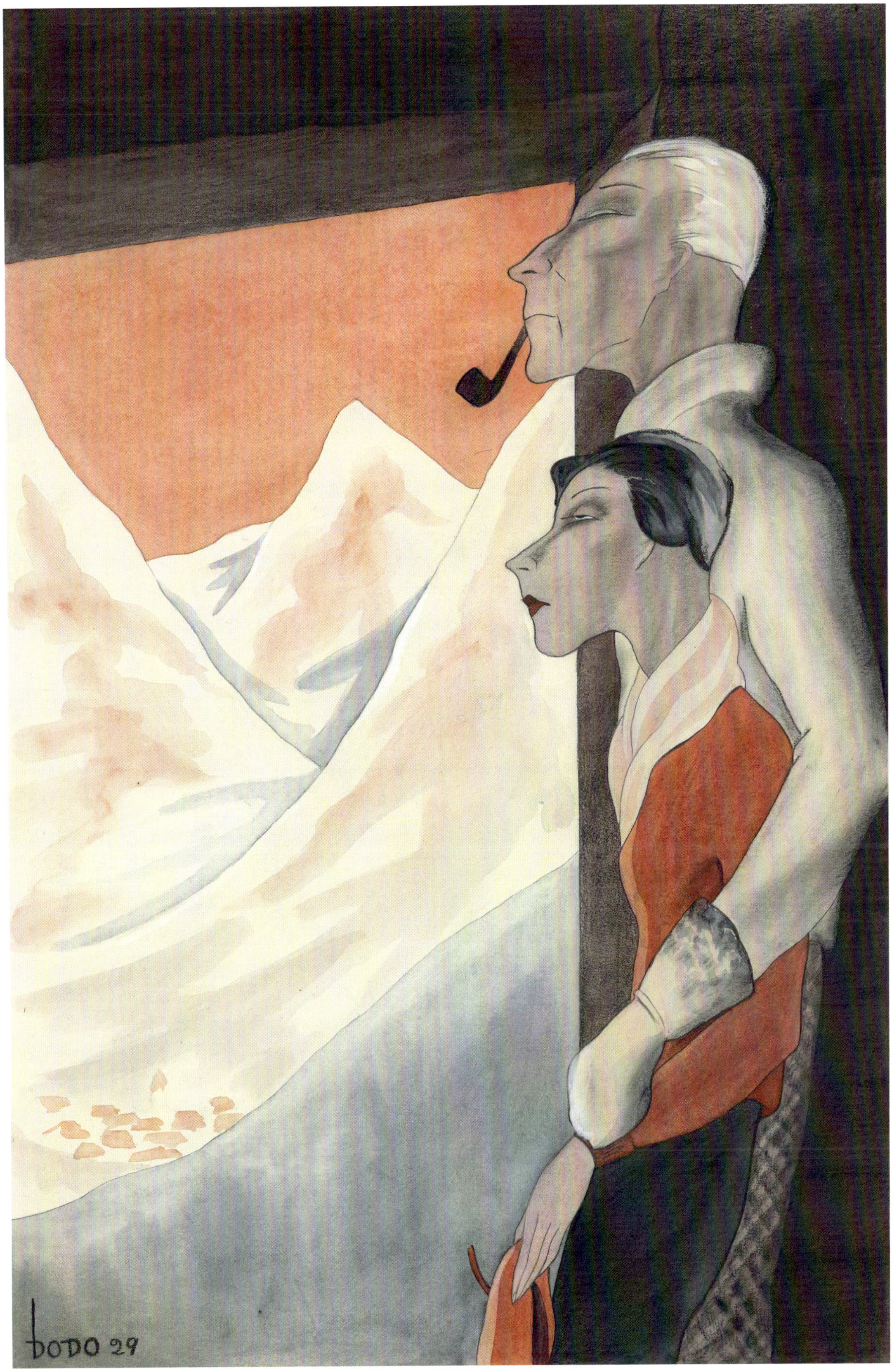

Flitterwochen, für die Zeitschrift ULK *Honeymoon, for ULK magazine* 1929

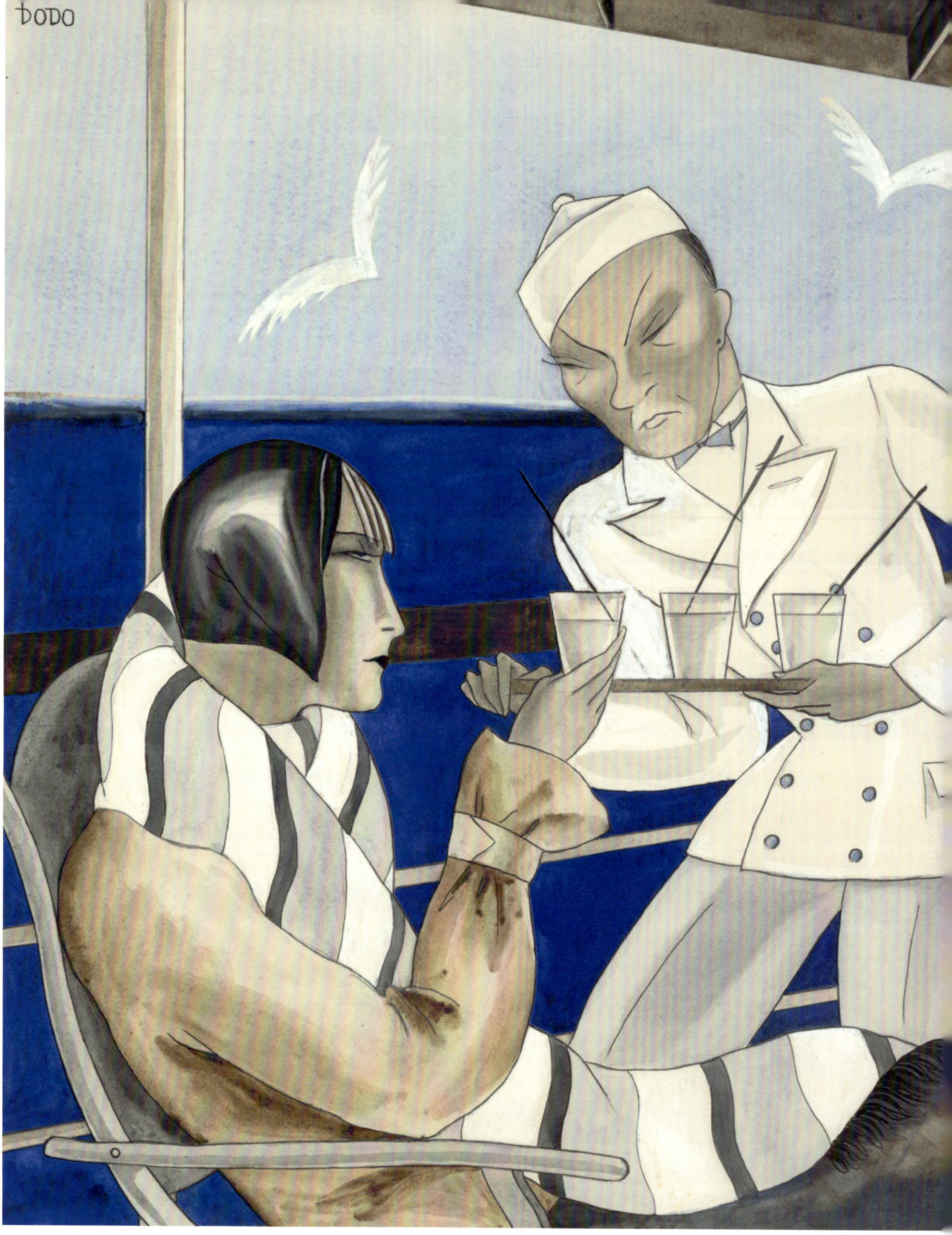

Trübe *Ahnung*, für die Zeitschrift *ULK* *Bleak Foreboding, for ULK magazine* 1929

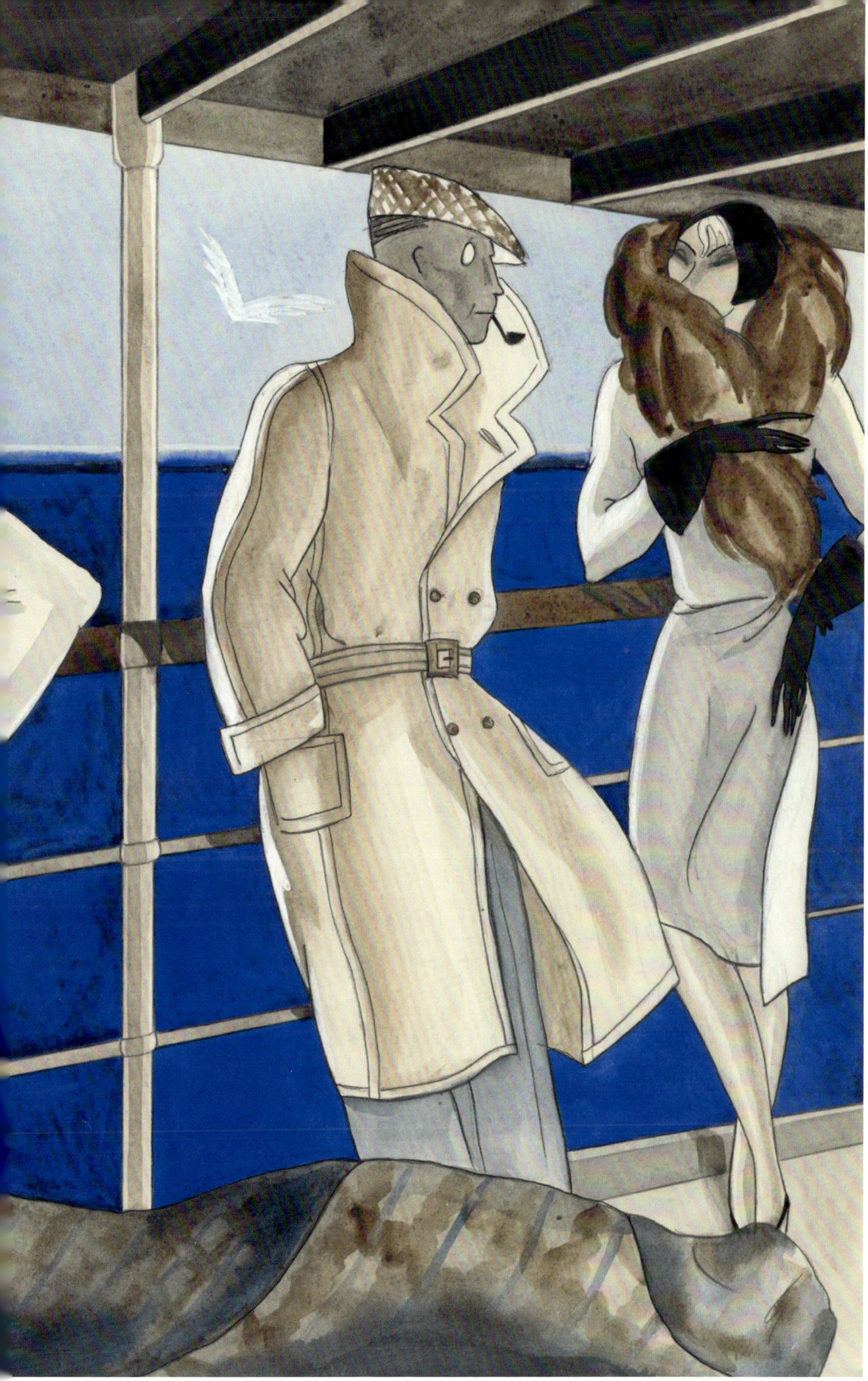

1934–1935

Arbeiten für jüdische Zeitungen

Work for Jewish Magazines

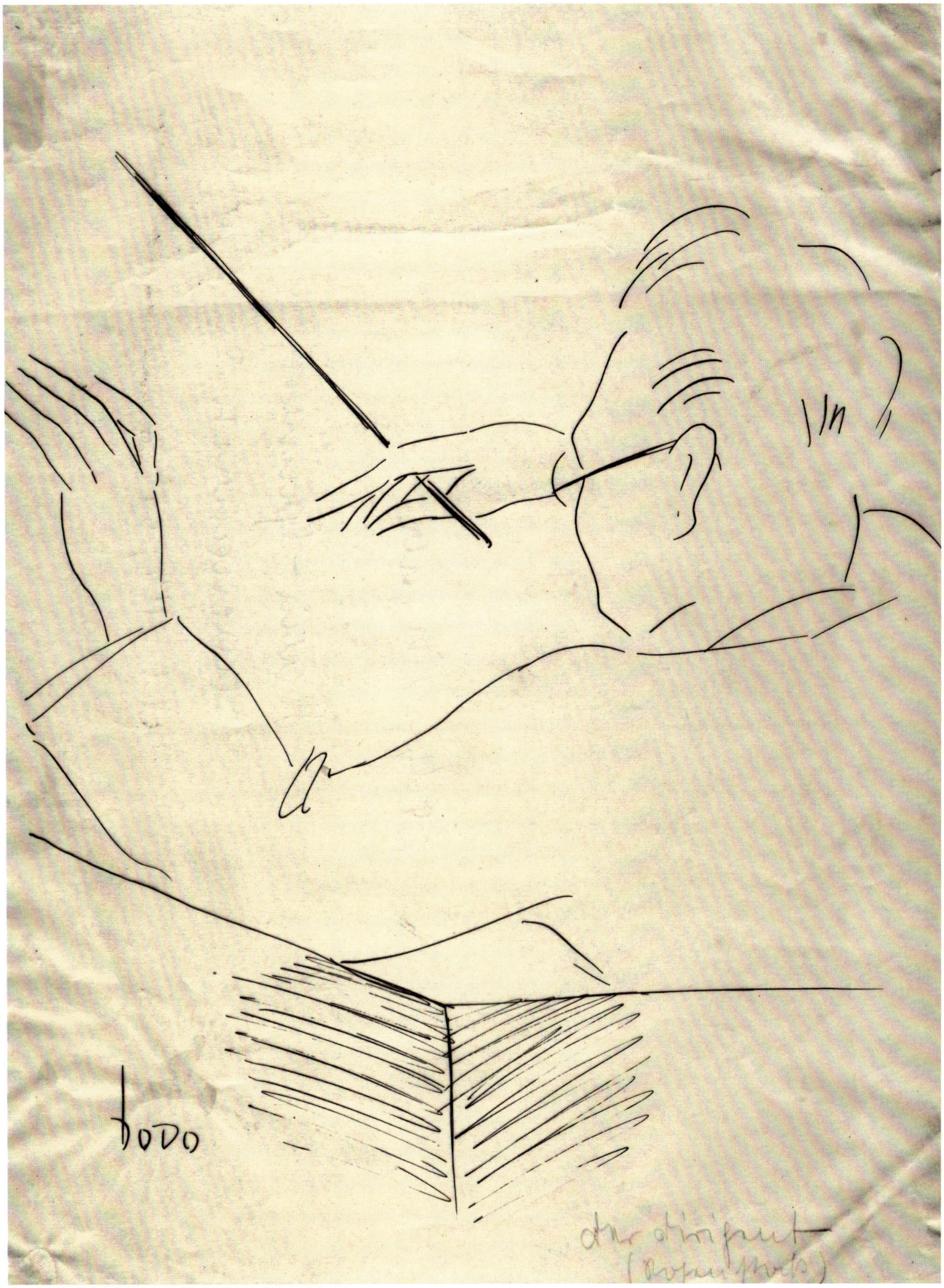

Der Dirigent (Rosenstock) The Conductor (Rosenstock) um c. 1934

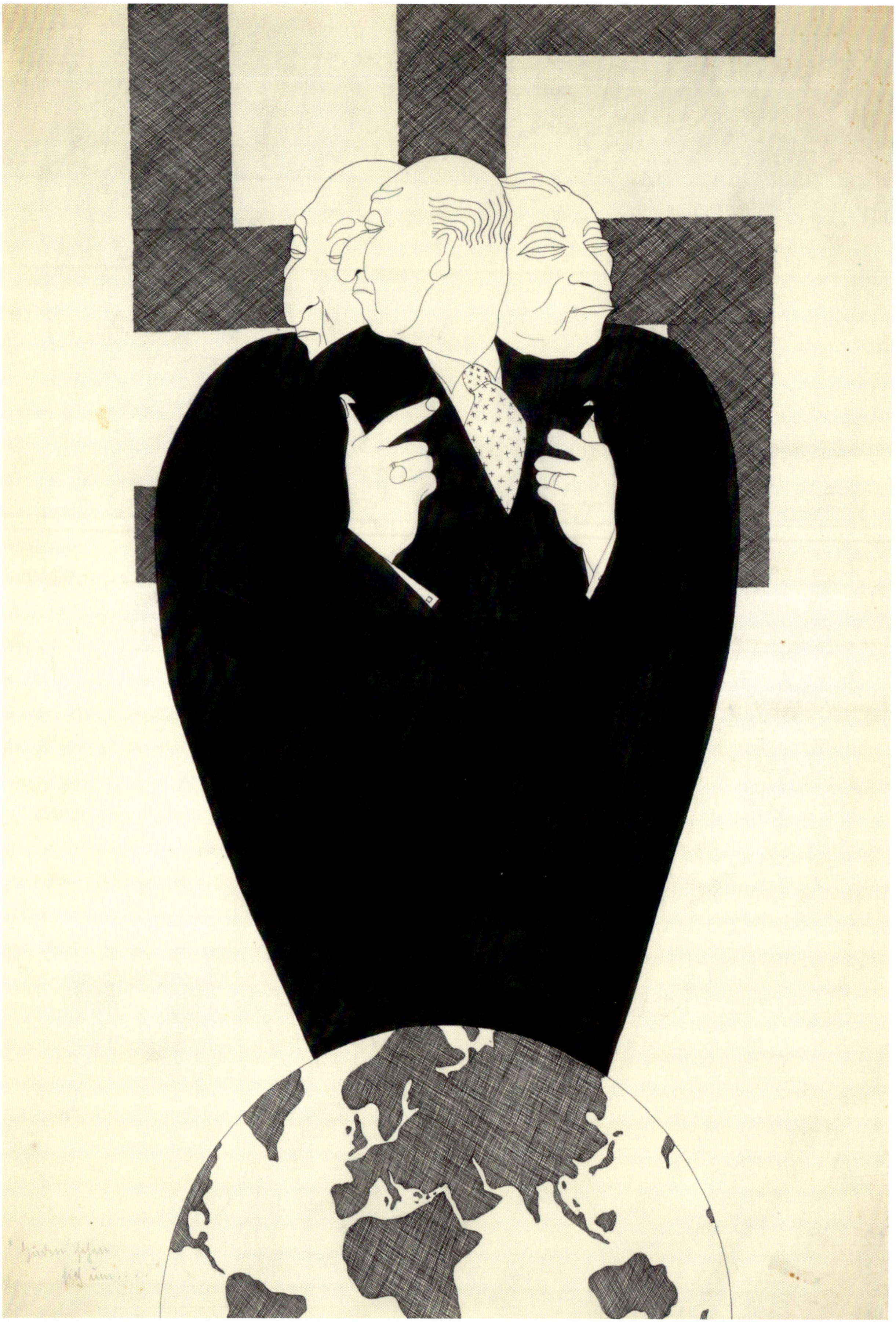

Juden sehen sich um *Jews Looking Around* 1933

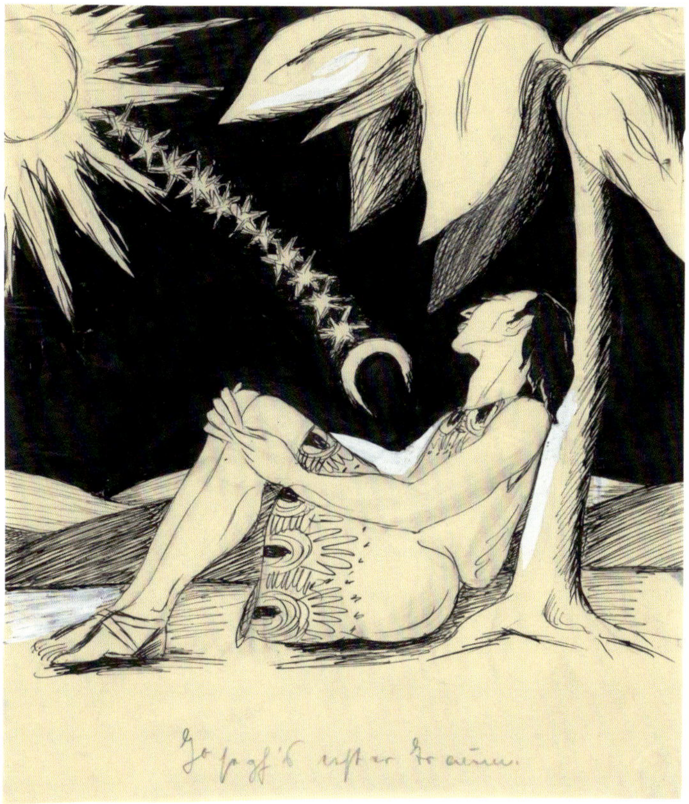

Josephs erster Traum Joseph's First Dream um c. 1934

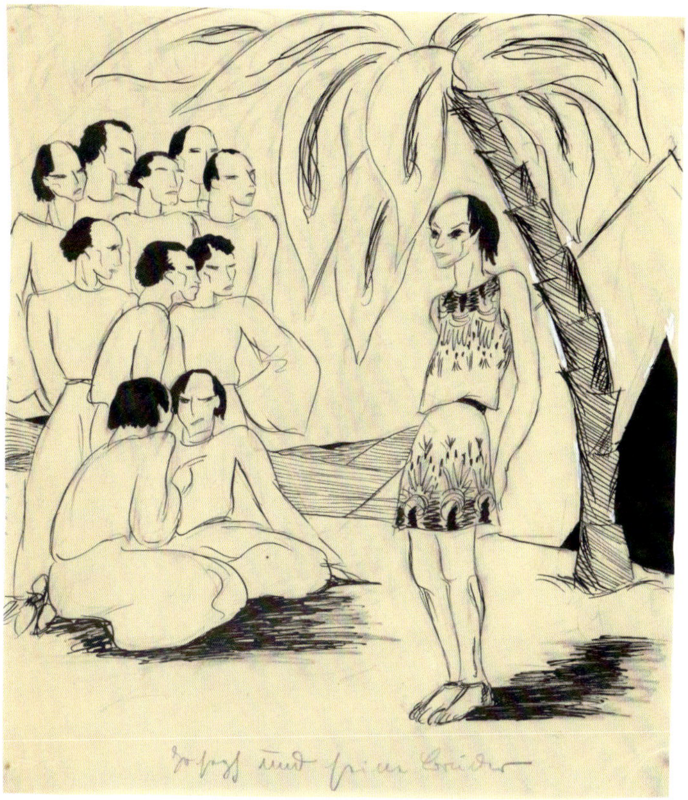

Joseph und seine Brüder Joseph and His Brothers um c. 1934

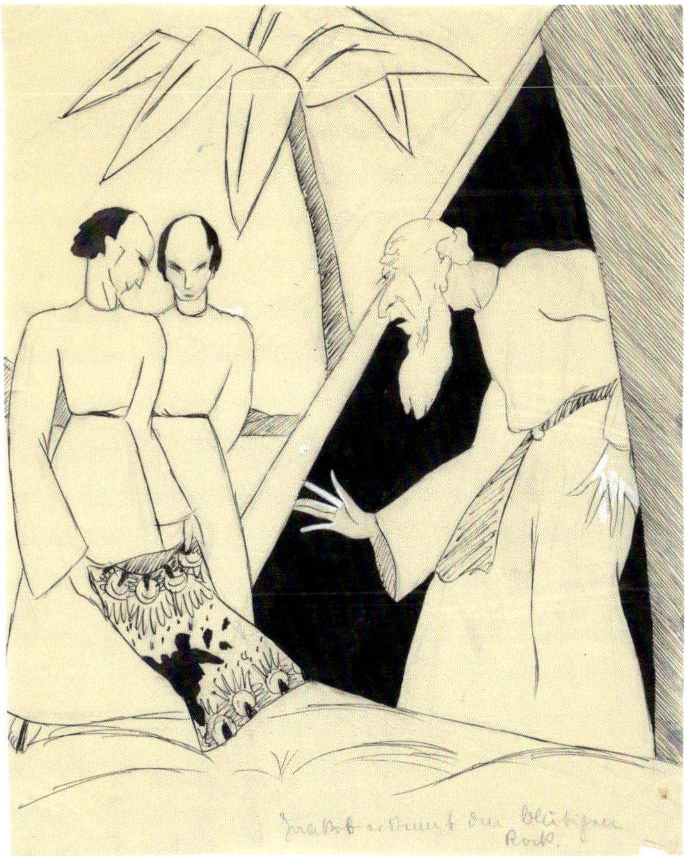

Jakob erkennt den blutigen Rock Jacob Recognises the Bloody Robe
um c. 1934

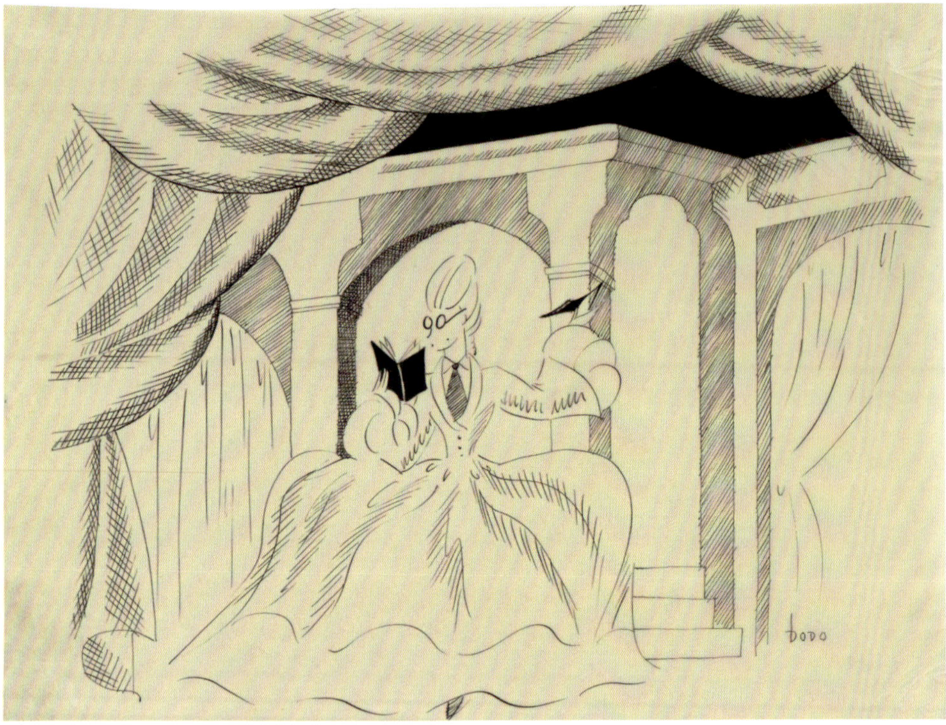

Theaterszene: Die gelehrten Frauen   Theatre Scene: The Scholarly *Women*   1934

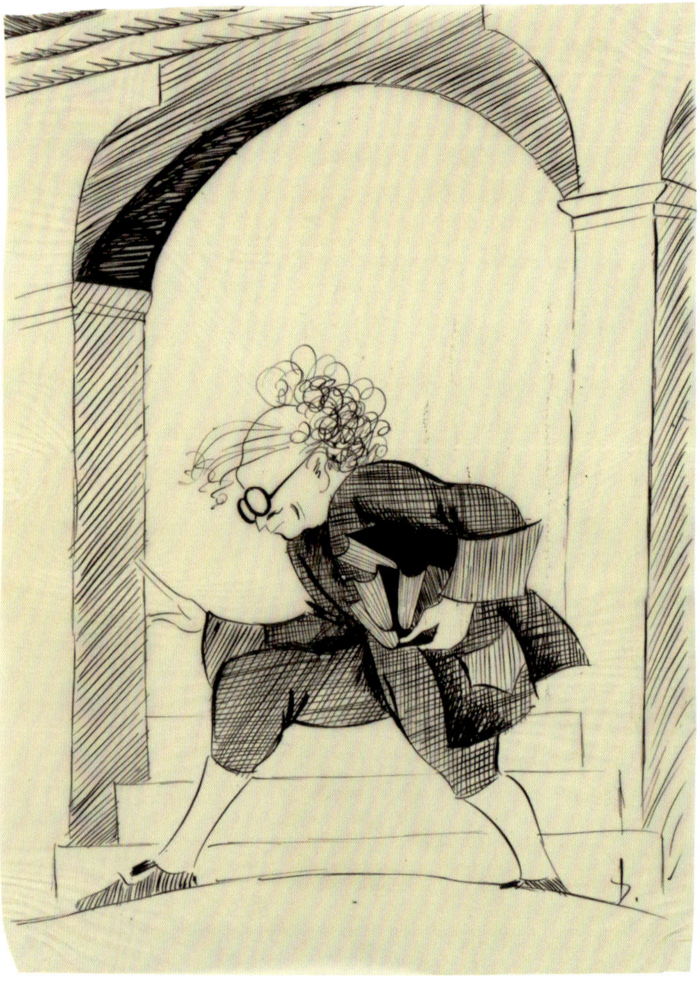

Theaterszene: Die gelehrten Frauen

Theatre Scene: The Scholarly *Women*   1934

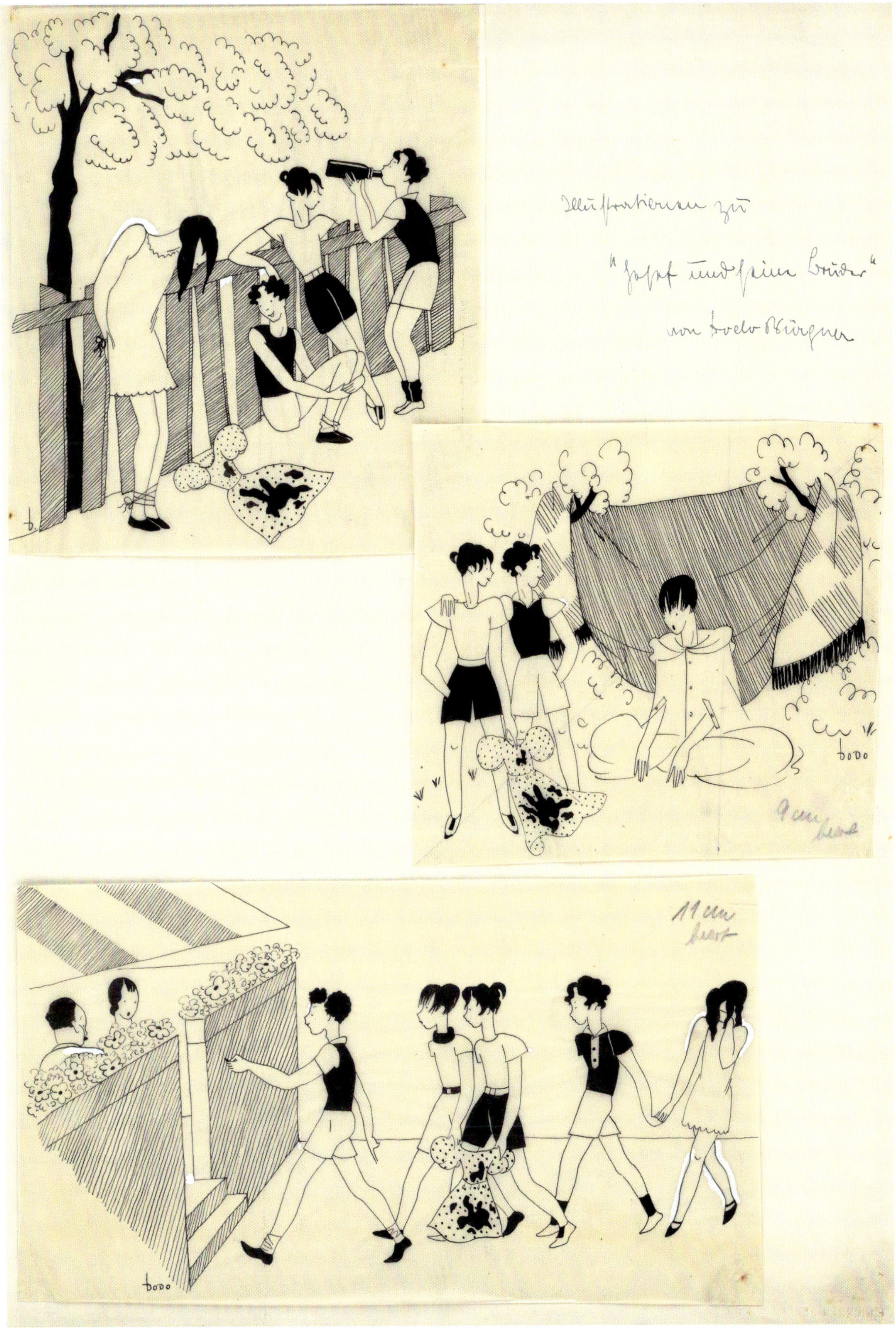

Drei Illustrationen zu Joseph und seine Brüder Three illustrations for Joseph and His Brothers um c. 1934

1933–1937

Private Turbulenzen

A Turbulent Private Life

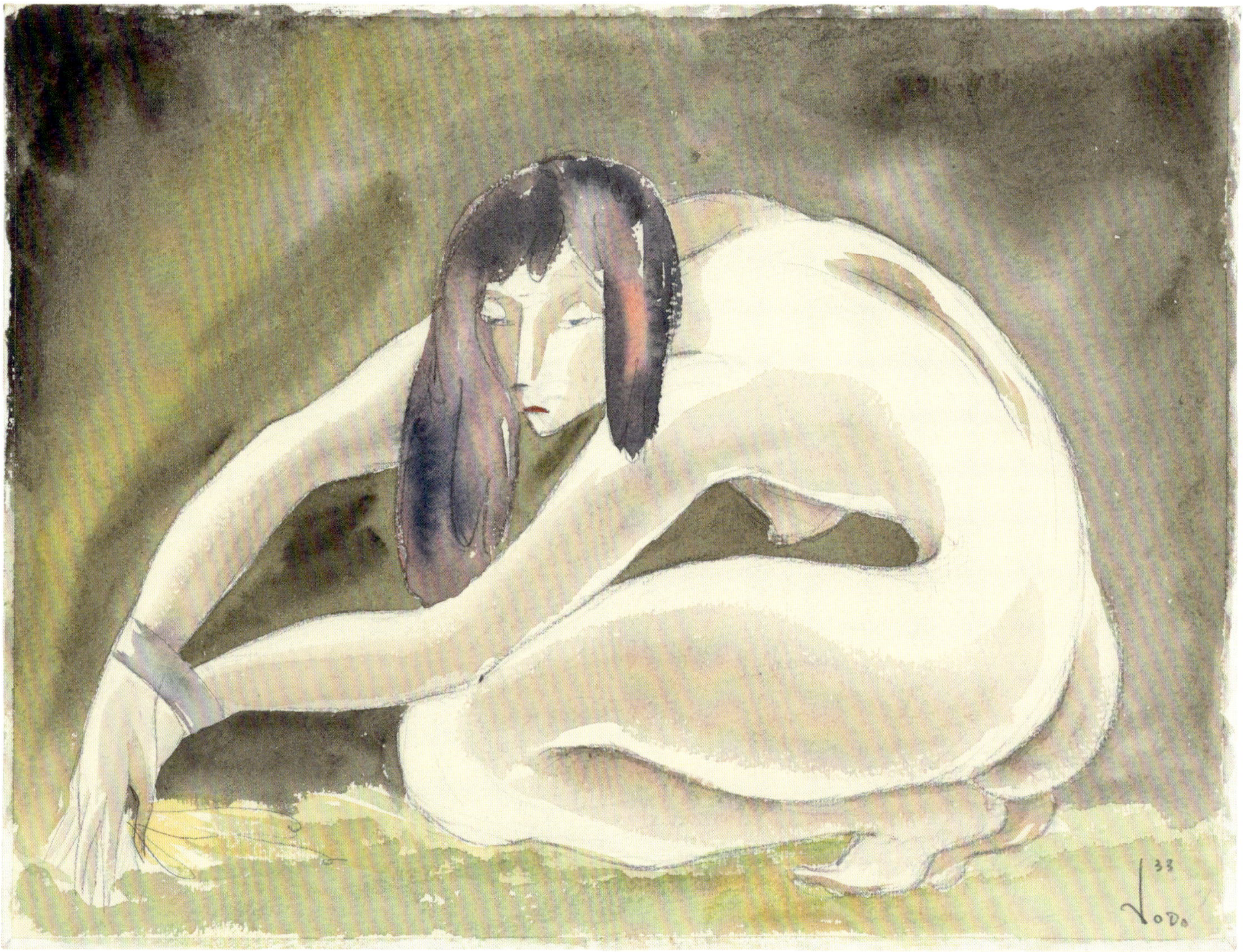

Verflucht II *Cursed II* 1933

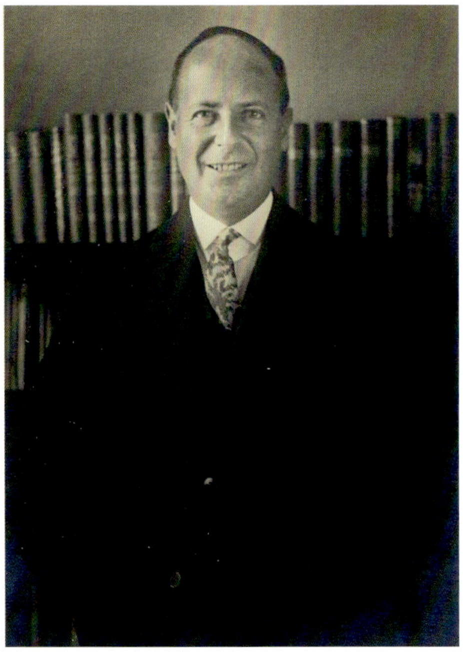

Hans Bürgner 1929

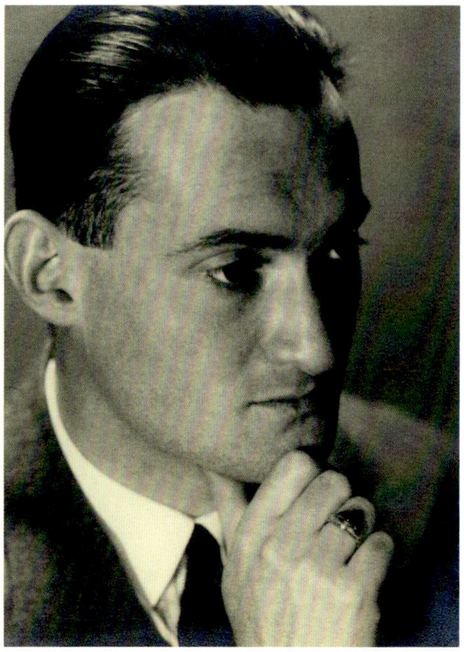

Gerhard Adler 1933

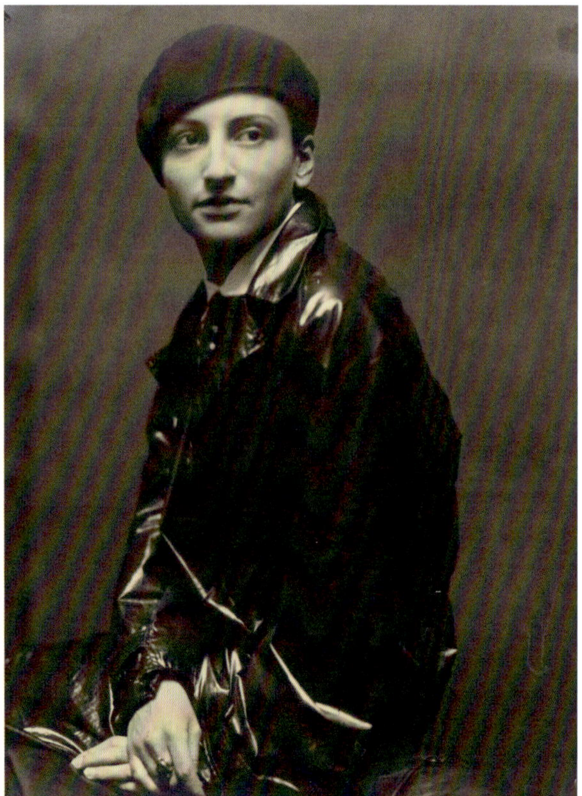

Dodo um c. 1928

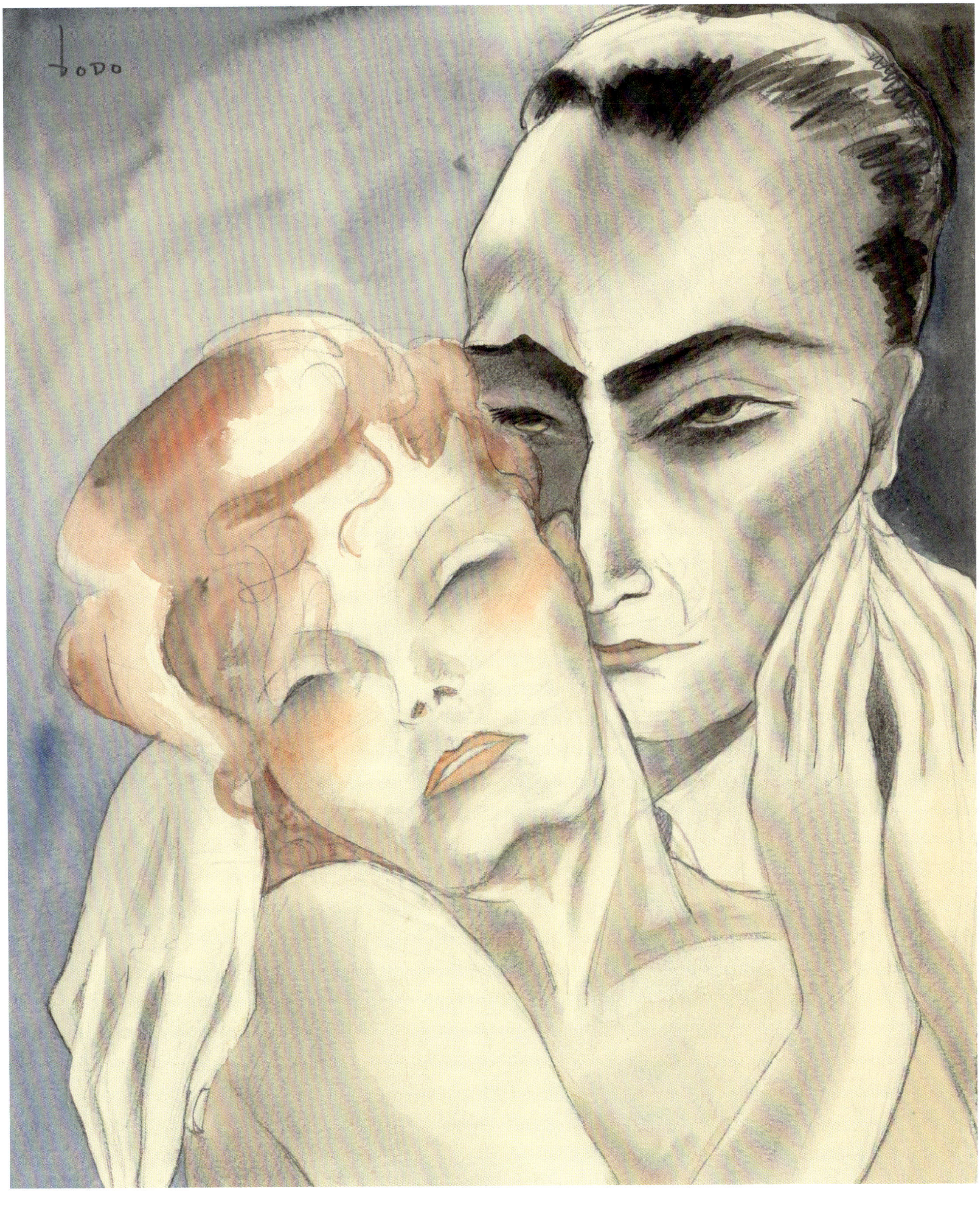

Ohne Titel (Dodo und Gerhard Adler) *Untitled (Dodo and Gerhard Adler)* 1933

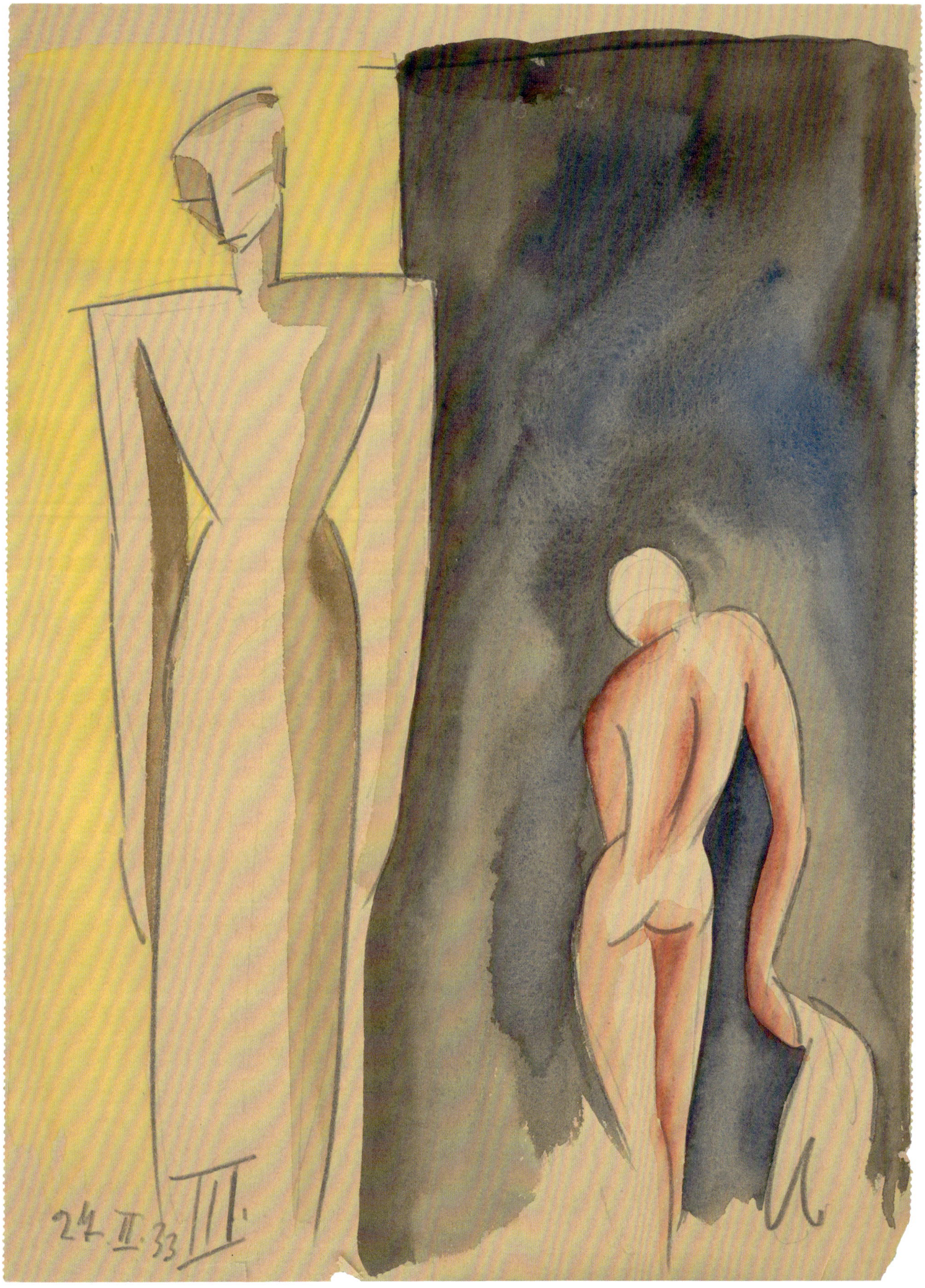

Ohne Titel (III.) Untitled (III) 1933

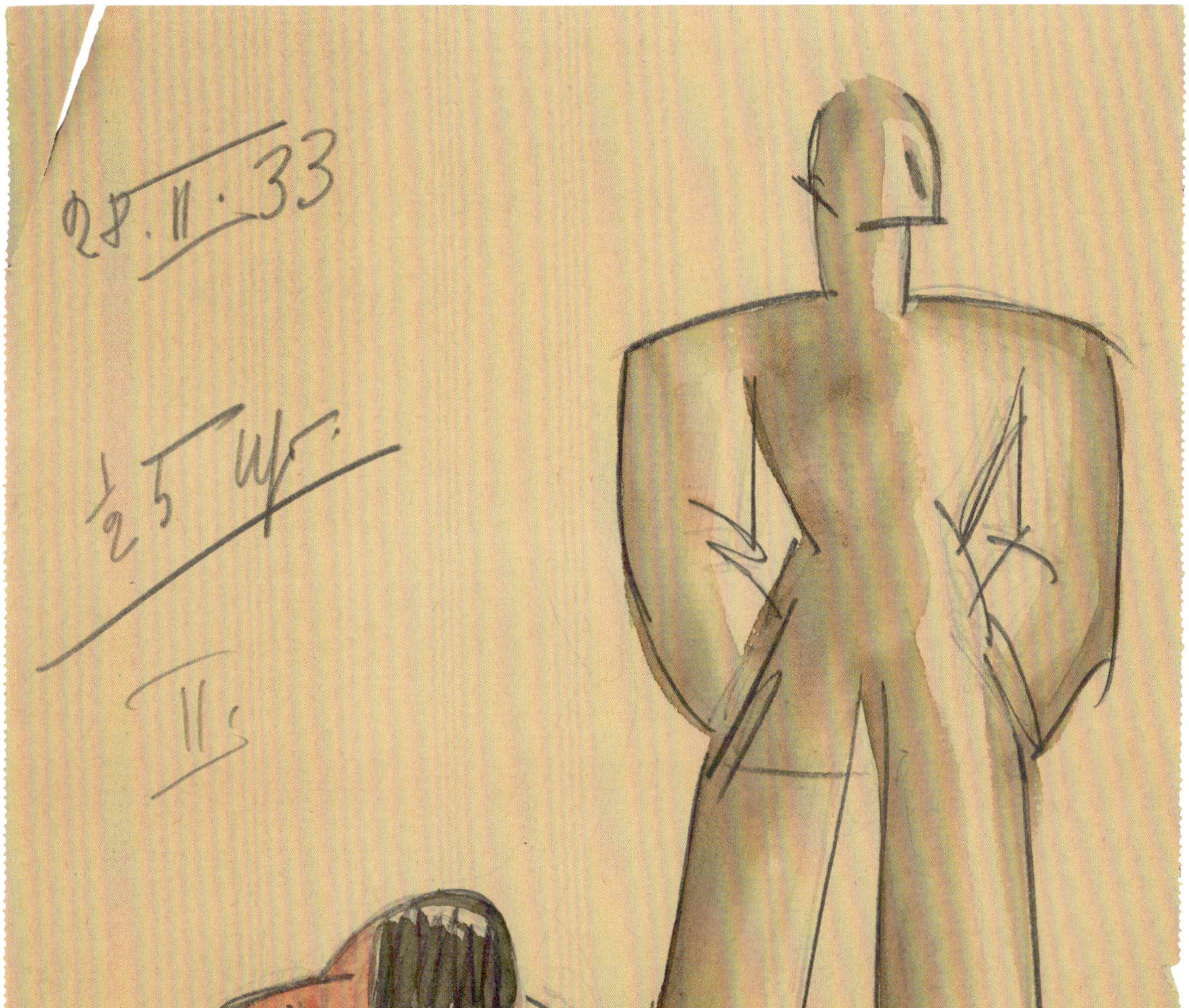

Ohne Titel (II.) Untitled (II) 1933

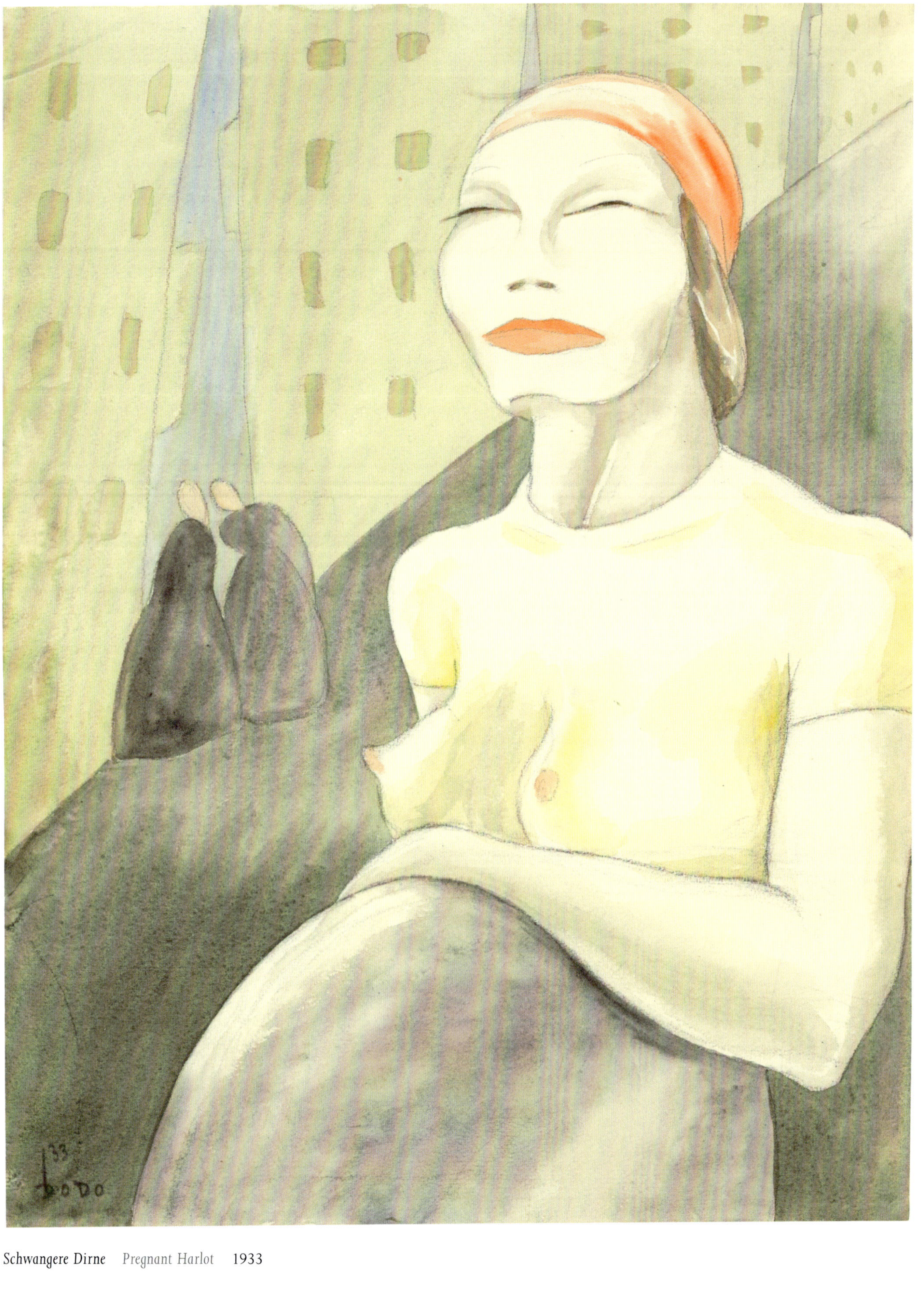

Schwangere Dirne *Pregnant Harlot* 1933

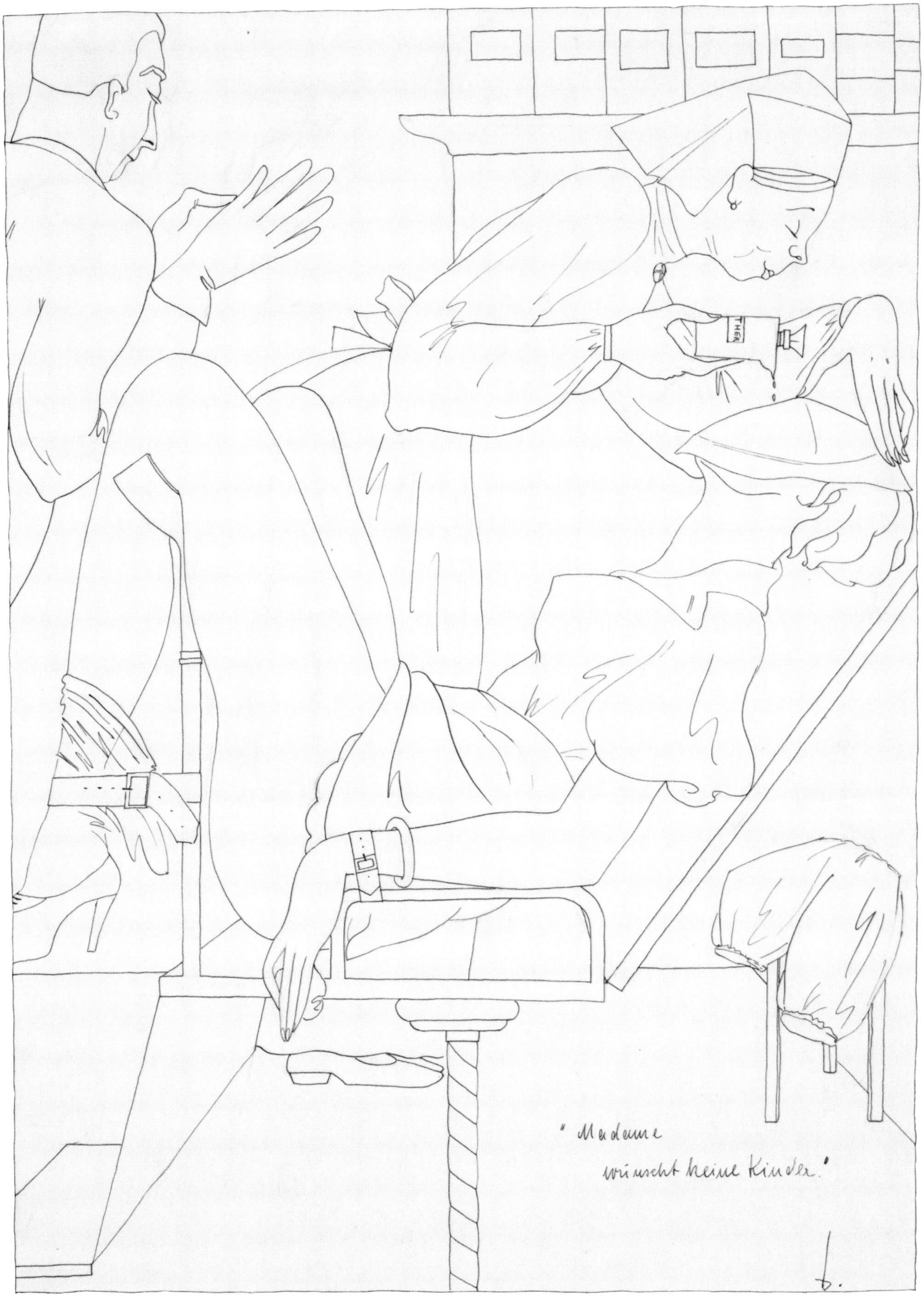

Madame wünscht keine Kinder *Madam Does Not Want Children* 1933

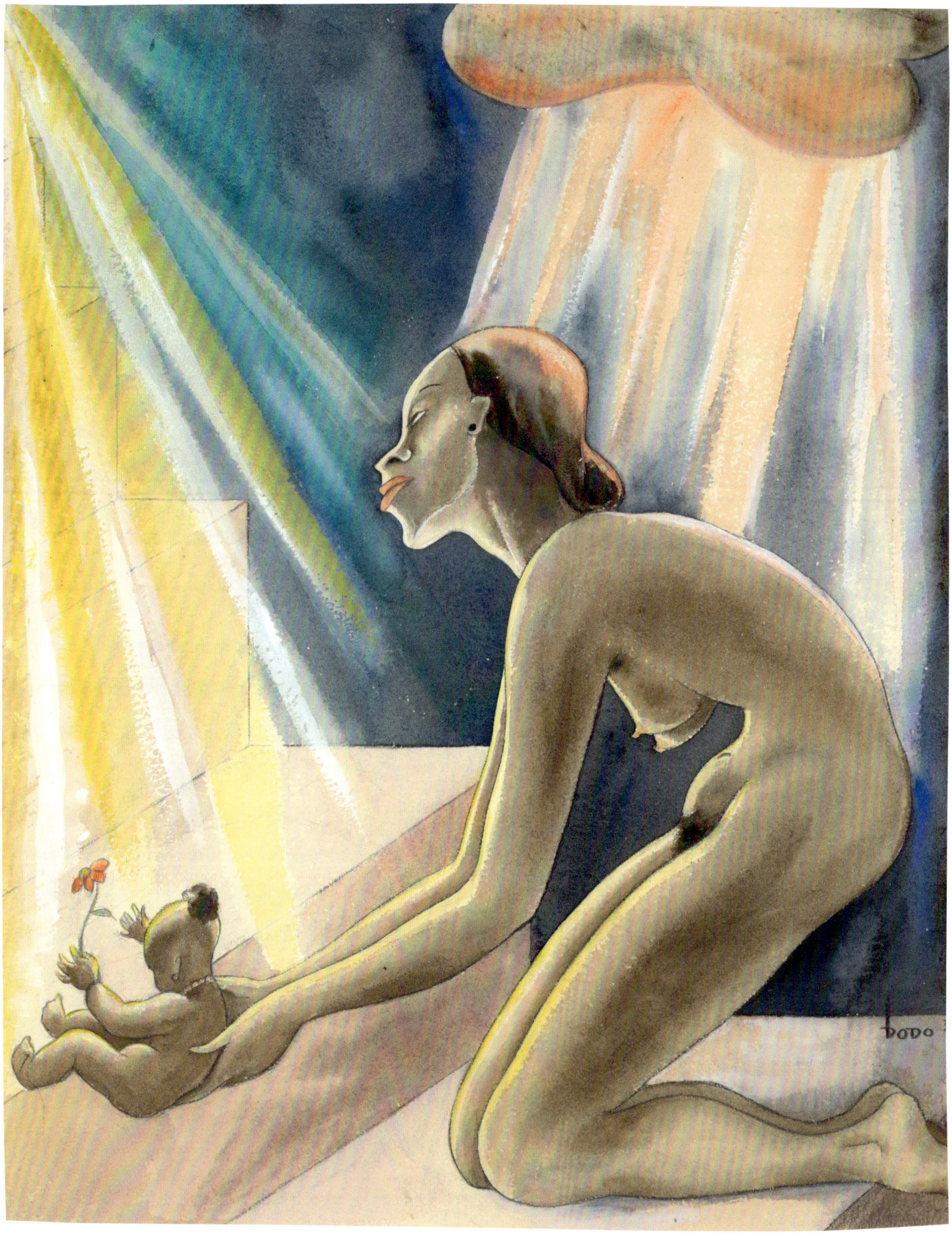

Darreichung IV *Offering IV* 1933

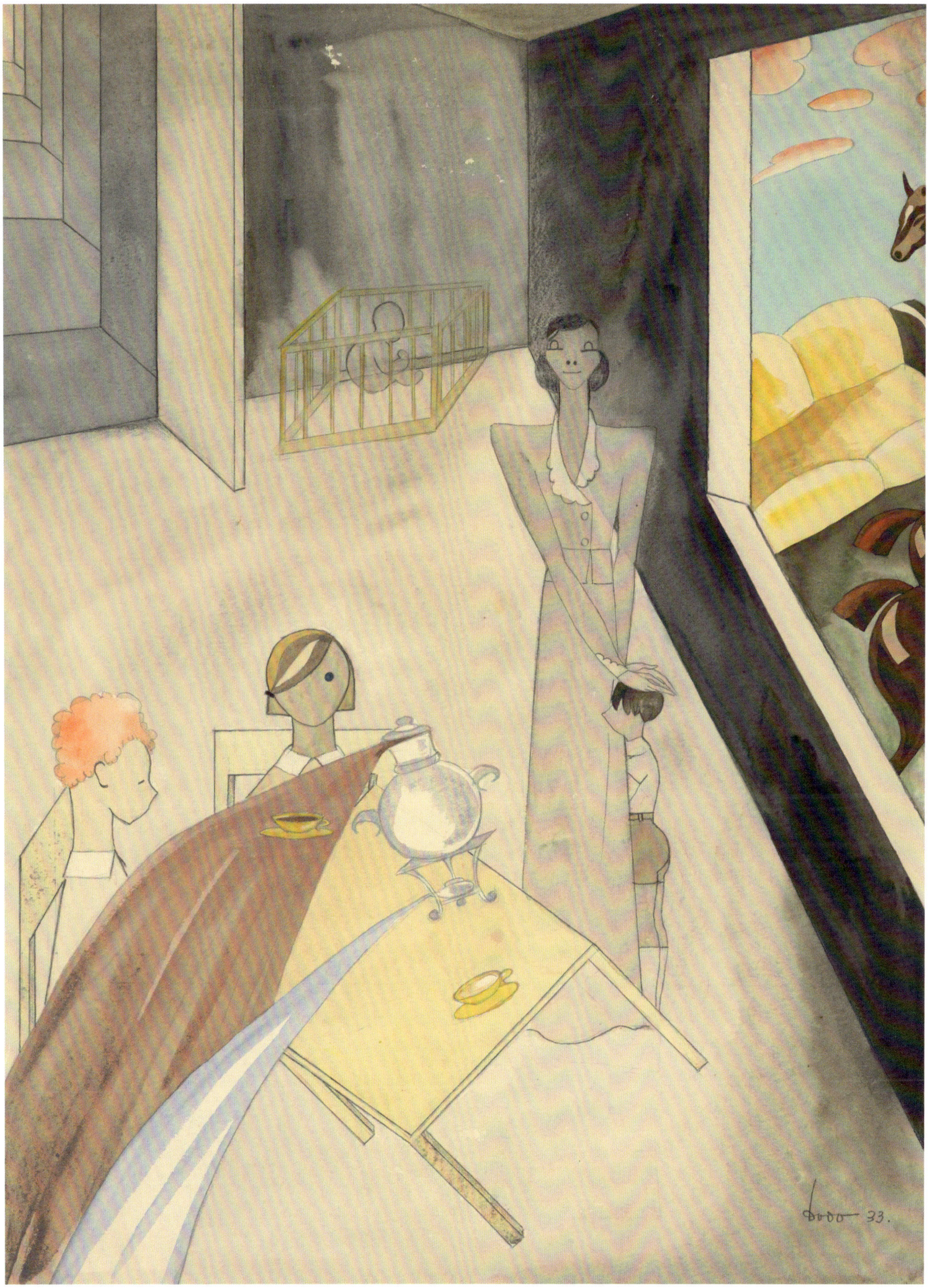

Traum Dream 1933

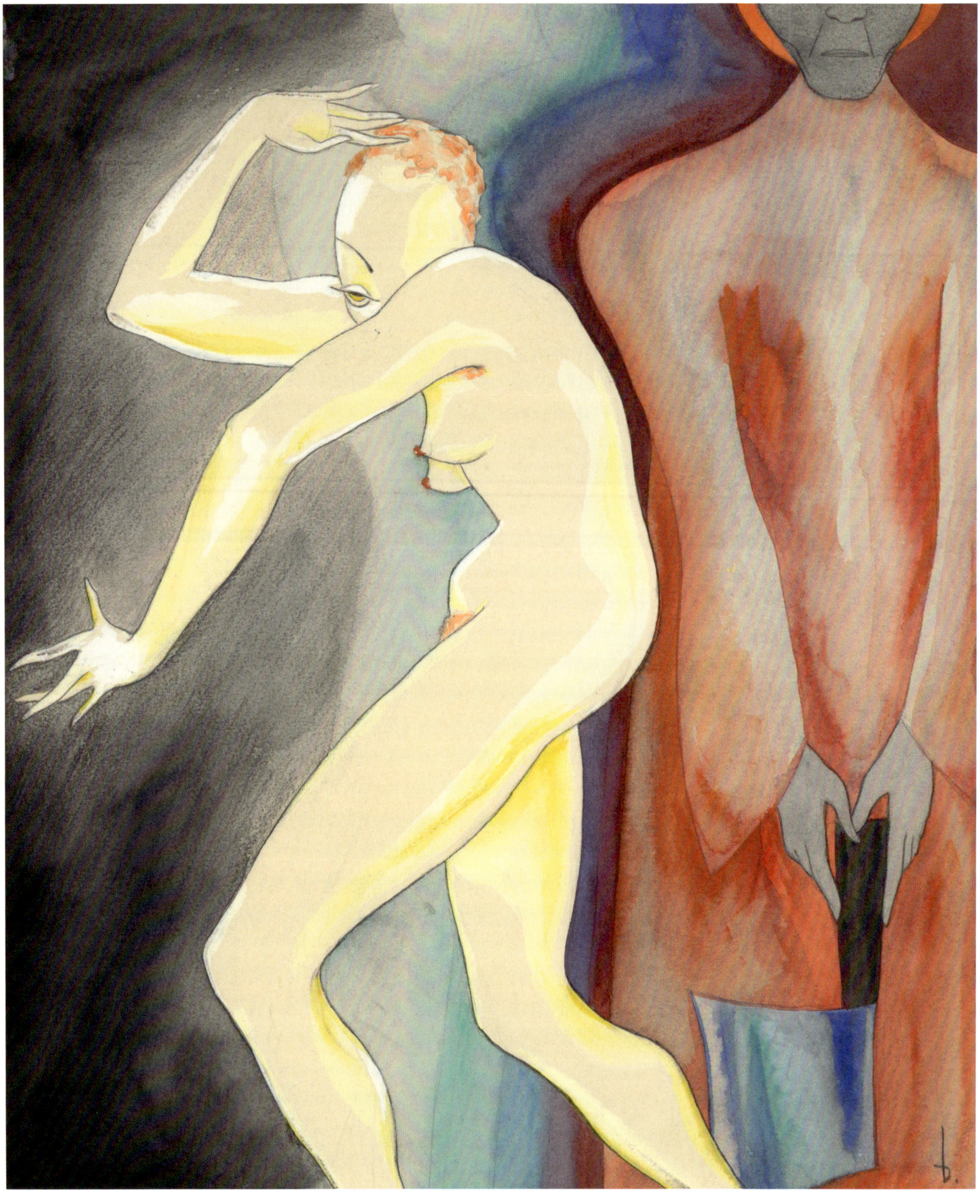

Schuld *Guilt* 1933

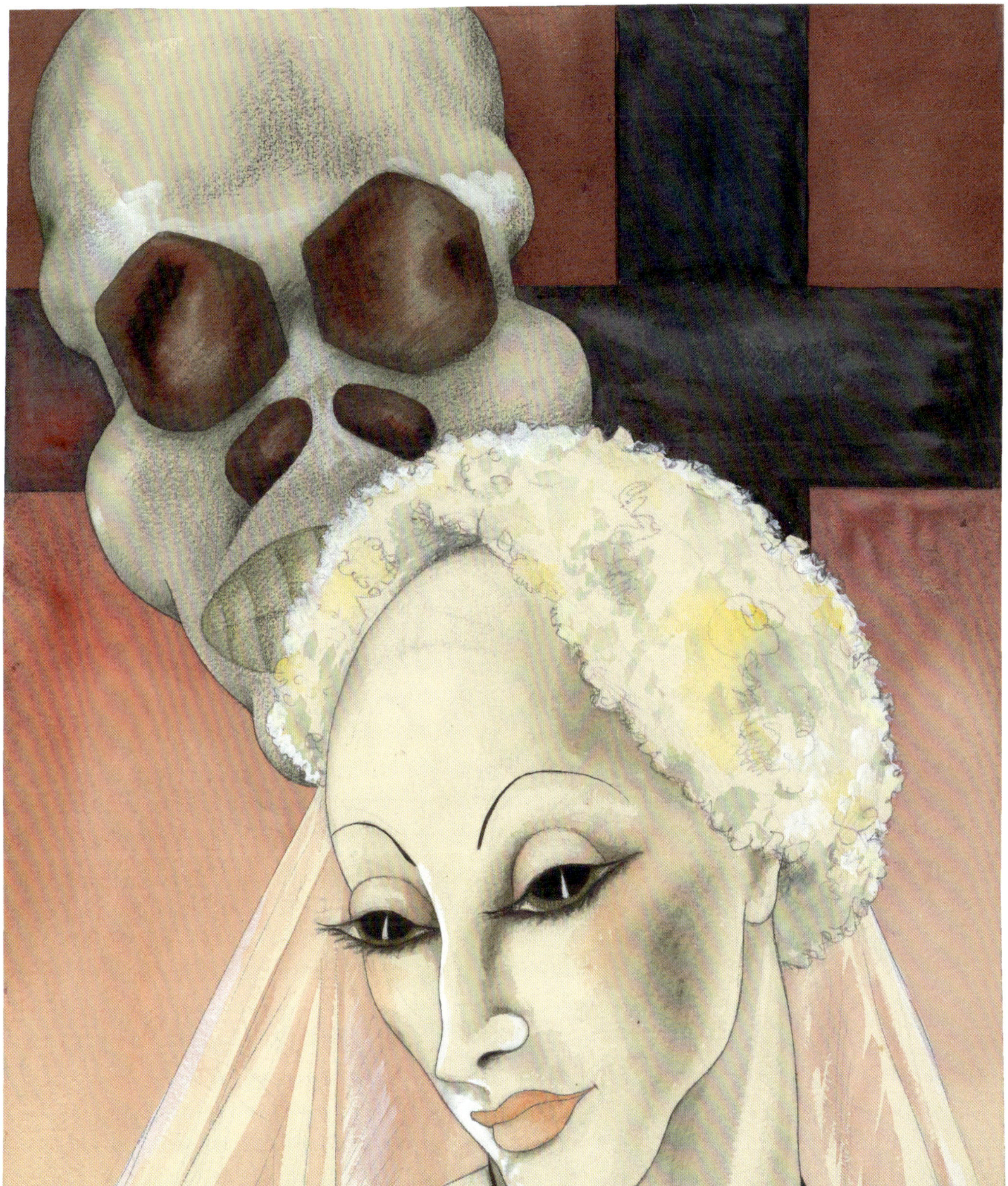

Die Braut *The Bride* 1933

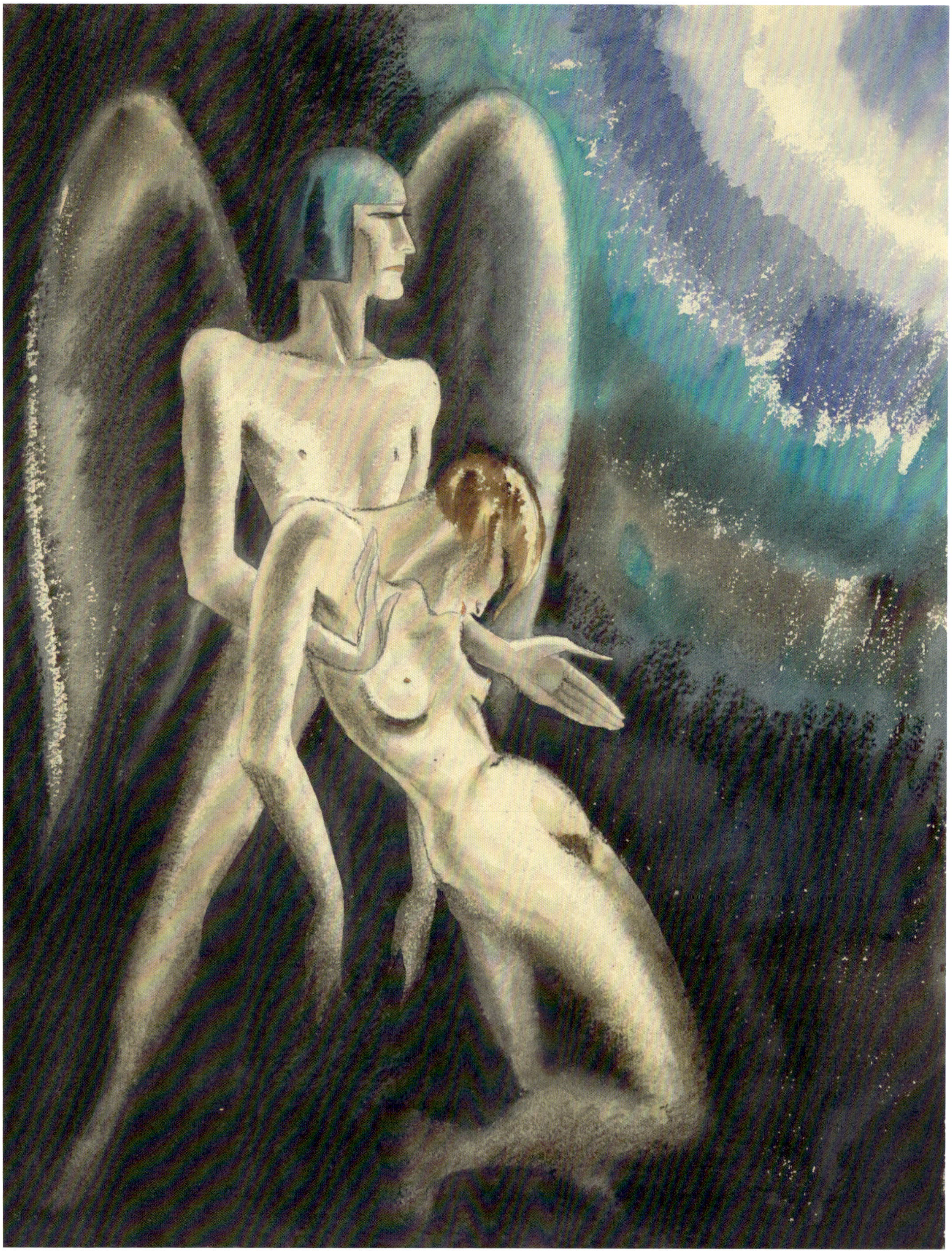

Anklage Accusation 1933

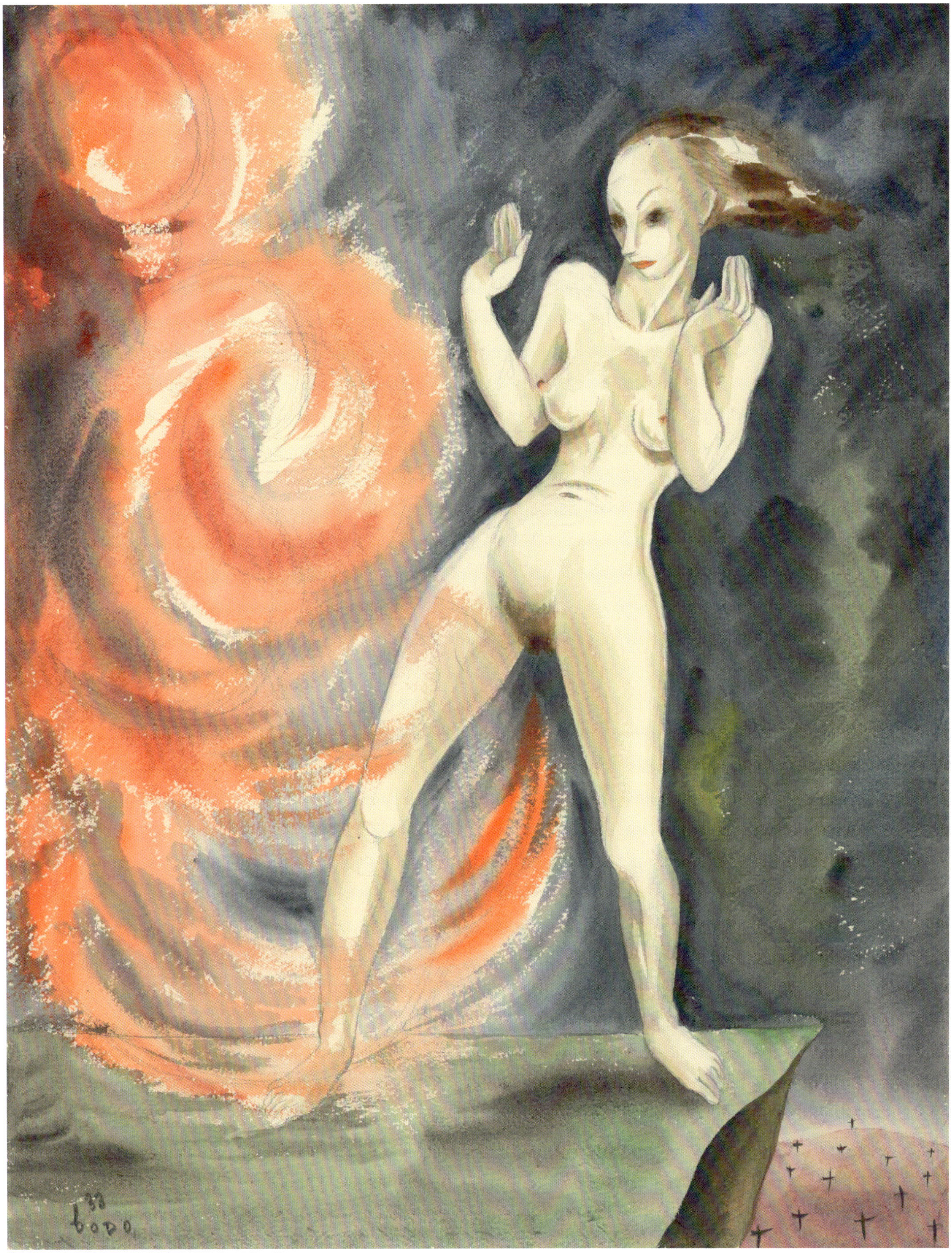

Im Sturmwind Gottes *Amid the Divine Tempest* 1933

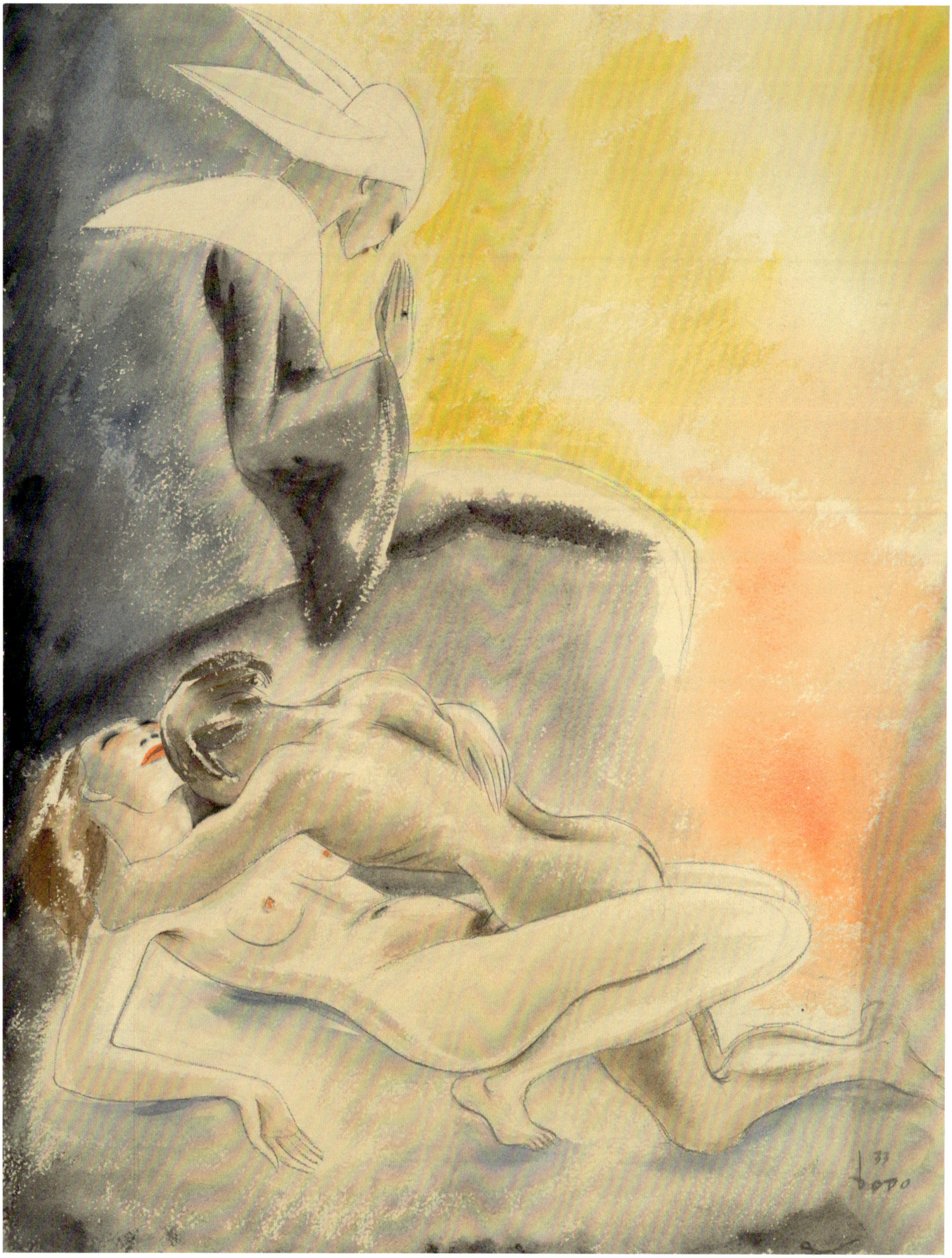

Ohne Titel (Paar und Nonne)   Untitled (Couple and Nun)   1933

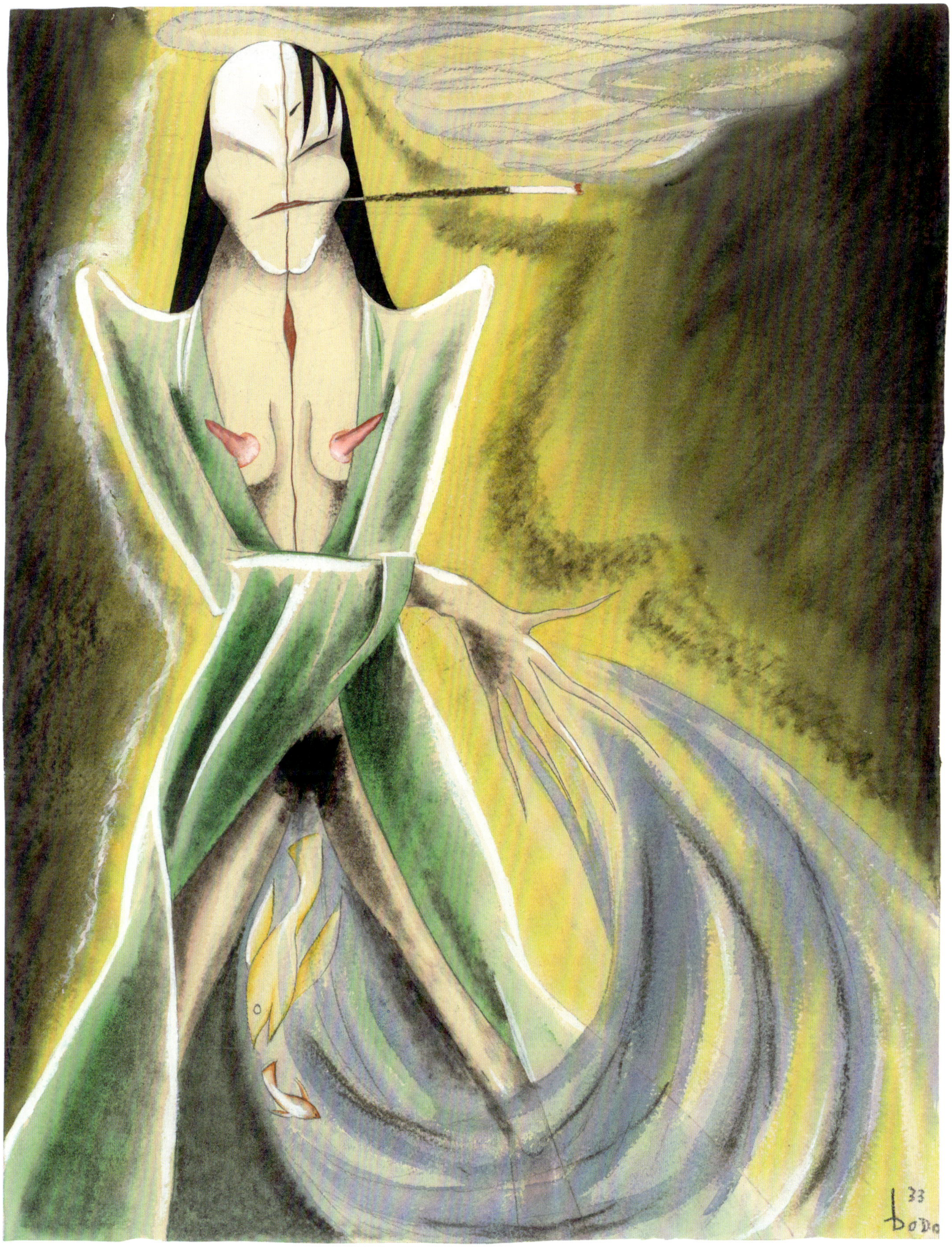

Hexe *Witch* 1933

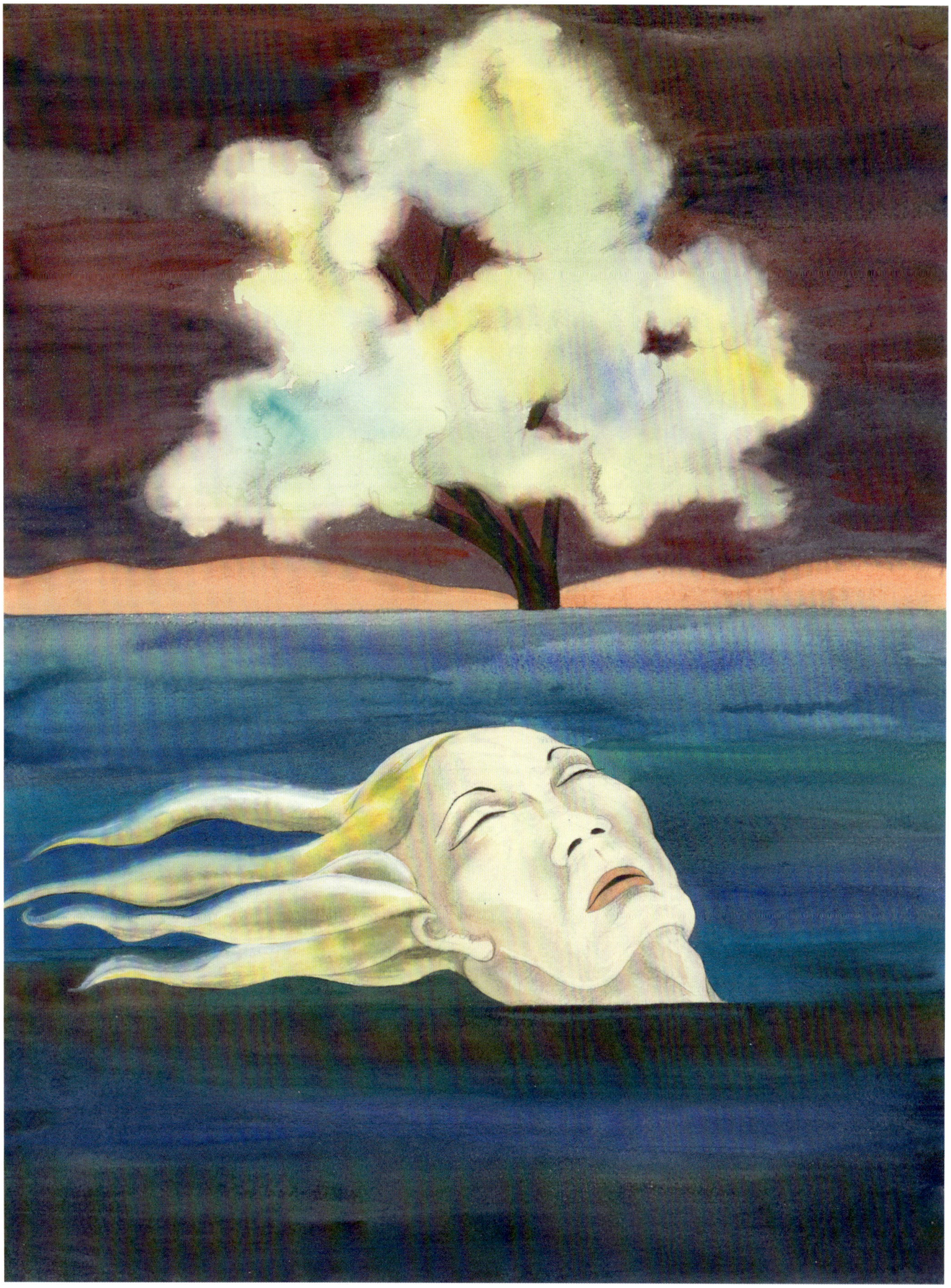

Doch uns ist gegeben, auf keiner Stätte zu ruh'n ... (Hölderlin) But to us it is given, never and nowhere to rest . . . (Hölderlin) 1933

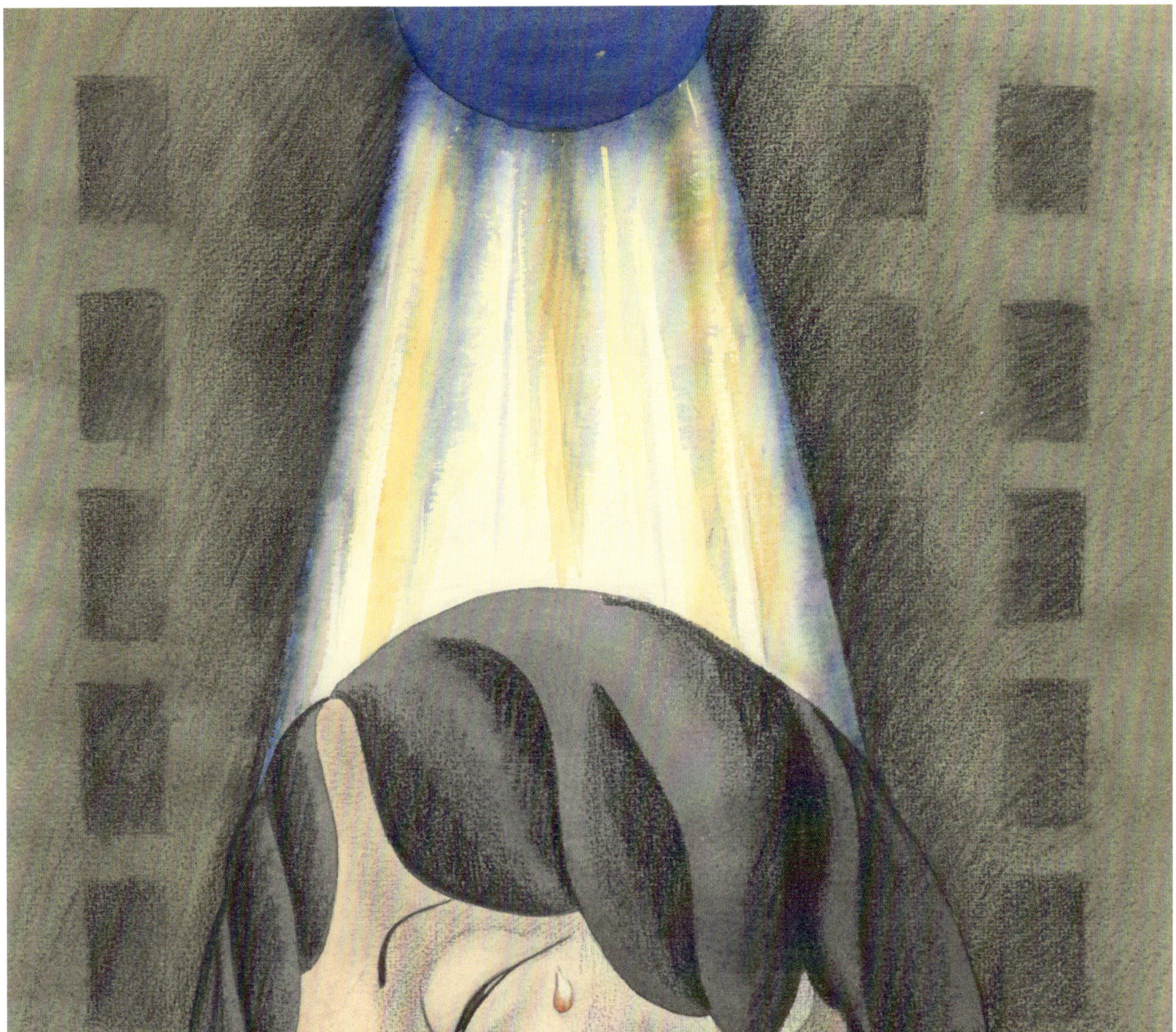

Verkündigung *Annunciation* 1933

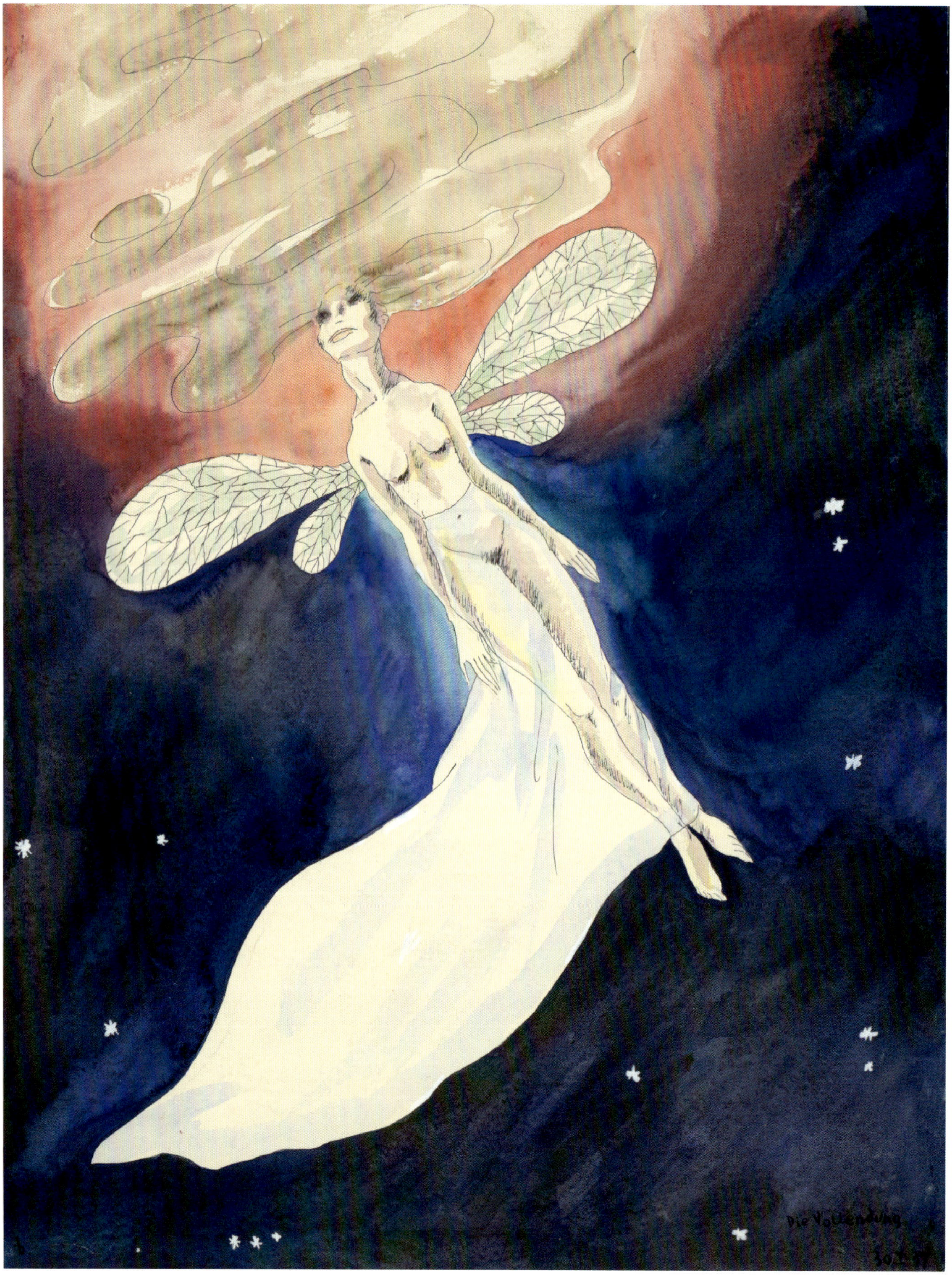

Die Vollendung The Consummation 1937

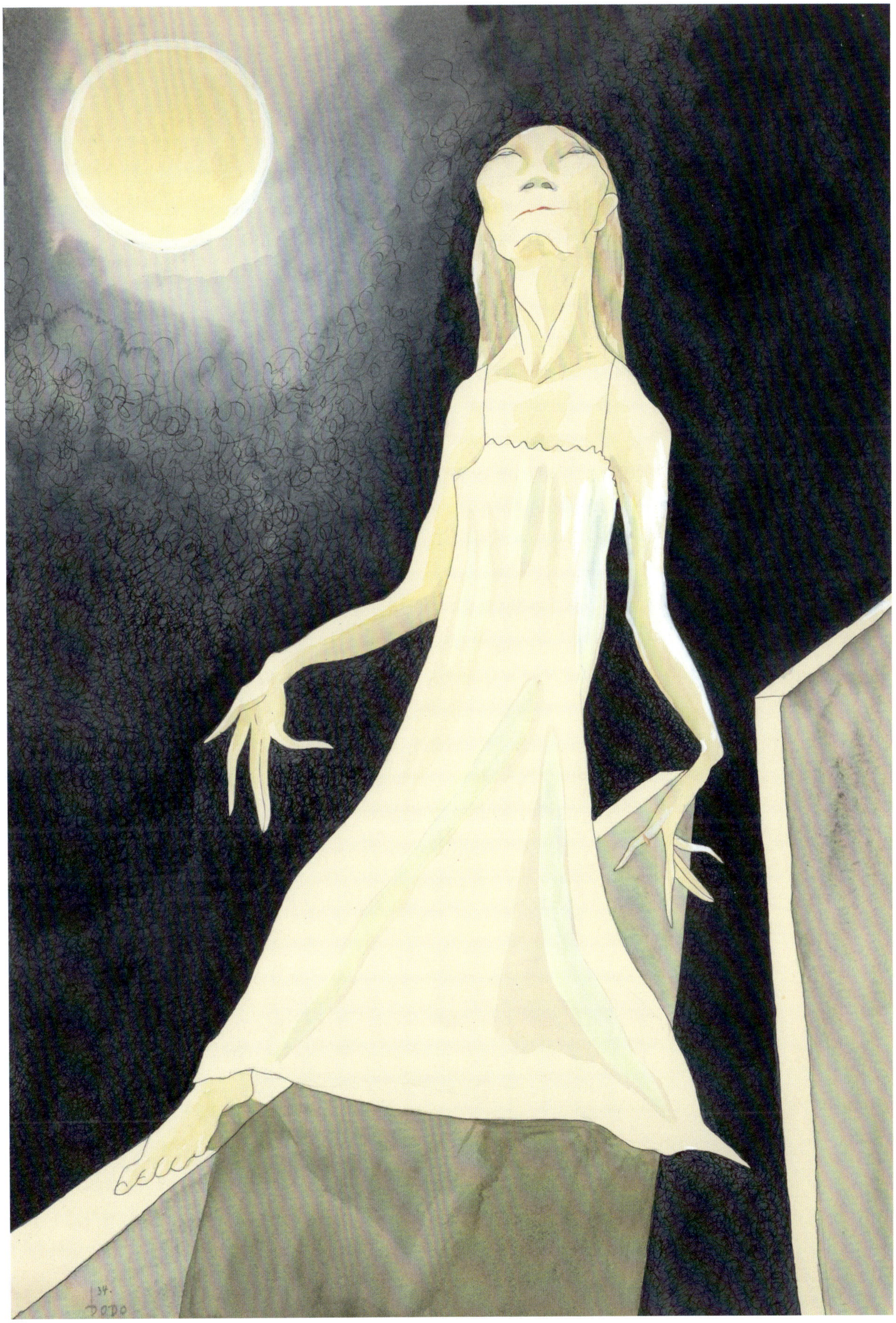

Ohne Titel (Schlafwandlerin) Untitled (Sleepwalker) 1934

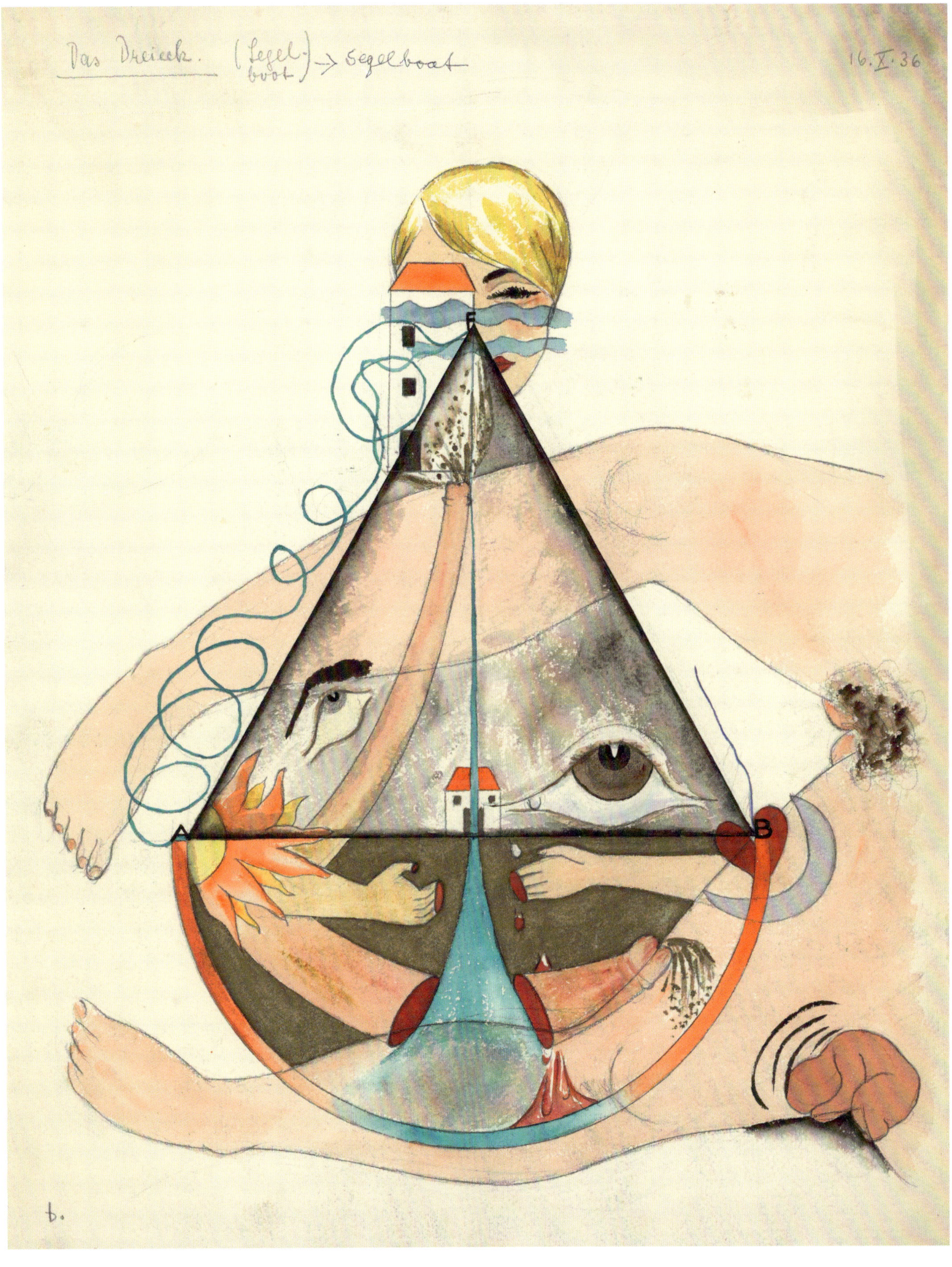

Das Dreieck – Segelboot *The Triangle – Sailing Boat* 1936

1933–1937

Frauenbilder

Female Portraits

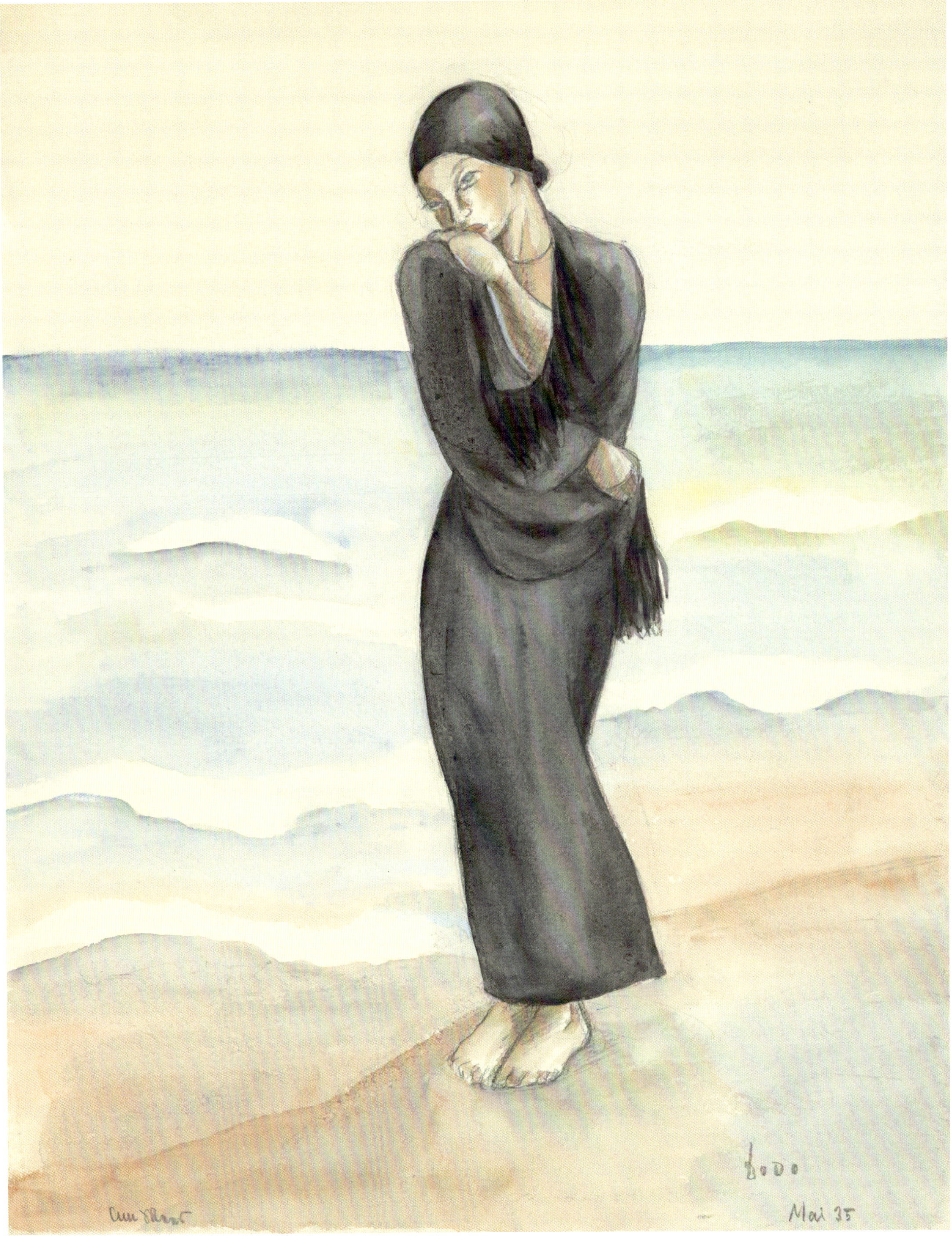

Am Meer *By the Sea* 1935

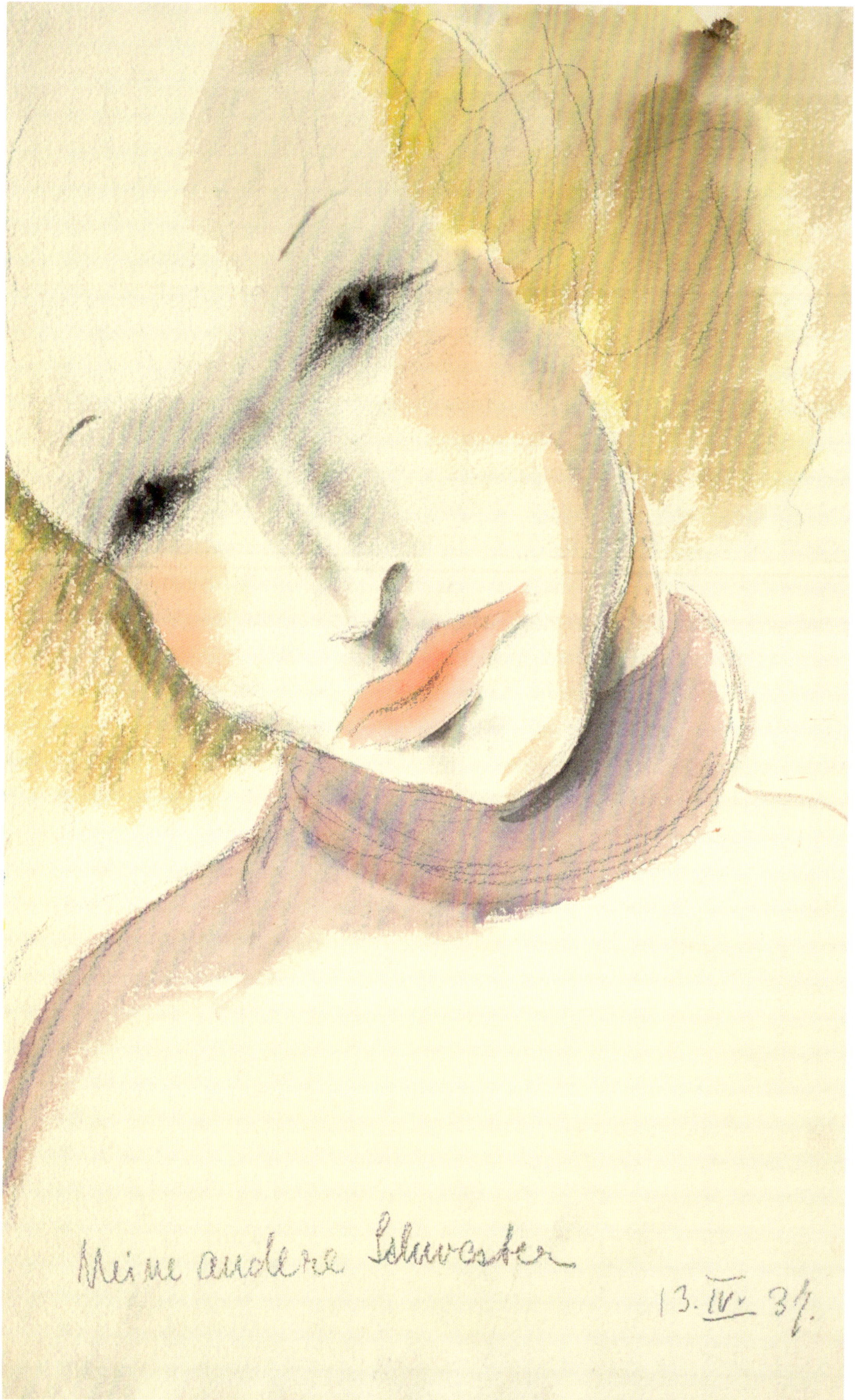

Meine andere Schwester *My Other Sister* 1937

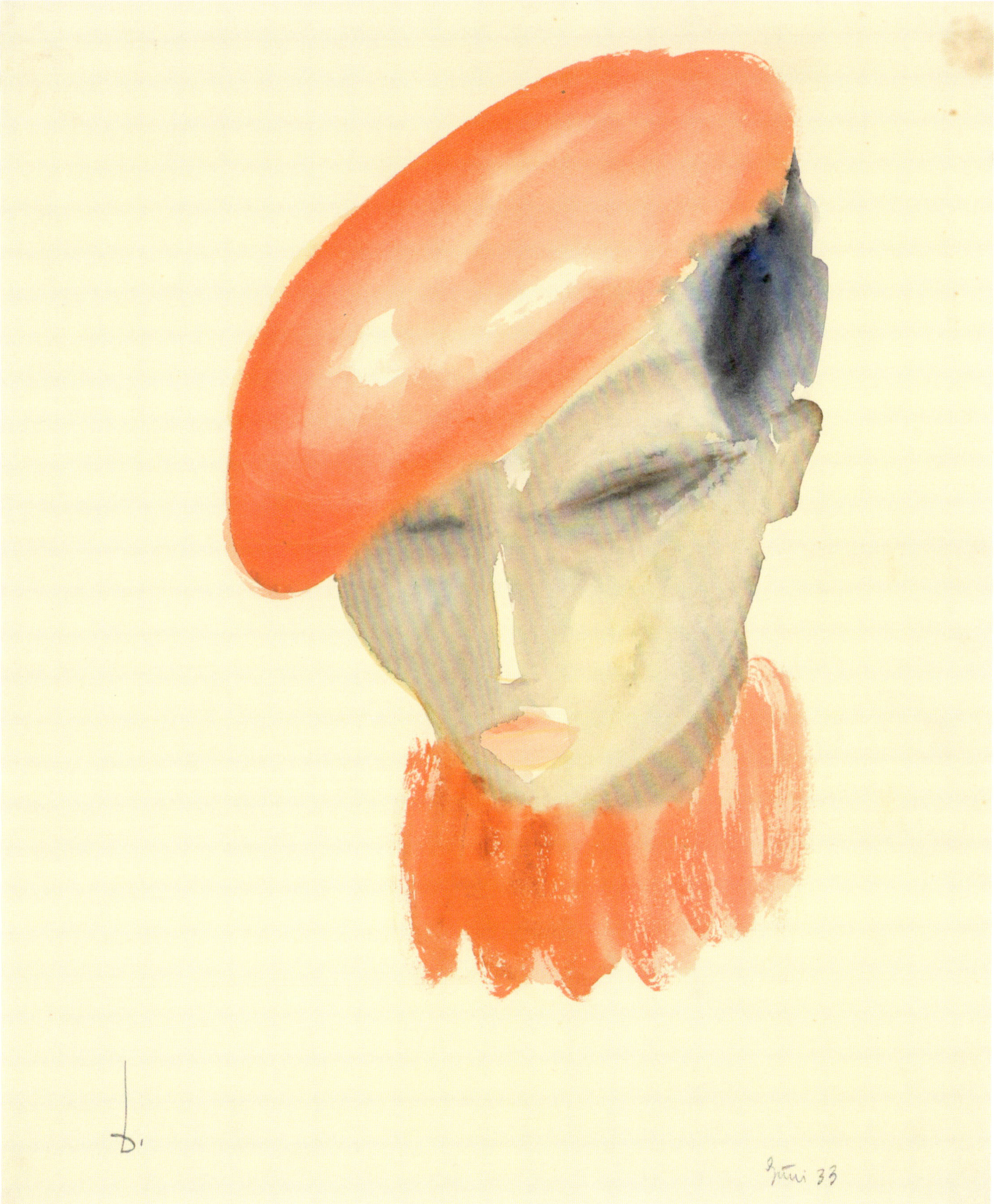

Ohne Titel (Selbstporträt) Untitled (Self-Portrait) 1933

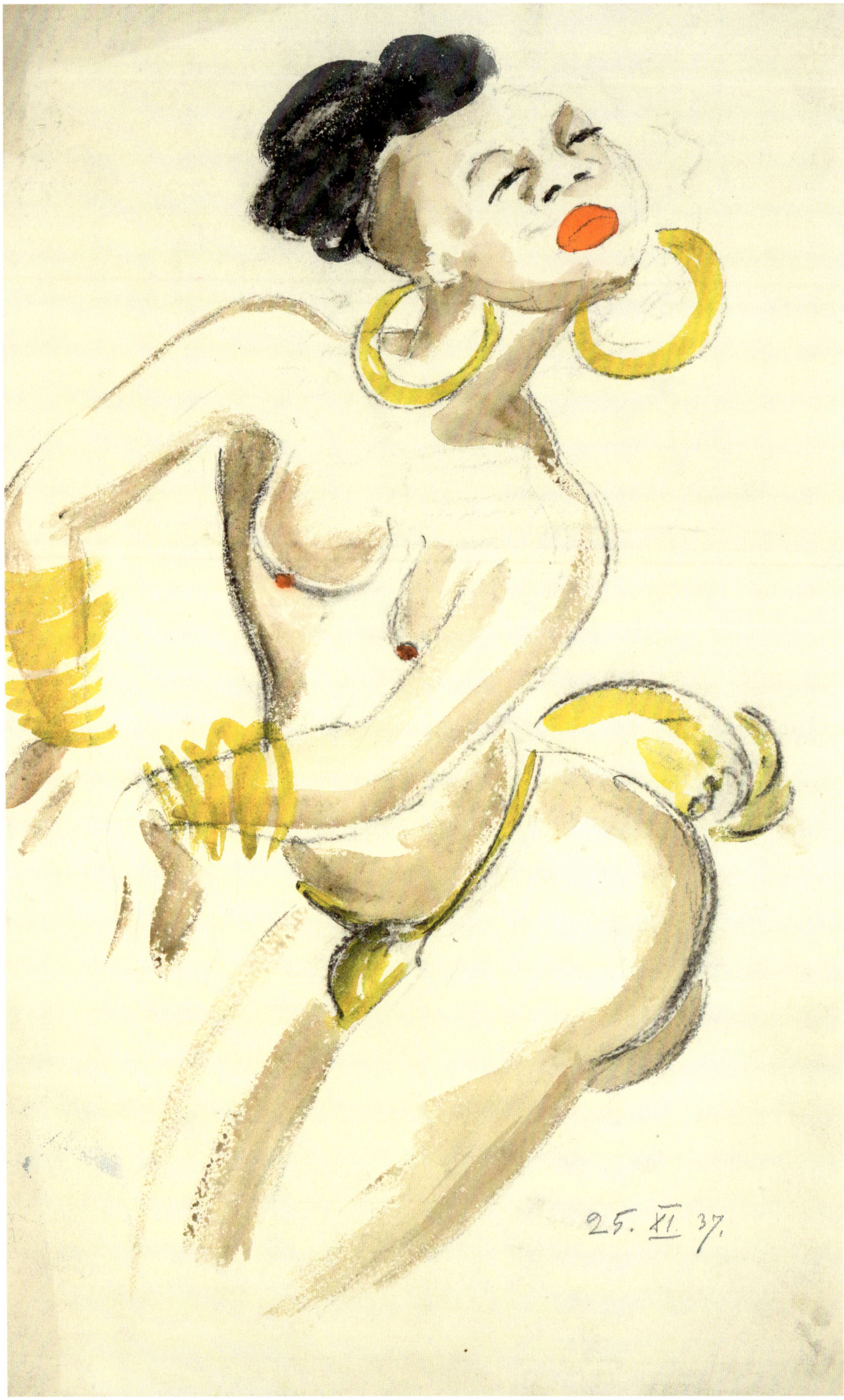

Ohne Titel (Josephine Baker?) *Untitled (Josephine Baker?)* 1937

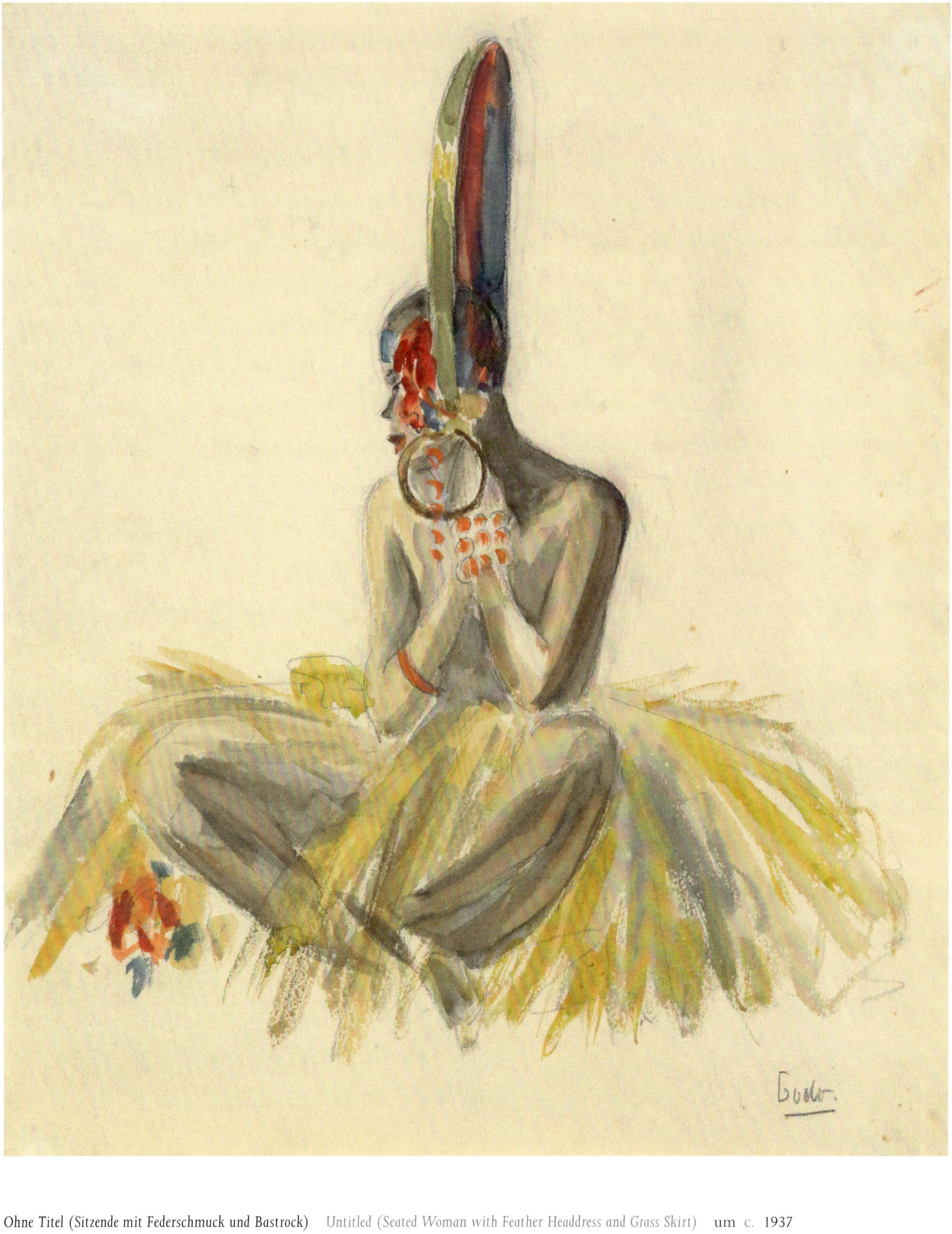

Ohne Titel (Sitzende mit Federschmuck und Bastrock) *Untitled (Seated Woman with Feather Headdress and Grass Skirt)* um c. 1937

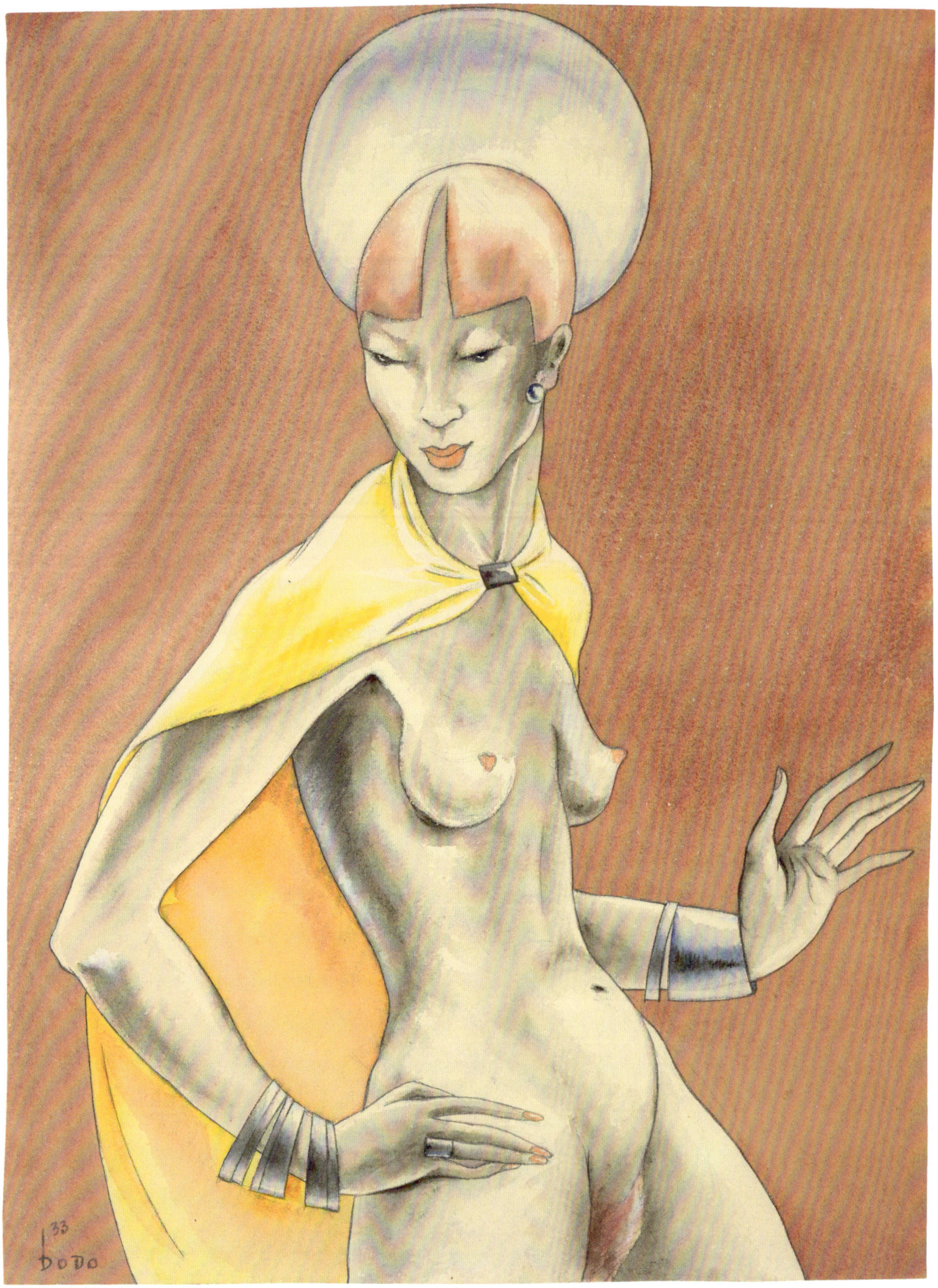

Die Madonna der Straßenmädchen *The Madonna of the Streetwalkers* 1933

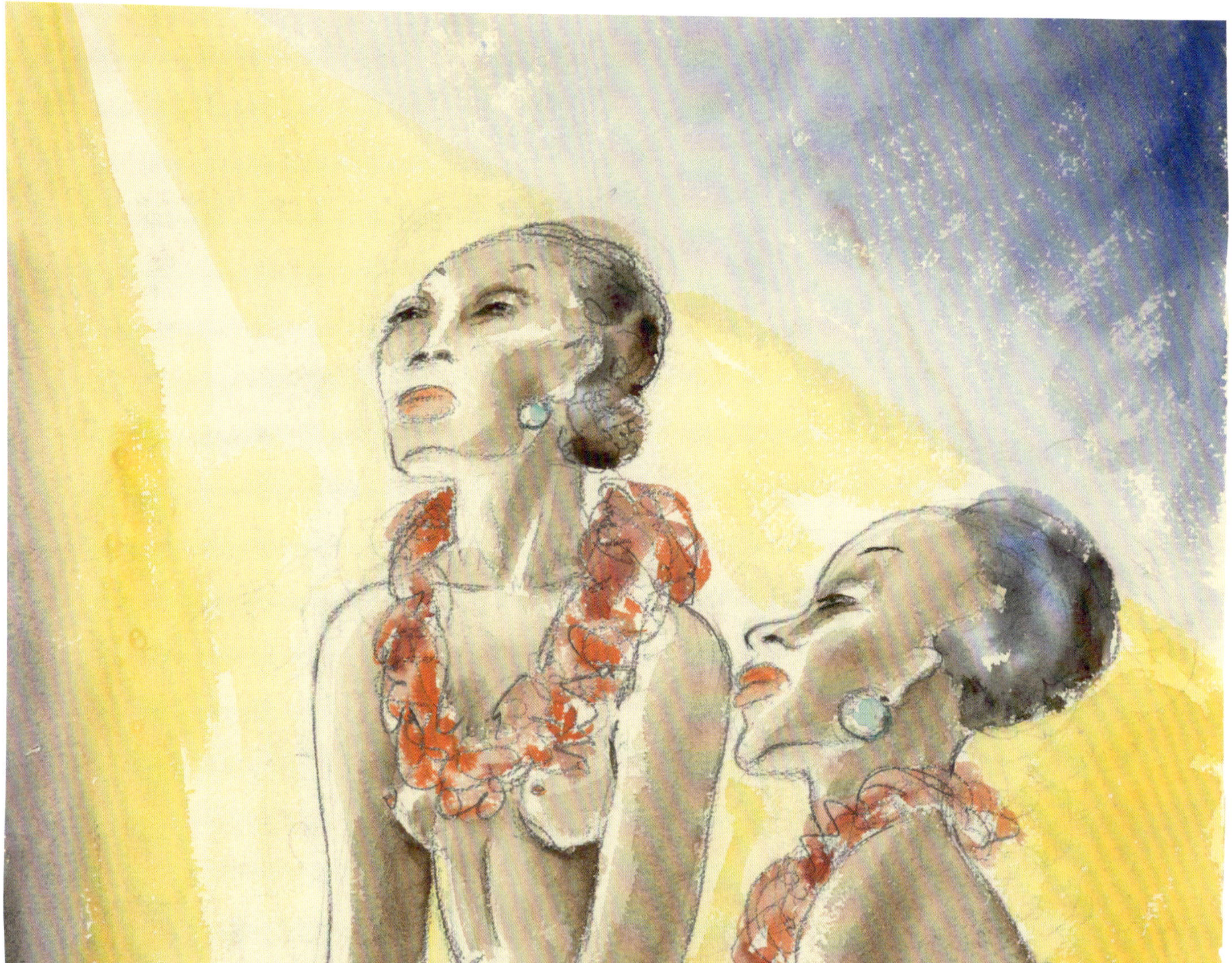

Ruf II *Call II* 1933

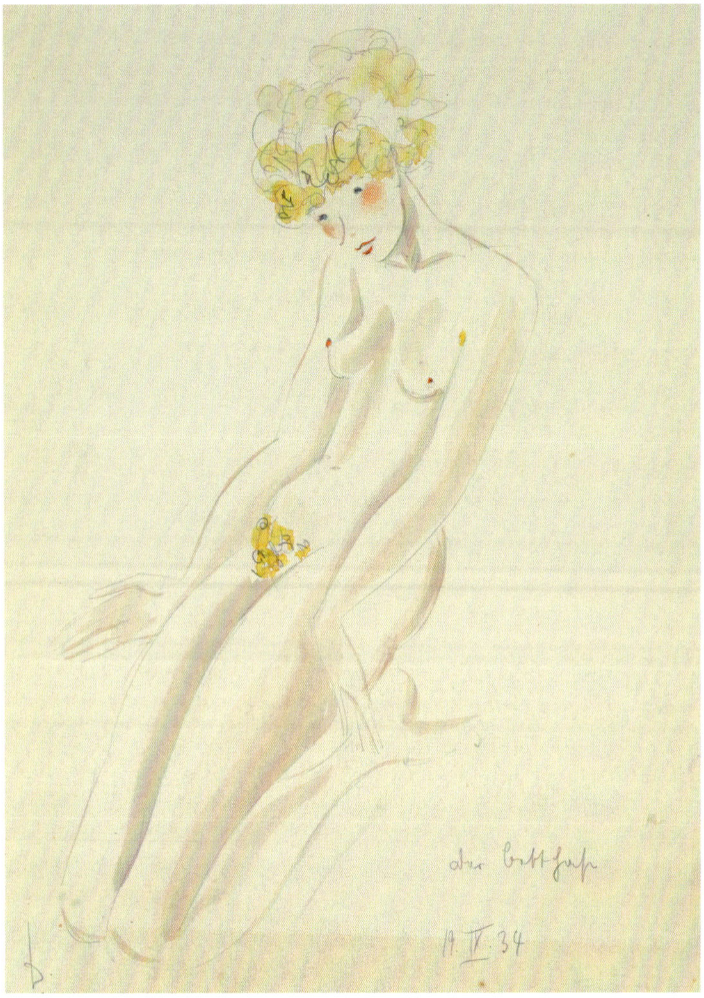

Der Betthase *The Bed Bunny* 1934

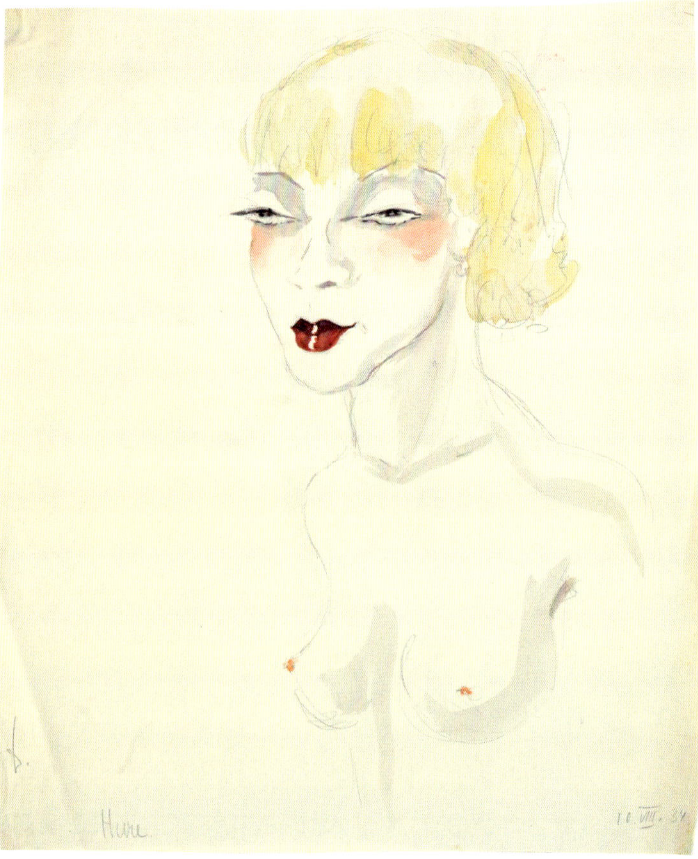

Hure *Whore* 1934

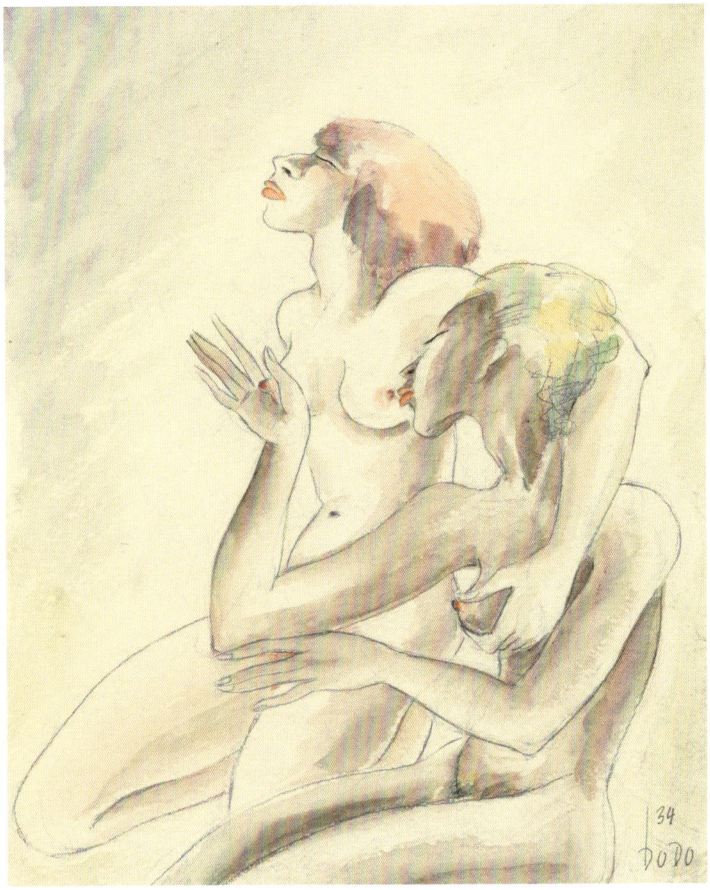

Ohne Titel (Liebe unter Frauen) *Untitled (Love among Women)* 1934

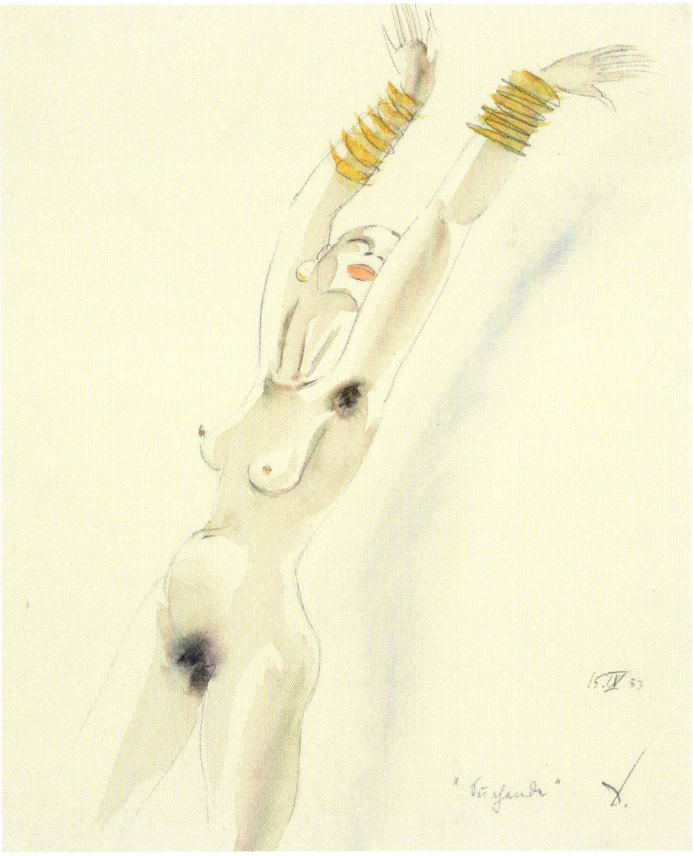

Suchende *Seeker* 1933

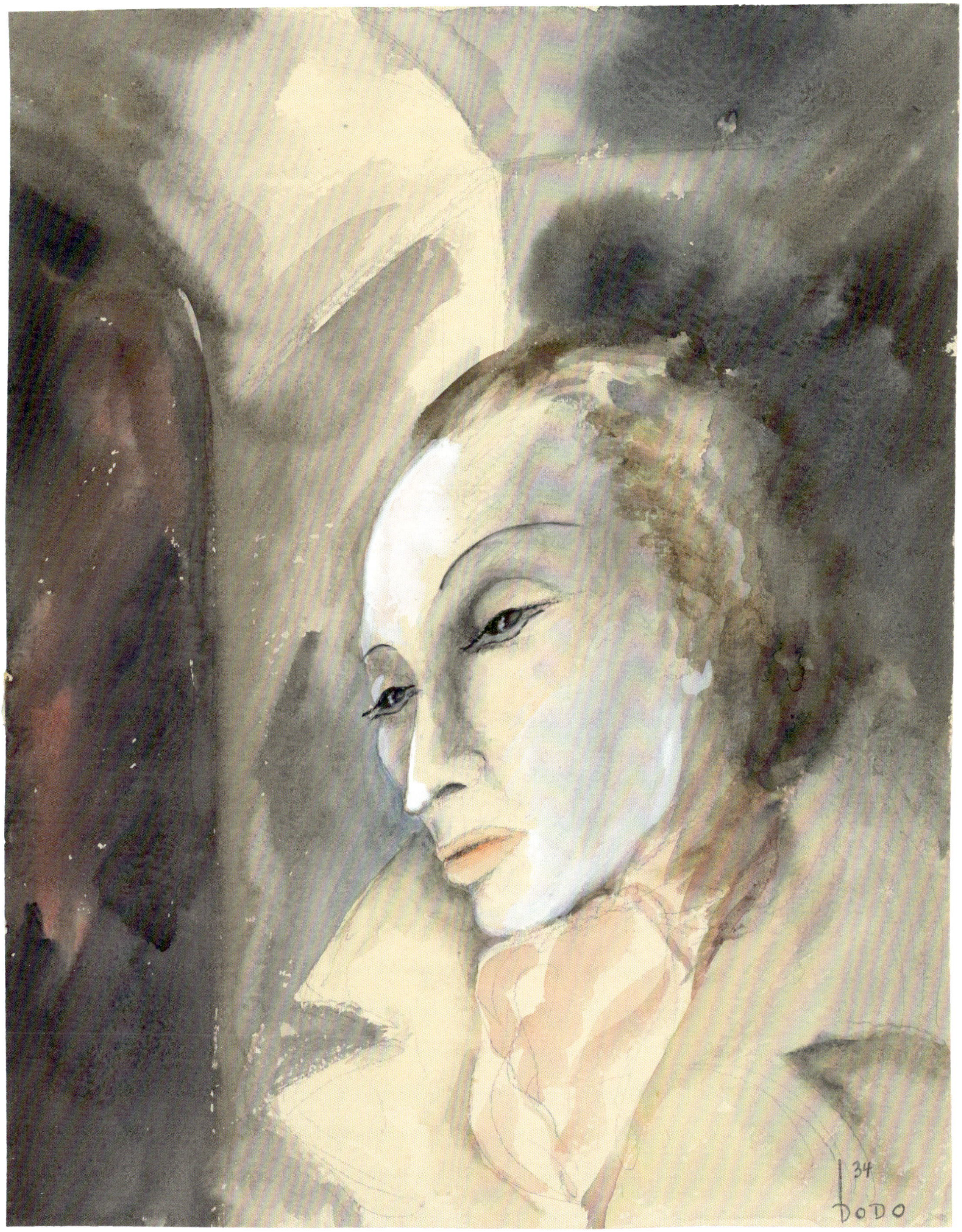

Ohne Titel (Selbstporträt?) *Untitled (Self-Portrait?)* 1934

1936–1950
Aufträge in London
Commissions in London

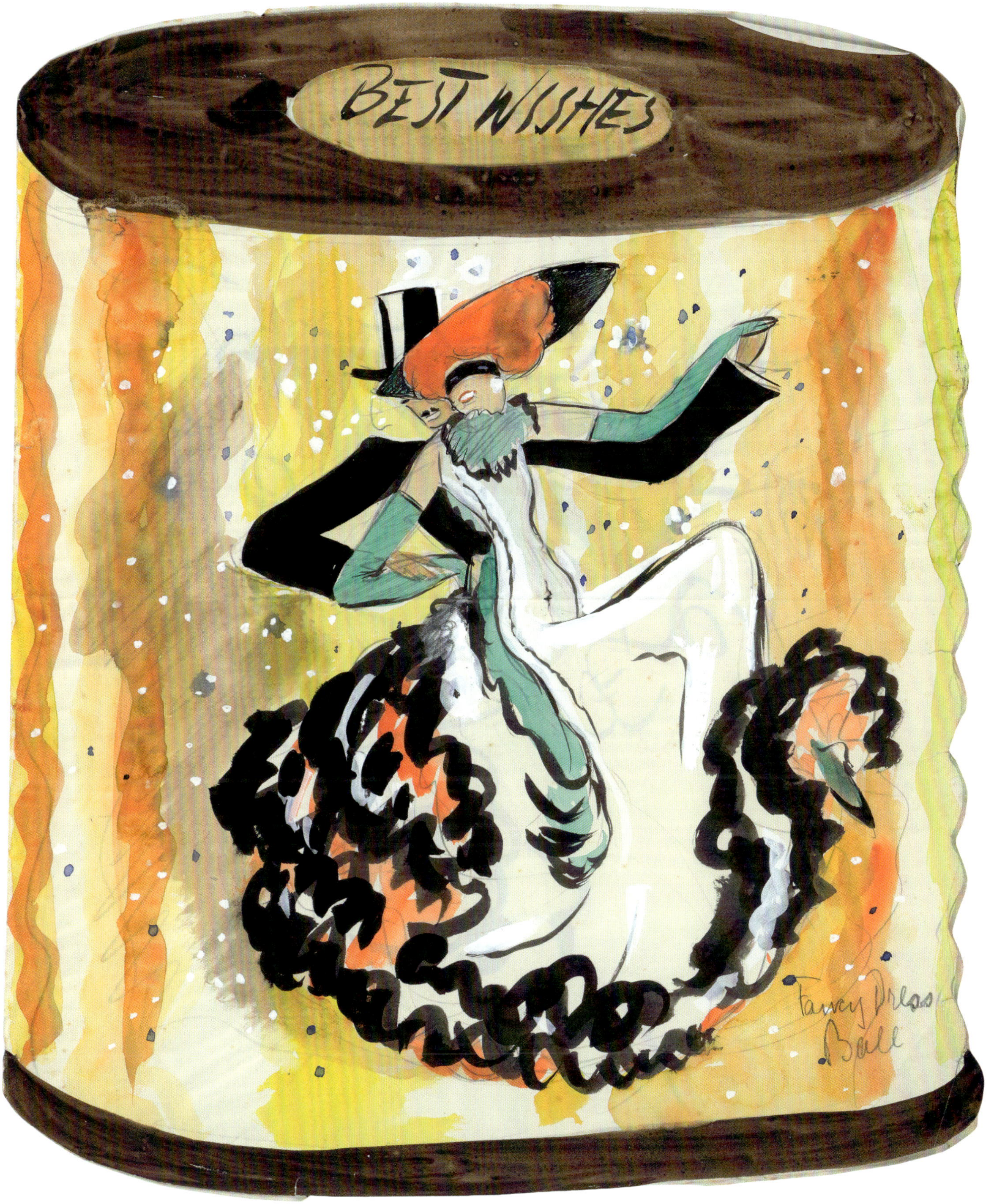

Entwurf für eine Grußkarte: Fancy Dress Ball *Design for a greeting card: Fancy Dress Ball* um c. 1938

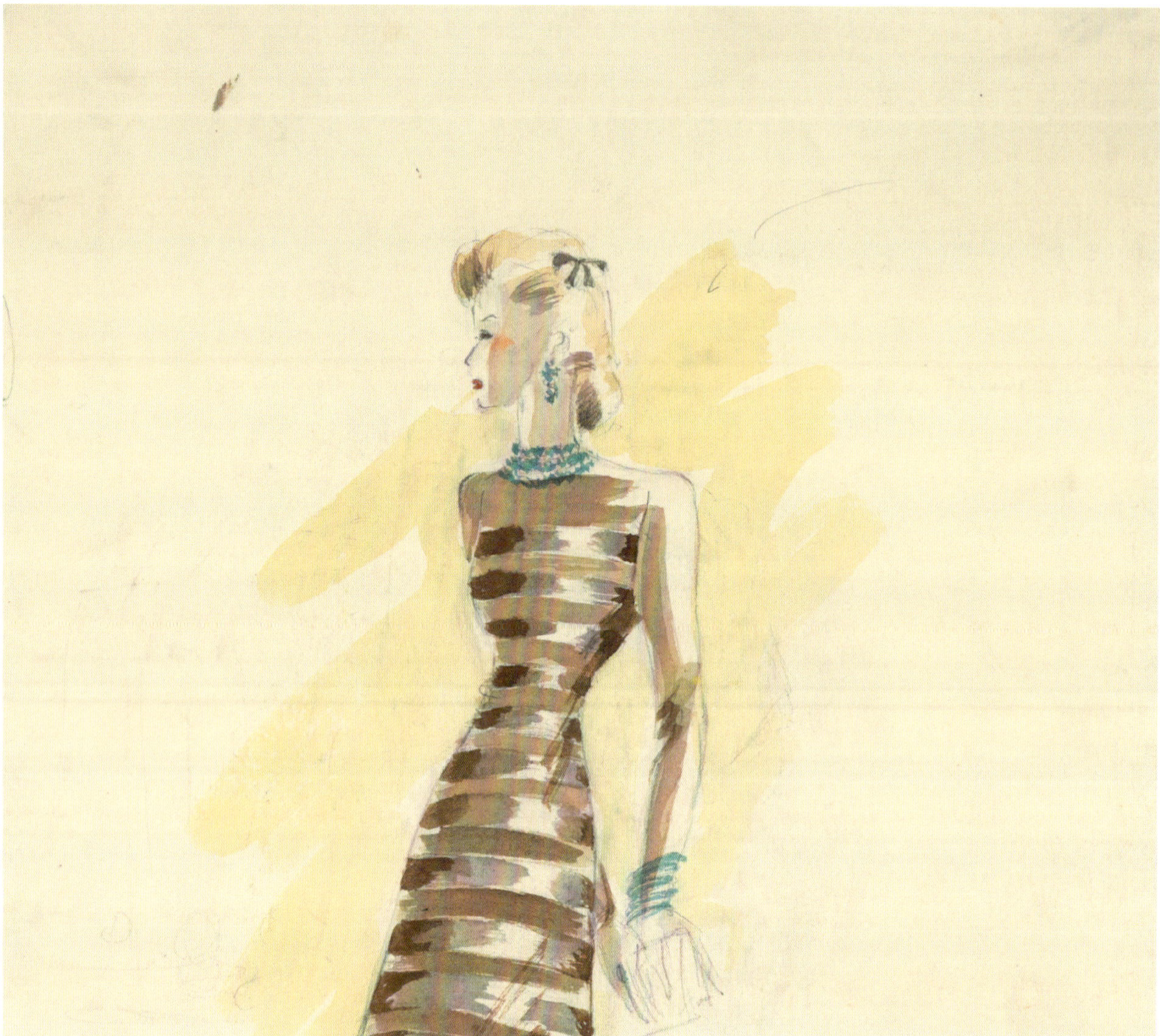

Modeentwurf *Fashion design* um *c.* 1942

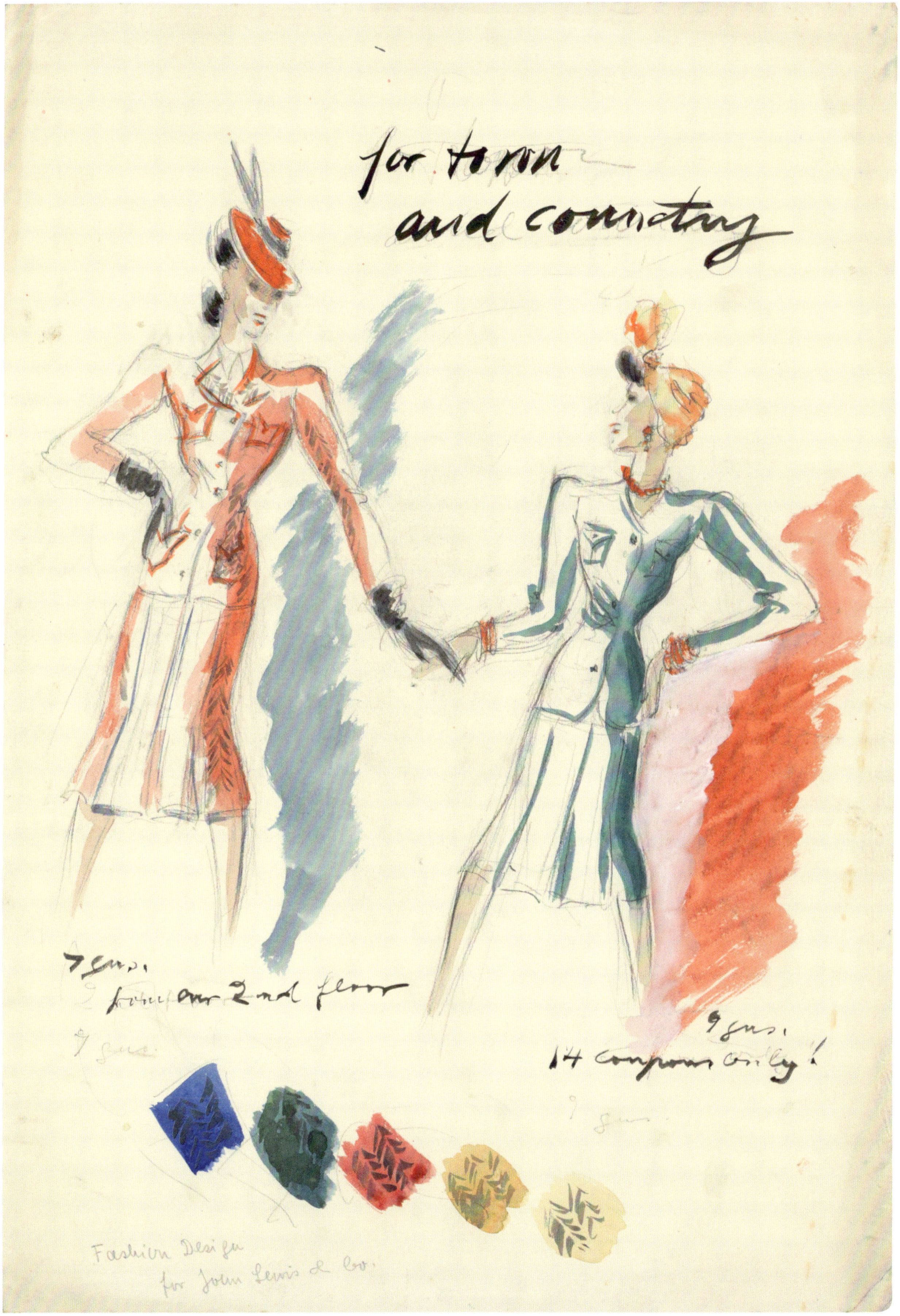

Modeentwurf für John Lewis & Co. Fashion design for John Lewis & Co. um c. 1942

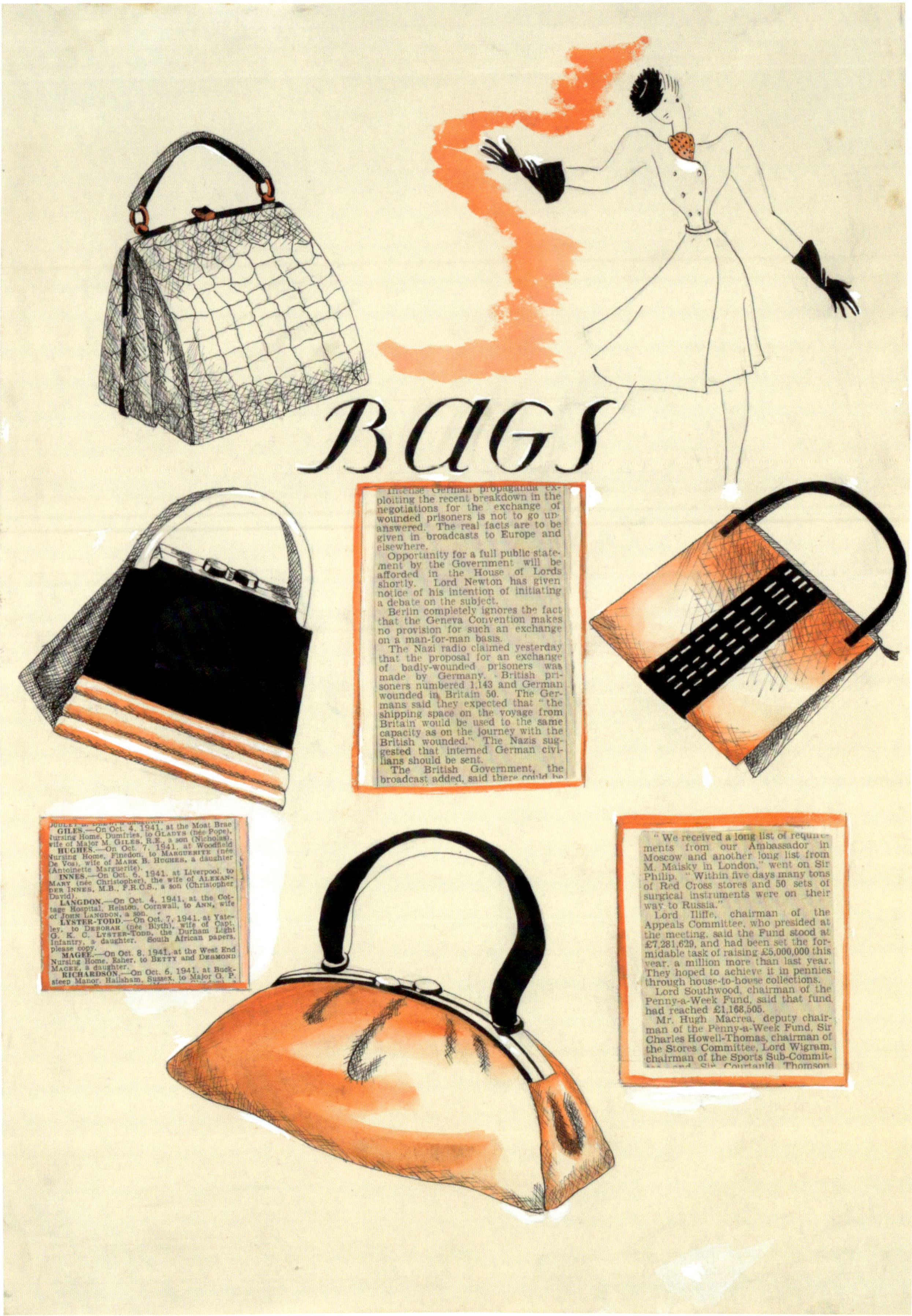

Bags, Seitenlayout für einen Katalog *Bags*, page layout for a catalogue um c. 1942

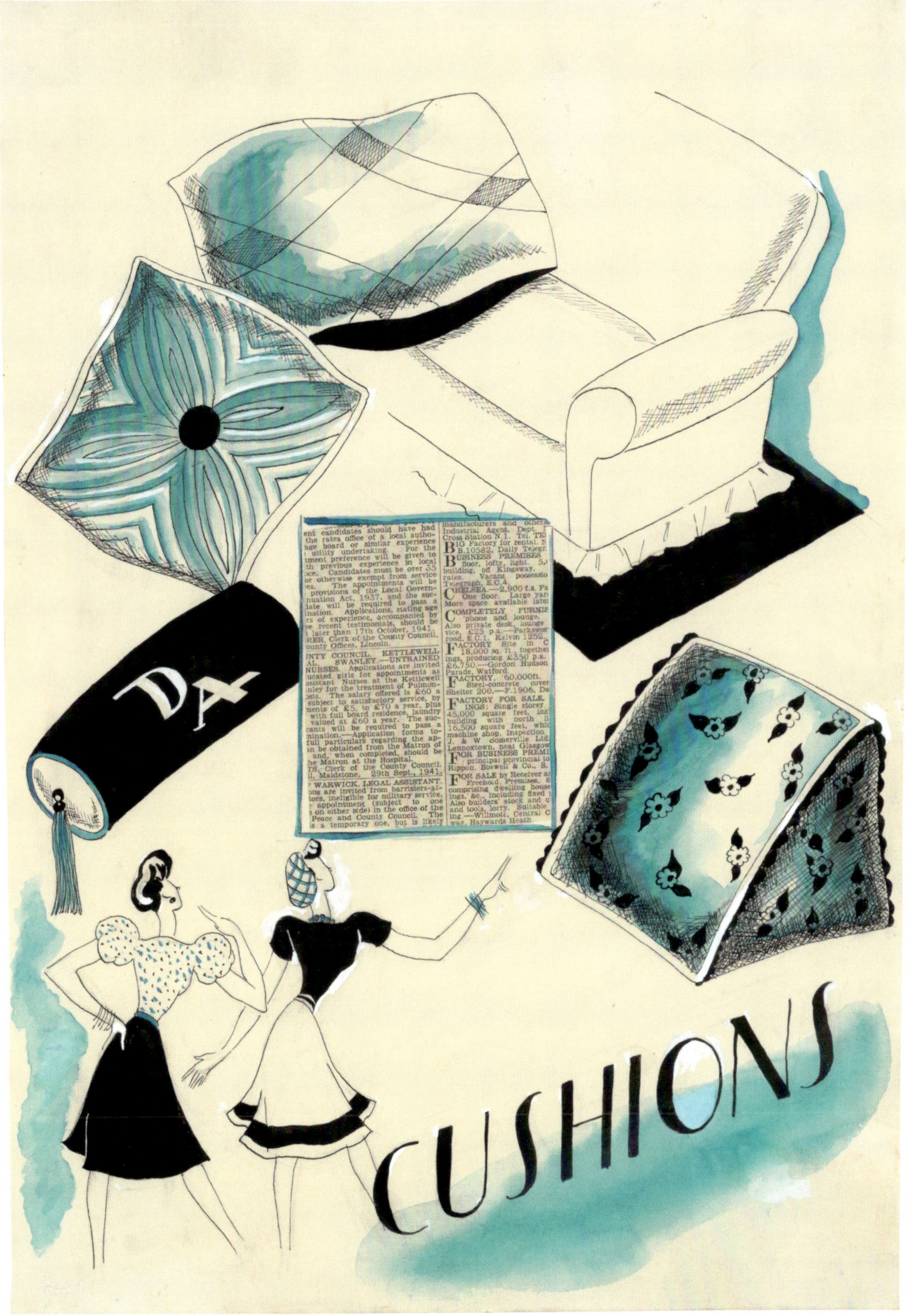

Cushions, Seitenlayout für einen Katalog *Cushions*, page layout for a catalogue um c. 1942

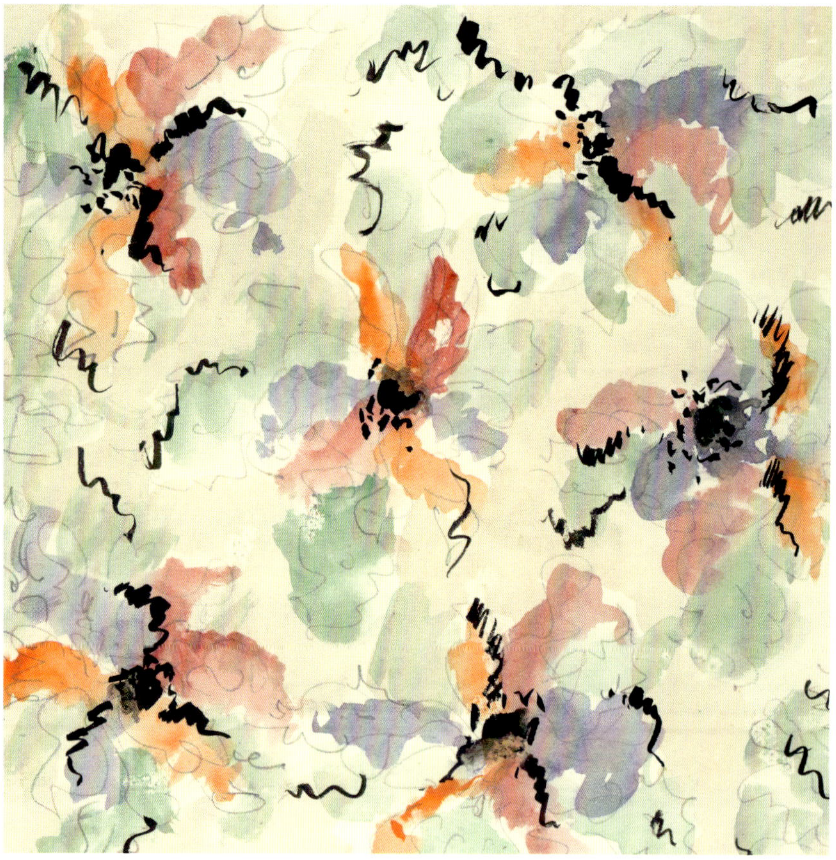

Entwurf für einen Seidenstoff *Design for a silk fabric* um c. 1942

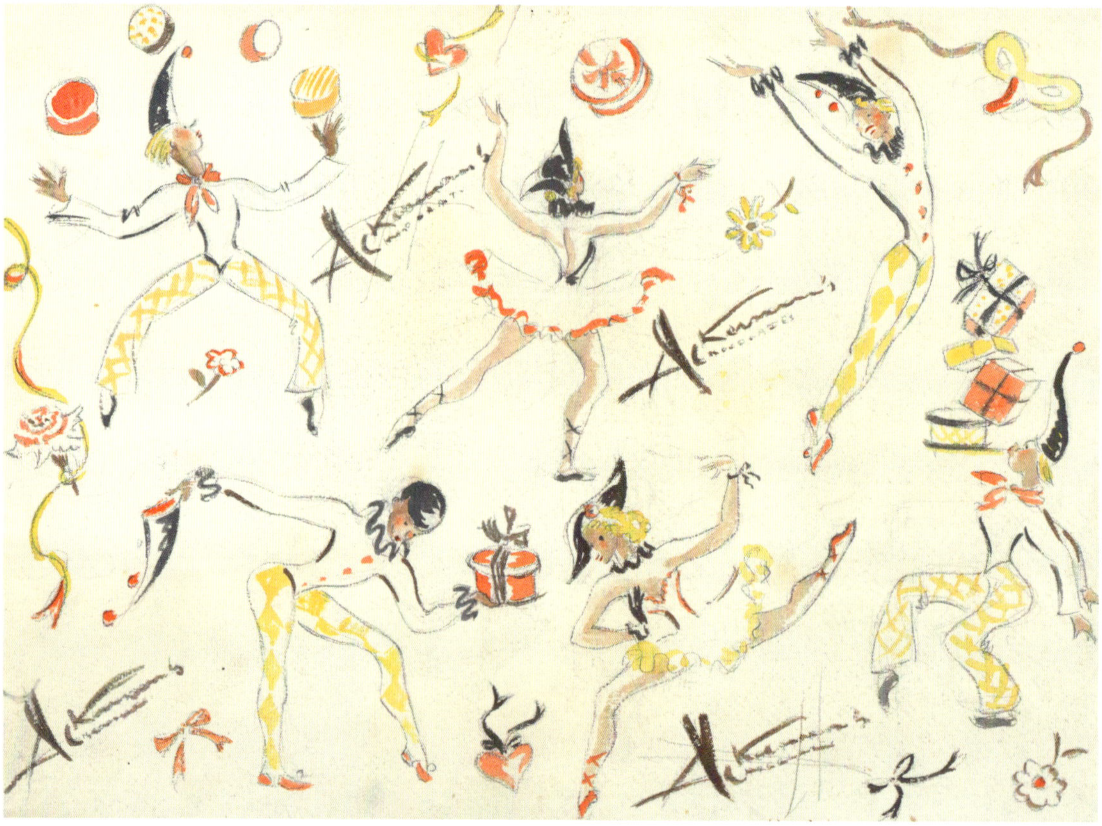

Verpackungspapier für Ackermann Chocolats *Wrapping paper for Ackermann Chocolates* um c. 1938

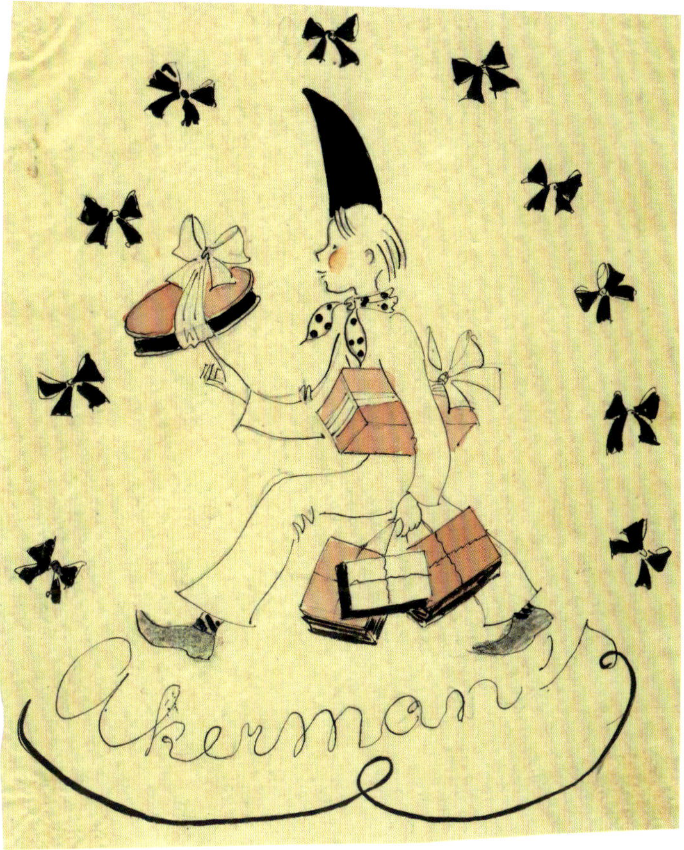

Akerman's um c. 1940

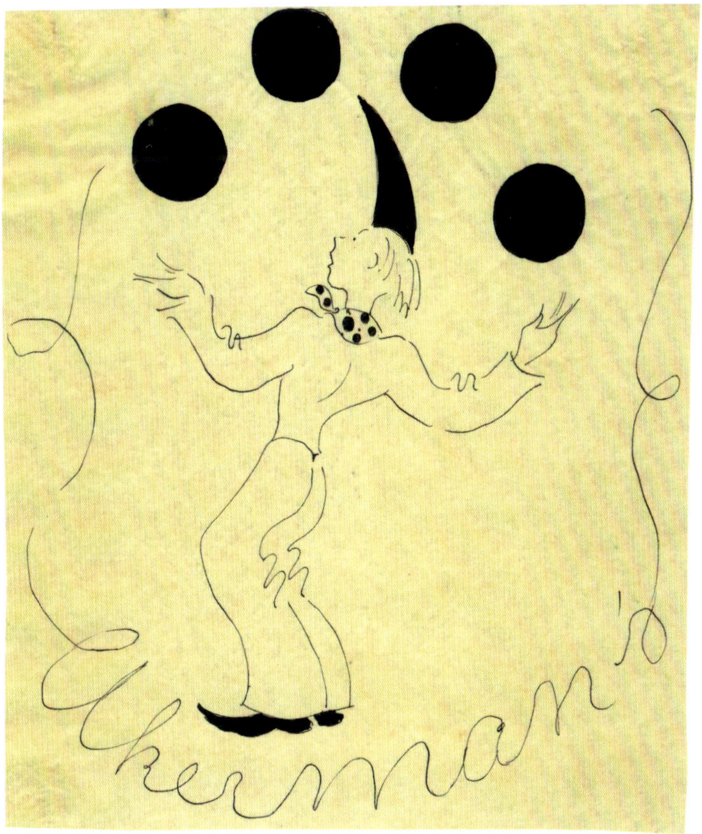

Akerman's um c. 1940

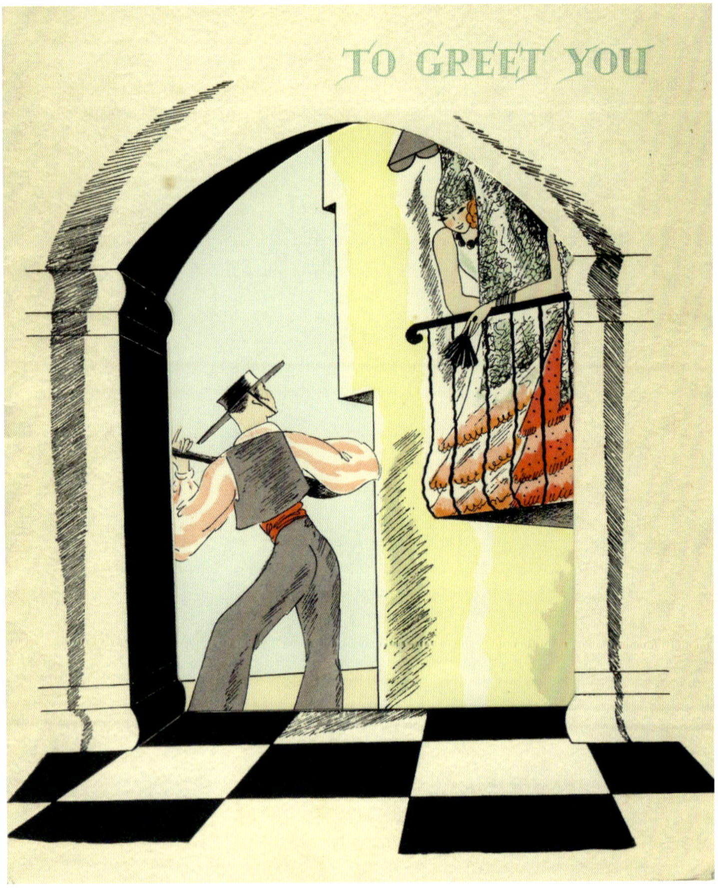

Grußkarte: Serenade am Fenster

Greeting card: Serenade at the Window um c. 1938

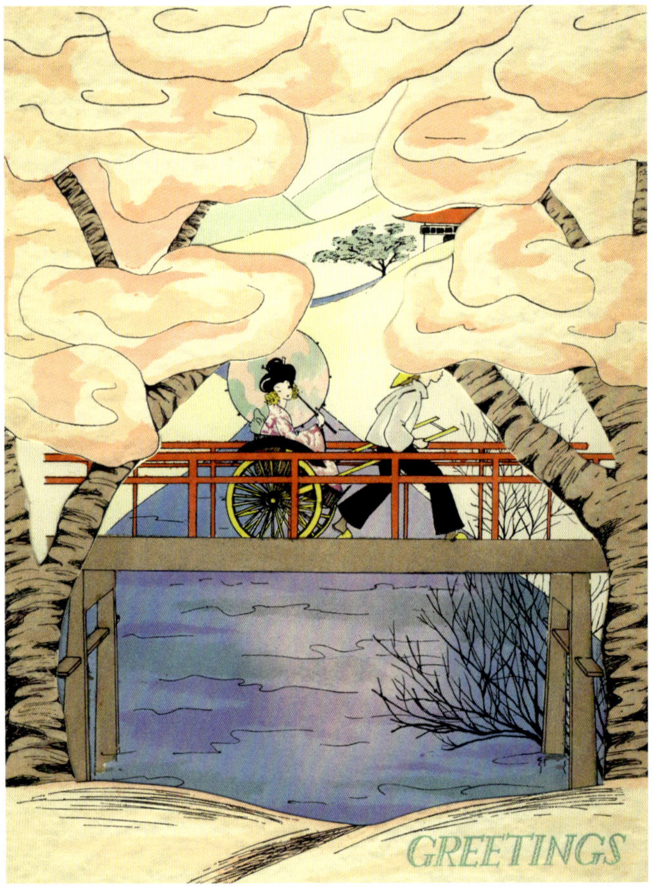

Grußkarte: Japanische Szene

Greeting card: Japanese Scene um c. 1938

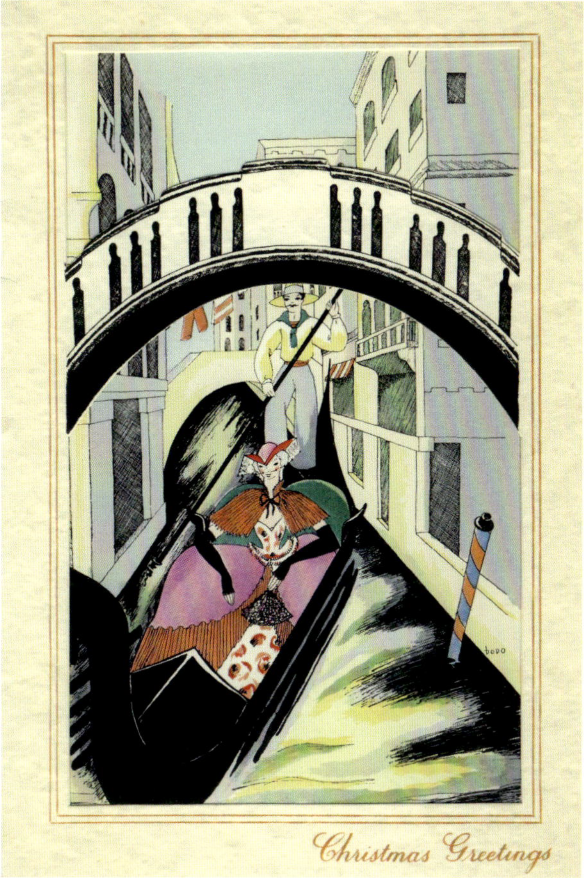

Grußkarte: Gondelfahrt an der Seufzerbrücke

Greeting card: Gondola Ride at the Bridge of Sighs um c. 1938

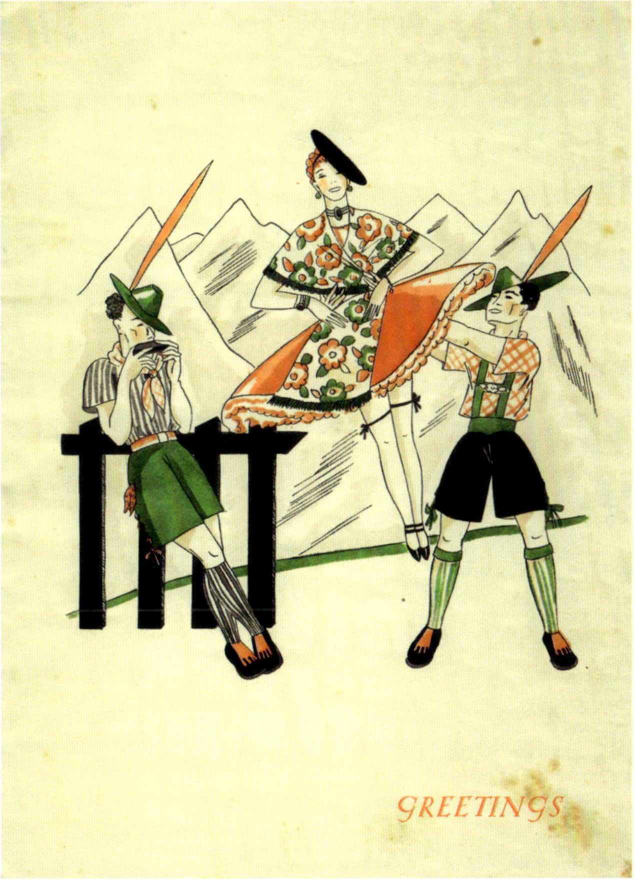

Grußkarte: Bergszene mit Tänzerin

Greeting card: Mountain Scene with Dancer um c. 1938

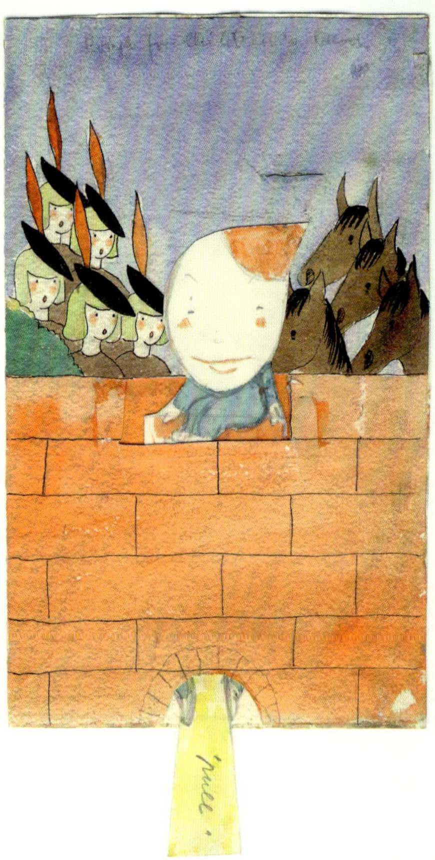

Entwurf für ein Kinderbuch

Design for a children's book um c. 1938

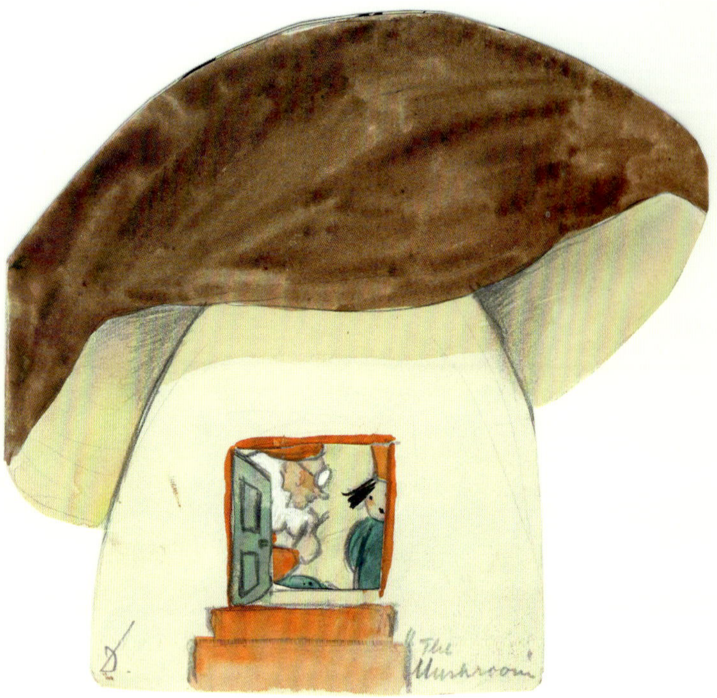

Entwurf für eine Grußkarte: The Mushroom

Design for a greeting card: The Mushroom um c. 1938

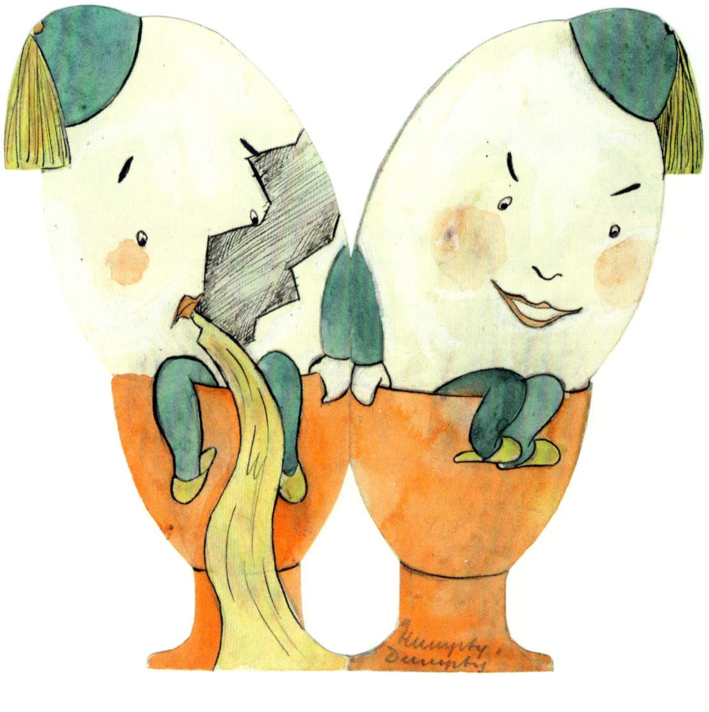

Entwurf für eine Grußkarte: Humpty Dumpty

Design for a greeting card: Humpty Dumpty um c. 1938

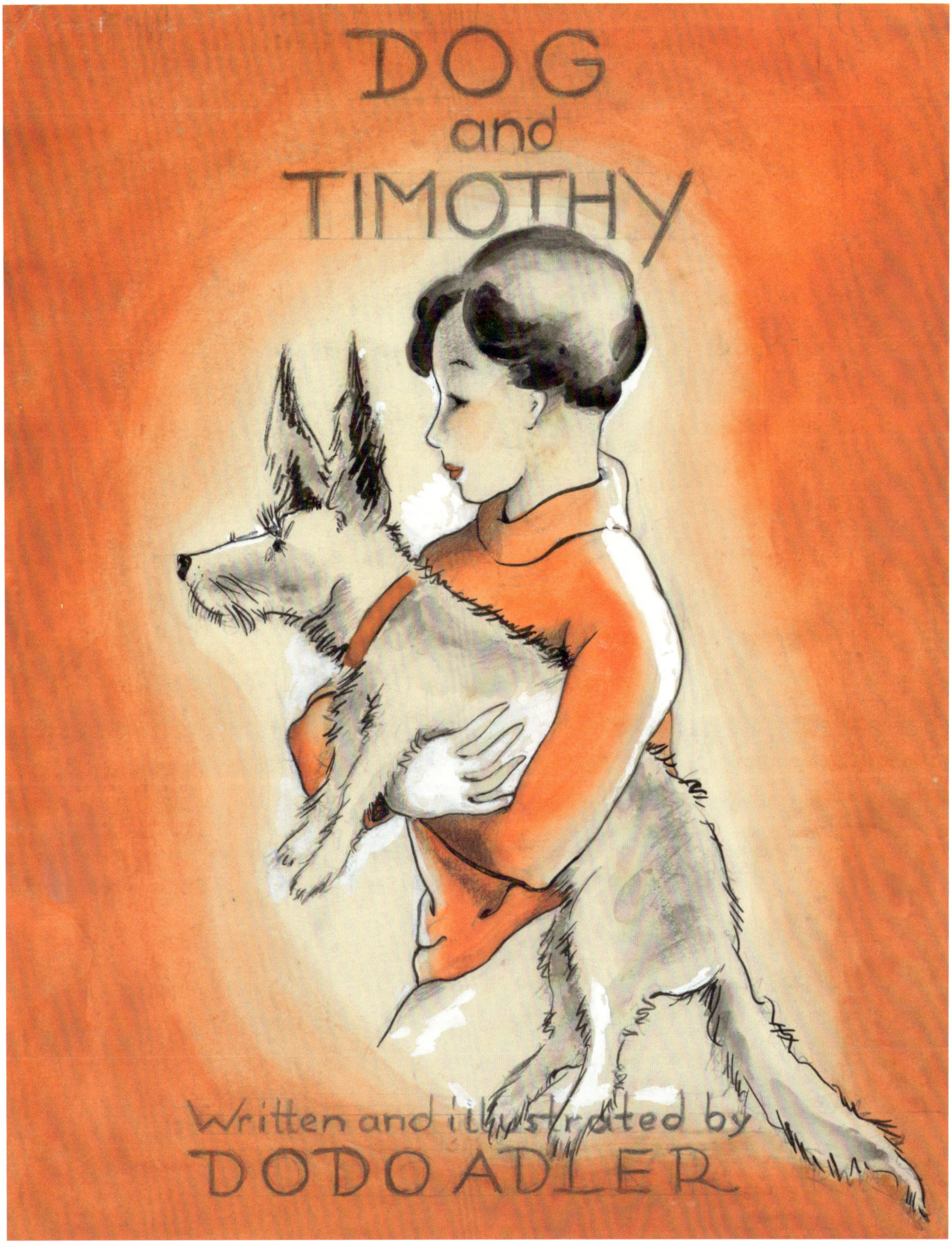

Dog and Timothy. Written and illustrated by Dodo Adler um c. 1940

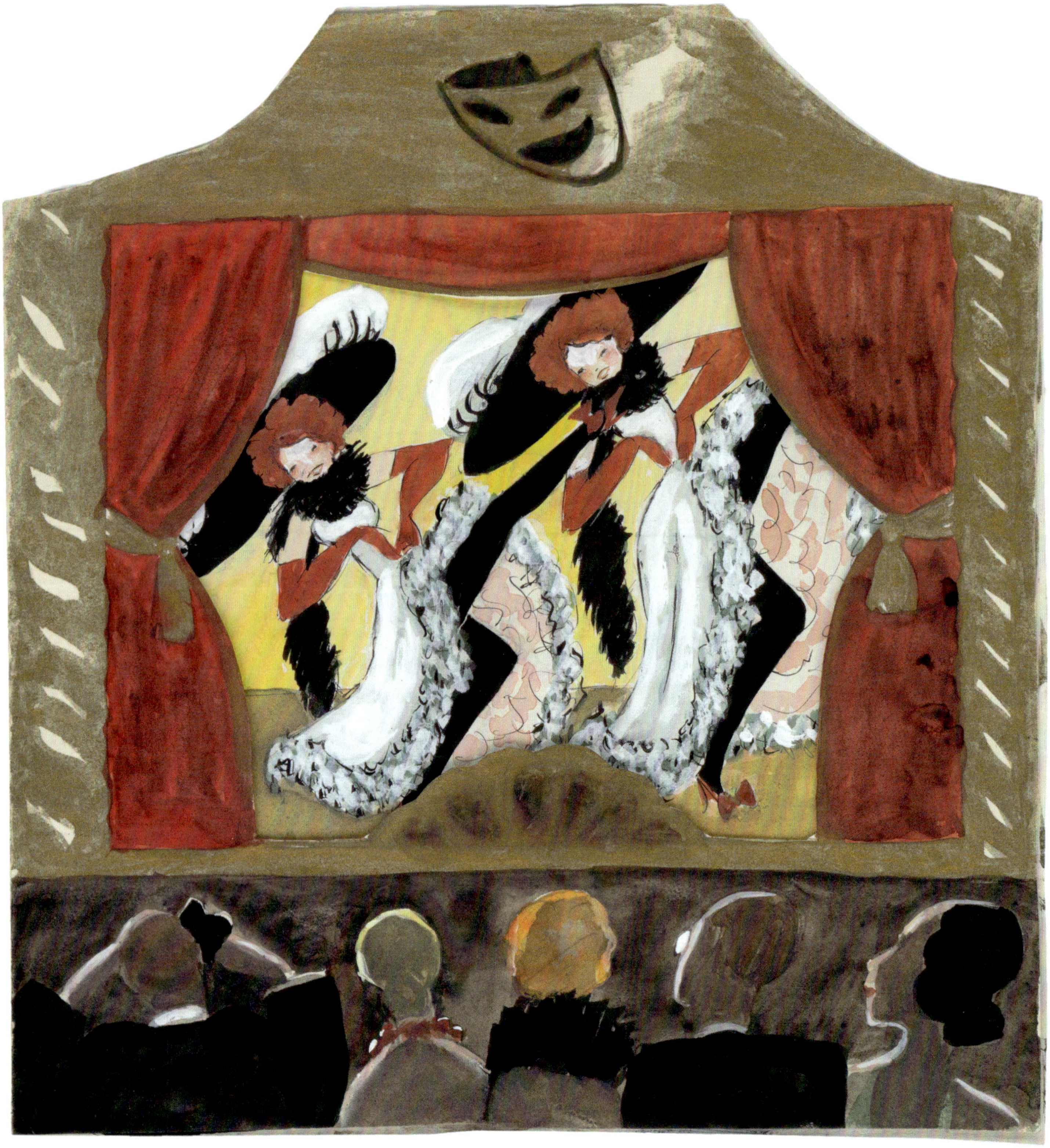

Grußkarte: Revueszene mit Publikum *Greeting card: Revue Scene with Audience* um c. 1938

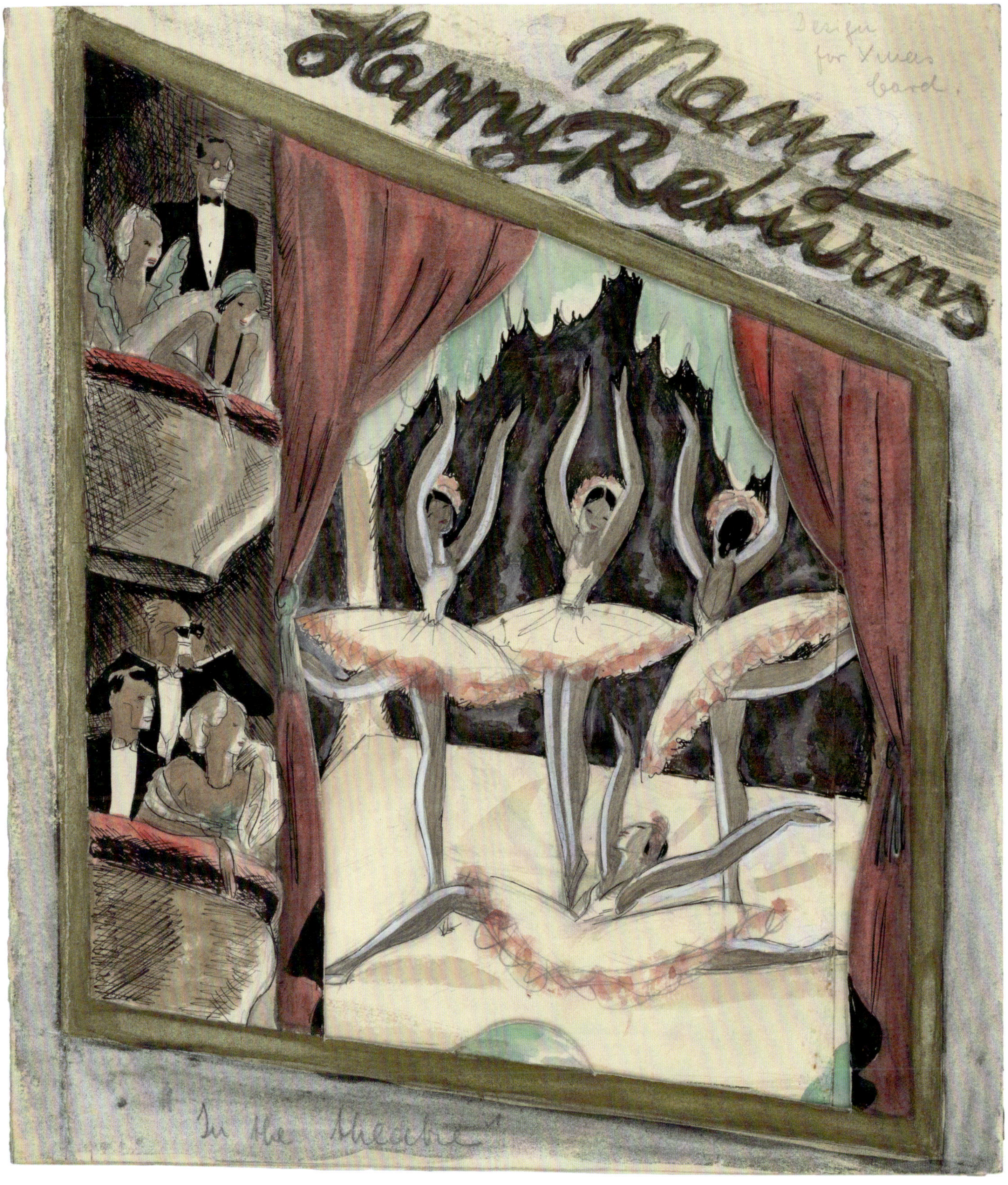

Entwurf für eine Grußkarte: In the Theatre Design for a greeting card: In the Theatre um c. 1938

Nach *After* 1950
Private *Arbeiten*
Private *Work*

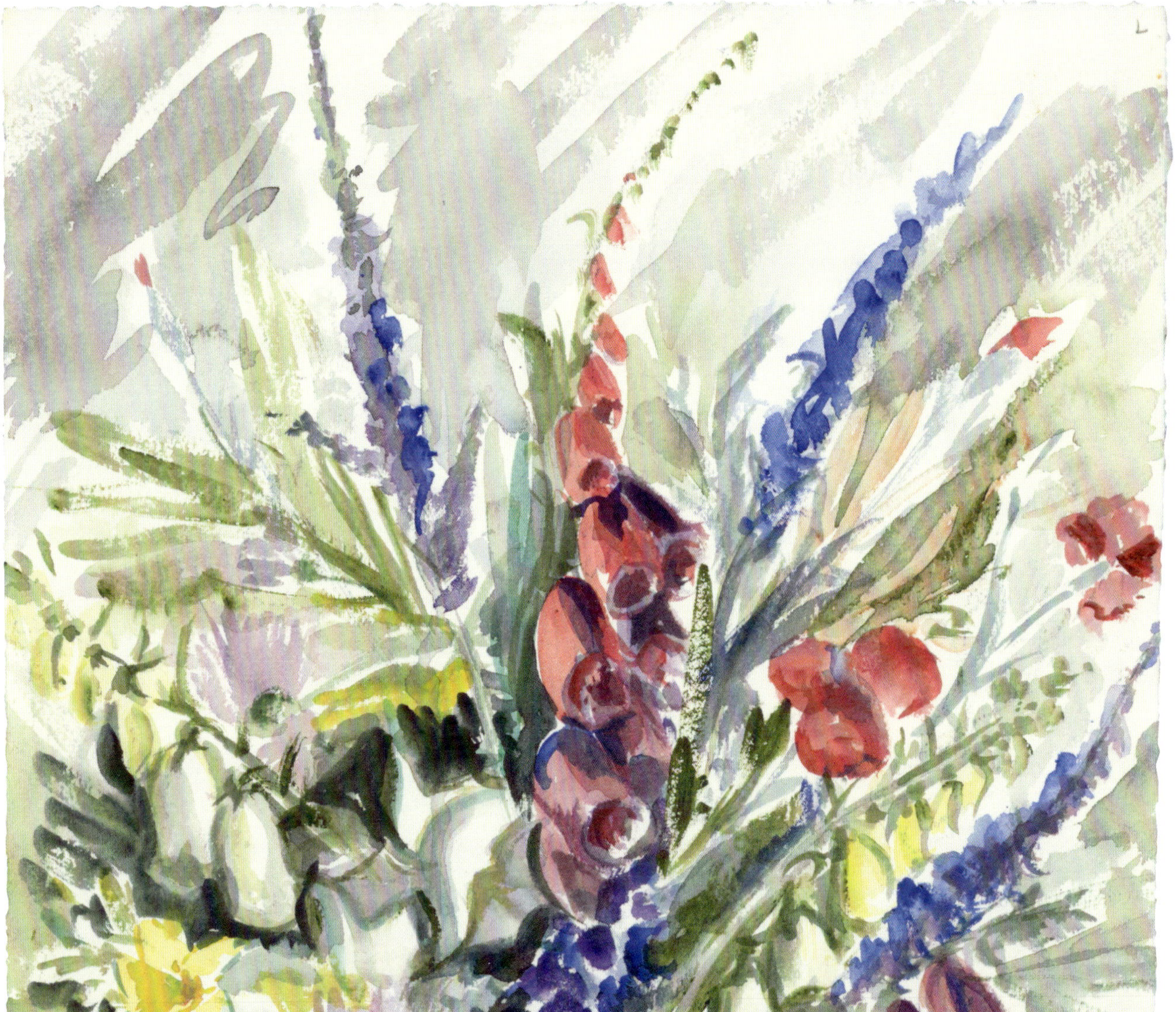

Ohne Titel (Blumen) *Untitled (Flowers)* um c. 1960

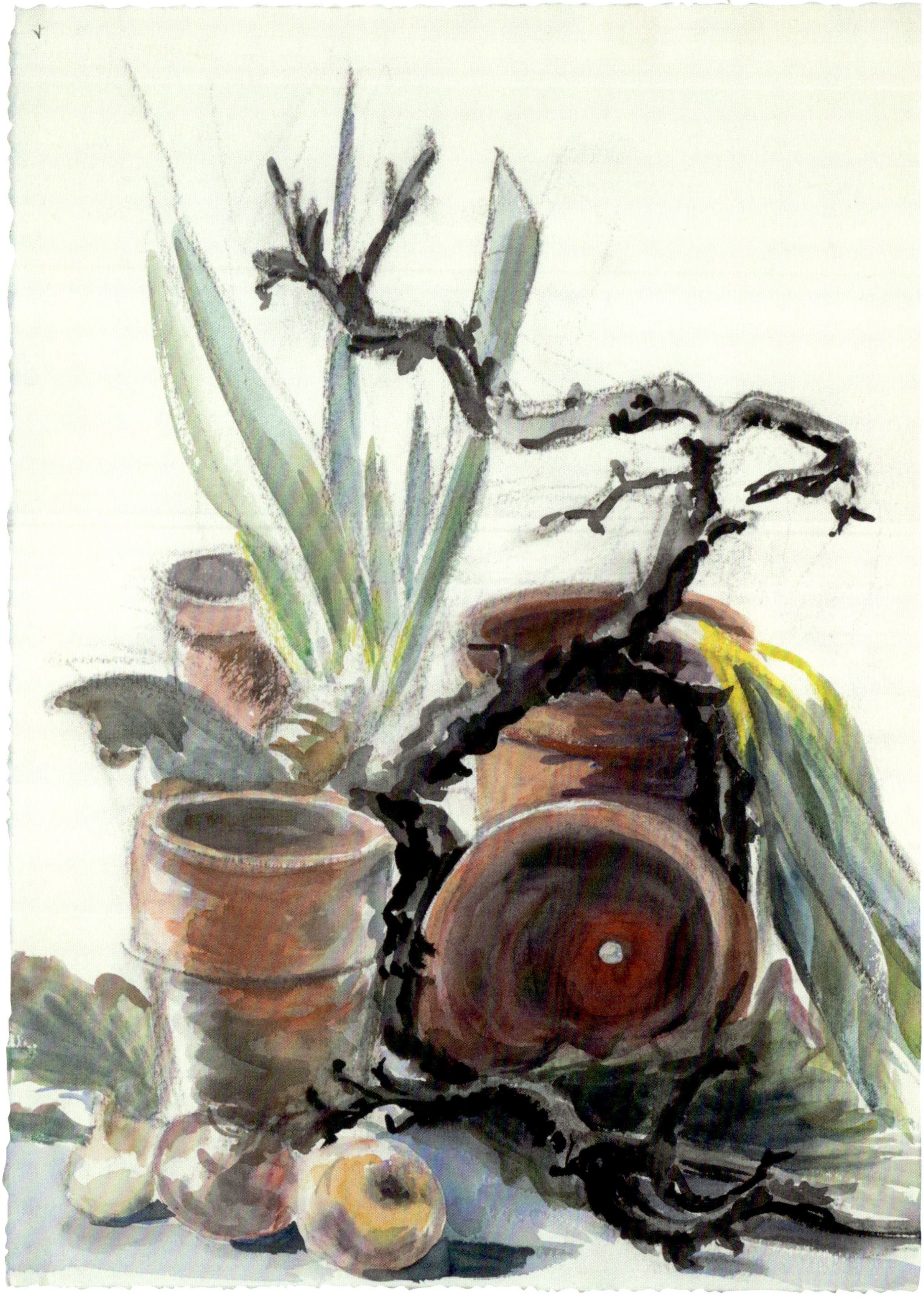

Ohne Titel (Blumentöpfe, *Wurzel*) Untitled (Flowerpots, Roots) um c. 1960

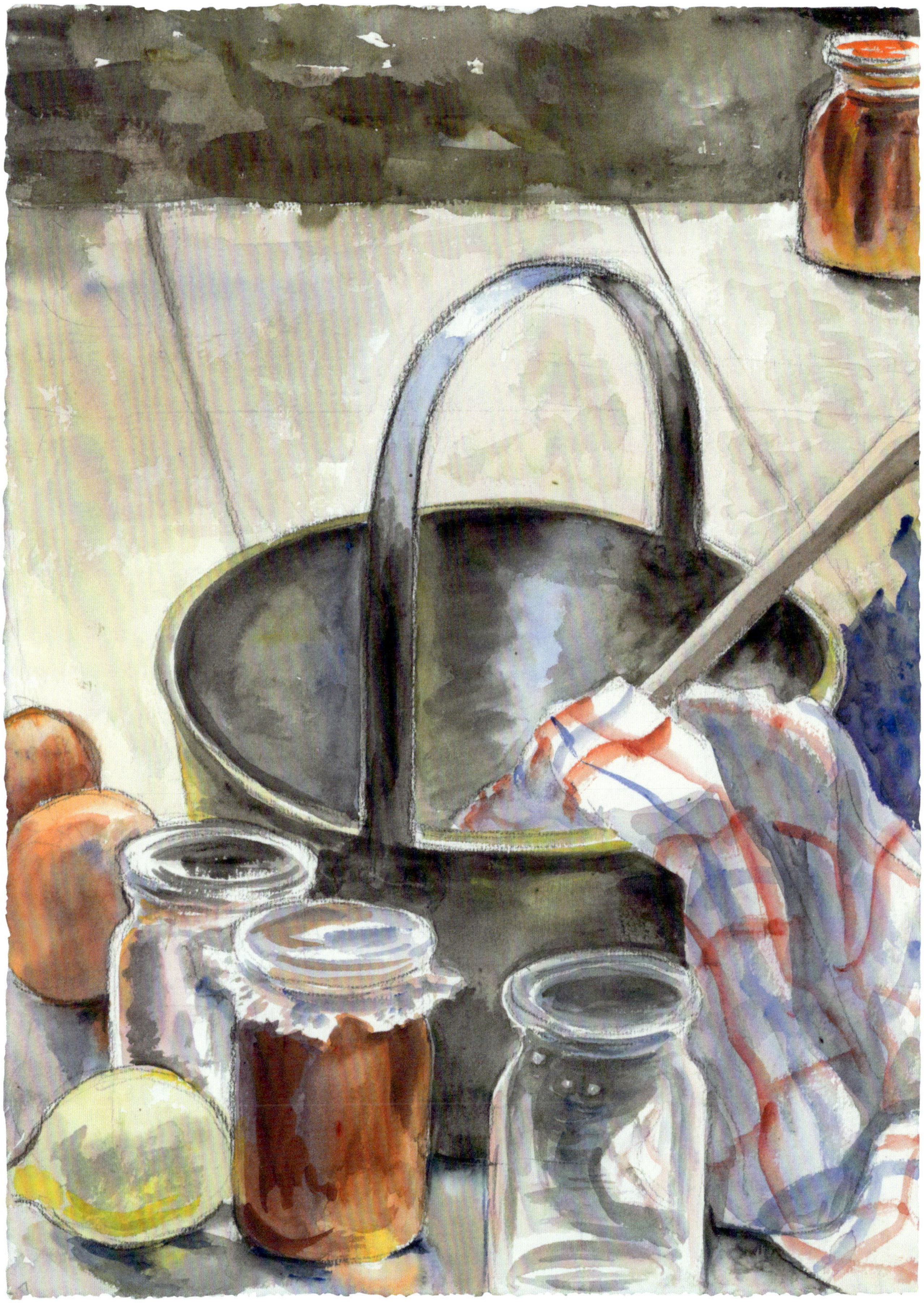

Ohne Titel (Marmeladengläser, Kessel, Tuch) Untitled (Jam Jars, Cauldron, Cloth) um c. 1960

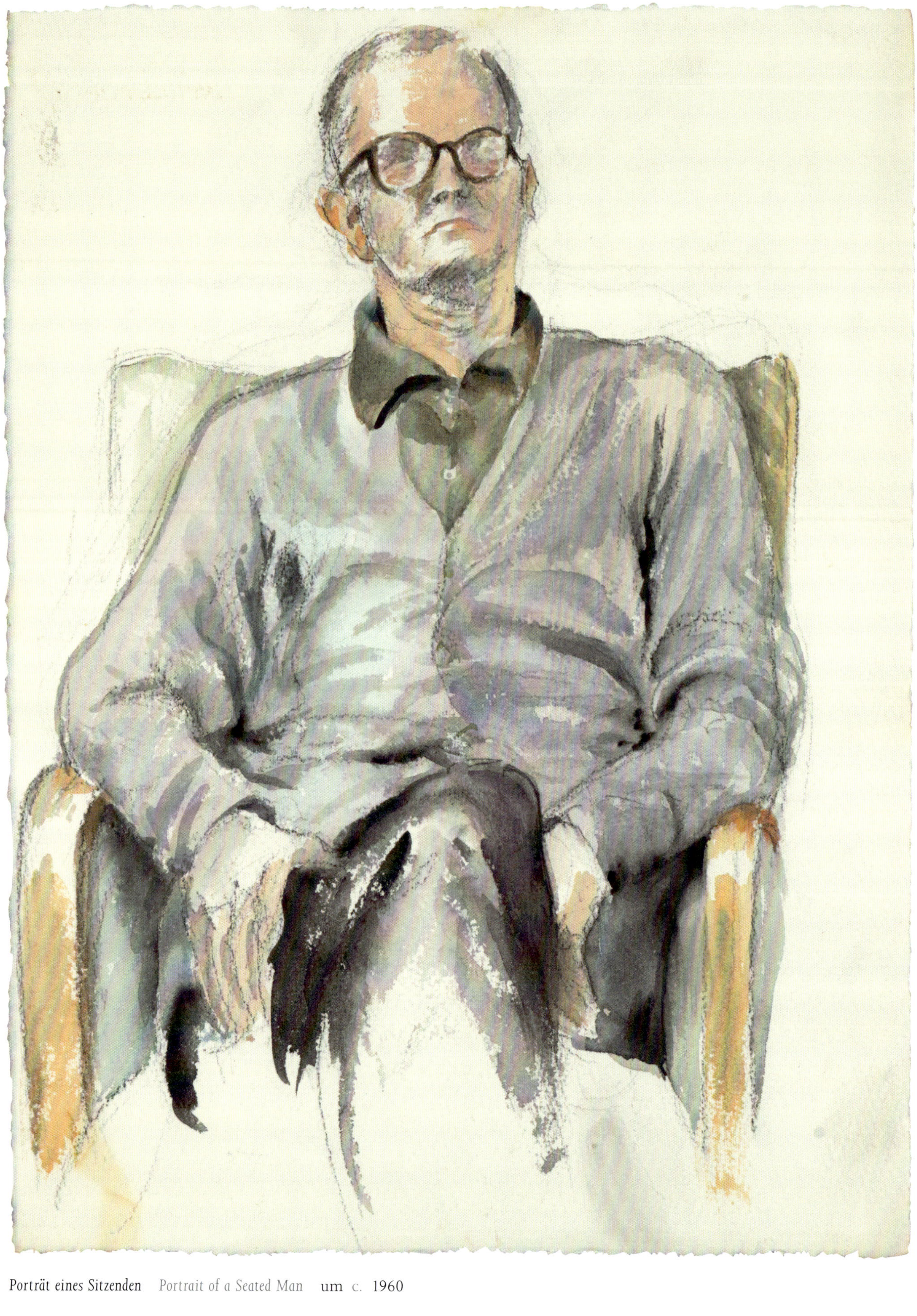

Porträt eines Sitzenden *Portrait of a Seated Man* um c. 1960

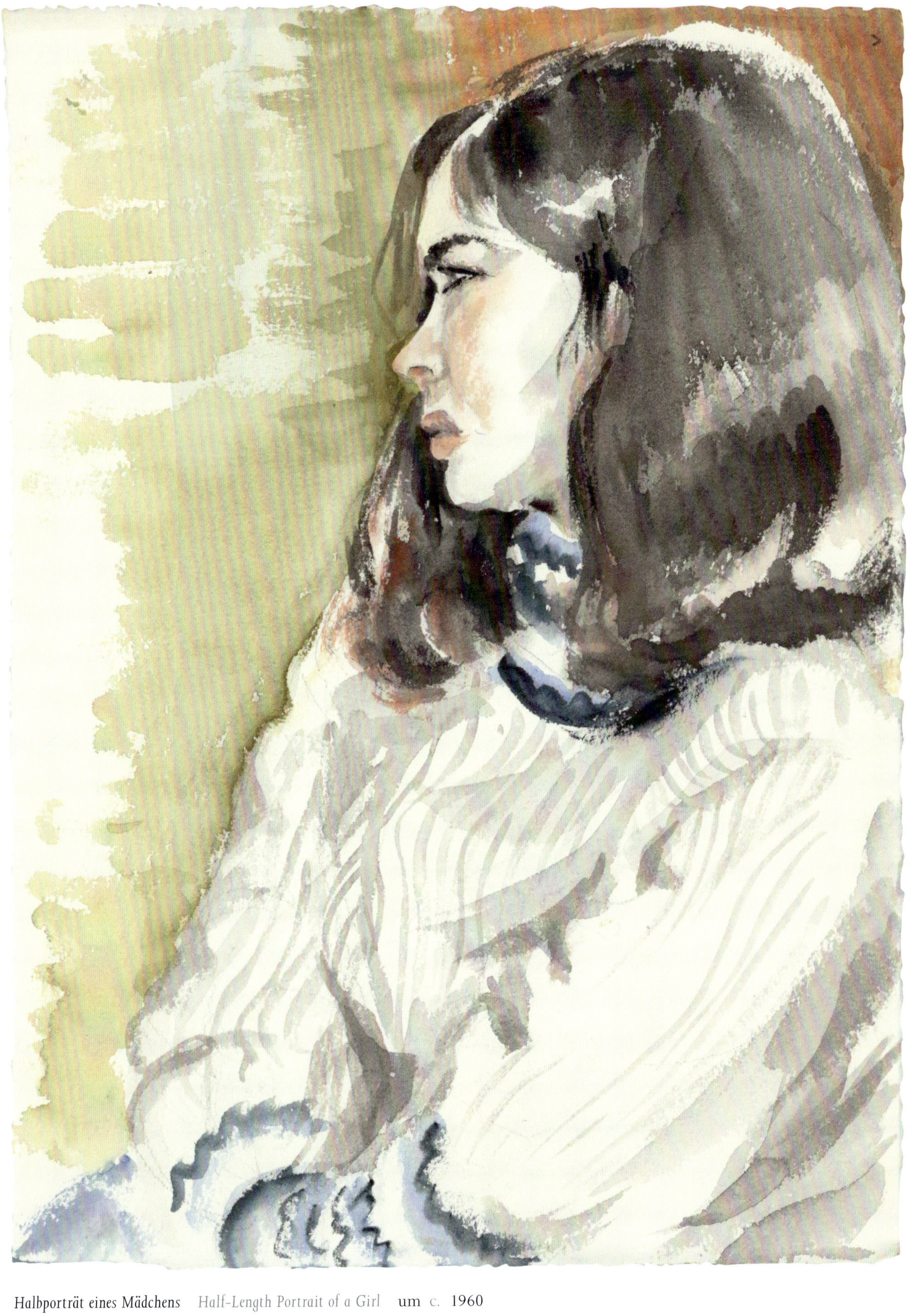

Halbporträt eines Mädchens *Half-Length Portrait of a Girl* um c. 1960

A Picture Begins to Live

My first encounter with Dodo was a picture: a coffeehouse scene discovered at an auction in England (fig. p. 6). Its radiant red and green tones contrast with the aloof pallor of the guests, the vitality and power of the colours forming a counterweight to the fact that none of the guests are talking to one another. The foreground and background are blurred, with little depth of focus, thus drawing the viewer's gaze into the picture's clearly delineated centre. Without knowing anything more about the picture, the thought shot through my mind: 'That is the nineteen-twenties, that is Berlin'. What I was seeing was a portrait of the hot-cold façade of the Weimar Republic. My excitement about the skill that obviously went into this work and its very distinctive personal style triggered a strong desire to find out more about Dodo. The enormous coincidence that led me to this picture is symptomatic of my subsequent path to Dodo. A chain of further coincidences, each of them improbable in itself, led me to her œuvre and her biography – and this despite the aggravating circumstance that Dodo, as a Jew, had had to leave Germany in 1936 and had taken her work with her. Many lucky chances are responsible for Dodo's monograph and this book – first and foremost the fact that Dodo's descendents could be traced. Dodo's work was thus able to be rescued from oblivion and can now be presented to a wider audience.

The only major source documenting at least some of Dodo's works is the satirical magazine *ULK*, the back issues of which have been digitalised. Many artists contributed illustrations to this magazine, including Jeanne Mammen, whose pictures were published at the same time as Dodo's. Dodo was only in her early twenties when she worked for *ULK*, but this was probably the most important period in her career as an artist. Her studies of the high society establishment attest to Dodo's own significance in the environment she portrayed in her art. As a member of the Berlin Jewish bourgeoisie, Dodo was familiar with this world not only as a chronicler, but also as an insider. Her style is instantly recognisable for its narrative, sharply contoured, both amusing and ironic elements, which feature more than a small dose of biting satire. 'Colours are my earliest memory', Dodo wrote in her autobiographical notes and indeed, she visualised her observations in an unparalleled blaze of brilliant and varied colours. The economic crisis and the rise to power of the Nazis put an end to the glittering illusion of that era. Dodo witnessed with her own eyes that the zeitgeist of the twenties would not last and that the façade was not real. Her turbulent private life, the loss of her source of income, emotional roller coasters and the growing pressure being placed on the Jewish populace unmasked the camouflage. Dodo began the second phase of her career by 'playing with fire', in other words by attempting to experiment with what the nineteen-twenties proclaimed to be 'in'. With a bluntness characteristic of the New Objectivity and a tough attitude towards herself, Dodo captured in pictures the chaotic relationships she had experienced and the feeling of being emotionally overwhelmed. Feelings that had previously been restrained below the surface of her pictures now broke out and began to define her work. The pictures she made while undergoing Jungian psychoanalysis focused on her inner world in a way previously unknown in the history of art. The messages they convey, fluctuating between euphoria and depression, documented this phase of her life so clearly that they can be read like a book, even without prior knowledge of her biography.

Without Dodo's family, her daughter Anja, her grandchildren Clare, David, Nicola and Steven, it would have been impossible to understand Dodo's life and work, to draw the connection between 'my' first Dodo picture and her biography. Each of them did all they could to support the monograph and exhibition on Dodo. Some of Dodo's early works are among the holdings of the Staatliche Museen zu Berlin (Sammlung Modebild – Lipperheidesche Kostümbibliothek), and thanks to the dedication and passion of its curator Adelheid Rasche, who is also one of the authors of this book, this will be the first venue for the exhibition. The show will then go to the Ben Uri Gallery, The London Jewish Museum of Art. In her essay Miriam-Esther Owesle casts light on those pictures by Dodo that mirror the glamorous twenties, placing them in a historical and artistic context. Margitta Giera interprets Dodo's devastating drawings based on her Jungian analysis, providing us with insights into her works and emotional life that would otherwise have remained closed to us. Sincere gratitude is due to all of them for their personal dedication and selfless dealings with the subject matter that went beyond the usual professional call of duty.

My encounter with Dodo's daughter, Anja Amsel, made a particularly strong impression on me. With her tireless energy, open ear and infectious enthusiasm she supported the project with conversations, accounts, anecdotes and documents sourced among her entire family. Her warmth and openness, which allowed me also to probe some of the more critical phases in her mother's life, are surely features that she and Dodo share.

Renate Krümmer

Dodo – *A Life in Pictures*

Adelheid Rasche

September 1922: Dodo, as Dörte Clara Wolff was familiarly known, just shy of sixteen years old, daughter of a solid middle-class family with a sister five years older than herself, was leaving school. She had grown up in an exciting, turbulent period of transition between imperial Germany and the Weimar Republic which, especially for the younger generation, was accompanied by drastic, forward-looking social changes. This period of upheaval is symbolised by Victor Margueritte's scandalous bestseller *La Garçonne* (The Flapper) that was published that same year and was soon to appear in thirteen different languages. It is tempting to imagine the adolescent Dodo spending days enthusiastically absorbed in reading the German translation of this novel. She would surely have liked the book and its heroine Monique Lerbier. With its descriptions of shady Parisian nightlife, Monique's erotic adventures, her androgynous charisma and professional independence, the novel draws the ideal picture of an emotionally liberated and successful young woman.[1]

Professional training for women had also increasingly become a matter of course in Germany since the end of the First World War, not only for reasons of economic necessity, but also as a means of providing the requisite know-how for an autonomous and self-determined life. Alongside suffrage, education and professional work were decisive steps on the path to the complete integration of women in society. And particularly in the metropolis of Berlin, young people had many different opportunities to partake in social life. Pioneering theatre productions and celebrated dance revues were staged here in the nineteen-twenties, masterpieces of silent film were shot, and the world's star performers made guest appearances. Young Berliners met after work in cafés or dance bars, took gymnastics courses and spent the weekends sailing or rowing on Berlin's lakes.

Faced with choosing what to do with her life, Dodo decided she wanted to train as an artist. Her parents granted this wish only on condition that she first attend a finishing school near Berlin for a year so that she could learn the basics of home economics.

In the autumn of 1923, Dodo, who had always shown a talent for drawing, enrolled at the Schule Reimann not far from her childhood home in the Schöneberg district of Berlin. Since its founding in 1902 by Albert Reimann, this private school for the fine arts and applied arts had acquired an excellent reputation in and beyond Berlin. After the Höhere Fachschule für Dekorationskünste (College of Decorative Arts) had been incorporated in it in 1912, the Reimann School had also been regarded as Europe's most important training institution for window dressing. The Höhere Fachschule für Theaterkunst (College of Dramatic Art), which had also opened as part of the Reimann School in 1913, was particularly well attended after 1918.[2] Classes at the Reimann School were largely given by professionals who worked as freelancers in trade, industry and the media and were thus in a position to prepare their students for the realities of everyday working life. The practice-oriented training workshops at the Reimann School even sold works made by the students – for example clay and metal vessels or Carnival costumes – in the school's own ground-floor showrooms.

Unlike the strict curricula at the state-run art colleges, the educational concept of the Reimann School offered all its students a broad artistic training taught in various courses in conjunction with the so-called 'preparatory class'. In this way, every student was able to discover his or her own talents and was free to experiment, for example, in the classes for nature studies, colour theory, perspective and anatomy that were taught during Dodo's time at the school (1923–26) by Adolf Plünnecke.[3] In the classes for nude drawing and composition (taught by Georg Tappert) and in the portrait drawing and decorative painting classes (taught by Moriz Melzer), Dodo also acquired the basic competencies she would need to attend the subsequent more specialised courses. Because no school reports from her time at the Reimann School have been preserved, we can only assume that she later attended the class for fashion and costume design given by Erna Schmidt-Caroll in addition perhaps to Rolf Niczky's class for fashion illustration. It cannot be said with certainty whether Dodo studied under the Turkish fashion illustrator Osman Assaf Kenan Temizan, who first began teaching at the Reimann School in the summer of 1926.[4] For Kenan, who was himself a successful illustrator for various sophisticated Berlin journals, the 'cultivated fashion drawing' was on a par with the fine arts.

Erna Schmidt-Caroll's class organised an annual costume competition among the students that offered prizes and commendations. In 1925 Dodo was awarded a consolation prize for two costume designs that were published in the school newspaper *Farbe und Form*. The drawings which have been preserved as gifts of Dodo in the holdings of the fashion picture collection in the Lipperheidesche Kostümbibliothek in Berlin were born of the same spirit. Her sketches for fantasy costumes reveal a wide repertory of inspiration that ranges from the Orient, Biedermeier and folk costumes to the then fashionable revue costumes. Colourfully arranged, the figures strike coquettish and inviting, sometimes dance-like poses.

The important role that designs for such fantasy costumes played in all art schools in the nineteen-twenties is not immediately understandable for us today. Erna Schmidt-Caroll thought her students should have a good knowledge of historical as well as foreign costumes along with a well-developed feeling for the combination and exaggeration of various stylistic elements when designing their own works. The fantasy costume designs were evaluated in terms of the graphic qualities of the drawings as well as the creativity that went into making them. The Reimann School was considered to be the supreme institution in Germany for fancy dress costumes and it staged an annual fancy dress party during the Carnival season that was popular throughout Berlin (fig. pp. 10 and 11).

The few poster designs made by Dodo that have been preserved and which were probably never intended for publication almost certainly date from the time at the Reimann School. They demonstrate that she had mastered the basics of good poster design which she most likely learned from the Reimann School teachers Carl Gadau and Else Taterka.

When Dodo was finally handed her diploma from the Reimann School in the fall of 1926, just a few months before her twentieth birthday, she had acquired the wherewithal to embark on a successful career as a freelance fashion illustrator, an artistic profession that had become particularly popular among women since about 1910 (fig. p. 12). After the First World War, a broad interest in fashion across the social classes had grown up in Berlin as a result of the Weimar Republic's leisure- and consumer-oriented mass culture that gave a further strong impetus to the clothing industry as well as to the fashion media. As the capital of clothing manufacturers and newspaper publishers, Berlin was fertile ground for fashion illustration. In 1927 there were 750 women's clothing shops in the capital city alone, and they were joined by numerous businesses specialising in all types of men's or children's clothing. Week for week, a wide range of society newspapers, magazines, fashion and women's journals as well as the illustrated supplements of the large daily newspapers were published, including the *Berliner Illustrierte Zeitung*, *Die deutsche Elite*, *Sport im Bild*, *Die Dame* or *Der Moden-Spiegel*. These publications, which commissioned most of the fashion illustrations produced at that time, had a demanding readership that expected continuous innovation with respect to the pictorial content and design principles. Fashion images – photographs as well as drawings – had to provide more than just a mere picture of a new model, for they were at the same time visual chronicles of their time and expressions of contemporary ideals.

The fashion images that Dodo was commissioned to draw as a freelance illustrator for her commercial customers, for example the designs in the fashion journal published monthly by the prestigious Michels silk weaving company in Berlin, had to fulfil the same standards. The illustrations were expected both to acquaint customers with the advantages of the new fabrics and to make creative suggestions for how they might be turned into clothes. Colour played only a secondary role in Dodo's illustrations for the *Vogue* patterns sold by Michels, because the fashion magazine was printed in black and white. Most of the drawings depict one or two full-length images of women, whereby the ambience of the surrounding space is only roughly suggested, for example by pieces of furniture indicating the prestigious setting. The fashion statement is placed in the foreground: overly slender young women with fashionable short haircuts or wearing a cloche hat are dressed in masculine day wear, sporty jumper ensembles or softly flowing dance dresses with low waists and large decorative ribbons. As is common in fashion illustrations, the figures hardly show any individual features and are scarcely connected with one another by any background context. Even the two landscape-format drawings featuring five or six figures each that were published as the centre spread in the fashion reports from the Michels silk company lack any kind of lively setting. Instead, they focus on depicting the fabrics in question that have been integrated into the representations as round forms at the top (pp. 76/77).

The illustrations Dodo drew as a student as well as her first commissions demonstrate the solid basic training she received in drawing. They are characterised by a subtle use of colour and show a delightful understanding of fashion and the fashionable. Her style from that time perfectly matches the general currents in contemporary German fashion illustrations which underwent a first major flowering in the interwar years.[5]

A completely new phase of Dodo's career began when she started working for the magazine *ULK* published in Berlin by Mosse Verlag. Since Miriam-Esther Owesle has devoted her essay to this period, which was certainly the highpoint of Dodo's artistic career (pp. 193–199), only a few remarks are necessary here. In contrast to her previous student drawings and commissioned pieces for the fashion industry, Dodo's work for *ULK* opened up a completely new pictorial world for her. She now worked for the first time on complex compositions with dense atmospheres, employing highly intense colours in a sometimes sharp, New Objectivist style.[6] Her glamorous subjects reflect precisely situations from the life of prosperous big-city dwellers, while the perspective of her fragmentary, almost photographic snapshots is sometimes that of an observer, sometimes that of a participant. She loved to combine great elegance with humorous pictorial elements, enjoyed working on the details of her figures' facial features and was always at pains to make the hands expressive and to find appropriate poses – elements that say much about the underlying atmosphere of each scene. The women often seem languid and indifferent, appearing not to be satisfied with their newly won freedoms, and sometimes seem lonely. Dodo's men are either well-situated gentlemen or lacklustre boys inhabiting a universe of their own that apparently has few points of contact with that of the women who accompany them (fig. p. 14).

The so-called 'Golden Twenties' that Dodo portrays in her *ULK* drawings is not all unadulterated glamour, however. The drawings often convey a sense of the difficulties in interpersonal relationships, of the fragile balance between autonomous and heteronomous lifestyles. Dodo shows a particularly intense concern with the ideal image of the 'new woman' as portrayed in magazines or films[7] or by real-life role models. We can only speculate about what role her sister, who was five years older than her and a classmate of Marlene Dietrich, played in this regard. In many drawings Dodo depicted intimate scenes between young women, while her portrayals of men and women show more distance, suggesting a less emotional relationship.

How and why did Dodo's artistic style change so radically at this point? What factors triggered the enormous improvement in the quality of her work? Although no reliable information has been preserved concerning this matter, we can assume that the style of her work during the two years in which she received commissions from *ULK* owes much both to the genre of the satirical drawing and to Dodo's own personal experiences.

Dodo herself was one of those young women who had come to be greatly influenced by the changes in society during her teenage years. This applied most especially to relations between the sexes, encompassing open relationships, group companionship and unconventional love affairs. She surely found role models among the various manifestations of the so-called 'new woman' such as the flappers. At the same time, however, she was still bound by the thoughts of security conveyed by the bourgeois ideals of her parents' generation. The life of the young continually fluctuated between breaking free from traditional conventions and pursuing a fulfilled harmonious life. Dodo provides an account of this with respect to herself in her autobiography, describing her unbridled desire for provocation, her nocturnal adventures with various lovers and the pleasure of financial independence. The great upheaval of Dodo's life occurred when she met the lawyer Hans Bürgner, twenty-five years her senior, in 1928, to whom she self-assuredly proposed and ultimately married in January 1929. At the age of twenty-two, she thus began an outwardly secure existence as a wife in the bourgeois Westend section of Berlin. It is not surprising, however, that the marriage became marred by disappointments and irritations, arising from the spouses' differing temperaments and attitudes towards life.

Some of the *ULK* drawings seem in fact to anticipate the fateful events of Dodo's own life that would befall her in the following years. Her work for Mosse Verlag came to an abrupt end in the fall of 1929. She spent the subsequent years in Berlin largely carrying out commissions for small-scale ink drawings from various Jewish newspapers. The themes encompassed biblical subject matter, theatrical scenes, humoristic drawings and illustrations for the children's page of the respective journal. The birth of her children in 1930 and 1932 were further watershed events in her private life. Dodo experienced herself in a number of very different roles both physically and socially within a brief period of time, from the professionally successful single woman to the conventional house-bound wife, from the femme fatale to the unaccustomed role of mother and homemaker, fluctuating in the process between happiness and despair. In 1933 – the National Socialists had just assumed power in Germany – Dodo met the love of her life, Gerhard Adler, throwing her into an immense inner conflict vis-à-vis her young family. She produced a group of very intimate, intense – and during her four months of psychoanalysis in Zurich – sometimes brutal drawings which revealed her innermost fears and anxieties. Margitta Giera's essay is devoted to these drawings and to their in-depth psychological interpretation (pp. 201–206).

During this phase of her life Dodo often dealt with the feminine archetype and its ambivalent powers of seduction; she drew exotic beauties, earth-bound maternal figures with infants, strait-laced nuns and faltering, seemingly lost women caught up in the whirlwind of events. Men rarely appear in these drawings but when they do it is almost always in a negative guise – as executioners or as death itself. These figures remain unreachable and distant or else hostile to all that is feminine.

Dodo's private situation only stabilised again after 1938 while she was living in exile in London. The biographical essay by Renate Krümmer eloquently describes this period of her life (pp. 183–192). It was in London that Dodo found her way back to some elements of the pictorial language that she had developed in Berlin in the latter half of the nineteen-twenties. Although in London, where she produced illustrations for children's books, greeting cards and commerical art, she never attained the level of success she had known in Berlin, the tenor of her works was harmonious, humorous and evinced an intense treatment of her subject matter. Starting in the fifties she painted a series of watercolours that should be regarded as purely private works: still lifes in domestic settings, female nudes and portraits. In the seventies Dodo developed a passion for designing and executing colourful embroideries.

When Dodo died in London in 1998 at the age of ninety-one, seventy years had passed since she had started working for *ULK*, the height of her artistic career. That world now seems lost and gone forever, yet one is tempted to ask what development Dodo's artistic path might have taken had she been able to continue working on her illustrations in a cultivated environment. Even today, her powers of observation, her sense of colour and composition and her subtle feeling for human types remain fascinating. Equipped with these talents, how would she have seen the mundane society of the thirties, the period of economic upturn in the fifties or even the youth movement of the sixties that was in some ways reminiscent of the nineteen-twenties? What developments would have become visible in

Dodo's artistic œuvre had she been able to spend the rest of her life in Berlin? What influence would a different personal situation, without the emotional ups and downs, have had on the subject matter and style of her drawings? How much did Dodo miss the opportunities larger commissions would have provided to demonstrate and further develop her own artistic abilities during her initial years in London? Did she still see herself as an artist after 1945?

Although these questions must necessarily remain unanswered, there were a number of constants in Dodo's long life that gave her strength and support: the strong cohesion of her families, the uncompromising support she received from her husband Hans Bürgner and finally her life-long emotional attachment to Gerhard Adler. Mascha Kaléko's lines in the poem 'Von Mensch zu Mensch' (From Person to Person)[8] aptly express this mixture of feelings:

> Nun, da du fort bist, scheint mir alles trübe.
> Hätt' ich's gewußt, ich ließe Dich nicht gehen.
> Was wir vermissen, scheint uns immer schön.
> Woran das liegen mag – . Ist das nun Liebe?
>
> Now that you're gone, it all strikes me as bleak.
> Had I suspected, I wouldn't let you go.
> What we regret strikes us as beautiful.
> Why is that always so – Could it be love?

1 See Stephanie Bung and Margarete Zimmermann, 'Von Paris nach Berlin. Victor Marguerittes *La Garçonne* und die Folgen', in *Garçonnes à la Mode im Berlin und Paris der zwanziger Jahre* (*Querelles. Jahrbuch für Frauen- und Geschlechterforschung*, 11), edited by Stephanie Bung and Margarete Zimmermann (Göttingen, 2006), pp. 7–27.

2 See Swantje Kuhfuss-Wickenheiser, *Die Reimann-Schule in Berlin und London 1902–1943: ein jüdisches Unternehmen zur Kunst- und Designausbildung internationaler Prägung bis zur Vernichtung durch das Hitlerregime* (Aachen, 2009).

3 This teacher is immortalised in Dodo's autobiography in her account of a surprising incident, see p. 184.

4 In any case, several drawings made by Dodo for *ULK* reveal that she was surely influenced by Kenan's own publications, see fig. p. 15.

5 See Adelheid Rasche (ed.), *Pailletten – Posen – Puderdosen. Modezeichnungen und Objekte der Zwanziger Jahre* (Berlin, 2009).

6 No information has been preserved that tells us how Dodo came into contact with Mosse Verlag. It is likewise unknown what was behind the stylistic changes described here.

7 Katharina Sykora et. al. (ed.), *Die Neue Frau. Herausforderung für die Bildmedien der Zwanziger Jahre* (Marburg, 1993).

8 Mascha Kaléko, 'Von Mensch zu Mensch', in *Kleines Lesebuch für Große* (1934) (Hamburg, 1956), p. 75. The English translation of the poem is taken from Barbara Hahn, *The Jewess Pallas Athena: This Too a Theory of Modernity*, translated by James McFarland (Princeton, 2005), p. 153.

'All this time I was good at drawing. At home I drew every free minute'

Renate Krümmer

'I was called Dörte which is an unsuitable choice for a very dark Jewish little girl,' Dörte Clara Wolff remarks at the start of her unpublished autobiographical notes.[1] Born on 10 February 1907 in Berlin as the second daughter of Erich Manfred and Grete Wolff, she was clearly not happy with the name her parents had given her. Instead, throughout her life she was always simply 'Dodo'. Not Dodo Wolff, or Bürgner or Adler (the names of her husbands) – indeed not a single photograph exists of any of her weddings – but just plain Dodo. From an early age she already had very clear notions about what she liked and did not like and she acted accordingly. It was she more than anyone else who decided what path her life would follow. And while her family, friends and surroundings were important to her, it was her emotions and impulsive determination that would shape her life, often gaining the upper hand.

One looks in vain in Dodo's brief autobiography for detailed information about what was near and dear to her or on how she perceived political events. What her account does provide, however, are insights about Dodo herself. We find ourselves surprised not only by what it contains, but also by what is omitted. Even art – which Dodo used as a means to illustrate, come to terms with or dramatise major periods of her life – does not play a dominant role in her written observations. While she acquired a liking for art through study, reading and frequent visits to museums and exhibitions, she did not consider herself an artist in her own right. Her motivation for living was life itself, and art assisted her in this. We discover the significance that art had for Dodo only in her pictures, the many hundreds of works on paper mostly done in brilliant colours which illustrate many of the important stages in her life and bear witness to her emotionality. They illuminate her path in the radiant colours that always characterise her work.

'First memories are colours', she writes, recalling a pink rose pin on the evening dress of her mother as she gave her a good night kiss. The world into which Dodo was born was certainly not grey. Together with her sister Suse (Antonie Johanna Suse Wolff), five years her senior, she grew up in a sheltered atmosphere at Regensburger Straße 9, a Jugendstil house in the Schöneberg district of Berlin. Originally from Silesia – her father in the timber trade, her mother a housewife – her parents brought up their daughters in an environment free of economic worries in which the arts featured prominently. Dodo's father had a talent for drawing, but his traditionally minded, middle-class Jewish background meant it was out of the question for him to make a career out of his passion. Nevertheless, the family led a convivial home life marked by art, books, music and visits to the cinema and theatre. They were taken care of by the cook 'Tata' (Marta Koschan) and the parlour maid Lisbeth Liebener, who remained with Dodo's parents until they had to emigrate to England as fugitives from Nazi persecution in 1938.

Although Dodo characterised her parents' marriage as not overly happy and described her father as domineering, there was one member of the family whom she particularly cherished: her paternal grandmother Adelheid Wolff, née Grünberger. The former teacher from the Upper Silesian city of Beuthen (now Bytom in southern Poland) was married to an educated bookseller and publisher with a good sense of humour, and after his death she purchased a respectable multiple-occupancy house in Regensburger Straße in Berlin. She lived on the ground floor while her son Erich, her only child, lived with his family on the first floor. Dodo loved her widely travelled grandmother who taught her to read and write at a very early age and in her rather 'old-fashioned' manner, as Dodo describes it, gave her unconditional love and attention but did not spoil her with presents. Dodo admired her grandmother's strength and independent, enterprising spirit. Adelheid Wolff was a shareholder in the Berlin Zoological Garden and had a season ticket for the family. For a time she transformed the corner shop of the building her family lived in into a gymnastics studio which she rented out. This woman, who did not always make her daughter-in-law's life easy, was young Dodo's anchor and pillar of strength: 'the member of the family I loved most.' When her grandmother died the twelve-year-old Dodo was inconsolable.

Most of the Jewish family's active social life revolved around their large circle of relations, and most of Dodo's friends were cousins, a circumstance that did not change even after she started school in 1913 at the municipal lyceum in Wilmersdorf. When she was not playing with her old friends in the Tiergarten, she happily spent time alone, reading or drawing, preferring these activities to whiling away the hours with her new classmates. She described herself as a loner at school who distinguished herself more through 'good behaviour' and 'alert attentiveness'[2] than by academic achievement. Even though Dodo firmly believed in God and said a prayer with her mother each evening – 'God was definitely up there', she wrote, 'no question about it' – she first learned the Old Testament under a Jewish religious educator who taught at the lyceum, where almost half the pupils were Jewish. Aside from personal contacts, her parents, who considered themselves agnostics, had no close ties to the Jewish community. Dodo's primary school years were marked by the First World War, which for her was associated with school sometimes being cancelled, food rationing and coal shortages. Through his work in the timber trade and frequent visits to the countryside, Dodo's father was able to secure sufficient provisions for his family. Although the war did stir their patriotic sentiments – Dodo's father flew the black, white and red German flag from the family's balcony and her sister wrote glowing odes – the family's convivial life in the company of friends and relations was otherwise largely unaffected and the girls were able to spend parts of their holidays at summer retreats for children.

In 1918 Dodo transferred to the Auguste Viktoria School (the municipal lyceum and secondary school, as it was called) on Nürnberger Straße. Her sister Suse had attended the same school and Marlene Dietrich had been Suse´s classmate. Dodo did not excel as a pupil at this school either, showing only a short-lived interest in improving her schoolwork when at the age of fourteen she developed a schoolgirl crush on her new form teacher, Herr Schlemmer. But her infatuation vanished just as swiftly has it had come, and with it her good marks. Herr Schlemmer commented: 'You should be old enough now not to let your personal feelings interfere with your work'. Yet this was a state of affairs that would accompany Dodo for the rest of her life.

She travelled with her parents during the school holidays, and later she was permitted to join her twenty-year-old cousin on a winter vacation with sleigh trips in the Giant Mountains (in the present-day Czech Republic) (see fig. p. 19). The two girls provided alibis for each other, especially when it came to attending afternoon dances with young beaus at the hut. The nearly sixteen-year-old Dodo left the school on 29 September 1922 with marks that she herself described as 'dicey', because it was only through her charm and powers of persuasion that she was able to convince her teachers to improve her undistinguished written scores with good marks for class-work (see fig. p. 19). There was, however, one thing in which she did excel: 'All this time I was good at drawing. At home I drew every free minute.' Despite her mother's urgings to capture the beautiful landscapes on paper during their summer holidays in the mountains, Dodo drew a row of nude nymphs dancing over a hill being pursued by a faun. Having discovered the adolescent pleasure of being provocative, Dodo had no qualms about drawing scenes of copulating couples or of a pregnant harlot about to commit suicide by throwing herself from a bridge – a motif, incidentally, that she would return to in 1933 during a particularly difficult period in her life (fig. p. 126). Her mother 'was terrified of what she had produced' and consulted a paediatrician who dryly noted that Dodo was only drawing what other girls were thinking.

Dodo insisted on attending art school. Her parents agreed on condition that she first go to a school for young ladies to perfect her home economics and cooking skills. Dodo relented and was overjoyed when, after a year, she was finally able to leave the 'finishing school' near Berlin, run by three unmarried sisters, in the summer of 1923. While on holiday with her parents that summer she discovered her love of mountain climbing, and her father permitted her to explore this further on a number of tours accompanied by guides.

Dodo was finally able to begin her art training in the autumn of 1923. Because her secondary school grades were not sufficient for her to gain admission to the State Academy of the Arts, her father enrolled her at the Schule Reimann, a private school for art and the applied arts founded by Albert Reimann in Schöneberg in 1902. She was thrilled to learn that the school 'had a reputation for bad moral behaviour of its students'. Dodo loved the teachers and the broad curriculum, which as well as offering a good grounding in art also gave its students the opportunity to attend 'live classes' not only with visits to the zoo but to nightclubs as well. Dodo wrote in her account about her drawing class's excursion to the zoo: 'It was not the animal, but the teacher who attacked me in the lion house and kissed me violently. The lion looked on bored.'

Although she did not reveal this particular teacher's name[3] in her autobiography, one of her instructors was very probably Georg Tappert who taught at the Reimann School until 1924. A small watercolour portrait of a woman made by Tappert that year, entitled *Dodo 1924*, bears a remarkable resemblance to our Dodo. She remained at the Reimann School until 1926 and is listed by name as one of the students in a comprehensive publication on the history of the Reimann School.[4] Some of her drawings were published in *Form und Farbe* in 1926 and other drawings entered into the possession of the Lipperheide Costume Library Berlin, now part of the Berlin State Museums.

Increasingly driven by an appetite for adventure, Dodo found her private life rather boring: dancing school and house parties arranged by Jewish families with the inevitable potato salad, Frankfurter sausages and juice. That was at least until shortly before her seventeenth birthday when she met Hans Aufrichtig, ten years her senior, who began flirting with her. Their platonic relationship lasted about two years. What had begun with Hans Aufrichtig continued with Herbert Hadra, the son of one of her father's colleagues, who was looking for a good girl to marry. Dodo met him in 1926 and they took long rides in his car, sat in the cafes on Kurfürstendamm and attended the theatre and revues. In 1926 Dodo witnessed Josephine Baker performing on the stage of the Nelson Theatre on Kurfürstendamm wearing only a banana skirt, and was so impressed that she made more than one drawing of her (figs. pp. 20 and 85). Herbert remained her lover until 1928, but then he decided that she was not the type of girl he was looking for to marry.

Upon leaving the Reimann School in autumn 1926, Dodo was immediately hired to do freelance work, with the result that the advertising poster she designed for herself with the address at which her family now lived (Hölderlinstraße 12, Berlin-Westend) was never used (fig. p. 20). Her initial commission was to make fashion drawings based on swatches of material, predominantly for the Michels & Cie. fashion boutique located at Kaisereck and Auguste Viktoria Platz (now Breitscheidplatz) in Berlin. The company brought out a monthly fashion publication 'for the elegant woman' entitled *Seidenweberei Michels und die Mode* in which Dodo's designs for *Vogue* patterns appeared (fig. p. 21). She earned 'a lot of money', and because she did not have to give money to her parents for room and board, she 'squandered it happily taking taxis whenever I went and having my own cigarettes printed with my name on them'. Because she was short-sighted and thought glasses were 'dowdy', she took to wearing a monocle and twirling a swagger stick in a dandy-like fashion whenever she went out. Her attire was chic and avant-garde. 'Very smart in a French type of way' – she was not a classic beauty but extremely attractive. It was this very personal allure that she would radiate to others for the rest of her life.

At the age of twenty, she decided that she wanted to lead a more adult life and would now move towards the haven of marriage and a family. Her artistic work was more exciting than ever: The head of the arts section of the *Berliner Tageblatt*, published by Theodor Wolff, commissioned Dodo to make full-page illustrations and two-page spreads for the satirical magazine *ULK*. At peak periods, this weekly magazine reached a circulation of 250,000 to 300,000 copies and was hence widely distributed in Berlin's finest circles and beyond. Dodo's *ULK* gouaches put her on a par with some of *ULK*'s most renowned illustrators, among them Jeanne Mammen (a former Reimann student) and Rolf Niczky (a teacher at the Reimann School). More than sixty of Dodo's colourful illustrations were published between late 1927 and 1929, often prominently placed on the front or back cover or on the two-page centre spread (fig. p. 21). She thus became one of the most sought-after artists working for *ULK*: 'This was no doubt the peak of my professional career.' Dodo also illustrated articles by Polly Tieck (the pen name of Ilse Falkenfeld, née Ehrenfeld), a coveted feature writer whose articles in *Tagebuch*, *BZ am Mittag*, *ULK* and *Münchner Jugend* recall the writings of Irmgard Keun and Kurt Tucholsky. Polly would later share the fate of many Jewish journalists in the Weimar Republic: she had to emigrate and we lose track of her in the United States.

Dodo describes as one of her most thrilling moments receiving a telegram from Marcellus Schiffer and Mischa Spoliansky, who were then planning *Es liegt in der Luft* (There's Something in the Air), which was to become the quintessential New Objectivity revue. They wanted Dodo to design the costumes for the singer and diseuse Margo Lion and her foil, the then completely unknown Marlene Dietrich. The premiere of their first work for the stage on 15 May 1928 was the breakthrough for Schiffer and Spoliansky. Against the backdrop of a large Berlin department store, Margo Lion und Marlene Dietrich played wealthy young women singing songs that included the double entendre-filled duet *Wenn die beste Freundin mit der besten Freundin* (When My Best Girlfriend . . .). The song makes evident that the two women are unsatisfied with their husbands and that they are more than just close friends. The play was a big hit and the song became a kind of theme tune for the lesbian community of the late nineteen-twenties. Schiffer was thereafter in great demand as the author of couplets in Weimar Republic Germany. Dodo attended many rehearsals 'and later on got endless free tickets for the performances'.

It was Polly Tieck whose invitation one evening in 1928 occasioned Dodo's first encounter with her future husband Hans (fig. p. 22). Dr Hans Bürgner, a successful lawyer and notary, born on 17 November 1882 in Berlin and thus considerably older than Dodo, arrived late that evening, coming after the theatre. Dodo and Hans talked until 3 o'clock in the morning on a sofa in Polly's apartment, and he then drove her home. Dodo proposed to him in the car. He burst out laughing, pointing out that he was more than twenty years older than she was. She said it didn't matter and she told him he should give his consent the next day with flowers. The flowers arrived, accompanied by a message saying he found her charming, witty and provocative. He wanted to see more of her but marriage was out of the question. They afterwards often went out together, had dinner, went to the theatre and at weekends went swimming at one of the many lakes around the city. She loved him and they soon began an affair that was easily managed as he had a flat in town to which he gave her the key. Polly, who was living in a lesbian relationship with Fe Spemann-Adriani after her marriage to the left-wing journalist Helmuth Falkenfeld, invited them to spend their holidays together with her and Fe and other friends. They spent carefree days together during which the boundaries of the respective partnerships were not always clearly drawn. The zeitgeist was described by Polly as follows: 'I have a boyfriend and my boyfriend has a girlfriend, – I think there is no misunderstanding between us; he has someone else besides me. . . . And to finally get to the crux of the matter: I am absolutely in no way jealous of this girlfriend.'[5]

In the summer of 1928 Dodo decided that she now really did want to marry. Hans was in Italy at the time, travelling with his sister Hedwig, who was married to the renowned psychiatrist and friend of Sigmund Freud, Karl Abraham. Impulsive and emotional as Dodo was, she wrote an ultimatum to Hans one night. Without thinking twice, she went out naked, dressed only in a coat and gloves (in those days one always wore gloves when one went out!) – to post the letter. On the way she lost her house keys and found herself confronting her dumbfounded parents at the front door in the wee hours at a loss for an explanation.

Hans returned and Dodo was in seventh heaven when he told her, yes, he wanted to marry her! Her parents were in some ways very pleased because Hans was 'a man with a certain position in life'. After the usual 'man-to-man' talk, however, Dodo's father became temporarily rather dejected at the prospect of 'a man almost his age' – Hans was only nine years younger than himself – 'stealing his daughter'.

The wedding was planned for early 1929 and the intervening time was spent setting up house. Hans commissioned the architect Ernst Freud, Sigmund Freud's son and Lucian Freud's father, to do the interior design for their first flat at Platanenallee 26 in Charlottenburg. Not only did Freud design the silver grey Art Deco lacquer furniture for their living room, dining room and two bedrooms but also a grey lacquer play pen for Dodo's collection of stuffed animals, which she kept in her bedroom. The civil ceremony took place in early January with Dodo wearing a short red silk taffeta dress and a fur coat that she purchased with money she had earned herself. That same day the two of them departed for a fortnight's honeymoon at Celerina, Switzerland, where they stayed at Suvretta House (fig. p. 23). Hans, who was known there, introduced Dodo to his ski instructor saying: 'This time I bring you my wife.' The instructor grinned and answered: 'You say that each year, Herr Doktor.' While Hans loved winter sport, Dodo could never really warm to it: She loved warmer climates. And she also preferred the cosy evenings in their suite to the glamour and formal dinners every night. In the end, she was happy when they returned home to their new domicile, for which Hedwig, Hans's sister, had found a domestic servant in the meanwhile. The honeymoon is documented in a few wintry illustrations published in *ULK* in late January 1929 (figs. pp. 96/97, 111).

At first Dodo enjoyed married life: premieres at the theatre on Saturdays, visits to friends and family (she was warmly welcomed by Hans's family), day trips to lakes in the surrounding countryside and good restaurants in the evening. Although she enjoyed their mutual love and warmth, she became progressively less enthusiastic about the physical side of their relationship, a circumstance that the couple never addressed. Dodo also gradually found the social round of dinner parties that had to be reciprocated to be a burdensome routine. She had come to realise that they had very different personalities: While Dodo was emotional, intense and fond of experimenting, Hans was cautious and not spontaneous enough for her. Hans's motto was that one should carefully consider taking on responsibilities and obligations – but if one did, one should stand by them and not shirk them. It was this attitude, incidentally, that prompted his unswerving devotion to Dodo and her family even when their relationship became extremely difficult. Dodo felt herself to be more like 'a delightful, lovable toy, sometimes a daughter, for whom he felt responsible, but certainly not a companion in marriage'. She had the feeling that she could never really share his life.

Dodo continued drawing and working, but following the stock market crash in the late autumn of 1929, she found she was no longer able to produce her colourful illustrations for *ULK* because the magazine had given up printing in four colours (fig. p. 24). What is more, she had now decided she wanted a child. After their summer holidays in the Dolomites, Dodo became pregnant in the autumn. There followed the 'most enjoyable nine months of my life . . . physically on top of the world, emotionally on a high, unconsciously probably comparing myself with the holy Mary'. Many of her gouaches dating from this time glorify motherhood. Childbirth, however, brought Dodo back down to earth. Her daughter Anja (Anja Ruth Burgner, born on 31 July 1930) cried almost continuously for the best part of two years according to Dodo's autobiography. Her 'nightmares', as she called them, were the days when the nanny she had employed had her afternoon off and Dodo had to stay at home (now on Ilmenauer Straße 2a, in Berlin-Grunewald) and deal with the situation alone. Instead of trying to get to grips with the problem, she wanted to become pregnant again as soon as possible so that she could again experience the emotional euphoria and feeling of happiness. But things turned out very differently this time. When she became pregnant again only ten months later, the feeling of helplessness replaced her sense of elation. Dodo fell into a depression. The result was that she was not able to develop an emotional bond with her son Thomas (Thomas Ulrich Wolfgang Burgner, 6 March 1932–14 July 2001) until he had outgrown babyhood. Dodo documented these burdens and the obvious sense that too many demands were being made on her in works dating from this time. She sensed that the good life was passing her by and that now, still only in her mid-twenties, she was hopelessly trapped in her situation.

Dodo was never particularly interested in politics, and she was hence hardly moved at first when Adolf Hitler came to power in Germany in January 1933. Having been on maternity leave and also owing to the economic crisis and no doubt the fact that she was Jewish, she had not had any commissions for some time in any case. She first began drawing again in 1934, producing children's pictures, Bible stories and theatre scenes solely for Jewish publications such as *Jüdische Rundschau, Israelitisches Familienblatt, C.-V. Zeitung des Judentums* and *Gemeindeblatt der Jüdischen Gemeinde* (figs. pp. 115–119).

It was again Polly Tieck who would trigger a decisive turning point in Dodo's life with an invitation during the carnival period in 1933. While Hans was skiing in Switzerland without his wife, Dodo met Gerhard Adler, and they immediately fell for each other (fig. p. 25). The handsome Dr Gerhard Adler was born in Berlin in 1904, and was thus virtually the same age as Dodo. He had studied and obtained his doctorate in Freiburg, and in 1932 he began working at the Burghölzli psychiatric hospital in Zurich under Carl Gustav Jung with whom he would retain close ties until Jung's death in 1961. Hans soon learned of Dodo's passionate affair. The afternoon encounters in Gerhard's Berlin apartment were followed by his departure for Zurich, and Dodo was plunged into an emotional whirlwind of guilt, passion and thoughts of separation that she made the subject of numerous watercolours (figs. pp. 121–139). She was furthermore distressed to discover that she was pregnant by Gerhard. She found a doctor to perform an abortion ('Madam does not want children'[6]) and not only informed Gerhard in Zurich about this by telephone, but Hans as well. Moribund poems addressed to the unborn child demonstrate how intensely this weighed on her.

Dodo sought distraction and attended an evening course on parenting headed by Tami Oelfken, a noted progressive educator and writer. She impressed the lonely Dodo so much that she fell in love with Tami and they began an affair, although Tami was actually living in a long-term relationship with another woman. It is not known whether Hans knew about this relationship, but he liked Tami and did serve as her legal counsel in matters related to her school in Berlin.[7] Tami would later also be very helpful to the family when they were forced to leave Germany as a result of the worsening political developments. Herself always critical of the National Socialists, Tami reports that Hitler did in fact at first have supporters among Berlin's liberal Jewish community: a clever Berlin lawyer, she wrote, had accused her of not acknowledging Hitler's achievements enough and said he was instead sad that Hitler did not permit the Jews to take part.[8]

The love affair between the two women ended when Gerhard returned to Berlin. Gerhard did not want to leave for Zurich in the autumn without Dodo. She found herself pregnant again, and this time terminated the unwanted pregnancy with tablets. She felt that she had to accompany Gerhard back to Zurich in September, and informed Hans – expecting him to start divorce proceedings – as well as her irate and distraught parents. She was delighted to be in Zurich where she felt years younger, almost like a student. She attended Jungian seminars and in a personal meeting Carl Gustav Jung explained the danger of their relationship to the couple using the analogy of a matchbox: 'The more I push one part of the matchbox into the other, the more it disappears. One has to learn to be a person in one's own right and not completely live in the other person.' He recommended that Dodo undergo analysis with Toni Wolff, his long-time lover and analyst. For Dodo, working with Toni was a revelation and she 'painted pictures of the unconscious' that became the object of the analysis. She continued to correspond with Hans about the children. Toni, who was convinced that 'she had in no way finished her relationship with Hans', recommended that Dodo suggest to Hans that she officially return to him as his wife and mother of their children without, however, giving up the relationship with Gerhard Adler. They should instead enter into a ménage à trois, like the one she herself was practicing with C. G. Jung and Emma Jung, which she felt was an ideal solution. Hans accepted her suggestion and Dodo returned to Berlin in early 1934, where Gerhard was now spending more time with his patients. Dodo and Gerhard travelled like normal lovers to Venice in the summer of 1934 (fig. p. 26). Dodo found nothing extraordinary about this constellation, writing once about a cooking class in which all the women prepared delicious little meals which they would bring home not to their husbands, but to their lovers instead.

The political situation grew increasingly tense for all involved. Hans, who as a Jew was again allowed to practice law after a brief ban in 1933, reported pale-faced in the autumn of 1934 how he had had to swear allegiance to Adolf Hitler in order to obtain public contracts. Their physician had recommended sea air for the children, so the family travelled to the Italian city of Grado in the summer of 1935 (fig. p. 28): 'North-sea coast was out of bounds, overrun by Nazi families with children sticking swastikas in their sandcastles.' The family's Aryan nanny who had accompanied them to Grado likewise owned up to her anti-Semitism and left. The children were in a Jewish kindergarten in Berlin, but when it came time for Anja to begin school, Hans did not want to enrol her in a Jewish school. And he also forbade Gerhard and Dodo to take the children with them to Palestine, as Gerhard had planned. Hans suggested that they go without him to London instead. During a trip to England – Hans's sister Hedwig was now running a boarding house there – it had been agreed that Dodo should apply for a British work permit as a freelance professional. It was granted and Dodo took some furniture and her works with her to London, where Hedwig had by now rented a small house for her (13 Holders Hill Gardens, London NW4). 'I left Berlin in April 1936, leaving the children with Hans until the furniture arrived and the house was ready for them.' Gerhard found two furnished rooms five minutes away from each other. He already had contacts in England as his son from his first marriage was attending boarding school there. As a non-Jew, Tami Oelfken took the risk of accompanying Anja and Tom to London and lived with the family for several months, taking charge of the two children's education until they had adapted to their new surroundings. Her own attempts to establish a private school in London fell through, so she returned to Berlin in the autumn of 1936.[9] Dodo had to get along without domestic help for the first time, and while the children quickly learned English in a nearby school, she found it difficult to adjust to the new situation. Her only friends were Hans's family, who continued to be very nice to her despite the fact that she had left him. Gerhard insisted that she get a divorce because he wanted to marry her: Although she told him 'I cannot hop from one marriage into the next, it's not like changing the shirt for a cleaner one', Dodo nonetheless filed for divorce in Germany with Hans's assistance.

In the meanwhile, however, Dodo's relationship with Gerhard had become less intense. When his explanation for his periodic absences – that he was visiting his son at boarding school – proved to be untrue, Dodo realised that he had another woman and confronted him with this. He admitted it but was unwilling to give up his relationship with Hella, a German woman he had been together with for quite a while. He suggested a ménage à trois, but this time it was Dodo who rejected the suggestion and insisted on marriage. Gerhard and Dodo married in the summer of 1937. The wedding breakfast was marked by a curious omen when the house cat sprang from the first floor of their rented house in London onto the *Baumkuchen*, a layered cake they both adored so much.

Gerhard, however, continued his relationship with Hella, and there began for Dodo 'one of the most miserable periods of my life'. She felt numb and wanted to commit suicide, having always characterised Gerhard as the love of her life. He in turn suggested that she undergo analysis. She began working three times a week with Philipp Metmann who helped her very much. Because she had no money and nevertheless wanted to show her appreciation to Metmann and his wife, Dodo gave them jewellery she had been given by Hans on the occasion of their engagement and on the birth of their daughter. Hans also became privy to her worries and relationship problems. He warned her against being too flighty and recommended that she give the marriage another chance. Eventually, however, Dodo and Gerhard separated for good only a year after the wedding. With Hans's assistance, the divorce papers were filed in Germany as per Dodo's request. Dodo spent the following summer holiday at Ascona where Hans visited the family – she called it the most miserable vacation of her life. In the autumn of 1938, only a few months after the divorce from Dodo, Gerhard married Hella, who would later help him establish the Society of Analytical Psychology, the British training institute for Jungian analysis and psychotherapy. Gerhard supported Dodo with a small sum and Hans paid for the children. Dodo sought freelance work, hawking her portfolio from door to door, but her style was considered too continental. Eventually she began designing greeting cards and Christmas cards for Raphael Tuck & Sons (figs. pp. 162–167), a leading postcard publisher whose firm was destroyed during the Blitz in 1940.

Dodo also obtained some work illustrating children's books from 1938 on.

Dodo's parents were forced to emigrate in 1938; they came to England before British visas were required. Hans also came to London after a ban on Jewish lawyers' practicing was issued in Germany on 27 September 1938,[10] and initially found refuge with his sister. His property remained behind in Germany, including several works by Marc Chagall with which the artist had remunerated Hans for legal counsel. They were hidden away along with several pictures by Emil Nolde that Hans' sister Hedwig had collected, but they were never found again after the war. Hans worked actively on behalf of the Refugee Children's Movement that enabled over 10,000 Jewish children to emigrate from the German Reich to Great Britain between November 1938 and 1 September 1939.

When problems developed regarding the emigration of Dodo's sister Suse, Dodo actively tried to help: Suse was in Holland with her children waiting for a visa for the United States that was a long time coming. Dodo was convinced that the appointment she had with the British refugee organisation would be too late, so instead of waiting patiently, she sought out the office of Otto Schiff, the German-Jewish former banker who headed the Jewish Refugees Committee, two weeks before her scheduled appointment. She did not let herself be fobbed off and waited outside his office until he finally came out himself: 'Is one of you Otto Schiff? I have to speak to you, it is a matter of life and death.' Otto Schiff subsequently called Croydon Airport and instructed them that a woman together with her children who had German passports but no British visas could board the next flight and enter Great Britain. Dodo and her brother-in-law Kurt Neustein, Suse's second husband, watched from the airport observation tower as her sister and the children landed.

At that time many people were leaving London to avoid the bombings, but as a refugee, Dodo had no contacts in the countryside. With the general mobilisation, she departed with a caravan and her children on 2 September 1939 for Cornwall where she had rented a primitively fitted house. Hans and Kurt visited her over Christmas and talked her into returning to London where she would be more comfortable and safer together with her family. They moved into a block of flats at Grove House, in the North London suburb of Finchley (15 Grove House, London N.3). Suse lived next door and their parents on the floor above. With the start of the Battle of Britain, which was accompanied by air raid drills and the use of gas masks, the family slept on mattresses in the hallway in order to be as far away from the shattering windows as possible. Hans was worried about his family, but it was difficult for him to visit them because he lived on the other side of the city and public transport did not run during drills and air raids. He often stayed overnight and after a while Dodo suggested that he move out of his room at his sister's home and live in her loggia. This arrangement functioned well and the family had their evening meals together. Alongside his activities on behalf of the Refugee Children's Movement, Hans had also found work in a law firm where he substituted until the end of the war for one of the partners who had left to serve in the armed forces.

The education of the children was of paramount importance to Hans. Both children were gifted and won scholarships that allowed them to go to good schools without having to pay fees. Anja and Tom likewise benefited from the fact that Hans had enjoyed a thorough classical education, much of which he passed on to the children, and he even arranged for piano lessons. Everyday life was marked by food rationing, and they obtained their small allocation for sweets from Werner Ackermann, whom Dodo knew from Berlin (fig. p. 29). Ackermann and his wife had learned the art of chocolate-making from a chocolatier in Berlin and started a little business from their own kitchen. Dodo was given the opportunity to design chocolate wrappers and advertising for the Ackermanns. And in this way their beloved *Baumkuchen* also found its way into the neighbourhood.

On D-Day, 6 June 1944, the whole family went into town to watch Winston Churchill and his cabinet enter Westminster Abbey to mark the Allied invasion of Normandy. In the meanwhile, Hans was not showing any signs of moving back to his flat. Instead he surprised Dodo with a proposal: 'We get on so well together, why don't we marry again?' The marriage registrar was confronted with the strange situation of a couple who wished to marry for a second time. Dodo thus assumed her old name again, but this time without the German umlaut, now spelling it 'Burgner'. Hans bought a house for the family in

Finchley, where they would remain for the rest of their lives. (Lansdowne Road, Finchley, London). Dodo's parents came through the war well as a result of their emigration. Erich Wolff died in 1951 at the age of seventy-eight, his wife a short time later in 1952 at the age of seventy-four.

In 1951 Dodo and Hans visited Tami Oelfken, who was living a secluded existence at Überlingen on Lake Constance (fig. p. 30). They felt a close bond of gratitude to her, for it was Tami, now sixty-three, who had brought their children to London. Tami was also fond of Dodo and Hans, dedicating two stories from her 1946 book *Die Sonnenuhr* (The Sundial) to them. Dodo took up a full-time job at Paris House, a company run by a couple of middle-aged Jews producing accessories for the couturiers. Anja and Tom continued their education and both received scholarships: Tom to read English at Cambridge and Anja to read French in London. Anja later became director of a National Housing Association and worked in social housing in Scotland. Today she is still involved in public projects and administrative bodies in Edinburgh. Tom had a distinguished and highly respected career as a Treasury official, and later in higher education administration and social care reform, dying in 2001 at the age of sixty-nine, less than three years after his mother.

Dodo and Hans led a peaceful and enjoyable life together. Hans had to give up his work at the law firm when the war ended, but was offered a position with the United Restitution Office (URO) in Germany where he became involved in Jewish compensation cases. He established the URO's Düsseldorf office in 1950 and later the one in Berlin. Because of his family, Hans was initially reluctant to return to Germany, but Dodo convinced him to take the position since she knew the assignment would bring him immense satisfaction. Hans visited the family regularly, and during one of these visits, he suggested to Dodo that she take up painting again, which she had long neglected due to the circumstances of the times. She enrolled in an art class in Hampstead devoted to nude painting. And who should she meet the very first day? – Gerhard Adler. His life-long interest in art had led him to amass a growing collection on which he was advised by his friend, Sir Herbert Read. During the break they talked about their children but otherwise did not touch on personal topics. Adler did not return to the art class and Dodo never saw him again.

Dodo would travel to Berlin one final time, visiting Hans there in the nineteen-fifties. They went to the theatre and to concerts and museums, and while he was working during the day, she went off in search of her past. Dodo found only very few people she had known from before. She did not regret, either, that she had not been permitted to emigrate to Palestine in 1936. Dodo took up an invitation to visit Israel in 1960, but she felt alienated there and never went back.

Hans went on working until he was eighty. The URO eventually offered him a position in London, which he accepted only hesitantly. So after many years apart, Dodo and Hans began living together in the same city again where they remained until Hans's death. The couple often holidayed in Italy where Dodo would capture her impressions of the landscapes in watercolours. Hans died peacefully at home in 1974 at the age of ninety-two.

Dodo, however, was still to see her other husband pass away. When she attended Gerhard Adler's funeral at the turn of 1988/89 and encountered his wife Hella, Dodo felt that she herself was his true widow. Hella survived Gerhard by some twenty years, living to the age of 102.

Even at an advanced age, Dodo remained interested in art, culture and travel. She visited Florence almost every year with her daughter Anja and later they undertook extensive trips by car around Great Britain. In the nineteen-seventies she began to design and embroider a large number of tapestries. She cared for her well-kept garden and visited her family and friends. Dodo died peacefully and in good health on 22 December 1998 just short of her ninety-second birthday, exactly ten years to the day after Gerhard's death. In the years prior to her death, she had often expressed the wish to go, saying she had lived long enough and was curious about what was to come.

She left many portfolios of colourful works on paper. Alongside this rich artistic legacy she also passed on a collection of over 1,000 tortoises in all shapes, colours and materials that she had been collecting since the nineteen-seventies. Tortoises have shells that protect them from predators. They symbolise sensitivity and a rich emotional life concealed behind an apparent hardness and indifference that shields them from injury, traits that were inherent in Dodo throughout her life.

1 Dodo drafted her mainly chronological autobiographical notes in English at the request of her children in the 1980s. They were not intended for publication. Unless otherwise indicated, the quotations are taken from this autobiography.

2 As noted by teachers in Dodo's school reports.

3 The teacher Adolf Plünnecke frequently took classes to the zoo.

4 Swantje Kuhfuss-Wickenheiser, *Die Reimann-Schule in Berlin und London 1902–1943: ein jüdisches Unternehmen zur Kunst- und Designausbildung internationaler Prägung bis zur Vernichtung durch das Hitlerregime* (Aachen, 2009), p. 579. There is a reproduction of one of her works on p. 128.

5 Translated from Polly Tieck, 'Die Freundin meines Freundes', *Das Tagebuch*, 7, 2, Berlin 1926.

6 *Madam wünscht keine Kinder* is the title of one of Dodo's drawings from 1934 in which she depicts an abortion (see p. 127).

7 Tami Oelfken, *Fahrt durch das Chaos* (Constance, 2003), p. 352, note 37.

8 Ibid., p. 21. This lawyer could possibly have been Hans Bürgner but there is no independent corroboration of this remark, and Hans' anti-fascist beliefs and actions were quickly established after this period.

9 Oelfken 2003 (see note 7), p. 352, note 37.

10 Simone Ladwig-Winters, *Anwalt ohne Recht. Das Schicksal jüdischer Rechtsanwälte in Berlin nach 1933* (Berlin, 2007), p. 109.

Emblems of the Zeitgeist – Dodo's Illustrations for the Entertainment Magazine ULK

Miriam-Esther Owesle

The rediscovery of Dodo began with an impression, an impulse, a sense of déjà vu. Although the setting of the radiantly colourful coffeehouse scene (fig. p. 6) that art collector Renate Krümmer discovered in England was not specified, it immediately struck her: 'This is Berlin – this is the nineteen-twenties.' These words indeed capture well the spirit of Dodo's artistic testimony in which she succeeded in holding up a mirror to her time and conveying the unmistakable atmosphere of the 'Golden Twenties' – an accomplishment which she herself characterised as the highpoint of her career. In the brief period between 1927 and 1929 she produced more than sixty illustrations for *ULK*, the 'illustrated weekly magazine for humour and satire' that appeared as a supplement to the liberal *Berliner Tageblatt* published by Rudolf Mosse since 1872.[1] The predominately coloured drawings published mainly as full-page pictures or two-page spreads and often as cover illustrations as well clearly show that Dodo deserves a distinct place in the history of art.

Her works are a kind of rendez-vous for the world of high society rather like a drawn version of the 'Carte du chic', described by the nineteen-twenties writer Gabriele Tergit: 'The "Carte du chic" is a map of Europe published by a French fashion journal marking only the places that are "in" complete with instructions about how to behave and what to wear there . . . . In January St. Moritz or Egypt are the places to be. February and March belong to the Riviera. . . . Everywhere . . . people play golf and tennis, go for rides in their cars, dance the Charleston, go horseback riding, dance and flirt.'[2]

Using radiant colours and artfully drawn contours Dodo portrays the cosmopolitan lifestyle and elegance of a world to which broad swathes of the population in the nineteen-twenties aspired. Her female protagonists are embodiments of the 'new woman' who regarded herself as equal with men and who appeared as an emancipated individual in public – on the street and in the dance halls, revue theatres and coffeehouses. In the evening she assumed the role of the seductress, the beguiling vamp, while by day she was the pert, well-groomed girl with a bob or the gamin androgynous garçonne with an Eton crop, like the two impudent-looking young women in *Pannikiire*[3] (1928, fig. p. 34) whose self-assuredness is expressed in the 'streamlined' faces so typical of Dodo. With eyes reduced to narrow slits and provocatively saucy mouths they wait, one of them smoking, for their car (shown in the background) to be repaired. Dodo's women are, with only a few exceptions, characterised by this new boyish ideal. Their figures so slim that they appear to have neither breasts nor waistlines, they are shown in several pictures in sporting poses – playing tennis, swimming or engaged in winter sports.

Like the illustrated journals, films and advertising that promoted luxury, elegance, beauty and a glamorous lifestyle in an unprecedented flood of images during the years of political and economic crisis after 1928, Dodo's drawings also reflected the shift in fashion to a more feminine style typical of the late years of the Weimar Republic. The protagonist of *Die verhängnisvolle Glatze* (The Fatal Bald Pate, 1928, fig. p. 110), for example, with her curly blond hair and softly flowing dress evokes the ideal of ladylike elegance and dignified femininity favoured in the late nineteen-twenties, a style for which film divas like the 'divine' Greta Garbo served as models.

Unapproachably blasé, powdered and made up, the society lady makes her appearance in the evening all dressed up. The coat featuring opulent fur trims at the collar, sleeves and hem worn by a number of Dodo's protagonists and demonstratively flaunted in her *Straßenszene* (Street Scene, fig. p. 87)[4] not only serves as protection against the cold weather but as a coquettish article as well. By wearing it indoors and on the beach, the lady endows herself with an air of extravagance. Yet the fur coat has another function too: By enveloping the woman who is soft and vulnerable at heart in its folds, it arms her like a protective shell against the coldness of society. Clothing that by day serves to accommodate the lady to the demands of her daily life in the evening becomes a disguise – a mask to conceal its wearer's true nature. In drawings like *Der Versucher* (The Tempter), the cover illustration for the issue of *ULK* published on 22 February 1929 (fig. p. 107), or in *Keine Chance* (No Chance, 1929, fig. p. 91), Dodo also portrayed her female characters in fantasy costumes, thus giving particularly visible expression to the general 'carnival spirit'[4] of the time. Having studied costume design as a major subject at the private school for art and design founded by Albert Reimann in 1902 (in which she had enrolled in the autumn of 1923), costumes were a subject with which Dodo was extremely familiar.[5]

That naturalness was *out* and artificiality was *in* is illustrated not only by the opalescent fashion of the time. The entertainment culture of the twenties, the films and countless revues – the Haller-Revue *Schön und Schick* (Pretty and Chic) performed at the Admiralspalast in 1928, for instance – was also all about superficial effect. The brilliant colours of Dodo's pictures, their smooth surfaces, clear contours, sharply drawn lines and subtle treatment of reflected light recall the contemporary 'glamour photography' featuring Hollywood or Ufa actresses posing as cool and flawless beauties. They are hence a reflection both of the contemporary penchant for superficiality and of the artist's use of the stylistic techniques employed by the new media. Dodo's habit of adapting her style of drawing to her subject matter made her an artist of the New Objectivity par excellence. To quote the phrase coined by Otto Dix in 1927 to contrast the New Objectivity with Expressionism: 'Only out of the what does the how develop!'[6]

Dodo was likewise inspired by Art déco fashion drawing as exemplified by the work of the leading fashion illustrators who taught at the Reimann School in the mid-twenties. In their ornamental abstraction modelled after nature, reduction of detail, decorative flowing lines and cool elegance, Dodo's drawings reveal a particular affinity with the fashion and advertising drawings of Assaf Kenan, who joined the Reimann faculty in early 1926 and taught fashion design and fashion illustration.[7] The similarity of their stylistic approach is particularly evident in an advertisement designed by Kenan for the Haas-Heye fashion house.[8] The eyes of the figures in the advertisement are narrow, almond-shaped slits, the nose is a long narrow ridge, the mouth is simplified into a heart-shaped form and the fingers are greatly elongated. It is a style which Kenan had learned from French fashion illustrations and which he used in his own works to mirror the exclusivity of high society life. Dodo's opaquely applied colours, her continously contoured silhouettes and the highlights she used to bring her figures alive also seem to owe much to Kenan. Together with Rolf Niczky,[9] who headed the fashion illustration class at the Reimann School from January 1924 and published drawings in *ULK* (fig. p. 35) at the same time as Dodo,[10] Kenan espoused the concept of modern fashion drawing as art. Both illustrators thought artists should train their powers of observation by drawing from nature, take their subjects directly from life and introduce touches of humour and caricature.

This formed the basis for the development of Dodo's own personal style, albeit a style that went well beyond what she had been taught at the Reimann School or the standards of contemporary fashion illustration. Her works are more than just mere depictions of current fashion. Rather, the artist succeeded in capturing and illuminating the modern attitude to life as she was able to study it in the metropolis of Berlin with its four million inhabitants. Like the artist herself, Dodo's figures are rooted in modern culture, transporting their urban lifestyle with them even when they go to the seaside or to the mountains. Wholly self-obsessed, they are shown turning their backs on imposing natural spectacles like the sun setting over the sea or the monumental Alpine panorama. Even as they promenade under palm trees they are busy attending to their lipstick and powder compacts dressed in the obligatory fur coat even on the beach (*Riviera-Zitat* [Riviera Quotation], 1928, fig. p. 36). Standing on an observation deck before a majestic Alpine setting they remain caught up in striking a fashionable pose (*Der Herr mit dem Gletscherauge* [The Gentleman with the Glacier Eye], 1928, fig. p. 92).

Romantic settings serve solely as a backdrop for lovers whose poses, gestures and facial expressions suggest that not even moonlight or a starry night can arouse their passions. While the many lampions behind the young couple in *Ein leidenschaftlicher Jüngling* (A Passionate Lad, 1928, fig. p. 88) suggest atmospheric festivities in a park, the silence between the two is very telling, for what actually binds them in their relationship is their inability to speak to one another. Despite its title *Annäherung der Geschlechter* (The Sexes Coming Closer Together, 1928, fig. p. 36), no real intimacy seems possible on this mild spring or early summer evening. With a callous and disinterested expression on his face the smug male lover merely stretches out his sharp fingers in the direction of his female companion's upper arm, and despite the intimate setting suggested by the lush cascade of blossoms above them, each of them remains aloof, wearing their arrogant attitude like a mask that does not require words to keep their partner at an emotional distance. Instead of expressing yearning for one another their gestures reveal a prestige mentality that casts the relationship between the sexes more in terms of a struggle than mutual attachment. The young woman in the *ULK* cover illustration *Der erledigte Romeo* (The Worn-Out Romeo, 1928, fig. p. 94), for instance, seems to be trying to keep the kneeling, obviously ardent suitor at arm's length and remains cool to his romantic advances.

Dodo again poignantly captures this feeling of distance between two people, the state of being lonely together, in another cover illustration entitled *Der Held* (The Hero, 1928, fig. p. 95) showing a young woman at the side of a distinguished elderly gentleman. Not only are the 'hero' of the title – replete with monocle, top hat and cigar – and his elegant companion dressed in fur gazing in different directions, indicating their lack of interest in each other. Dodo's highly characteristic portrayal of their hands in the mannered, elongated fashion that was one of her trademarks speaks a clear language, too, showing him as possessive and her as disgusted. In the above-mentioned drawing *Die verhängnisvolle Glatze*, one of the rare private interior scenes, Dodo uses the contrasting appearances of the bald man with a monocle wearing a dressing gown and the mundane woman with curly blond hair in a flowing garment at whose bed he stands to underscore the absolute impossibility of a real coming together, despite the intimacy of the scene. In *Logenlogik* (Theatre Box Logic, 1929, fig. p. 103), finally, the glamorous woman turns away completely from her companion. While the latter is interested solely in the goings-on on the stage, the woman seems to be wondering whether it might not be more amusing to leave this place of entertainment. Here it is Dodo's extremely subtle portrayal of the woman that virtually allows us to read her thoughts: While continuing to seductively expose her left arm, her right arm is already in the sleeve of her fur-trimmed coat, the opulent collar functioning as a further element separating her from her male companion.

'It is 1929. And in 1929 it is foolish not to have an affair', writes Gabriele Tergit.[11] Dodo delights in taking up this theme in *Glatz-Band*[12] (1928, fig. p. 37) in which she depicts a couple in a close embrace. Yet the man is looking up at the stars, while his partner's interest is directed at another man who she seductively glances at over her left shoulder. The brilliantly coloured two-page spread *Trübe Ahnung* (Bleak Foreboding, 1929, fig. p. 112/113) uses cinematic ploys to achieve its effect. The secret rendezvous of a couple standing at a ship's railing is observed by a woman in a deckchair who is being served a drink by a Chinese waiter. The scene appears almost like a film still, inviting the viewer to imagine how the story started and how it will go on.

While the captions written by the magazine's editorial staff – usually terse, icily cynical dialogues – are only rarely illuminating or even comical, Dodo's studies of society owe their particular charm to a subtle structure of implied references achieved via compositional, coloristic and often humorous elements which serve to intensify the picture's message. In *Rationalisierung* (Rationalisation, 1928, fig. p. 109) Dodo reduces the faces of the three male revue singers to an 'O', while the female revue stars at the foot of the show staircase radiate a self-absorbed narcissism. In the drawing *Ihre Sorgen* (Her Worries, 1929, fig. p. 93), which mirrors the Egyptian craze of the time, the camel wears the same blasé expression so typical of the human figures in Dodo's pictures. The three-part drawing *Abstieg* (Descent, 1929, fig. p. 37) depicts the social climbing of a young woman together with the simultaneous social decline of her male counterpart. While the first drawing shows the independence of the modern woman (fig. p. 98, here part 1 of the triptych), the theme of the second is male pride at having acquired a beautiful woman to show off at his side. The final picture tells of the luxurious yet disenchanted life of the elegant woman at the side of a successful but elderly man. Dodo thus comments on contemporary modes of behaviour inspired by the media, revealing the emotional and intellectual emptiness behind the dazzling splendour and beguiling exteriors of her protagonists. Siegfried Kracauer saw this emptiness as symptomatic of the era: 'That, however, is the hallmark of the New Objectivity, it is a façade concealing nothing', he wrote in his empirical sociological study *Die Angestellten* (The Salaried Masses) published in 1930.[13]

Dodo uses techniques borrowed from caricature to call attention to the superficiality and the illusionary nature of the world of glamour. Here her approach concurs with that of Jeanne Mammen, who was around twenty years older than Dodo and had likewise trained as a fashion illustrator at the Reimann School between 1916 and 1920. An extremely successful and highly respected artist of the late twenties,[14] Mammen also worked for *ULK* from 1927 to 1931.[15] Most of her illustrations were published in 1928 and 1929, so that numerous drawings by the two artists appeared side by side – for instance, Mammen's *Schiessbude* (Shooting Gallery) and Dodo's *Logenlogik* (1929, fig. p. 21). Unlike Dodo, Mammen generally depicted members of all social classes. However, most of the drawings she did for *ULK* between 1927 and 1929 show scenes from the amusement-seeking world of the nouveaux riches and petty bourgeoisie executed in watercolour on pencil and largely reproduced as full-page colour illustrations.

The attitude of indifference that typically characterised interpersonal relationships in that era forms the subject matter of Mammen's watercolour *Schlechtes Gewissen im Seebad* (Guilty Conscience at the Seaside Resort, 1929, fig. p. 38), which was given the title *Bei Kranzler* (At Kranzler's) in 1971.[16] While the close physical proximity of the three coffeehouse guests suggests intimacy, the facial expressions and poses of the depicted persons indicate that while they may share the same space, they are not emotionally close. Looking bored and resigned with stiff, mask-like faces, the three women have nothing to say to each other. Despite going to the café together and sitting close to each other, all of them are alone. While this also applies to the protagonists in Dodo's thematically related *Wedding auf dem Dachgarten* (Wedding on the Roof Garden, fig. p. 100/101), a comparison of the two drawings highlights differences that are also evident in other works by the two artists. With its strong stylisation and brilliant colours, Dodo's gouache has a decorative quality of its own that makes the drawing readable as pure ornament, while Mammen's figures do retain some vestiges of individuality. While Mammen underscores the individuality of her protagonists through their clothing and their poses, Dodo's café terrace scene is a portrayal of a type – of those who populate sophisticated big city society.

This is what gives Dodo's art its emblematic character – a character that becomes particularly evident if we compare Mammen's boulevard scene of Berlin by night *Der verkehrte Teint* (The Wrong Complexion, 1929) with Dodo's street scene from the *ULK* triptych *Abstieg*. The smug indifference of the characters in both drawings serves to illustrate a specific urban attitude towards life, but while Mammen exemplifies this using a diverse cast of characters, Dodo focuses her artistic attention on only two figures. The young self-confident woman walking a Dalmatian thus does not deign to look at the dandy with his angular facial features. His slick appearance and hardened expression highlight the icy emotional climate of big-city life that is further underscored by the impersonal and forbidding-looking house facades in the background. Here we immediately recognise the 'cold-hearted attitude towards life'[17] of the New Objectivity, which generally characterised Dodo's pieces for *ULK*, in which rationality and a belief in progress supplant emotion and sentiment.

Writing around 1927, Bernard von Brentano considered it impossible 'to live in such a large city filled with life and events, alone among four million people, without having a slick and resilient surface'.[18] In the seamlessly smooth features of the women and the aloof hardness of the men Dodo's pictures likewise articulate the modern urban dweller's struggle for survival. With their decidedly blasé air, many of her protagonists display an attitude cultivated in the nineteen-twenties that recalls the 'ennui' of the nineteenth century which Dodo transported into the modern world. In the process, the artist plays an enigmatic game with the superficial. Her art is a double mirror which in reflecting contemporary urban modes of behaviour also reveals their vices, exposing the arrogant and stilted role behaviour of her contemporaries to which Dodo gave expression as late as 1933 in her gouache *In der Bar* (In the Bar, fig. p. 102).

Dodo succeeded in producing a particularly poignant depiction of how social status and professional pride were the elements that linked men and women in personal relationships in the *ULK* cover illustration *Der Held* of 26 October 1928 (fig. p. 95). By ignoring the details of the milieu and focusing entirely on the exaggeratedly drawn, inflated couple, she gives visual expression to the pair's pretentions and their need to be seen. Compared with the vain gestures depicted here, the mundane attitude of the couple depicted by Jeanne Mammen on the *ULK* cover illustration *Kostspieliges Schweigen* (Costly Silence) from 14 December 1928 (fig. p. 39) is much more tempered. While Dodo's protagonists claim the viewer's entire attention, Mammen's couple is surrounded by an array of big-city characters, thus encouraging the viewer to consider the whole scene rather than just the couple. A comparison of the two works shows Mammen to be an observer and chronicler while Dodo analyses and interprets the behaviour of her urban couple.

As a member of the social class she depicted in her pictures, Dodo was in a better position than almost anyone else to portray their way of life – from the inside as it were. In this respect she differs from Jeanne Mammen, the once affluent merchant's daughter who became destitute as a consequence of the First World War and therefore had to work for a living after 1922 as an artist and fashion illustrator for numerous newspapers and entertainment journals. Mammen always remained an outside observer who did not permit herself to assume a fashionable image.[19] Dodo, by contrast, not only embodied the 'new woman' in her art, but in real life as well, and it was from this source that her works draw their vividness, freshness and immediacy. If Dodo preferred gouache as an artistic medium, Jeanne Mammen favoured watercolours, sensing that the delicacy of the brushstrokes and the more subdued colours corresponded better with the distanced position she adopted towards her subjects. Using multiply traced lines and a transparent application of colour, Mammen in her watercolour *Zweierlei Theater* (Two Kinds of Theatre, 1929, fig. p. 39) captures a fleeting impression of the tête-à-tête between a distinguished elderly gentlemen and his attractive young companion in the theatre box. In *Logenlogik*, by contrast, Dodo uses firm calculated strokes to produce a sharp, deliberate delineation of her theatre-goers.

While Jeanne Mammen wished to 'go about the world unseen',[20] it was certainly Dodo's intention to be seen. The artist created a monument to herself in the provocative attitude of the vamp who turns to face the viewer at the centre of her superbly coloured and beautifully drawn portrait. Dodo knew what she drew from personal experience. The male protagonist of *Logenlogik* bears the features of her husband, the successful lawyer and notary Hans Bürgner who was more than twenty years her senior. They married in early 1929 and honeymooned at Celerina near St. Moritz, inspiring Dodo to draw a series of wintry *ULK* illustrations. The portrait-like depiction of the couple in *Flitterwochen* (Honeymoon, 1929, fig. p. 111) suggests that the drawing is a double self-portrait of the artist and her newly wed husband. In *Eislaufkunst* (Figure Skating, 1929, fig. p. 96/97), Dodo depicts a further scene from a mundane ski vacation, portraying the foppish figure-skating exhibition put on by a beau on the ice at Lake St. Moritz before a group of fashionable young women.[21]

Only very few female artists succeeded in capturing the pulsating life of their time in their art while simultaneously taking part in this new life as modern emancipated women. In this respect Dodo can be compared to the Paris-based Polish artist Tamara de Lempicka (1898–1980) who chose a highly unconventional lifestyle, focusing in her pictures, which evince 'an almost enamelled quality',[22] on distinguished, immaculate and glamorous women of aloof elegance. Lempicka was also inspired to make a drawing at St. Moritz in the same year as Dodo. Published in 1929 on the cover of the third December issue of the magazine *Die Dame* (fig. p. 41), it presented a half-length depiction of a woman skier as a modern icon against a backdrop of snowy mountains. In her humorous illustration *Madame Baker* (1928, fig. p. 20), Dodo shows a young woman standing in front of an advertising poster and imitating the famous dance pose of Josephine Baker, the star of the *Revue Nègre*. Here she not only called attention to the significance of female film and revue stars as role models and as fashion and beauty ideals, but also allowed something from her own experience to resonate. The artist herself had seen and marvelled over Baker in her typical banana skirt at the Nelson Theatre on Kurfürstendamm in 1926. Dodo was one of those self-assured 'new women' who knew what she wanted and demanded what she needed. And yet she did not lead an anti-bourgeois life. Her well-off husband, whom she married early and with whom she had two children, was in a position to provide her with financial and social security. Dodo had thus attained the dream of many young women that formed the subject of numerous films and novels of the time: to become a 'Glanz', a glamour girl. This was the life motto of Doris, for instance, the main character in Irmgard Keun's 1932 novel *Das kunstseidene Mädchen* (The Artificial Silk Girl).

Employing an excellent wash technique, Dodo produced works in dazzling colours that are a feast for the eye. As the sparkling, cool colours of the fireworks of *Gleichnis* (Parable, 1929, fig. p. 105) make very evident, these works provide a highly telling expression of the seductive outward appearance of the 'Golden Twenties'. By the end of that decade, however, the interest of the sophisticated urban public in the previous overabundance of sensory stimuli had cooled off, having reached saturation point. Visual spectacles were now consumed with disinterested apathy, as can be seen in Dodo's two-page spread from 6 September 1929. The figure's unmoved participation in the firework display highlights the widespread air of detachment typical of the time, the generally cool emotional temperature. Dodo's pictures reflect a world that was already in decline at the time they were made. The stock market crash triggered by 'Black Friday', 25 October 1929, marked the start of the world economic depression that spelled the end of the 'Golden Twenties'. Given that it was the very special environment of the twenties that provided the breeding ground for Dodo's *ULK* illustrations, it is scarcely surprising that her last piece for the magazine is dated 15 November 1929. That *ULK* printed its last colour issue a week later, on 22 November 1929 (fig. p. 24), was one more reason why Dodo stopped working for the society magazine, for its new black-and-white appearance stood diametrically opposed to the explosions of colour that characterised her work.

Dodo's drawings are more than illustrations because they go far beyond the mere depiction of her environment. It is hence not surprising that the artist, as her daughter has informed us, rejected being described as an 'illustrator' all her life. As commentaries on the socio-cultural phenomena of her time, her drawings can certainly be described as full-blown works of art, a fact that is further underscored by the artistic brilliance and originality of her style. Dodo's drawings, like those of Jeanne Mammen, evince much greater subtlety and complexity than their commercial origins would merit. Only upon first glance do the pictures manifest the merely decorative quality and fashionable appearance that would accord with the cliché of the 'Golden Twenties'. In reality, by employing stylisation and veristic, caricature-like alienation processes, the artist reveals what lay behind the oft-cited glamorous surface of her times, confronting contemporary viewers with their own vanity and corruptibility and inviting them to self-reflect. That Dodo's works still make an immensely atmospheric impression on the present-day viewer derives from their fresh radiant colours, which create the illusion that the gouaches have only just been conjured onto the paper and still make the often-invoked brilliance of the 'Golden Twenties' tangible today.

One indication of the fascination that Dodo's works exerted on her contemporaries and the great popularity she enjoyed is the sheer number of illustrations she published in *ULK*. In 1928 and 1929 Dodo had 30 percent more drawings published in ULK than Jeanne Mammen did in twice the amount of time. The entertainment magazine was widely disseminated and read not only by the upper classes, but also by people employed in ordinary jobs for whom the new media provided models on which to orient themselves – models which Dodo, similar to Jeanne Mammen in this respect,[23] both perpetuated and repudiated in equal measure. Criticising the manipulative strategies of the mass media and its ability to blind the public, Siegfried Kracauer wrote in his 1927 essay on photography: 'In the illustrated magazines, people see the very world that the illustrated magazines prevent them from perceiving . . . Never before has a period known so little about itself'.[24] It was this phenomenon that Dodo countered in her drawings and illustrations. That the above-mentioned *Straßenszene* appears like a pictorial metaphor for the 'mass ornament' diagnosed in 1927 by Siegfried Kracauer in his essay of the same name as a symbol for contemporary urban society, and that *Wedding auf dem Dachgarten* can be deciphered at first glance as a portrayal of life in urban society of the twenties, makes Dodo's works emblems of the zeitgeist.

1 The issues of *ULK* from 1914 to 1930 have been digitalised by the Ruprecht-Karls-Universität Heidelberg and can be accessed at http://digi.ub.uni-heidelberg.de/diglit/ulk.
2 Translated from Gabriele Tergit, 'Die Leerlaufexistenz oder Die Luftperson', in *Atem einer anderen Welt. Berliner Reportagen*, edited by Jens Brüning (Frankfurt am Main, 1994), pp. 49–51, here pp. 49f.
3 *Panniküre* is an invented compound word joining the German words for breakdown and manicure.
4 See *Charlestonkleid und Tippmamsell, Mode und modernes Leben der 20er Jahre*, edited by Regine Schumacher, exh. cat. Rheinisches Industriemuseum, Oberhausen (Ratingen, 2001), p. 3.
5 See Swantje Kuhfuss-Wickenheiser, *Die Reimann-Schule in Berlin und London 1902–1943: ein jüdisches Unternehmen zur Kunst- und Designausbildung internationaler Prägung bis zur Vernichtung durch das Hitlerregime* (Aachen, 2009), p. 579.
6 Translated from Rainer Metzger und Christian Brandstätter, *Berlin. Die Zwanzigerjahre, Kunst und Kultur 1918–1933* (Vienna, 2006), p. 179.
7 On Assaf Kenan, see Kuhfuss-Wickenheiser 2009 (see note 5), pp. 70–97.
8 Assaf Kenan, *Inseratentwurf für Haas-Heye, Berlin*, 1925, reproduced in Kuhfuss-Wickenheiser 2009 (see note 5), fig. 57, p. 86.
9 On Rolf Niczky, see Kuhfuss-Wickenheiser 2009 (see note 5), pp. 64–69.
10 See for example the mundane couple on the *ULK* cover illustration from 5 April 1929.
11 Translated from Gabriele Tergit, *Käsebier erobert den Kurfürstendamm* (Berlin, 1931), see Erhard Schütz, *Romane der Weimarer Republik* (Munich, 1986), p. 160.
12 An invented compound word made up of the German words for bald head and hairband.
13 Siegfried Kracauer, *The salaried masses: duty and distraction in Weimar Germany*, translated by Quinten Hoare (London, 1998), p. 92.
14 See Kuhfuss-Wickenheiser 2009 (see note 5), pp. 108 and 548.
15 During this period 43 works by Mammen are known to have been printed in *ULK*; see *Jeanne Mammen 1890–1976. Gemälde. Aquarelle. Zeichnungen. Lithographien*, exh. cat. Städtisches Kunstmuseum Spendhaus Reutlingen (Reutlingen, 1981), p. 89.
16 See Annelie Lütgens, "Jeanne Mammen, die Frauen und die Großstadt der zwanziger Jahre," in *Jeanne Mammen. Köpfe und Szenen. Berlin 1920 bis 1933*, exh. cat. Kunsthalle Emden; Städtisches Museum Gelsenkirchen (Emden, 1991), pp. 45–54, here p. 48; Eva Züchner: "Langweilige Puppen. Jeanne Mammens Großstadt-Frauen," in Jörn Merkert (ed.), *Jeanne Mammen: 1890–1976, Monographie und Werkverzeichnis* (Cologne, 1997), pp. 51–56, here p. 53; Christine Elise Mani, 'Jeanne Mammen – Eine Berlinerin in Paris. Von der Modezeichnerin zur neusachlichen Großstadtchronistin' in *Garçonnes à la Mode im Berlin und Paris der zwanziger Jahre (Querelles. Jahrbuch für Frauen- und Geschlechterforschung*, 11), edited by Stephanie Bung und Margarete Zimmermann (Göttingen, 2006), pp. 29–46, here p. 37f.
17 Susanne Meyer-Büser, *Bubikopf und Gretchenzopf. Die Frau der Zwanziger Jahre*, exh. cat. Museum für Kunst und Gewerbe (Hamburg, 1995), p. 15.
18 Bernard von Brentano, 'Berlin – von Süddeutschland aus gesehen' (1926/27), translated from *Wo in Europa ist Berlin? Bilder aus den zwanziger Jahren* (1928) (Frankfurt am Main, 1981), pp. 95–102, here p. 97.
19 See Annelie Lütgens, *'Nur ein paar Augen sein ...' Jeanne Mammen – eine Künstlerin in ihrer Zeit* (Berlin, 1991), p. 79.
20 Translated from ibid., p. 205.
21 See also in this context *Schweizer Wintersport* (Swiss Winter Sport), in *ULK*, 1929, p. 52.
22 Verena Dollenmaier, 'Glamour! Das Girl wird feine Dame – Frauendarstellungen in der späten Weimarer Republik', in *Glamour! Das Girl wird feine Dame – Frauendarstellungen in der späten Weimarer Republik*, exh. cat. Georg-Kolbe-Museum (Berlin, 2008), pp. 12–26, here p. 14.
23 On Jeanne Mammen, see Lütgens 1991 (see note 16), p. 42; Annelie Lütgens, 'The Conspiracy of Women: Images of City Life in the Work of Jeanne Mammen', in Katharina von Ankum (ed.), *Women in the Metropolis: Gender and Modernity in Weimar Culture* (Berkeley et. al., 1997), pp. 89–105, here p. 91.
24 Siegfried Kracauer, 'Photography' (1927), in *The Mass Ornament. Weimar Essay*, translated by Thomas Y. Lavin (Cambridge, Mass., 1995), p. 54.

The Zurich Experiment

Margitta Giera

Probably the most fateful experience in Dodo's long life was her encounter in early 1933 with the Berlin psychiatrist and exponent of Jungian psychology Gerhard Adler with whom she began a love affair. Similarly far-reaching in its consequences was the brief, four-month period of psychoanalysis with C. J. Jung's associate Toni Wolff that Dodo underwent in Zurich that same year. She was twenty-six when she met Adler and already married to Hans Bürgner, a lawyer twenty-five years her senior with whom she had two children (a daughter, born in 1930, and a son born in 1932). Although cared for, spoilt and given everything she wished for, Dodo was unhappy in her marriage, a circumstance she ascribed to their different characters and their unsatisfactory physical relationship. The first major problems emerged after the birth of the children. She wrote in her autobiographical notes that her daughter cried a lot in the first two years and that she fell into a depression after the birth of her son, with whom she was at first unable to form a deeper emotional bond. Dodo's mother is hardly mentioned in her notes. When her beloved grandmother – the 'anchor and pillar of strength' of her childhood – died, the twelve-year-old Dodo became 'quite hysterical' about the loss of the person who had been a positive mother figure for her. Today one would probably say she suffered a depressive reaction. Her fixation on her father and on later father figures made her a 'daddy's girl' who was initially completely overwhelmed by her role as a mother. She wanted to remain the fascinating, beguiling femme fatale, a 'puella aeterna' who was dependent on the esteem and acceptance of men while at the same time deriving her feelings of strength, independence and liberation from the traditional woman's role from playing with and debasing men. During this phase she was 'a delightful, lovable toy, sometimes a daughter' for her husband Hans, who felt responsible for her all his life.

However, she subsequently began a passionate love affair with Gerhard Adler that apparently became a symbiotic relationship for both of them. She twice became pregnant by him and twice she had an abortion because 'Madam does not want children', as Dodo entitled an abortion scene she depicted in 1933 (fig. p. 127). Neither Hans, who knew what was going on, nor Adler tried to stop her. In one of her depressive phases during this period she wrote a poem to the unborn child: 'I once let you die when I was so alone that not even God was there to say "stop"!' Although Dodo sought to free herself from these painful, guilt-evoking events through deliberate sarcasm as well as unconscious repression and denial, she was tormented by depressive moods and feelings of isolation and abandonment. She felt herself cursed in her misery. When Adler went to Zurich in September 1933, she followed him enthusiastically hoping to be freed from her inner conflict, leaving her husband and children behind in Berlin. In Zurich Dodo felt years younger and more carefree again. She attended several seminars at the Jung Institute, where she met C. G. Jung. He quickly recognised her emotional dependency on Adler and recommended that she begin psychoanalysis with Toni Wolff, his associate and lover, to help her to become an independent and adult human being. Fascinated by Toni Wolff, who like herself lived in a ménage à trois, Dodo began going to the sessions and very soon identified with her. 'A talk between two people is good, so naked and sharp like cut glass', she wrote. The 'pictures of the unconscious', as Dodo called the pictures she painted during her analysis, reveal the powerful dynamic of the therapeutic process as well as her repressed personal conflicts and their deeper unconscious causes.

Deep psychology equates images with dreams and interprets the symbols that appear in an image in the same way it would those in a dream. Like dreams, the pictures people draw also contain elements from their unconscious, from their thoughts and feelings, things they have forgotten or repressed, In other words, elements from the *personal* life sphere and lived experience. But pictures also contain symbols from the *collective* unconscious: archaic motifs such as birth and death, love and hate, good and evil. A picture can thus depict the inner emotional experiences and behavioural patterns involved in processes of development and maturing as well as potential conflicts that are typical and characteristic not only of the individual but of the collective as well. One of the mind's creative abilities is to express itself in internal images. According to C.G. Jung, the animation of the unconscious is the prerequisite for the creative process. Jungian analysis therefore involves an active animation of the unconscious whereby the attention of the conscious is directed to the manifestations of the unconscious, be they in the form of dreams or images. When the unconscious has finally been activated, it yields its contents and these are transferred into the conscious realm. Processing and further differentiation of these manifestations from the unconscious can help the personality to become whole, a process that C. G. Jung called individuation. If the conscious mind is able to integrate the content or complexes of the unconscious this triggers a process of growth. Through the creative expression of emotions from the unconscious, a person gains access to emotionally connotated primal images or archetypes that can achieve a change in consciousness. This can help them to resolve inner conflicts and hence bring about a transformation or maturation of the personality. Jung compared the individuation process to transmutation in alchemy, which is intended to lead to a union of opposites (coniunctio) on a higher level. This process can be discerned at least to some extent in Dodo's pictures, which will be described and interpreted below. The interpretation of the pictures will focus chiefly on Dodo's personality conflicts. Only a rudimentary examination of their archetypical content is possible within the confines of the present essay, however.

In *Traum* (Dream, fig. p. 129), we see a conventionally dressed woman with closed eyes standing in a bare room. She dreams of the exciting world outside, a world she feels shut off from because of her motherhood. Her four children have been left to their own devices; she cannot care for them in a loving, motherly fashion with milk and hot chocolate. Mentally absent, she places her hands on the head of the small boy who presses himself against her while the baby in the playpen seems to have been forgotten. The woman herself wants to lead a tranquil but exciting life as part of a couple – two horses and a two-seater sofa are depicted. The horse symbolises not only her strength and vitality but also her sexual drive. The opening to the outside world at the right edge of the picture is large and beckoning, while the grey doors in the upper left-hand corner indicate the never-ending monotonous round of a housewife's domestic chores and obligations. We see four children in the picture, although Dodo only had two. It may be that this was her way of integrating her two unborn children in the picture, but it is also possible that the image was meant to correspond with the contemporary maternal ideal of a mother with four children.

The woman in *Schuld* (Guilt, fig. p. 130), apparently abhorred by her immanent execution at the hands of the executioner dressed in red with a blue axe in his hand, turns away to the left with an expressive movement. She looks down, still wanting to repress the threat with the authority of her own punitive superego. The fact that she does not seriously believe in the punishment can also be seen in the casualness with which the executioner's delicate hands hold the blue axe (blue is the colour of reason here). His merciless eyes in a skull-like head are still concealed from the woman. And yet here begins the descent into the darkness of the unconscious, the submersion in the murky realm of the soul, the blackness (nigredo). Dodo cannot really repress her feelings of guilt. Controlled and bound by her dependency she feels cursed.

In *Verflucht* (Cursed, fig. p. 121), a naked woman cowers in a kind of ochre-coloured cave – her hands are tied, her hair hangs down and her expression is gloomy. No trace is discernible of the frivolous, fun-loving Dodo. At the mercy of her own self-reproach, she is a pitiful being who would prefer to hide in a cave. The cave, which has a sheltering maternal quality, represents the positive aspect of the mother archetype in which the return to the origins of life is possible, but also the transformation that would liberate Dodo from the shackles of her dependencies.

Dodo made the picture *Darreichung* (Offering, fig. p. 128) while she was still in Berlin, before she left for Zurich with Adler in September 1933. Kneeling on the steps of a pyramid-like altar, a highly erotic, exotic woman offers her child, who is wearing a pearl necklace and a red flower, to a divine authority, symbolised by the rays of light coming from the upper left-hand corner. Is it her real child that she must sacrifice to receive the love and warmth of the man who hovers in the picture above the woman at the top right as a reclining half torso? Is it her self (symbolised here through the child), her own female potential that she is offering up because of her fixation on the male, on her spiritual father? Or is it her own childlike quality, her own immaturity that she must sacrifice in order to become an equal companion and partner of the man? The darkness of the background is brightened by rays (of hope). Hopes for a new beginning in Zurich?

In *Suchende* (Seeker, fig. p. 151) we see Dodo, who has now arrived in Zurich, standing relaxed and full of expectations; her arms, blazoned with golden bracelets, are raised upwards. Here she has again become the 'puella' who seems to expect that what she is seeking will simply be placed in her hands from above, from heaven. Yet she does not know what she is seeking. The dreamer in the picture *Fluten* (Floods, fig. p. 136), done only shortly after Dodo started her analysis, is drifting about in the deluge of the unconscious. Like the tree standing on the shore, the pale face seems to be bathed in moonlight. The background is immersed in a tree that swallows up the horizon. It seems to be a landscape of death in which the figure is located – adrift in the river of death, the tree of death on the shore, with all the symbols of the negative mother archetype evoked in the analysis. Yet in the movement and the colour of the water (standing for the primal water of life and the unconscious) and the sumptuous softness of the tree we can also discern the transformational nature of the feminine. The tree thus becomes a tree of life and knowledge, the river an archetypal force that causes all mental energy to flow. Following the solution (solutio) the potential for self-healing and transformation can be released. Dodo called the picture: 'Doch ist uns gegeben ...' (But to us it is given never and nowhere), a quotation from the final verse of *Hyperion's Song of Fate* by Friedrich Hölderlin. 'But to us it is given / never and nowhere to rest: / we suffering humans — / vanishing, falling / blindly from one / hour to the next — / are thrown like the water / cliff down to cliff, / yearlong down to an unknown abyss.' The dreamer's emotional state is completely dominated by suffering and despair. Only through death, through sinking into the womb of the Great Mother as the sole still achievable possibility of self-fulfilment, can the painful shackles of reality be overcome and eternal security be attained.

These dramatic inner events are also visible in *Die Braut* (The Bride, fig. p. 131), which references Dodo's suicidal tendencies on a real level. The dreamer has arrived at her cross, prepared to accept her guilt, prepared to marry the figure of Death. We see a small red cross hanging from her neck, a large black cross in the background and the colours red and black which symbolise the archetypical polarity of love and suffering. The cross (as a symbol that joins opposites) and the sacrifice of the cross are meant to overcome suffering. Bedecked with a floral wreath and veil, the beautiful virgin bride does not seem to be afraid of Death, whose earthy brown eye sockets and nasal cavities designate him as the companion of the mother of death, the negative mother complex.

A further symbol of the negative mother archetype appears in *Hexe* (Witch, fig. p. 135). The witch represents the demonic destructive female who seduces, makes dependent and destroys. Dodo has entered into her sphere of influence as a femme fatale who must experience the loss of self and self-alienation as a consequence of rejecting the soft motherly aspects of her personality. The vitality and the joy of life that the figure of the witch dressed in a green garment appear to promise are illusory for she is surrounded by a dingy yellow (a colour indicating disease and destruction), while aggressive femininity (pointed bluish red nipples) is underscored by the large yellow fish (symbolising its devouring aspect) pursuing the small red one (symbolising the life-affirming aspect). The fish, a symbol of fertility and life, carries the creative content of the unconscious. Will the creative potential be annihilated, or devoured, by the destructive potential? In the untitled picture of a couple making love (fig. p. 134), the positive forces seem to dominate at first. The exhilarating union of love, visible in the smile on the woman's face, may possibly triumph with a divine blessing, symbolised by the yellowish red dawn-like light in the background, and conferred by the intercession of the nun hovering over the lovers who represents a spiritual transcendental aspect of the female. Yet the couple lie close to the abyss. Was it just a brief moment of hope of salvation that is destroyed by the *Sturmwind Gottes* (Amid the Divine Tempest, fig. p. 133) emerging out of the darkness on the left? The dreamer, who raises her hands in self-defence, is swept by the red wind towards the precipice, where only death is to be found in the abyss below as shown by the many crosses. Heaven is once again immersed in darkness. The dreamer has not been granted God's mercy; too great is the guilt that burns in her. Dodo must have been severely depressed and at least latently suicidal during this phase of her therapy. Another preserved drawing not reproduced here shows her wanting to poison herself with the sleep-inducing drug Veronal. The destructive potential seems to outweigh the creative, life-affirming and life-changing one; the transformational potential evoked from the negative mother complex is not sufficient to achieve long-term change and a broadening of consciousness. The escape into death seems to be the only remaining possibility for finding rest and peace.

A giant iris appears in the upper right-hand corner of *Anklage* (Accusation, fig. p. 132). Is this the eye of God before which the angel brings the dreamer's lifeless figure at the Last Judgement? The angel, a celestial being, is a dualistic figure personifying both the helping guardian angel and the avenging angel or angel of death. The gesture of his hand may be pointing to the misery of the woman in order to plead for mercy for her, or it may be demanding her just punishment. Does the bright light at the upper right suggest hope of salvation?

Anklage, painted on 17 November 1933, was followed by one final picture from the Zurich period that dates from early 1934, before Dodo returned to Berlin (fig. p. 139). A sleepwalker attempts to keep her balance on the high narrow wall that is breaking apart. It is the depths of night; her face is looking at the moon and is bathed in pale moonlight. No one is there to catch her, no one who could cure her manifest depression. Once again she is lonely and forlorn.

The Zurich analysis sessions were brought to an end by Toni Wolff, who told Dodo that she was still too attached to Hans and should therefore return to him and her family, but without giving up the relationship with Adler. Dodo must have taken this assessment as a failure. She no longer felt herself to be the femme fatale she once was and she longed for protection and security in a monogamous relationship with Adler. She was not yet able or independent enough to make her own decisions. On her analyst's advice she thus followed Adler back to Berlin, once again losing a caring protective mother figure in the process. She did not continue her analysis in Berlin, so Dodo was left alone with what the analysis had brought to light. While the analysis had been very intense, it is nevertheless difficult to imagine that she would have undergone any profound or enduring personality development in only four months, so that at least some of the potential that had been raised to the conscious level is likely to have fallen back into the unconscious. The Zurich experiment ended unhappily for Dodo.

The potential evoked by the Zurich analysis re-emerged one more time, in 1936, in conjunction with her divorce from Hans. Adler had urged her to take this step although he himself was already in a relationship with his future wife Hella, and Dodo was in a wretched emotional state. The deep-seated conflicts that determined her life and her attitude towards life resurfaced.

Das Dreieck (The Triangle, fig. p. 141), later renamed *Segelboot* (Sailing Boat) by Dodo, can be seen as a Surrealistic composition. From the perspective of deep psychology, the picture points to Dodo's central, unconscious conflicts, symbolically distilling the process of dismemberment and fragmentation (separatio) in a haunting manner. A two-part face appears behind the (male) triangle (the boat's sail); on the left it is covered by one half of a house, on the right we see a closed eye. Two horizontal waves divide the face. The triangle is also dissected by a jet of water emanating from the apex and the waves. At the left, an eye looking upwards watches an ejaculating penis rising from below in the area of the boat; in the right-hand portion of the triangle, an eye disinterestedly looks straight ahead. Standing in the centre on the dividing line between the boat and the sail, a similarly divided childishly drawn house appears. The actual dismemberment process takes place in the area of the boat: the castration of the male (symbol of the male-solar, patriarchal) by the female (mother-lunar matriarchal). The attempt to unite opposites (coniunctio) is visible in the representation of the outstretched arms of the sun and moon – both reach out to touch the other – but this is hindered by the water (of the unconscious). The union cannot succeed; a reconciliation of the male/female, woman/man, seems impossible because of physical injuries suffered by both (visible in the cut-off fingers of both arms and their bloody stumps). They cannot grasp or understand each other. What does the female resent about the male that means she must castrate him? Is the birth scene visible behind the triangle the deepest motif? Does the trembling child that seeks protection in the picture at its mother's left thigh reference Dodo's own early feelings of insecurity and defencelessness and her resulting inability to assume the mother role? Is it her vulnerability, her own early experiences of loneliness and forlornness that she later hoped to resolve in her relationships with men? Does the drama inside the ship's hold also symbolically show the incongruousness of the male and the female principle, as exemplified in Wolfgang Amadeus Mozart's opera *Die Zauberflöte* by the impossibility of reconciliation between the Queen of the Night and Sarastro because he has kidnapped her daughter (the anima)? Seen from a psychological perspective, the division between Dodo's ego and self, her resultant self-alienation, her loss of self, becomes evident. Because of her depressions, Dodo underwent analysis again in London in 1937 with Philipp Metmann. There is no account of this therapy. Even after her divorce from Adler, which took place shortly after their marriage, Dodo still regarded him as the great love of her life. Upon seeing his wife Hella at his funeral about fifty years after their separation, she felt that she was really Adler's true widow. Dodo's creative potential gradually ran dry after 1933, not least as a result of the terrible political situation for her as a Jew in Germany and her subsequent exile. She painted landscapes and still lifes, made tapestries and later began collecting turtles of all kinds. As an ectotherm, the turtle can be seen as a symbol of the instinctive side of the motherly unconscious, the mother archetype, and also as a symbolic of the wisdom and longevity that were bestowed on Dodo.

Reflections on Dodo

Anja Amsel, née Burgner

What would have been Dodo's reaction to this exhibition?

In the first instance, certainly amusement, followed obviously by gratification and perhaps surprise. Dodo never considered herself an 'artist' (she hated it if I introduced her as such to friends) but at the same time she tended to look down on those she saw merely as 'illustrators'. If anyone suggested she had talent, her standard response was a dismissive shrug.

So to understand this exhibition of Dodo's work, one has to place her quite firmly in a socio-historical context. Many of the artworks on display capture extraordinarily well the spirit of the age. Both as an observer and as a participant, Dodo revelled in the zeitgeist of Berlin in the twenties and early thirties: the period of the Weimar Republic, of Brecht and Weill, of Marlene Dietrich and *The Blue Angel*, of the Ballet Jooss, and of Christopher Isherwood's novels *Goodbye to Berlin* and *Mr Norris Changes Trains*.

What is remarkable, seeing this collection now, is that she was able to observe all this at so young an age, having been in her early to mid-twenties then. However, knowing Dodo as her daughter (fig. p. 53) I can fully understand how this mixture of liberation and decadence appealed to her free spirit. Dodo was into women's liberation before such labels became current. Although we had very little money, in my own and my late brother's university years there was always open house and beds for our friends, who enjoyed the apparently liberated atmosphere – it was not really that relaxed, but appeared so in contrast to their more conventional English backgrounds; it was the lack of formality that was appealing.

An obvious question is: Why did Dodo not continue with these types of drawings after she came to Britain?

One reason is that there was neither the mood nor the market. This was Britain at war: not a time for light-hearted cabaret, glamour, seaside and winter-sports frolics; and not a time for deep emotional issues either. The priority was survival, and in our case the urgent need to earn some money for the upkeep of the family. However, the Jewish escape from Nazism was clearly a serious issue. We were lucky and got away. And they, our parents, were all too well aware that so many did not. Dodo felt enormously privileged to be in the UK, and the family always abided wholly by the occasionally ridiculous rules imposed upon refugees – we had to hand in our only wireless in case it might be used as a transmitter to send messages to The Enemy.

Dodo needed to make some money and I recall her hawking her portfolio around agents and possible outlets, without much success. She did get some commissions for illustrating books showing children's gymnastic exercises, for which I was the model (albeit a reluctant one, as it was extremely cold and the poses necessitated taking off most of one's clothes). But she had to turn her hand to whatever produced some income and consequently art took a more minor place.

My own feelings about delving into the past have been sometimes troubled. Dodo wrote a Memoir in the nineteen-eighties (which she dictated to me for typing). It is deeply personal and Dodo-centric. I had to draw on this to provide material for her biography in this book and it recalled times when Dodo was seriously unhappy; she tended to confide in me when I was far too young, about emotions that a teenager could not encompass. These days, however, my memories of Dodo as a parent and of her talent as an artist co-exist happily. And I would dearly love to continue to call on her warmth and understanding.

I am delighted about the exhibition and its accompanying book, about Dodo´s late, unexpected recognition. That her retrospective has been initiated out of Berlin, where she was first able to demonstrate her artistic potential, would have appealed to her enjoyment of the paradoxes of life. Hans, my father, and Tom, my late brother, would have felt equally pleased. Dodo's four grandchildren, whom she loved unconditionally and with whom she had very close relationships, are thrilled and all feel overwhelming regret that Dodo did not live to see this event.

Liste der abgebildeten Werke
List of Illustrated Works

S. P. 57
Postkarte mit Neujahrsgruß, um c. 1927
Postcard with New Year's Greetings
Buchdruck Print, 14,9 x 10 cm
Dodo Estate, Athen Athens

S. P. 58
Plakatentwurf für Rosine Paris, um c. 1925
Poster design for Rosine Paris
Wasserfarben Watercolours, 57 x 36 cm
Dodo Estate, Athen Athens

S. P. 59
Plakatentwurf für Hüte Hanna Haars, um c. 1926
Poster design for Hanna Haars Hats
Wasserfarben Watercolours, 48,7 x 64,2 cm
Privatsammlung Private collection, Hamburg

S. P. 60
Entwurf für ein Fantasiekostüm, um c. 1926
Design for a fantasy costume
Wasserfarben, Grafit Watercolours, graphite, 46 x 30,3 cm
Sammlung Modebild – Lipperheidesche Kostümbibliothek, Kunstbibliothek, Staatliche Museen zu Berlin, Inv. Lipp-OZ 266,1

S. P. 61
Entwurf für ein Fantasiekostüm, um c. 1926
Design for a fantasy costume
Wasserfarben, Grafit Watercolours, graphite, 47 x 30,3 cm
Sammlung Modebild – Lipperheidesche Kostümbibliothek, Kunstbibliothek, Staatliche Museen zu Berlin, Inv. Lipp-OZ 266,4

S. P. 62 links left
Entwurf für ein Fantasiekostüm, um c. 1926
Design for a fantasy costume
Wasserfarben, Grafit Watercolours, graphite, 47 x 30,3 cm
Sammlung Modebild – Lipperheidesche Kostümbibliothek, Kunstbibliothek, Staatliche Museen zu Berlin, Inv. Lipp-OZ 266,3

S. P. 62 rechts right
Entwurf für ein Fantasiekostüm, um c. 1926
Design for a fantasy costume
Wasserfarben, Grafit Watercolours, graphite, 48 x 31,2 cm
Sammlung Modebild – Lipperheidesche Kostümbibliothek, Kunstbibliothek, Staatliche Museen zu Berlin, Inv. Lipp-OZ 266,10

S. P. 63 links left
Entwurf für ein Fantasiekostüm, um c. 1926
Design for a fantasy costume
Wasserfarben, Grafit Watercolours, graphite, 48 x 31 cm
Sammlung Modebild – Lipperheidesche Kostümbibliothek, Kunstbibliothek, Staatliche Museen zu Berlin, Inv. Lipp-OZ 266,11

S. P. 63 rechts right
Halali! (Entwurf für ein Fantasiekostüm), um c. 1926
Tally-ho! (Design for a fantasy costume)
Wasserfarben, Grafit Watercolours, graphite, 48,2 x 32,7 cm
Sammlung Modebild – Lipperheidesche Kostümbibliothek, Kunstbibliothek, Staatliche Museen zu Berlin, Inv. Lipp-OZ 266,8

S. P. 64
Entwurf für ein Fantasiekostüm, um c. 1926
Design for a fantasy costume
Wasserfarben, Grafit Watercolours, graphite, 48,2 x 32,9 cm
Sammlung Modebild – Lipperheidesche Kostümbibliothek, Kunstbibliothek, Staatliche Museen zu Berlin, Inv. Lipp-OZ 266,9

S. P. 65
Fr. Lion (Entwurf für ein Fantasiekostüm), um c. 1926
Miss Lion (Design for a fantasy costume)
Wasserfarben, Grafit Watercolours, graphite, 48,2 x 31,1 cm
Sammlung Modebild – Lipperheidesche Kostümbibliothek, Kunstbibliothek, Staatliche Museen zu Berlin, Inv. Lipp-OZ 266,6

S. P. 66
Entwurf für ein Fantasiekostüm, um c. 1926
Design for a fantasy costume
Wasserfarben, Grafit Watercolours, graphite, 48 x 32,3 cm
Sammlung Modebild – Lipperheidesche Kostümbibliothek, Kunstbibliothek, Staatliche Museen zu Berlin, Inv. Lipp-OZ 266,15

S. P. 67
Entwurf für ein Fantasiekostüm, um c. 1926
Design for a fantasy costume
Wasserfarben, Grafit Watercolours, graphite, 48,2 x 30,7 cm
Sammlung Modebild – Lipperheidesche Kostümbibliothek, Kunstbibliothek, Staatliche Museen zu Berlin, Inv. Lipp-OZ 266,7

S. P. 68
Entwurf für ein Fantasiekostüm, um c. 1926
Design for a fantasy costume
Wasserfarben, Grafit Watercolours, graphite, 48,2 x 32,4 cm
Sammlung Modebild – Lipperheidesche Kostümbibliothek, Kunstbibliothek, Staatliche Museen zu Berlin, Inv. Lipp-OZ 266,20

S. P. 69
Entwurf für ein Fantasiekostüm, um c. 1926
Design for a fantasy costume
Wasserfarben, Grafit Watercolours, graphite, 47,8 x 32,8 cm

Sammlung Modebild – Lipperheidesche Kostümbibliothek, Kunstbibliothek, Staatliche Museen zu Berlin, Inv. Lipp-OZ 266,21

S. P. 70
Girl (Entwurf für ein Fantasiekostüm), um c. 1926
Girl (Design for a fantasy costume)
Wasserfarben, Grafit Watercolours, graphite, 48 x 29,4 cm
Sammlung Modebild – Lipperheidesche Kostümbibliothek, Kunstbibliothek, Staatliche Museen zu Berlin, Inv. Lipp-OZ 266,14

S. P. 71
Pao Pao (Entwurf für Fantasiekostüme), um c. 1926
Pao Pao (Design for fantasy costumes)
Wasserfarben, Grafit Watercolours, graphite, 28,8 x 27,8 cm
Sammlung Modebild – Lipperheidesche Kostümbibliothek, Kunstbibliothek, Staatliche Museen zu Berlin, Inv. Lipp-OZ 266,23

S. P. 72
Entwurf für ein Fantasiekostüm, um c. 1926
Design for a fantasy costume
Wasserfarben, Grafit Watercolours, graphite, 47,9 x 31,3 cm
Sammlung Modebild – Lipperheidesche Kostümbibliothek, Kunstbibliothek, Staatliche Museen zu Berlin, Inv. Lipp-OZ 266,17

S. P. 73
Entwurf für ein Fantasiekostüm, um c. 1926
Design for a fantasy costume
Wasserfarben, Grafit Watercolours, graphite, 48 x 31,2 cm
Sammlung Modebild – Lipperheidesche Kostümbibliothek, Kunstbibliothek, Staatliche Museen zu Berlin, Inv. Lipp-OZ 266,13

S. P. 74
Tanzkleid mit Pelzcape, *Vogue*-Schnittmuster für die Seidenweberei Michels, um c. 1927
Dance Dress with Fur Cape, *Vogue* pattern for the Michels silk weaving company
Tusche, Wasserfarben Ink, watercolours, 36,4 x 23,8 cm
Privatsammlung Private collection, Hamburg

S. P. 75
Abendkleid, um c. 1926
Evening Dress
Tusche, Wasserfarben Ink, watercolours, 28,7 x 20,9 cm
Privatsammlung Private collection, Hamburg

S. P. 76
Sechs Modeentwürfe, *Vogue*-Schnittmuster für die Seidenweberei Michels, um c. 1926
Six fashion designs, *Vogue* patterns for the Michels silk weaving company
Wasserfarben, Tusche Watercolours, ink, 39 x 49,5 cm
Privatsammlung Private collection, Hamburg

S. P. 77
Fünf Modeentwürfe, *Vogue*-Schnittmuster für die Seidenweberei Michels, um c. 1926
Five Fashion Designs, *Vogue* patterns for the Michels silk weaving company
Wasserfarben, Tusche Watercolours, ink, 40,3 x 52,7 cm
Privatsammlung Private collection, Hamburg

S. P. 78
Nachmittagskleid, *Vogue*-Schnittmuster für die Seidenweberei Michels, um c. 1926
Tea Gown, *Vogue* pattern for the Michels silk weaving company
Tusche, Wasserfarben Ink, watercolours, 39,8 x 28,9 cm
Privatsammlung Private collection, Hamburg

S. P. 79 links left
Tanzkleid und Abendcape, *Vogue*-Schnittmuster für die Seidenweberei Michels, um c. 1926
Dance Dress and Evening Cape, *Vogue* patterns for the Michels silk weaving company
Tusche, Wasserfarben Ink, watercolours, 39,7 x 24,9 cm
Privatsammlung Private collection, Hamburg

S. P. 79 rechts right
Zwei Tagesensembles, *Vogue*-Schnittmuster für die Seidenweberei Michels, um c. 1926
Two Daytime Ensembles, *Vogue* patterns for the Michels silk weaving company
Tusche, Wasserfarben Ink, watercolours, 37,8 x 25,2 cm
Privatsammlung Private collection, Hamburg

S. P. 79 unten bottom
Zwei Tagesensembles, *Vogue*-Schnittmuster für die Seidenweberei Michels, um c. 1927
Two Daytime Ensembles, *Vogue* patterns for the Michels silk weaving company
Tusche, Wasserfarben Ink, watercolours, 35,9 x 24 cm
Privatsammlung Private collection, Hamburg

S. P. 80
Hut und Schal, 1926
Hat and Scarf
Wasserfarben, Grafit Watercolours, graphite, 36,4 x 26,3 cm
Privatsammlung Private collection, Hamburg

S. P. 81
Im Café, um c. 1926
In the Café
Wasserfarben, Grafit Watercolours, graphite, 43,9 x 34,8 cm
Privatsammlung Private collection, Hamburg

S. P. 82
Zwei Frauen auf der Brücke, um c. 1928
Two Women on the Bridge
Feder in Tusche Pen and ink, 35,6 x 27 cm
Dodo Estate, Athen Athens

S. P. 83
Paar in den Bergen, vermutlich für die Zeitschrift *ULK*, um c. 1928
Couple in the Mountains, probably for *ULK* magazine
Wasserfarben, Grafit Watercolours, graphite, 51,5 x 37 cm
Privatsammlung Private collection, Hamburg

S. P. 84
Revue-Tanzpaar, 1929
Revue Dance Couple
Wasserfarben, Grafit Watercolours, graphite, 39,5 x 29,5 cm
Sammlung Modebild – Lipperheidesche Kostümbibliothek, Kunstbibliothek, Staatliche Museen zu Berlin, Inv. Lipp-OZ 266,5

S. P. 85
Neger Revue (Josephine Baker), um c. 1926
Black Revue (Josephine Baker)
Wasserfarben, Grafit Watercolours, graphite, 44,2 x 32,9 cm
Privatsammlung Private collection, Hamburg

S. P. 87
Straßenszene, um c. 1928
Street Scene
Wasserfarben, Grafit Watercolours, graphite, 54 x 37,5 cm
Privatsammlung Private collection, Hamburg

S. P. 88
Ein leidenschaftlicher Jüngling, für die Zeitschrift *ULK*, 1928
A Passionate Lad, for *ULK* magazine
Wasserfarben, Grafit Watercolours, graphite, 39,7 x 30 cm
Dodo Estate, Athen Athens

S. P. 89
Sisters, vermutlich für die Zeitschrift *ULK*, 1928
Sisters, probably for *ULK* magazine
Wasserfarben, Grafit Watercolours, graphite, 40,1 x 30,1 cm
Dodo Estate, Athen Athens

S. P. 90
Geldfragen, für die Zeitschrift *ULK*, 1928
Questions of Money, for *ULK* magazine
Wasserfarben, Grafit Watercolours, graphite, 39,5 x 30,2 cm
Dodo Estate, Athen Athens

S. P. 91
Keine Chance, für die Zeitschrift *ULK*, 1929
No Chance, for *ULK* magazine
Wasserfarben, Grafit Watercolours, graphite,
41 x 30 cm
Privatsammlung Private collection, Hamburg

S. P. 92
Der Herr mit dem Gletscherauge,
für die Zeitschrift *ULK*, 1928
The Gentleman with the Glacier Eye,
for *ULK* magazine
Wasserfarben, Grafit Watercolours, graphite,
41 x 30 cm
Privatsammlung Private collection, Hamburg

S. P. 93
Ihre Sorgen, für die Zeitschrift *ULK*, 1929
Her Worries, for *ULK* magazine
Wasserfarben, Grafit Watercolours, graphite,
40,5 x 30 cm
Privatsammlung Private collection, Hamburg

S. P. 94
Der erledigte Romeo, für die Zeitschrift *ULK*, 1929
The Worn-Out Romeo, for *ULK* magazine
Wasserfarben, Grafit Watercolours, graphite,
40 x 30 cm
Privatsammlung Private collection, Hamburg

S. P. 95
Der Held, für die Zeitschrift *ULK*, 1928
The Hero, for *ULK* magazine
Wasserfarben, Grafit Watercolours, graphite,
39,5 x 30 cm
Privatsammlung Private collection, Hamburg

S. Pp. 96/97
Eislaufkunst, für die Zeitschrift *ULK*, 1929
Figure Skating, for *ULK* magazine
Wasserfarben, Grafit Watercolours, graphite,
36,4 x 59,9 cm
Privatsammlung Private collection, Hamburg

S. P. 98
Der Dalmatiner (Abstieg), für die Zeitschrift *ULK*, 1929
The Dalmatian (Descent), for *ULK* magazine
Wasserfarben, Grafit Watercolours, graphite,
40 x 30 cm
Privatsammlung Private collection, Hamburg

S. P. 99
Hinter Gittern (Der Praktiker),
für die Zeitschrift *ULK*, 1929
Behind Bars (The Pragmatist), for *ULK* magazine
Wasserfarben, Grafit Watercolours, graphite,
40,5 x 30 cm
Privatsammlung Private collection, Hamburg

S. Pp. 100/101
Wedding auf dem Dachgarten,
für die Zeitschrift *ULK*, 1929
Wedding on the Roof Garden, for *ULK* magazine
Wasserfarben, Grafit Watercolours, graphite,
60 x 40 cm
Privatsammlung Private collection, Hamburg

S. P. 102
In der Bar, vermutlich ursprünglich
für die Zeitschrift *ULK*, 1933
In the Bar, probably originally for *ULK* magazine
Wasserfarben, Grafit Watercolours, graphite,
42 x 32,5 cm
Privatsammlung Private collection, Hamburg

S. P. 103
Logenlogik, für die Zeitschrift *ULK*, 1929
Theatre Box Logic, for *ULK* magazine
Wasserfarben, Grafit Watercolours, graphite,
40 x 30 cm
Privatsammlung Private collection, Hamburg

S. P. 105
Feuerwerk (Gleichnis), für die Zeitschrift *ULK*, 1929
Fireworks (Parable), for *ULK* magazine
Wasserfarben, Grafit Watercolours, graphite,
61 x 40,5 cm
Privatsammlung Private collection, Hamburg

S. P. 106
Ihr größter Wunsch, vermutlich für die Zeitschrift *ULK*,
um c. 1929
Her Greatest Wish, probably for *ULK* magazine
Wasserfarben, Grafit Watercolours, graphite,
40 x 30 cm
Privatsammlung Private collection, Hamburg

S. P. 107
Der Versucher, für die Zeitschrift *ULK*, 1929
The Tempter, for *ULK* magazine
Wasserfarben, Grafit Watercolours, graphite,
40 x 30 cm
Privatsammlung Private collection, Hamburg

S. P. 109
Rationalisierung, für die Zeitschrift *ULK*, 1928
Rationalisation, for *ULK* magazine
Wasserfarben, Grafit Watercolours, graphite,
60,5 x 42 cm
Privatsammlung Private collection, Hamburg

S. P. 110
Die verhängnisvolle Glatze, für die Zeitschrift *ULK*, 1928
The Fatal Bald Pate, for *ULK* magazine
Wasserfarben, Grafit Watercolours, graphite,
46,9 x 34,5 cm
Privatsammlung Private collection, Hamburg

S. P. 111
Flitterwochen, für die Zeitschrift *ULK*, 1929
Honeymoon, for *ULK* magazine
Wasserfarben, Grafit Watercolours, graphite,
65,4 x 46,6 cm
Privatsammlung Private collection, Hamburg

S. Pp 112/113
Trübe Ahnung, für die Zeitschrift *ULK*, 1929
Bleak Foreboding, for *ULK* magazine
Wasserfarben, Tusche Watercolours, ink,
47,5 x 65,8 cm
Privatsammlung Private collection, Hamburg

S. P. 115
Der Dirigent (Rosenstock), um c. 1934
The Conductor (Rosenstock)
Feder in Tusche Pen and ink, 27 x 20,6 cm
Dodo Estate, Athen Athens

S. P. 116
Juden sehen sich um, 1933
Jews Looking Around
Feder in Tusche Pen and ink, 48,7 x 34,3 cm
Dodo Estate, Athen Athens

S. P. 117 oben links top left
Josephs erster Traum, um c. 1934
Joseph's First Dream
Feder in Tusche Pen and ink, 33,3 x 29,3 cm
Dodo Estate, Athen Athens

S. P. 117 rechts right
Joseph und seine Brüder, um c. 1934
Joseph and His Brothers
Feder in Tusche Pen and ink, 33,3 x 29,5 cm
Dodo Estate, Athen Athens

S. P. 117 unten links bottom left
Jakob erkennt den blutigen Rock, um c. 1934
Jacob Recognises the Bloody Robe
Feder in Tusche Pen and ink, 35,8 x 29,3 cm
Dodo Estate, Athen Athens

S. P. 118 links left
Theaterszene: Die gelehrten Frauen, 1934
Theatre Scene: The Women Scholars
Feder in Tusche Pen and ink, 22 x 30 cm
Dodo Estate, Athen Athens

S. P. 118 rechts right
Theaterszene: Die gelehrten Frauen, 1934
Theatre Scene: The Women Scholars
Feder in Tusche Pen and ink, 30 x 22 cm
Dodo Estate, Athen Athens

S. P. 119
Drei Illustrationen zu Joseph
und seine Brüder, um c. 1934
Three Illustrations for Joseph and His Brothers
Feder in Tusche Pen and ink,
48,3 x 33,6 cm; 49,6 x 34,7 cm
Dodo Estate, Athen Athens

S. P. 121
Verflucht II, 1933
Cursed II
Wasserfarbe, Grafit Watercolours, graphite,
27,8 x 37,5 cm
Dodo Estate, Athen Athens

S. P. 122 oben links top left
Hans Bürgner, 1929
Silbergelatineabzug Gelatin-silver print,
23,7 x 17,1 cm
Dodo Estate, Athen Athens

S. P. 122 oben rechts top right
Gerhard Adler, 1933
Silbergelatineabzug Gelatin-silver print,
23 x 17 cm
Dodo Estate, Athen Athens

S. P. 122 unten bottom
Dodo, um c. 1928
Silbergelatineabzug Gelatin-silver print,
19,8 x 14,2 cm
Dodo Estate, Athen Athens

S. P. 123
Ohne Titel (Dodo und Gerhard Adler), 1933
Untitled (Dodo and Gerhard Adler)
Wasserfarben, Grafit Watercolours, graphite,
37 x 31,5 cm
Dodo Estate, Athen Athens

S. P. 124
Ohne Titel (III.), 1933
Untitled (III)
Wasserfarbe, Grafit Watercolours, graphite,
32,2 x 23,8 cm
Dodo Estate, Athen Athens

S. P. 125
Ohne Titel (II.), 1933
Untitled (II)
Wasserfarbe, Grafit Watercolours, graphite,
32,3 x 23,7 cm
Dodo Estate, Athen Athens

S. P. 126
Schwangere Dirne, 1933
Pregnant Harlot
Wasserfarbe, Grafit Watercolours, graphite,
42,8 x 32,8 cm
Dodo Estate, Athen Athens

S. P. 127
Madame wünscht keine Kinder, 1933
Madam Does Not Want Children
Tusche Ink, 49 x 34,3 cm
Dodo Estate, Athen Athens

S. P. 128
Darreichung IV, 1933
Offering IV
Wasserfarben, Grafit Watercolours, graphite,
43 x 34,3 cm
Dodo Estate, Athen Athens

S. P. 129
Traum, 1933
Dream
Wasserfarben, Grafit Watercolours, graphite,
59,3 x 44,5 cm
Dodo Estate, Athen Athens

S. P. 130
Schuld, 1933
Guilt
Wasserfarben, Grafit Watercolours, graphite,
36,3 x 30,8 cm
Dodo Estate, Athen Athens

S. P. 131
Die Braut, 1933
The Bride
Wasserfarben, Grafit Watercolours, graphite,
47,7 x 37,4 cm
Dodo Estate, Athen Athens

S. P. 132
Anklage, 1933
Accusation
Wasserfarben, Grafit Watercolours, graphite,
47,7 x 37,4 cm
Dodo Estate, Athen Athens

S. P. 133
Im Sturmwind Gottes, 1933
Amid the Divine Tempest
Wasserfarben, Grafit Watercolours, graphite,
47,5 x 37,5 cm
Dodo Estate, Athen Athens

S. P. 134
Ohne Titel (Paar und Nonne), 1933
Untitled (Couple and Nun)
Wasserfarben, Grafit Watercolours, graphite,
47,7 x 37,4 cm
Dodo Estate, Athen Athens

S. P. 135
Hexe, 1933
Witch
Wasserfarben, Grafit Watercolours, graphite,
47 x 37,5 cm
Dodo Estate, Athen Athens

S. P. 136
Doch uns ist gegeben, auf keiner Stätte zu ruh'n ... (Hölderlin), 1933
But to us it is given, never and nowhere to rest ... (Hölderlin)
Wasserfarbe, Grafit Watercolours, graphite,
42,7 x 32,9 cm
Dodo Estate, Athen Athens

S. P. 137
Verkündigung, 1933
Annunciation
Wasserfarbe, Grafit Watercolours, graphite,
41,1 x 29,4 cm
Dodo Estate, Athen Athens

S. P. 138
Die Vollendung, 1937
The Consummation
Wasserfarben, Tusche Watercolours, ink,
44,1 x 34 cm
Dodo Estate, Athen Athens

S. P. 139
Ohne Titel (Schlafwandlerin), 1934
Untitled (Sleepwalker)
Wasserfarbe, Tusche Watercolours, ink,
53 x 37,2 cm
Dodo Estate, Athen Athens

S. P. 141
Das Dreieck – Segelboot, 1936
The Triangle – Sailing Boat
Wasserfarbe, Grafit Watercolours, graphite,
47,6 x 37,9 cm
Dodo Estate, Athen Athens

S. P. 143
Am Meer, 1935
By the Sea
Wasserfarbe, Grafit Watercolours, graphite,
49,4 x 39,2 cm
Dodo Estate, Athen Athens

S. P. 144
Meine andere Schwester, 1937
My Other Sister
Wasserfarbe, Grafit Watercolours, graphite,
47,7 x 30 cm
Dodo Estate, Athen Athens

S. P. 145
Ohne Titel (Selbstporträt), 1933
Untitled (Self-Portrait)
Wasserfarbe Watercolours, 37 x 31,5 cm
Dodo Estate, Athen Athens

S. P. 146
Ohne Titel (Josephine Baker?), 1937
Untitled (Josephine Baker?)
Wasserfarbe, Kohle Watercolours, charcoal,
47,8 x 29,9 cm
Dodo Estate, Athen Athens

S. P. 147
Ohne Titel (Sitzende mit Federschmuck und Bastrock), um c. 1937
Untitled (Seated Woman with Feather Headdress and Grass Skirt)
Wasserfarbe, Grafit Watercolours, graphite,
41,7 x 35 cm
Dodo Estate, Athen Athens

S. P. 148
Die Madonna der Straßenmädchen, 1933
The Madonna of the Streetwalkers
Wasserfarben, Grafit Watercolours, graphite,
45 x 33,9 cm
Dodo Estate, Athen Athens

S. P. 149
Ruf II, 1933
Call II
Wasserfarben, Grafit Watercolours, graphite,
45 x 35,8 cm
Dodo Estate, Athen Athens

S. P. 150 links left
Der Betthase, 1934
The Bed Bunny
Wasserfarbe, Grafit Watercolours, graphite,
43,8 x 32 cm
Dodo Estate, Athen Athens

S. P. 150 rechts right
Hure, 1934
Whore
Wasserfarbe, Grafit Watercolours, graphite,
50 x 42 cm
Dodo Estate, Athen Athens

S. P. 151 links left
Ohne Titel (Liebe unter Frauen), 1934
Untitled (Love among Women)
Wasserfarbe, Grafit Watercolours, graphite,
37,4 x 30,3 cm
Dodo Estate, Athen Athens

S. P. 151 rechts right
Suchende, 1933
Seeker
Wasserfarben, Grafit Watercolours, graphite,
37 x 31,5 cm
Dodo Estate, Athen Athens

S. P. 153
Ohne Titel (Selbstporträt?), 1934
Untitled (Self-Portrait?)
Wasserfarben, Grafit Watercolours, graphite,
37 x 29,5 cm
Dodo Estate, Athen Athens

S. P. 155
Entwurf für eine Grußkarte: Fancy Dress Ball, um c. 1938
Design for a greeting card: Fancy Dress Ball
Wasserfarben, Grafit, Tusche
Watercolours, graphite, ink, 37,8 x 31,4 cm
Dodo Estate, Athen Athens

S. P. 156
Modeentwurf, um c. 1942
Fashion design
Wasserfarben Watercolours, 49 x 34,3 cm
Dodo Estate, Athen Athens

S. P. 157
Modeentwurf für John Lewis & Co., um c. 1942
Fashion design for John Lewis & Co.
Wasserfarben Watercolours, 49 x 34,5 cm
Dodo Estate, Athen Athens

S. P. 158
Bags, Seitenlayout für einen Katalog, um c. 1942
Bags, page layout for a catalogue
Tusche, Wasserfarbe, Collage
Ink, watercolours, collage, 49 x 34,4 cm
Dodo Estate, Athen Athens

S. P. 159
Cushions, Seitenlayout für einen Katalog, um c. 1942
Cushions, page layout for a catalogue
Wasserfarbe, Tusche, Collage
Ink, watercolours, collage, 34,3 x 24,2 cm
Dodo Estate, Athen Athens

S. P. 160 links left
Entwurf für einen Seidenstoff, um c. 1942
Design for a silk fabric
Wasserfarben Watercolours, 25,5 x 21,3 cm
Dodo Estate, Athen Athens

S. P. 160 rechts right
Verpackungspapier für Ackermann Chocolats, um c. 1938
Wrapping paper for Ackermann Chocolates
Wasserfarben, Grafit Watercolours, graphite,
25,4 x 35,5 cm
Dodo Estate, Athen Athens

S. P. 161 links left
Akerman's, um c. 1940
Wasserfarben, Tusche Watercolours, ink,
19,1 x 15,8 cm
Dodo Estate, Athen Athens

S. P. 161 rechts right
Akerman's, um c. 1940
Tusche Ink, 18,6 x 16 cm
Dodo Estate, Athen Athens

S. P. 162 links left
Grußkarte: Serenade am Fenster, um c. 1938
Greeting card: Serenade at the Window
Offsetdruck Offset print, 21,1 x 17,8 cm
Dodo Estate, Athen Athens

S. P. 162 rechts right
Grußkarte: Japanische Szene, um c. 1938
Greeting card: Japanese Scene
Offsetdruck Offset print, 21,1 x 16 cm
Dodo Estate, Athen Athens

S. P. 163 links left
Grußkarte: Bergszene mit Tänzerin, um c. 1938
Greeting card: Mountain Scene with Dancer
Offsetdruck Offset print, 20,2 x 15,3 cm
Dodo Estate, Athen Athens

S. P. 163 rechts right
Grußkarte: Gondelfahrt an der Seufzerbrücke, um c. 1938
Greeting card: Gondola Ride at the Bridge of Sighs
Offsetdruck Offset print, 19,3 x 12,1 cm
Dodo Estate, Athen Athens

S. P. 164 oben links top left
Entwurf für ein Kinderbuch, um c. 1938
Design for a children's book
Wasserfarben, Grafit Watercolours, graphite,
34,2 x 14,5 cm
Dodo Estate, Athen Athens

S. P. 164 oben rechts top right
Entwurf für eine Grußkarte: The Mushroom, um c. 1938
Design for a greeting card: The Mushroom
Wasserfarben, Grafit Watercolours, graphite,
16,4 x 35,8 cm
Dodo Estate, Athen Athens

S. P. 164 unten bottom
Entwurf für eine Grußkarte: Humpty Dumpty, um c. 1938
Design for a greeting card: Humpty Dumpty
Wasserfarben, Tusche Watercolours, ink,
18,5 x 20,1 cm
Dodo Estate, Athen Athens

S. P. 165
Dog and Timothy. Written and illustrated by Dodo Adler, um c. 1940
Wasserfarben, Grafit, Tusche
Watercolours, graphite, ink, 29,7 x 23,7 cm
Dodo Estate, Athen Athens

S. P. 166
Grußkarte: Revueszene mit Publikum, um c. 1938
Greeting card: Revue Scene with Audience
Wasserfarben, Tusche Watercolours, ink,
24,1 x 22,8 cm
Dodo Estate, Athen Athens

S. P. 167
Entwurf für eine Grußkarte: In the Theatre, um c. 1938
Design for a greeting card: In the Theatre
Wasserfarben, Grafit, Tusche
Watercolours, graphite, ink, 29,6 x 25,9 cm
Dodo Estate, Athen Athens

S. P. 169
Ohne Titel (Blumen), um c. 1960
Untitled (Flowers)
Wasserfarben, Grafit Watercolours, graphite,
38,8 x 28,3 cm
Dodo Estate, Athen Athens

S. P. 170
Ohne Titel (Blumentöpfe, Wurzel), um c. 1960
Untitled (Flowerpots, Roots)
Wasserfarben, Grafit Watercolours, graphite,
39 x 28,8 cm
Dodo Estate, Athen Athens

S. P. 171
Ohne Titel (Marmeladengläser, Kessel, Tuch), um c. 1960
Untitled (Jam Jars, Cauldron, Cloth)
Wasserfarben, Grafit Watercolours, graphite,
38,9 x 28,5 cm
Dodo Estate, Athen Athens

S. P. 172
Porträt eines Sitzenden, um c. 1960
Portrait of a Seated Man
Wasserfarben, Grafit Watercolours, graphite,
38,6 x 29,8 cm
Dodo Estate, Athen Athens

S. P. 175
Halbporträt eines Mädchens, um c. 1960
Half-Length Portrait of a Girl
Wasserfarben Watercolours, 39,3 x 28,7 cm
Dodo Estate, Athen Athens

Literatur
Literature

Michael Bienert, *Die eingebildete Metropole. Berlin im Feuilleton der Weimarer Republik*, Stuttgart 1992.

Bernard von Brentano, »Berlin – von Süddeutschland aus gesehen« (1926/27), in: ders., *Wo in Europa ist Berlin? Bilder aus den zwanziger Jahren (1928)*, Frankfurt am Main 1981, S. pp. 95–102.

Stephanie Bung & Margarete Zimmermann, »Von Paris nach Berlin. Victor Marguerittes *La Garçonne* und die Folgen«, in: *Garçonnes à la Mode im Berlin und Paris der zwanziger Jahre (Querelles. Jahrbuch für Frauen- und Geschlechterforschung, 11)*, hrsg. von ed. by Stephanie Bung & Margarete Zimmermann, Göttingen 2006, S. pp. 7–28.

Verena Dollenmaier, »Glamour! Das Girl wird feine Dame – Frauendarstellungen in der späten Weimarer Republik«, in: *Glamour! Das Girl wird feine Dame – Frauendarstellungen in der späten Weimarer Republik*, Ausst.-Kat. exh. cat. Georg-Kolbe-Museum, Berlin 2008, S. pp. 11–26.

Mascha Kaléko, »Von Mensch zu Mensch«, in: *Kleines Lesebuch für Große*, Hamburg 1956.

Swantje Kuhfuss-Wickenheiser, *Die Reimann-Schule in Berlin und London 1902–1943: ein jüdisches Unternehmen zur Kunst- und Designausbildung internationaler Prägung bis zur Vernichtung durch das Hitlerregime*, Aachen 2009.

Women in the Metropolis: Gender and Modernity in Weimar Culture, hrsg. von ed. by Katharina von Ankum, Berkeley, u. a. et al. 1997.

Garçonnes à la Mode im Berlin und Paris der zwanziger Jahre (Querelles. Jahrbuch für Frauen- und Geschlechterforschung, 11), hrsg. von ed. by Stephanie Bung & Margarete Zimmermann, Göttingen 2006.

Tami Oelfken, *Fahrt durch das Chaos*, Konstanz Constance 2003.

Simone Ladwig-Winters, *Anwalt ohne Recht. Das Schicksal jüdischer Rechtsanwälte in Berlin nach 1933*, Berlin 2007.

Susanne Meyer-Büser, *Bubikopf und Gretchenzopf. Die Frau der Zwanziger Jahre*, Ausst.-Kat. exh. cat. Museum für Kunst und Gewerbe, Hamburg 1995.

Adelheid Rasche (Hrsg. ed.), *Pailletten – Posen – Puderdosen. Modezeichnungen und Objekte der Zwanziger Jahre*, Berlin 2009.

Katharina Sykora u. a. et al. (Hrsg. ed.), *Die Neue Frau. Herausforderung für die Bildmedien der Zwanziger Jahre*, Marburg 1993.

Polly Tieck, »Die Freundin meines Freundes«, in: *Das Tagebuch*, 7, 2, Berlin 1926.

Diese Publikation erscheint anlässlich
der Ausstellung
DODO (1907–1998) – ein Leben in Bildern

This catalogue is published in conjunction with
the exhibition
DODO (1907–1998) – A Life in Pictures

Kunstbibliothek – Staatliche Museen zu Berlin
1. März – 28. Mai 2012
March 1 – May 28, 2012

Ben Uri, The London Jewish Museum of Art
Bridging communities since 1915
22. Juni – 9. September 2012
June 22 – September 9, 2012

Herausgeber Edited by
Renate Krümmer

Lektorat Copyediting
Simone Albiez, Regina Dorneich, Hatje Cantz
(Deutsch German)
Melanie Newton (Englisch English)

Übersetzung aus dem Deutschen
Translation from German
Michael Wolfson (S. pp. 175–205, 209–213)

Übersetzung aus dem Englischen
Translation from English
Barbara Holle (S. pp. 53/54)

Grafische Gestaltung und Satz
Graphic design and typesetting
Gabriele Sabolewski, Hatje Cantz

Schrift Typeface
Joanna MT

Reproduktionen Reproductions
Weyhing digital, Ostfildern

Verlagsherstellung Production
Heidrun Zimmermann, Hatje Cantz

Papier Paper
LuxoArt Silk, 150 g/m²

Druck Printed by
sellier druck GmbH, Freising

Buchbinderei Binding
Conzella Verlagsbuchbinderei,
Urban Meister GmbH, Aschheim-Dornach
bei München near Munich

Erschienen im Published by
Hatje Cantz Verlag
Zeppelinstrasse 32
73760 Ostfildern
Tel. +49 711 4405-200
Fax +49 711 4405-220
www.hatjecantz.come

Informationen zu dieser oder zu anderen
Ausstellungen finden Sie unter www.kq-daily.de
You can find information on this exhibition
and many others at www.kq-daily.de

Hatje Cantz books are available internationally at
selected bookstores. For more information about
our distribution partners please visit our homepage
at www.hatjecantz.com

ISBN 978-3-7757-3274-1

Printed in Germany

Umschlagabbildung Cover illustration
Feuerwerk (Gleichnis), für die Zeitschrift *ULK*
Fireworks (Parable), for *ULK* magazine 1929
(S. p. 105)

Fotonachweis Photo credits

Archiv der Herausgeberin Editor's archive,
Hamburg: S. pp. 20 oben und unten top and
bottom, 21 oben top, 23 oben top, 28, 29, 34,
36 oben top, 41
Dodo Estate, Athen Athens: S. pp. 9, 17, 18, 19,
22, 23 Mitte und unten centre and bottom,
24 unten bottom, 25 oben top, 26, 27, 30, 31,
122 oben rechts top right
Kunstbibliothek, Staatliche Museen zu Berlin:
S. pp. 10, 11, 12, 13, 15, 25 unten bottom,
46–52, 57–82, 88–90, 115–173
Lohfink, Hamburg: S. pp. 6, 14, 40, 83, 87, 92,
94–109
Julius Siebert, Hamburg: S. pp. 85, 91, 93,
111–113
http://digi.ub.uni-heidelberg.de/diglit/ulk:
S. pp. 20 Mitte centre, 21 unten bottom,
24 oben top, 35, 36 unten bottom, 37–39